## 权威·前沿·原创

皮书系列为
"十二五""十三五""十四五"时期国家重点出版物出版专项规划项目

BLUE BOOK

智 库 成 果 出 版 与 传 播 平 台

以色列蓝皮书
**BLUE BOOK** OF ISRAEL

# 以色列发展报告（2022）

ANNUAL REPORT ON ISRAEL'S NATIONAL DEVELOPMENT (2022)

主　编／张倩红
副主编／张礼刚　艾仁贵　马丹静

社会科学文献出版社
SOCIAL SCIENCES ACADEMIC PRESS（CHINA）

**图书在版编目（CIP）数据**

以色列发展报告. 2022 / 张倩红主编. --北京：
社会科学文献出版社，2023.4
（以色列蓝皮书）
ISBN 978-7-5228-1244-1

Ⅰ.①以… Ⅱ.①张… Ⅲ.①以色列-研究报告-
2022 Ⅳ.①D738.2

中国版本图书馆 CIP 数据核字（2022）第 240180 号

以色列蓝皮书
以色列发展报告（2022）

主　　编／张倩红
副 主 编／张礼刚　艾仁贵　马丹静

出 版 人／王利民
责任编辑／郭白歌
责任印制／王京美

出　　版／社会科学文献出版社·国别区域分社（010）59367078
　　　　　地址：北京市北三环中路甲 29 号院华龙大厦　邮编：100029
　　　　　网址：www.ssap.com.cn
发　　行／社会科学文献出版社（010）59367028
印　　装／三河市东方印刷有限公司

规　　格／开　本：787mm×1092mm　1/16
　　　　　印　张：28　字　数：463 千字
版　　次／2023 年 4 月第 1 版　2023 年 4 月第 1 次印刷
书　　号／ISBN 978-7-5228-1244-1
定　　价／198.00 元

读者服务电话：4008918866

本报告得到郑州大学精品学术出版计划、河南大学以色列研究中心科研专项资助

# 以色列蓝皮书编委会

# 主要编撰者简介

**张倩红**　教授、博士生导师，郑州大学副校长，兼任国家社会科学基金学科规划评审组委员、中国中东学会副会长等职。主要从事犹太-以色列及中东问题研究，已出版《以色列史》《犹太史研究新维度》《犹太文化》《耶路撒冷三千年》等 10 多部学术著作和译作，在《中国社会科学》《历史研究》《世界历史》等刊物上发表论文百余篇。

**张礼刚**　教授、博士生导师，河南大学历史文化学院教授、河南大学区域与国别研究院执行院长，兼任中国中东学会理事、中国世界近现代史研究会理事。曾赴以色列本-古里安大学和美国布兰代斯大学做访问学者。主要研究领域为近现代犹太史，在《世界历史》《世界民族》等刊物上发表论文 40 余篇。

**艾仁贵**　河南大学以色列研究中心副主任、河南大学区域与国别研究院副教授。主要研究领域为以色列社会、政治与安全，出版有《马萨达神话与以色列集体记忆塑造》《犹太人与世界文明》等多部学术著作和译作，在《历史研究》《世界历史》《世界民族》《西亚非洲》《国际安全研究》等刊物上发表论文 40 多篇。

**马丹静**　河南大学以色列研究中心、河南大学区域与国别研究院副教授，以色列本-古里安大学博士后。主要研究领域为以色列政治与文化，在 *World History Studies*、《学海》、《历史教学》等刊物上发表论文多篇。

# 摘 要

2021 年，以色列经济从疫情中迅速复苏，GDP 增幅创历史新高；国内政治局势虽矛盾丛生，但最终达成共识，联合政府的执政能力与外交表现得到认可；在社会融合方面，虽然新政府做出了多方努力，但族群关系依然紧张，以色列阿拉伯人的强烈诉求再次成为焦点，极端正统派犹太人的社会融入没有实质性进展。各类社会矛盾的影响，加之脆弱的政治基础与利益博弈导致贝内特政府的执政危机随处可见，前景茫然。但整体看来，社会发展态势向好。

经济方面，以色列政府通过新谢克尔升值来缓和通货膨胀，再以购买规模空前的外汇手段来抑制新谢克尔升值趋势，双管齐下保持经济稳定。与此同时，为了复苏受疫情冲击的经济，以色列政府鼓励暂时失业人员重返就业市场，增加劳动力供应。在灵活的防疫政策下，以色列各项经济数据出色，GDP增长率高达 8.1%，创下 20 多年来的最高纪录。

社会方面，以色列境内犹太人与阿拉伯人的关系仍然面临许多挑战。耶路撒冷地区阿拉伯人和犹太人之间爆发的持续冲突，成为新一轮巴以冲突的直接导火索，最终又扩散至以色列境内诸多地区，但整体来看，局势可控。

政治方面，贝内特和拉皮德以及其他党派的合作，结束了内塔尼亚胡的连续执政，长期困扰以色列政坛的组阁僵局暂时得以化解。贝内特政府上台后，对内搁置争议、推进共识，聚焦民生问题，专注国家治理，努力恢复以色列在频繁大选中失去的稳定。贝内特政府极力弥合执政联盟内部分歧，但由于意识形态的巨大差异，执政联盟的脆弱性一直没有得到很好的解决，执政危机随时可现，前景茫然。

外交方面，贝内特政府致力于多边主义，对内塔尼亚胡执政时期的外交政策既有延续，也有拓展。在内塔尼亚胡政府签署的《亚伯拉罕协议》基础上，

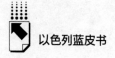

贝内特政府加快发展以色列与阿联酋、巴林、摩洛哥等阿拉伯国家的关系，大大改善了以色列的周边地缘政治环境。同时，新政府采取务实政策，努力改善与拜登政府的关系、积极修复内塔尼亚胡任内与约旦交恶的外交关系、重视埃及在巴以冲突问题上的斡旋者角色。这些都为以色列外交开拓了新局面。

中以关系方面，由于双边不同程度的放开，原先受疫情影响的中以合作逐步恢复，双边开展了多场线上线下活动，尤其在创新、人文交流领域进行了一系列富有意义的合作。

基于以色列在中东地区与国际事务中的重要影响力，以及加强中以双边交流合作、推进中以创新全面伙伴关系的现实需要，以色列蓝皮书课题组联合国内相关研究力量，邀请科技部中以创新合作战略研究中心的专家学者，共同推出了《以色列蓝皮书：以色列发展报告（2022）》。

**关键词：** 以色列　贝内特政府　新冠肺炎疫情　对外关系　中以合作

# 目　录 ↖↗

## Ⅰ　总报告

**B. 1**　2021年以色列的经济、政治与社会 ………… 刘丽娟　张倩红 / 001

## Ⅱ　分报告

**B. 2**　2021~2022年以色列经济报告 ……… 常　颖　朱兆一　潘慧璇 / 040

**B. 3**　贝内特政府的施政方略及其面临的挑战………… 王　晋　朱晓锋 / 056

**B. 4**　疫情之下的以色列社会及族群关系………………………… 高智源 / 067

## Ⅲ　社会治理篇

**B. 5**　以色列"碳中和"目标的实现路径及其影响

………………………… 朱兆一　荣婷婷　范辰辰 / 088

**B. 6**　以色列的养老服务保障体系 ……………………… 张　瑞 / 105

**B. 7**　以色列生态环境治理的国际合作及其前景……… 孔　妍　张济海 / 123

**B. 8**　以色列的生育政策及其对人口结构的影响……………… 李永强 / 140

# Ⅳ 科教文篇

B.9 以色列高科技产业现状研究及启示

.................... 武思宏 曲赦廷 韩炳阳 栗俊杰 / 154

B.10 以色列的太空探索及其太空生态系统 .................. 艾仁贵 / 170

B.11 以色列的创新竞争力及最新科技成就 ......... 魏 通 邓燕平 / 192

B.12 疫情之下以色列基础教育发展现状 ................ 焦慧凝 / 213

B.13 耶路撒冷老城文化遗产保护现状 ................ 邓 伟 / 236

# Ⅴ 对外关系篇

B.14 2020～2021年以色列与法国的关系 ......... 胡 浩 谭泓杉 / 250

B.15 以色列与非洲联盟关系的新态势 ................ 高文洋 / 267

B.16 以色列与联合国关系的新动向 ......... 赵晨曦 贾 森 / 290

# Ⅵ 中以合作篇

B.17 中以创新人才交流合作现状及展望

.................... 迟婧茹 孟繁超 宋雨奇 李子愚 任孝平 / 311

B.18 中以人文交流合作新动向 ................ 韩博雅 / 336

# Ⅶ 附 录

B.19 中以合作的典型案例

[1] 广东以色列理工学院与中以高等教育

合作的新成果 ................ 裔传萍 林丹明 / 354

[2] 中以常州创新园的发展模式及其经验

.................... 陈顺明 许成凯 季 昊 / 361

**B.20**　2021年国内以色列研究评述 ····················· 黄林超　韩博雅 / 368

**B.21**　2021年以色列大事记 ································· 赵晨曦 / 391

**B.22**　2021年以色列主要统计数据 ······················· 马丹静 / 400


Abstract　··············································································· / 413

Contents　··············································································· / 416

皮书数据库阅读 **使用指南**

# 总 报 告

General Report

**B.1**

# 2021年以色列的经济、政治与社会

刘丽娟　张倩红\*

**摘　要：** 2021 年，以色列经济从疫情中迅速复苏，各项经济数据亮眼。高达 8.1% 的 GDP 增长率，创下 21 年来的最高纪录，展示了以色列经济的强大韧性。国内阿犹冲突再起，是以色列建国以来同类骚乱中范围最广的一次，并成为新一轮巴以冲突的导火索。连续执政 12 年之久的内塔尼亚胡下台，新生的贝内特政府初步站稳脚跟，对内搁置争议、推进共识，聚焦民生问题，专注国家治理；对外致力于多边主义，强化旧识、开拓新交，在国内外诸多领域取得的成绩值得称道。然而，如何使经济实现可持续、包容性增长，修复国内阿犹关系裂痕，特别是维持联合政府稳定等问题，将持续考验新政府的执政智慧与能力。

**关键词：** 以色列经济　阿犹关系　以色列大选　联合政府

---

\* 刘丽娟，无锡职业技术学院马克思主义学院讲师；张倩红，郑州大学教授。

# 一 经济形势

## （一）2021年以色列宏观经济指标

2021 年，以色列经济的特点是从疫情中迅速复苏，各项经济数据亮眼。该年，以色列 GDP 增长 8.1%，创下 21 年来的最高纪录，超过了经合组织国家 5.3% 的平均增长率，向世界展示了以色列经济的强大韧性。① 人均 GDP 达到 16.6 万新谢克尔，同比增长 6.4%，居全球第 20 位。② 就业率持续增长，从 51.1% 上涨至 60.1%，并在年底接近 2019 年的就业率。商品和服务进口额在 2021 年增长了 18.4%，商品和服务出口额（不包括钻石和初创公司）大幅攀升 10.8%，固定资本构成（fixed capital formation）增长 11.4%，私人消费总额上涨 11.7%，这主要得益于耐用品和非耐用品消费额的高速增长，但服务消费额仍较低。公共消费（不包括国防进口）略增 3.3%，与近年来增速基本持平。2021 年以色列财政收入占 GDP 的比重比 2019 年提高了 2 个百分点，比 2020 年增长了 2.3 个百分点。由于支出减少、收入增加，以色列政府财政赤字占 GDP 的比重从 2020 年的 11.4% 下降至 2021 年的 4.4%。债务占 GDP 的比重从 2020 年的 71.7% 降至 2021 年年底的 68.9%，净负债率则更低，仅为 65.1%。因此，以色列政府逐步缩减了曾在 2020 年实施的支持信贷市场、企业和家庭收入活动的一系列政策。以色列议会于 2021 年 11 月 4 日、5 日分别通过了 2021 年国家财政预算案、2022 年国家财政预算案，这解决了长久以来以色列面临的结构性问题。由于疫情的不确定性，预算案也为 2022 年分配了应对疫情的相关储备金。③ 以色列银行行长表示："以色列经济已经学会了与

---

① Shoshanna Solomon, "Israel at 74: Economy Shows Resilience, Though Clouds Loom Large on the Horizon," *The Times of Israel*, May 4, 2022, https://www.timesofisrael.com/israel-at-74-economy-shows-resilience-though-clouds-loom-large-on-the-horizon/.

② "Projected GDP Per Capita Ranking," *Statistics Times*, October 28, 2021, https://statisticstimes.com/economy/projected-world-gdp-capita-ranking.php.

③ "The Economy and Economic Policy Alongside COVID-19," Bank of Israel, March 29, 2022, p. 3, https://www.boi.org.il/en/NewsAndPublications/RegularPublications/Pages/DochBankIsrael 2021.aspx.

病毒共存，并与之相适应，即便在疫情风险下也能成功开展经济活动。"①

以色列经济的复苏主要得益于新冠疫苗接种率高，有针对性地实施防疫限制措施。以色列于2020年12月底开始全民接种新冠疫苗，2021年迅速推进。到2021年4月，70%的15岁及以上人口接种了新冠疫苗，在全球处于领先地位。② 2021年，以色列共经历了三波新冠肺炎疫情，分别发生于1~2月、8~9月和12月。三波疫情都曾导致以色列正常经济活动中断。但由于确诊率、疫苗接种率、防疫政策严格程度以及企业和消费者反应不同，三波疫情对经济活动的影响也各有不同。各季度GDP的增速与防疫政策的严格程度成反比。在2021年第一波疫情期间，以色列政府基本延续了2020年较为严格的限制措施，包括封闭学校，居家办公，限制人群在商场、娱乐场所聚集，等等。2021年第一季度GDP增速甚至比2020年第一季度还低了1个百分点。第二季度由于较少受疫情影响，以色列GDP直接攀升了15.8%，这是放松防疫政策的直接结果。8~9月的疫情来势汹汹，每日新增确诊数高于前几波疫情，重症患者激增，有鉴于此，以色列政府制定了区分接种疫苗者和未接种疫苗者的政策。例如，未接种疫苗者的核酸检测费用自付，其隔离期将比接种者更长，等等。这些措施进一步提高了疫苗接种率。这种有针对性的措施避免了全国停摆，使得第三季度GDP增长了7%。③ 第三波疫情始于12月，高峰期主要在2022年，确诊人数攀升，但大多数为无症状感染者，因而在对医疗系统评估的前提下，以色列并未进一步严格限制措施，第四季度GDP更高达17.6%。④ 总体来看，2021年以色列防疫政策比2020年宽松，

① "Remarks by the Governor of the Bank of Israel at the Press Briefing on Monetary Policy Held Today at the Bank of Israel," Bank of Israel, January 3, 2022, https：//www. boi. org. il/en/NewsAndPublications/PressReleases/Pages/03-1-22. aspx.

② "The Economy and Economic Policy Alongside COVID-19," Bank of Israel, March 29, 2022, p. 3, https：//www. boi. org. il/en/NewsAndPublications/RegularPublications/Pages/DochBankIsrael 2021. aspx.

③ "The Economy and Economic Policy Alongside COVID-19," Bank of Israel, March 29, 2022, p. 5, https：//www. boi. org. il/en/NewsAndPublications/RegularPublications/Pages/DochBankIsrael 2021. aspx.

④ "The Economy and Economic Policy Alongside COVID-19," Bank of Israel, March 29, 2022, p. 7, https：//www. boi. org. il/en/NewsAndPublications/RegularPublications/Pages/DochBankIsrael 2021. aspx.

不断提高疫苗接种率，根据情况实施区别化的防疫政策，推动了 2021 年以色列经济的复苏。①

## （二）2021年以色列经济发展的具体表现

高科技行业蓬勃发展，成为以色列经济复苏的强劲引擎。在旅游业低迷、国际贸易因航运困难而中断的不利前提下，以色列商品和服务出口却逆势攀升，这主要得益于高科技商品和服务出口的强劲表现。高科技商品和服务出口在 2020 年疫情刚发生时有所下滑，但自 2020 年下半年便开始高速增长。2021年，以色列从事高科技行业人口占比不到 10%，但高科技行业出口总额却占以色列商品和服务出口总额的一半以上，其占 GDP 的比重增长到 12%，甚至比 2019 年都高出 5.5 个百分点。② 这主要是由于疫情导致全球对远程技术及服务需求激增，而以色列有着世界闻名的科技生态系统，且大部分高科技产品和服务出口通过电子方式完成，不依赖于国际航运系统。③ 高科技行业不仅出口表现亮眼，而且吸引了大批国际融资，甚至引发了外国公司竞相收购以色列初创公司的热潮。2021 年，以色列高科技行业的融资规模创纪录，达到 250 亿美元，远超 2020 年的 100 亿美元。④ 高科技行业的出众表现，有力弥补了旅游服务出口的不足，使得 2021 年以色列服务出口整体上仍处于增长态势。⑤

以色列劳动力市场复苏明显，不仅就业率显著增长，职位空缺数量也迅速

① "The Economy and Economic Policy Alongside COVID-19," Bank of Israel, March 29, 2022, p. 6, https://www. boi. org. il/en/NewsAndPublications/RegularPublications/Pages/DochBankIsrael 2021. aspx.

② Zachy Hennessey, "Israel's GDP Is Up, But That Growth Is Misleading-Analysis," *The Jerusalem Post*, February 20, 2022, https://www. jpost. com/business-and-innovation/economics/article-698082.

③ "The Economy and Economic Policy Alongside COVID-19," Bank of Israel, March 29, 2022, pp. 8-9, https://www. boi. org. il/en/NewsAndPublications/RegularPublications/Pages/DochBankIsrael 2021. aspx.

④ Shoshanna Solomon, "Israel at 74: Economy Shows Resilience, Though Clouds Loom Large on the Horizon," *The Times of Israel*, May 4, 2022, https://www. timesofisrael. com/israel-at-74-economy-shows-resilience-though-clouds-loom-large-on-the-horizon/.

⑤ "The Economy and Economic Policy Alongside COVID-19," Bank of Israel, March 29, 2022, p. 9, https://www. boi. org. il/en/NewsAndPublications/RegularPublications/Pages/DochBankIsrael 2021. aspx.

增加，并在第二季度超过了 2019 年的平均水平，已回归到充分就业状态。2021 年以色列宏观经济活动的复苏反映在就业率的显著增长上，2020 年以来造成的就业率差距大部分在年底前得以弥合。① 疫情发生后，以色列曾担忧长期失业会对劳动投入产生长期影响，但根据对以色列家庭劳动投入的分析，到 2021 年年底，以色列家庭的就业人数及其就业程度（全职或兼职）均与 2019 年相当。此外，劳动力市场的复苏也体现在对劳动力需求的显著增加上，随着就业人数的增长，经济中的职位空缺数量也迅速增加。② 这主要是由于政府逐步取消了疫情期间针对待业或失业人员实施的优待政策，即无薪休假③政策。这一政策使得工资低廉、劳动率低下的行业出现员工"离职潮"，这些行业陷入"招工难"的困境。④ 到 2021 年 6 月，由于确诊率较低，就业市场复苏明显，以色列政府决定不再延长疫情期间实施的无薪休假政策，以便鼓励暂时失业的人员重返就业市场，增加劳动力供应。从 7 月开始，以色列对 45 岁以下员工取消了无薪休假安排，在此政策实施后，45 岁及以下劳动力的失业率降低，因此到 10 月，以色列进一步取消了对 45 岁以上员工的无薪休假安排。⑤

2021 年以色列的平均工资增长了约 4.4%，已接近疫情前的年度增长趋势，政府、劳工和雇主签署协议将进一步提高最低工资水平。客观而言，平均

---

① "The Economy and Economic Policy Alongside COVID‑19," Bank of Israel, March 29, 2022, p. 10, https：//www.boi.org.il/en/NewsAndPublications/RegularPublications/Pages/DochBankIsrael 2021.aspx.

② "The Economy and Economic Policy Alongside COVID‑19," Bank of Israel, March 29, 2022, p. 12, https：//www.boi.org.il/en/NewsAndPublications/RegularPublications/Pages/DochBankIsrael 2021.aspx.

③ 无薪休假（furlough arrangement）指员工因公司或雇主的特殊需要而暂时休假，但公司或雇主不支付员工休假期间工资的休假行为，公司或雇主通过这一方式避免解雇员工，这种情况可能与公司或雇主的经济状况或社会整体状况有关。参见"What Is The Difference Between a Furlough, a Layoff and a Reduction In Force?" The Society for Human Resource Management, https：//www.shrm.org/resourcesandtools/tools‑and‑samples/hr‑qa/pages/furloughlayoffreducti oninforce.aspx.

④ Maayan Manela, "The 'Greatest Resignation' Is Rocking Israel's Jobs Market," Ctech by Calcalist, August 29, 2021, https：//www.calcalistech.com/ctech/articles/0, 7340, L‑3916490, 00.html.

⑤ "The Economy and Economic Policy Alongside COVID‑19," Bank of Israel, March 29, 2022, p. 11, https：//www.boi.org.il/en/NewsAndPublications/RegularPublications/Pages/DochBankIsrael 2021.aspx.

工资的增长主要是由于疫情期间工资较低、生产率低下行业的就业率下降，就业市场里多为工资较高人员。以色列平均工资的增长主要是由于就业人员构成的这一急剧变化，而非生产力提高、工人供不应求所致。① 此外，远程办公也部分抵消了疫情对就业和工资造成的负面影响。即便在防疫政策严格时期，远程办公依旧能够保持工作的连贯性，这使得生产率高的行业更有优势。这些行业对距离办公地点远近要求较低，甚至在疫情前便开始远程办公，因而疫情对这些行业及其工资影响较小，许多行业甚至在 2020 年年底便开始加速发展。② 2021 年 11 月，政府、劳工和雇主代表签署了"一揽子协议"，其中包括到 2026 年将最低工资逐步提高到每月 6000 新谢克尔。以色列最低工资在过去 4 年里一直保持在每月 5300 新谢克尔。从 2026 年起，以色列最低工资将依法恢复到平均工资的 47.5%。根据以色列银行的分析，即便签署了协议，但受到非贸易行业活动预期复苏受限的影响，最低工资占平均工资的比重将有所下降，因此，最低工资的提高预计不会对就业造成影响。③

疫情虽对旅游业产生冲击，但旅游业占以色列 GDP 的比重相对较低，因此并未对以色列经济产生较大的影响。2021 年，即便以色列对其他经济领域放松疫情限制，但对入境游始终严格控制，这导致 2021 年以色列入境游客数量仅为 2019 年的 9%，旅游服务出口仅为 2019 年的 16%。入境游客数量锐减，使得在以色列酒店过夜的游客总数相比 2019 年大幅降低了 90%。以色列最受欢迎的耶路撒冷、特拉维夫、死海等地，酒店入住率仍低于 2019 年。以色列出境游客数量也有所下降，仅为 2019 年的 1/3。④ 但由于出境游的各种限制，

① "The Economy and Economic Policy Alongside COVID-19," Bank of Israel, March 29, 2022, p. 12, https：//www. boi. org. il/en/NewsAndPublications/RegularPublications/Pages/DochBankIsrael 2021. aspx.

② "The Economy and Economic Policy Alongside COVID-19," Bank of Israel, March 29, 2022, p. 13, https：//www. boi. org. il/en/NewsAndPublications/RegularPublications/Pages/DochBankIsrael 2021. aspx.

③ "The Economy and Economic Policy Alongside COVID-19," Bank of Israel, March 29, 2022, p. 16, https：//www. boi. org. il/en/NewsAndPublications/RegularPublications/Pages/DochBankIsrael 2021. aspx.

④ "The Economy and Economic Policy Alongside COVID-19," Bank of Israel, March 29, 2022, p. 14, https：//www. boi. org. il/en/NewsAndPublications/RegularPublications/Pages/DochBankIsrael 2021. aspx.

以色列人的国内旅游增多，在一定程度上弥补了入境游客数量减少的不利处境，以色列游客在国内酒店过夜的数量相比 2019 年增加了 6%。此外，2019 年旅游业收入占以色列 GDP 的 1.7%，2021 年这一比重降至约 0.3%，因此以色列经济受到旅游业低迷的不利影响较小。

财政收入增长，赤字大幅下降，税收收入增长明显，有助于以色列利用财政政策缓和疫情对经济的负面影响。2021 年，以色列财政收入为 4129 亿新谢克尔，同比增长 29.8%，其中税收收入为 3840 亿新谢克尔；财政赤字为 686 亿新谢克尔，同比大跌 57.1%，① 对此，以色列第一大银行——以色列工人银行（Bank Hapoalim）首席经济师维克多·巴哈尔（Victor Bahar）称赞道："我不知道还有哪个国家能以如此快的速度减少了预算赤字。"② 财政收入的增长弥补了 2020 年经济低迷造成的税收不足。经济活动的复苏，以及土地税收和资本利得税（capital gains taxes）收入迅猛增长，使得税收收入相比 2020 年有了显著提升。这些优势使得以色列财政政策也发生了改变，并在缓和疫情对经济的影响方面发挥了关键作用。财政政策重点聚焦于大幅增加政府支出，以转移支付和向企业提供国家支持的贷款作为主要手段，大幅增加医疗支出。③ 其中，用于应对疫情危机的公共支出重点也发生了转向。经济活动的改善，使得家庭、企业对政府支持的需求持续下降，因而政府削减了旨在支持企业和家庭的"安全网"（safety net）支出，大幅提高包括疫苗接种、核酸检测在内的公共卫生支出，以协助负担过重的医疗卫生系统正常运转，并在 11 月通过的国家财政预算案中为应对疫情额外拨款 100 亿新谢克尔作为备用金。④

①《2021 年以色列经济数据》，中华人民共和国商务部，2022 年 5 月 3 日，http://www.mofcom.gov.cn/article/zwjg/zwdy/zwdyxyf/202205/20220503309413.shtml。

② Shoshanna Solomon, "Israel at 74: Economy Shows Resilience, Though Clouds Loom Large on the Horizon," *The Times of Israel*, May 4, 2022, https://www.timesofisrael.com/israel-at-74-economy-shows-resilience-though-clouds-loom-large-on-the-horizon/.

③ "The Economy and Economic Policy Alongside COVID-19," Bank of Israel, March 29, 2022, pp. 14-15, https://www.boi.org.il/en/NewsAndPublications/RegularPublications/Pages/DochBankIsrael2021.aspx.

④ "The Economy and Economic Policy Alongside COVID-19," Bank of Israel, March 29, 2022, p. 15, https://www.boi.org.il/en/NewsAndPublications/RegularPublications/Pages/DochBankIsrael2021.aspx.

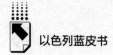
以色列通货膨胀率有所上升，但控制在目标范围之内，在国际上仍处于较低水平。长期以来，以色列的通货膨胀率一直低于大多数经合组织国家，这使其能够稳定地执行货币政策。① 2021 年，以色列利率始终稳定在 0.1%。② 2021 年，以色列居民消费价格指数上涨 2.8%，涨幅创 10 年来最高纪录，这与以色列国内及国际上经济活动的进程有关。从国内来看，疫情期间以色列通过财政政策和货币政策提供的支持，缓和了疫情对家庭收入的影响。随着经济状况改善，这些政策逐步取消，以色列国内对非贸易商品和服务的需求迅速增加。从国际来看，疫情导致世界各地原材料短缺，供应链中断，促使价格上涨，这些上涨主要转嫁到居民消费价格指数的可交易部分上。③

以色列通过新谢克尔升值来缓和通货膨胀，再以购买规模空前的外汇手段来抑制新谢克尔升值趋势，双管齐下保持经济稳定。2021 年，以色列通过新谢克尔升值来影响进口价格，缓和了通货膨胀的上升。按名义有效汇率计算，新谢克尔升值 7.9%，对美元升值约 3%，对欧元升值约 11%，达到 20 多年来的最高水平。与其他国家货币相比，新谢克尔的升值在国际上居于高位。这主要是得益于经常账户持续出现巨额盈余，高科技行业表现出众而对外资产生"虹吸效应"等因素。新谢克尔升值虽然有效抑制了通货膨胀，但由于升值趋势不断攀升，以色列又通过购买规模空前的约 350 亿美元外汇来抑制新谢克尔升值趋势。④

经济的复苏也反映在 2021 年以色列信贷市场运行良好，利率较低且稳定上。以色列银行和财政部近年来采取的监管措施有助于扩大融资来源。

---

① "Remarks by the Governor of the Bank of Israel at the Press Briefing on Monetary Policy Held Today at the Bank of Israel," Bank of Israel, January 3, 2022, https：//www. boi. org. il/en/NewsAnd Publications/PressReleases/Pages/03-1-22. aspx.

② "The Economy and Economic Policy Alongside COVID-19," Bank of Israel, March 29, 2022, p. 18, https：//www. boi. org. il/en/NewsAndPublications/RegularPublications/Pages/DochBankIsrael 2021. aspx.

③ "The Economy and Economic Policy Alongside COVID-19," Bank of Israel, March 29, 2022, p. 17, https：//www. boi. org. il/en/NewsAndPublications/RegularPublications/Pages/DochBankIsrael 2021. aspx.

④ "The Economy and Economic Policy Alongside COVID-19," Bank of Israel, March 29, 2022, p. 18, https：//www. boi. org. il/en/NewsAndPublications/RegularPublications/Pages/DochBankIsrael 2021. aspx.

以色列在疫情期间保持低而稳定的利率水平，企业遭遇的金融限制较少，与疫情前相似。① 鉴于经济已复苏，2020 年增加对小企业信贷供应的计划在 2021 年有所减少。以色列银行行长表示，在 2022 年，以色列将通过推动银行业务开放、实现银行间一键转换（one-click switching）、改革抵押贷款领域等措施，继续为以色列信贷市场的日益成熟和发展做出贡献。②

### （三）以色列经济面临的主要问题

虽然以色列就业市场在 2021 年复苏明显，但到 2021 年年底，阿拉伯社区中无薪者家庭和仅有一名兼职工薪阶层的家庭占比要远高于 2019 年。由于缺乏 2021 年以色列家庭和个人收入数据，现在评估疫情对这些家庭总收入造成的持续影响仍为时过早。③

尽管职位空缺数量增多，但到 2021 年年底，雇主所要求的工人的条件与失业者资格之间的不匹配程度与疫情前相似。因此，随着失业率恢复到较低水平，为满足对相关职业工人的巨大需求，以色列需要吸引新的人口群体就业，并为空缺职位培训新劳动力。④

宏观经济活动的改善，高科技服务出口态势迅猛，以及房地产市场活跃，都推动了以色列税收的增长。需要注意的是，这些因素对税收的影响可能是暂时性的，因而不能将其归为促进税收增长的长期因素。⑤

---

① "Remarks by the Governor of the Bank of Israel at the Press Briefing on Monetary Policy Held Today at the Bank of Israel," Bank of Israel, January 3, 2022, https://www.boi.org.il/en/NewsAnd Publications/PressReleases/Pages/03-1-22.aspx.

② "Remarks by the Governor of the Bank of Israel at the Press Briefing on Monetary Policy Held Today at the Bank of Israel," Bank of Israel, January 3, 2022, https://www.boi.org.il/en/NewsAnd Publications/PressReleases/Pages/03-1-22.aspx.

③ "The Economy and Economic Policy Alongside COVID-19," Bank of Israel, March 29, 2022, p. 11, https://www.boi.org.il/en/NewsAndPublications/RegularPublications/Pages/DochBankIsrael 2021.aspx.

④ "The Economy and Economic Policy Alongside COVID-19," Bank of Israel, March 29, 2022, p. 12, https://www.boi.org.il/en/NewsAndPublications/RegularPublications/Pages/DochBankIsrael 2021.aspx.

⑤ "The Economy and Economic Policy Alongside COVID-19," Bank of Israel, March 29, 2022, p. 15, https://www.boi.org.il/en/NewsAndPublications/RegularPublications/Pages/DochBankIsrael 2021.aspx.

人口增长推动了 GDP 的增长，但 GDP 的增长并不意味着每个人都可以从中受益。特拉维夫大学教授丹·本-大卫（Dan Ben-David）表示："以色列的大部分 GDP 增长来自人口增长：我们的人口增长速度比其他任何经合组织国家都要快得多。人口快速增长为我们的 GDP 增长提供了巨大推力。"[①] 2019 年以来，由于以色列人口快速增长，私人消费总额增长了 1.5%，但人均私人消费额实际上却下降了 2%。这表明以色列的普通居民在疫情期间的经济压力加大。此外，根据以色列官方数据，2020~2021 年，以色列无家可归人口增加了 25% 以上。再加上当前生活成本增加、通货膨胀率上升等，以色列经济的正增长与普通居民日益严重的财务困境之间存在着明显的不协调。[②]

以色列在研发投资方面领先于其他经合组织国家，但其国家福利支出占 GDP 的比重在经合组织国家中仅排在第 29 位。根据以色列中央统计局的数据，国家福利支出包括发放给家庭的津贴，向老人、儿童、青少年、残疾人、失业者以及促进就业项目提供的款项等。经合组织国家的研发投资与国家福利支出之间存在着很强的相关性，通常随着研发投资的增加了，国家福利支出也会增加，但是根据 2010~2019 年的数据，以色列研发投资每增加 1%，国家福利支出仅增加 1.65%，在经合组织国家排名中比较靠后。[③]

国民收入差距进一步拉大，特别是高科技行业人员与其他社会成员收入悬殊，这需引起警惕。在经合组织国家中，以色列的收入不平等程度最高。在以色列，高科技行业从业者一直是收入最高的群体。根据以色列中央统计局的数据，2021 年，以色列尖端技术研发人员的月平均工资约为 9490 美元，是以色列月最低工资（1630 美元）的 5 倍多，是月平均工资（3630 美元）的将近 3 倍。在过去 10 年中，以色列月最低工资上涨 29%，月平均工资上涨 34%，高

① Zachy Hennessey, "Israel's GDP Is Up, but That Growth Is Misleading-Analysis," *The Jerusalem Post*, February 20, 2022, https：//www.jpost.com/business-and-innovation/economics/article-698082.

② Zachy Hennessey, "Israel's GDP Is Up, but That Growth Is Misleading-Analysis," *The Jerusalem Post*, February 20, 2022, https：//www.jpost.com/business-and-innovation/economics/article-698082.

③ Doron Broitman, "High-tech Continues to Blossom, but the Rest of Israel's Economy Can't Keep Up," CTech by Calcalist, March 21, 2022, https：//www.calcalistech.com/ctechnews/article/hjxdx2smq.

科技行业月平均工资则上涨54%。① 根据2021年11月的数据，以色列33.1%的就业者和38.6%的个体经营者的收入低于最低工资。当研究少数群体时，则更易清晰地看出以色列社会经济差距的进一步扩大。以色列创新局（Israel Innovation Authority）在2021年的报告中写道："以色列高科技产业正在继续保持其作为一个相对封闭的同质社会的地位，这个社会主要由非极端正统派的犹太男性组成。"② 以色列中央统计局的调查结果显示，2/3的高科技工作者是男性，98%是犹太人，只有2%是阿拉伯人。③ 这种收入不平等可能破坏以色列社会的团结，产生严重的社会问题。④

## 二　政治局势

### （一）以色列大选

2021年3月，以色列开启了两年内的第4次大选。根据此轮选票统计结果，在议会120个席位中，内塔尼亚胡领导的利库德集团获得30席，亚伊尔·拉皮德领导的拥有未来党获得17席，甘茨领导的蓝白党获得8席，阿拉伯政党获得8席，纳夫塔利·贝内特领导的统一右翼联盟（Yamina）获得7席。从阵营来看，内塔尼亚胡阵营获得52席，由拥有未来党、蓝白党等组成的反内塔尼亚胡阵营获得57席，均未达到组阁要求的61席。⑤ 随后，总统里

① Doron Broitman, "High-tech Continues to Blossom, but the Rest of Israel's Economy Can't Keep Up," CTech by Calcalist, March 21, 2022, https：//www. calcalistech. com/ctechnews/article/hjxdx2smq.

② Doron Broitman, "High-tech Continues to Blossom, but the Rest of Israel's Economy Can't Keep Up," CTech by Calcalist, March 21, 2022, https：//www. calcalistech. com/ctechnews/article/hjxdx2smq.

③ Doron Broitman, "High-tech Continues to Blossom, but The Rest of Israel's Economy Can't Keep Up," CTech by Calcalist, March 21, 2022, https：//www. calcalistech. com/ctechnews/article/hjxdx2smq.

④ Shoshanna Solomon, "Israel at 74: Economy Shows Resilience, Though Clouds Loom Large on the Horizon," *The Times of Israel*, May 4, 2022, https：//www. timesofisrael. com/israel-at-74-economy-shows-resilience-though-clouds-loom-large-on-the-horizon/.

⑤ 《以色列议会选举：没有阵营获得组阁所需席位》，新华网，2021年3月26日，http：//www. xinhuanet. com/2021-03/26/c_ 1127260596. htm.

夫林授权内塔尼亚胡和拉皮德先后进行组阁。

然而，此次大选中，无论是政党还是选民都对频繁大选有所抱怨。在此背景下，许多选民想让内塔尼亚胡下台，不少政党也打着"只要不是内塔尼亚胡"的口号，开始摒弃政见冲突、搁置重大争议、握手言和。5月中旬，由于以色列和哈马斯、国内犹太人和阿拉伯人爆发严重冲突，以色列民众对安全问题越发关注，内塔尼亚胡多年来主打安全议题，这使得组阁形势几乎朝着有利于内塔尼亚胡的方向发展。但统一右翼联盟领袖贝内特认为内塔尼亚胡阵营中的极右翼政党根本无法与阿拉伯政党联盟，最终仍会导致组阁失败，因而退出与内塔尼亚胡的联合政府谈判，使其在规定期限内未能组阁。随后，拉皮德获得组阁权。在协力倒"内"的大联合下，在距离组阁最后期限仅剩不到40分钟时，贝内特以"造王者"身份加入拉皮德联盟，使后者成功组阁。以色列议会最终以60票赞成、59票反对、1票弃权的微弱优势，结束了内塔尼亚胡长达12年之久的连续执政生涯。一个以色列历史上从未出现过的联合政府就此诞生。其罕见性主要在于该政府囊括了右翼、左翼、中间派全政治光谱的8个政党。① 这在世界政坛极为罕见。

首先，八党联合政府是以色列有史以来内阁成员最具多样性的政府。除了囊括右翼、左翼、中间派全政治光谱外，内阁有创纪录的9位女性部长，占部长人数的1/3，她们主要就职于交通部、能源部、环境保护部、教育部等部门。此外，有2位部长是阿拉伯人，2位部长公开同性恋身份，还有1位部长为残障人士。② 贝内特也成为以色列历史上首位戴传统犹太小帽的总理。③

---

① 这8个政党中包括3个右翼政党，分别为纳夫塔利·贝内特领导的统一右翼联盟（Yamina）、阿维格多·利伯曼（Avigdor Liberman）领导的以色列家园党（Yisrael Beiteinu）和吉顿·萨尔（Gideon Sa'ar）领导的新希望党（New Hope）；2个左翼政党，分别是梅拉夫·米凯利（Merav Michaeli）领导的工党（Labor Party）和尼赞·霍洛维茨（Nitzan Horowitz）领导的梅雷茨党（Meretz）；2个中间派政党，分别为亚伊尔·拉皮德领导的拥有未来党（Yesh Atid）和本尼·甘茨（Benny Gantz）领导的蓝白党（Blue and White）；还有曼苏尔·阿巴斯领导的阿拉伯政党拉姆党（Ra'am）。

② Ofer Kenig, "Israel's 36th Government—By the Numbers," The Israel Democracy Institute, June 9, 2021, https://en.idi.org.il/articles/34687.

③ Noam Ivri, "The New Israeli Government: Challenges Ahead and Key Stakeholders," APCO Worldwide, July 21, 2021, https://apcoworldwide.com/blog/the-new-israeli-government-challenges-ahead-and-key-stakeholders/.

其次，此届政府组建耗时长、部长人数庞大，总理所在政党和政府第一大党的席位数均为以色列有史以来最低。本届政府组建耗时 80 天，是以色列建国以来组建耗时第二长的政府，仅次于 1955 年本-古里安领导的第 7 届政府。过去 20 年，以色列组建政府所需时间一直呈延长趋势。这是因为各党派间存在着结构性不信任，"在达成组建政府最终协议前各方会延长审议时间"①。从部长人数来看，此届政府是以色列历史上第三大政府，共有 28 位部长，仅次于之前一届政府的 34 位部长和 2009 年内塔尼亚胡政府的 30 位部长。从席位数来看，总理贝内特所在政党的席位数在以色列议会 120 个席位中仅占 7 席，拉皮德率领的拥有未来党属于联合政府中的第一大党，但也仅拥有 17 席。

最后，半数内阁成员虽有从政经历，但缺乏内阁工作的经验。联合政府中右翼和中间派政党的许多成员曾在之前一届政府中任职，熟悉国家关键问题及解决方法。左翼政党和阿拉伯政党拉姆党长期以来是反对党，因此其成员对政府政策制定不太熟悉。联合政府中的其他成员更不乏政界新人，比如经济和工业部部长奥尔纳·巴比瓦伊（Orna Barbivai）虽有 30 年部队经历，但 2019 年才进入议会从政。②

## （二）新政府执政成就值得称道

联合政府将自身定义为"变革政府"，对内搁置争议，推进共识，聚焦民生问题，专注国家治理；对外致力于多边主义，加强对传统外交的利用，强化旧识、开拓新交。新政府在国内、国外诸多领域取得的成绩值得称道。

从国内来看，联合政府避免内塔尼亚胡时期的"内讧与争吵"，按期通过久而未决的国家财政预算案，不仅使新生政府初步站稳脚跟，也为以色列经济发展做出了贡献。贝内特在联合政府成立时表示："（内塔尼亚胡时期）本应治理国家的人们却频繁争吵，吵架之人无法正常工作，导致国家瘫痪。仇恨和

---

① Ofer Kenig, "Israel's 36th Government—By the Numbers," The Israel Democracy Institute, June 9, 2021, https://en.idi.org.il/articles/34687.

② Noam Ivri, "The New Israeli Government: Challenges Ahead and Key Stakeholders," APCO Worldwide, July 21, 2021, https://apcoworldwide.com/blog/the-new-israeli-government-challenges-ahead-and-key-stakeholders/.

内讧的旋涡将这个国家投入频繁大选，撕裂团结。"这些"争吵"使得国家财政预算案迟迟无法通过，但贝内特政府在上任 100 天之内顺利通过了 2018 年以来的首个国家财政预算案，这是其上任以来的最高成就。对此，贝内特曾在议会发言中表示："本届政府代表极其广泛的以色列人，我们可以齐聚一堂，奋力推进一致同意的问题，并把分裂我们的问题搁置一旁。"①

联合政府更加关注以色列阿拉伯社区。联合政府同意把对阿拉伯社区的资助增加一倍，承诺在 5 年内提供 160 亿美元来改善以色列阿拉伯人的福利待遇。为打击阿拉伯城镇日益猖獗的犯罪活动，联合政府优先加强了长期被忽视的阿拉伯社区的治安，使有组织犯罪率下降了 30 个百分点。② 联合政府加快阿拉伯家庭的住房建设与土地规划，承诺停止拆除阿拉伯村庄中未经许可建造的房屋，并承认内格夫地区贝都因城市的法定地位；改善阿拉伯社区的互联网连接，提高阿拉伯人网络数字技术，促进相关职业发展，在靠近阿拉伯人口中心的地方创建技术园区。③

联合政府抑制极端正统派对国家的不利影响。联合政府是自 1990 年以来少数不包括极端正统派政党的政府之一，这为推进改革以色列的政教关系提供了契机。在政府成立后仅 3 周，财政部部长利伯曼便着手削减极端正统派的日托津贴，规定从下一学年开始，就读于耶希瓦且不工作的极端正统派犹太人将无法为其 3 岁以下孩子领取政府津贴，这涉及约 2 万个极端正统派犹太家庭。④ 宗教事务部部长马坦·卡哈那（Matan Kahana）的改革更加大胆，其结束了首席拉比对犹太律法和洁食（kosher）认证程序的控制；让女性正式参与

① Herb Keinon, "Bennett's First 100 Days: Transitional, Not Transformational," *The Jerusalem Post*, September 19, 2021, https://www.jpost.com/israel-news/politics-and-diplomacy/bennetts-first-100-days-transitional-not-transformational-679829.

② David Makovsky, "Bennett on the Brink: Israel's Precarious Coalition One Year on," The Washington Institute for Near East Policy, June 13, 2022, https://www.washingtoninstitute.org/policy-analysis/bennett-brink-israels-precarious-coalition-one-year.

③ Noam Ivri, "The New Israeli Government: Challenges Ahead and Key Stakeholders," APCO Worldwide, July 21, 2021, https://apcoworldwide.com/blog/the-new-israeli-government-challenges-ahead-and-key-stakeholders/.

④ Shalom Yerushalmi, "Avigdor Liberman's Moves Against the Ultra-Orthodox Have the Coalition Seething," *The Times of Israel*, July 9, 2021, https://www.timesofisrael.com/could-avigdor-libermans-moves-against-ultra-orthodox-sink-the-coalition/.

到以色列的宗教生活中，任命多名女性领导地区犹太宗教委员会，负责管理社区宗教事务；改革市政拉比（municipal rabbis）和拉比法官（rabbinic judges）的任命程序，直接向拉比的腐败与滥权等行为开刀；[1]并试图在极端正统派学校体系中开设数学、英语、计算机等世俗科目，征召极端正统派犹太人入伍。[2]此外，新政府还呼吁限制极端正统派犹太人的政治影响力，这被视为以色列公共领域最明显的缺陷之一。交通部部长梅拉夫·麦考利（Merav Michaeli）希望公共交通能在安息日继续运行。贝内特不顾极端正统派的阻挠，无视沙斯党（Shas）和犹太教托拉联盟（United Torah Judaism）的极力反对，成立专门的国家委员会调查造成45人死亡的梅隆山（Mount Meron）踩踏事故。而在之前一届政府任期内，由于内塔尼亚胡阵营中宗教政党的阻挠，即便死者家属不断呼吁，内塔尼亚胡政府依旧拒绝成立独立调查委员会围绕事故展开调查。[3]

联合政府经济发展与抗击疫情双管齐下，成效明显。2021年9月，贝内特在联合国发表演讲时提到以色列抗击新冠肺炎疫情的原则：国家必须保持开放，及早为国民接种加强针。[4]以色列顶住巨大压力，甚至在食品和药物管理局（FDA）还没批准的情况下就开始为国民接种加强针。贝内特称，"我们面临着艰难抉择，要么将以色列拖入新一轮封锁，进一步危害经济和社会，要么选择接种加强针"。以色列成立了特别工作组，由贝内特亲自领导，"绕过缓慢的官僚审批程序，迅速决定并立即行动"。[5]以色列政府表示，这些政策实

① Judah Ari Gross, "Matan Kahana Has Upset the Religious Status Quo, and His Work Won't Be Easily Undone," *The Times of Israel*, July 3, 2022, https://www.timesofisrael.com/matan-kahana-has-upset-the-religious-status-quo-and-his-work-wont-be-easily-undone/.

② Lidia Averbukh, Peter Lintl, "Israel: Half a Year Under the Bennett Government," Stiftung Wissenschaft und Politik, January 21, 2022, https://www.swp-berlin.org/en/publication/israel-half-a-year-under-the-bennett-government.

③ Jeremy Sharon, "Gov't Approves State Committee of Inquiry into Meron Disaster," *The Jerusalem Post*, June 20, 2021, https://www.jpost.com/israel-news/govt-approves-state-committee-of-inquiry-into-meron-disaster-671531.

④ "Prime Minister Naftali Bennett's Address to the United Nations General Assembly in New York," Prime Minister's Office of Israel, September 27, 2021, https://www.gov.il/en/departments/news/event_un270921.

⑤ "Prime Minister Naftali Bennett's Address to the United Nations General Assembly in New York," Prime Minister's Office of Israel, September 27, 2021, https://www.gov.il/en/departments/news/event_un270921.

施后，成效初见。以色列"经济在增长，失业率在下降。"①

从国际上来看，联合政府强化旧识，开拓新交，成就斐然。在与约旦关系上，联合政府首要外交政策之一便是积极修复内塔尼亚胡任期内与约旦交恶的外交关系。内塔尼亚胡曾与约旦国王阿卜杜拉二世·本·侯赛因（Abdullah Ⅱ Bin Hussein）关系紧张，然而自联合政府成立后，以色列总统、总理、外交部部长和国防部部长先后访问约旦，会见约旦国王。双方签署了新的贸易协定，以色列将约旦向西岸地区出口的上限从每年的 1.6 亿美元提升至 7 亿美元；并额外批准向约旦出售 5000 万立方米的水资源。双方还签署了能源合作协议，计划在约旦建设一座大型光伏太阳能发电厂，可向以色列输入高达 600 兆瓦的电，同时将在以色列建立一座海水淡化厂，以便向约旦输送高达 2 亿立方米的淡水。②

在与埃及关系上，巩固双方在安全合作、外交、旅游、航空、经济等领域的双边关系，重视埃及在巴以问题上的斡旋者角色。2021 年 9 月，应埃及总统阿卜杜勒·法塔赫·塞西（Abdel Fattah al Sisi）之邀，贝内特出访埃及，这是以色列领导人 10 年来首次访埃。两国围绕"深化关系和加强两国利益的途径"展开会谈。贝内特表示："这次会议不仅重要且非常顺利，我们为未来的关系创造了基础。"③ 2021 年 5 月，巴以冲突再起时，埃及定期与哈马斯、法塔赫联系，同时与以色列保持外交、安全和经济联系。在埃及的大力调停下，以色列和哈马斯最终达成停火协议。④ 对此，贝内特表示："如果没有我们埃及合作伙伴的支持与参与，没有他们与所有相关方人员对话的能力，这是不会发生的。"⑤

---

① Maayan Lubell, "Analysis: With Hoosters, Masks and Green Pass, Israel Sees a COVID-19 Wave in Retreat," Reuters, October 15, 2021, https://www.reuters.com/world/middle-east/with-boosters-masks-green-pass-israel-sees-covid-19-wave-retreat-2021-10-15/.

② Neville Teller, "It's Time to Recognize the Coalition Government's Achievements-Opinion," The Jerusalem Post, July 18, 2022, https://www.jpost.com/opinion/article-712439.

③ Peter Beaumont, "Naftali Bennett Makes First Visit to Egypt by an Israeli PM in a Decade," The Guardian, September 13, 2021, https://www.theguardian.com/world/2021/sep/13/naftali-bennett-makes-first-visit-to-egypt-by-an-israeli-pm-in-a-decade.

④ "Bennett Meets Sisi on First Egypt Trip by Israeli PM in Decade," France 24, September 13, 2021, https://www.france24.com/en/middle-east/20210913-bennett-meets-sisi-on-first-egypt-trip-by-israeli-pm-in-decade.

⑤ Peter Beaumont, "Naftali Bennett Makes First Visit to Egypt by an Israeli PM in a Decade," The Guardian, September 13, 2021, https://www.theguardian.com/world/2021/sep/13/naftali-bennett-makes-first-visit-to-egypt-by-an-israeli-pm-in-a-decade.

贝内特同时也赞扬了埃及在为加沙地带安全问题，以及为以色列俘虏和失踪者问题寻找解决方案方面发挥的重要作用。

与阿联酋的关系进一步深化，成为联合政府外交努力的一大亮点。自《亚伯拉罕协议》签署以来，以色列与阿联酋的双边关系已取得飞速发展。但在以色列联合政府的领导下，两国关系进一步深化。2021年上半年，以色列和阿联酋已经签署了超过6亿美元的双边贸易协议，涉及食品、农业、医疗、航空、水和能源等领域，双方还签署了60多份谅解备忘录，许多人工智能、金融科技和农业领域的以色列初创企业在阿联酋开展业务。① 6月，以色列新任外交部部长拉皮德对阿联酋进行访问，以色列在阿布扎比设立大使馆，在迪拜开设领事馆，阿联酋在特拉维夫设立大使馆，这对双边关系而言具有里程碑意义。② 同月，以色列著名的"i24新闻"（i24News）频道宣布将在迪拜开设办事处。③ 7月，以色列和阿联酋两家航空公司宣布联合启动代码共享协议和常旅客计划，这是双方关系深化的又一迹象；④ 同月双方还签署了首个农业领域的合作协议，包括水资源的管理和灌溉、共同开发旱地农产品等。⑤ 9月，两国达成迄今为止最大数额的交易协议，即阿联酋国有石油公司以大约10亿美元的价格购买以色列塔玛尔（Tamar）海上天然气田22%的股份。⑥ 10月，阿以两国签署了一项太空合作协议，争取到2024年将两国国旗插到月球上。

---

① Ricky Ben-David, "UAE Seeks Staggering $1 Trillion in Economic Ties with Israel over Next Decade," *The Times of Israel*, September 14, 2021, https：//www.timesofisrael.com/uae-seeks-1-trillion-in-economic-ties-with-israel-over-next-decade/.

② "Israel's PM Naftali Bennett to Visit UAE to Discuss Deepening Ties," *The Guardian*, December 12, 2021, https：//www.theguardian.com/world/2021/dec/12/naftali-bennett-israel-pm-uae-visit.

③ AFP and TOI Staff, "Israel's i24News Channel to Open Dubai Office," *The Times of Israel*, June 21, 2021, https：//www.timesofisrael.com/israels-i24news-channel-to-open-dubai-office/.

④ AFP, "Israeli, UAE Airlines Announce Codeshare and Frequent Flyer Partnership," *The Times of Israel*, July 1, 2021, https：//www.timesofisrael.com/israeli-uae-airlines-announce-codeshare-and-frequent-flyer-partnership/.

⑤ TOI Staff, "Israel Signs First Agricultural Agreements with the UAE," *The Times of Israel*, July 13, 2021, https：//www.timesofisrael.com/israel-signs-first-agricultural-agreements-with-the-uae/.

⑥ Ricky Ben-David, "UAE Seeks Staggering $1 Trillion in Economic Ties with Israel over Next Decade," *The Times of Israel*, September 14, 2021, https：//www.timesofisrael.com/uae-seeks-1-trillion-in-economic-ties-with-israel-over-next-decade/.

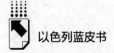

11月，阿联酋航空宣布，将于12月开通迪拜和特拉维夫之间的商业航班。①
12月，贝内特访问阿布扎比，与阿联酋王储谢赫·穆罕默德·本·扎耶德会
晤。贝内特成为以色列历史上首位出访阿联酋的总理。双方围绕农业、粮食安
全、可再生能源、网络安全、教育、航空、卫生等重要领域展开会谈，强调
"加强双边合作，旨在努力增进共同利益，为巩固地区稳定、安全和发展做出
贡献"②。贝内特表示："阿联酋与以色列的关系可以为我们在中东实现和平树
立榜样。"③

与巴林的双边关系翻开新篇章。2021年8月，巴林首位驻以色列大使开始
履职。9月，以色列外交部部长拉皮德访问巴林，这是两国建交后首次进行部长
级访问，拉皮德同时为以色列驻巴林大使馆举行落成典礼。双方签署了有关安
全、水资源、环境和体育等方面的协议。同月，巴林和以色列之间的首个商业航
班通航。④11月，以色列与美国、阿联酋和巴林在红海进行了针对伊朗的联合
军演，这也是以色列与巴林首次公开的军事合作。⑤巴林驻美国大使阿卜杜
拉·本·拉希德·阿勒哈利法（Abdulla bin Rashed Al Khalifa）表示，巴林与
以色列发展关系不只是为了发展双边关系，也是为了在巴以冲突中"替巴勒
斯坦人民发声"，"《亚伯拉罕协议》在遏制5月的巴以冲突中发挥了积极作
用"，"与以色列建立外交关系创造了另一种沟通渠道，可以缓和，乃至避免

① AFP and TOI Staff, "UAE Flag Carrier Emirates to Launch Daily Dubai-Tel Aviv Flights," *The
  Times of Israel*, November 4, 2021, https://www.timesofisrael.com/uae-flag-carrier-emirates-
  to-launch-daily-dubai-tel-aviv-flights/.
② TOI Staff, "Bennett, on Landmark UAE Visit, Meets Crown Prince to Discuss Booming Ties,
  Iran," *The Times of Israel*, December 13, 2021, https://www.timesofisrael.com/bennett-on-
  landmark-uae-visit-meets-crown-prince-to-discuss-booming-ties-iran/.
③ Andrew Carey, Hadas Gold, "Israeli Prime Minister Meets UAE Crown Prince in Abu Dhabi in
  Historic Visit," CNN, December 13, 2021, https://www.cnn.com/2021/12/13/middleeast/
  naftali-bennett-mbz-meeting-uae-intl/index.html.
④ Emmanuel Dunand, "First Direct Commercial Flight from Bahrain Lands in Israel," i24News,
  September 30, 2021, https://www.i24news.tv/en/news/israel/diplomacy-defense/1632998671-
  first-commercial-flight-from-bahrain-lands-in-israel.
⑤ Sam Sokol, "Israeli Navy's First Drill with Gulf States Kicks off in Red Sea," *Haaretz*, November
  11, 2021, https://www.haaretz.com/israel-news/2021-11-11/ty-article/israel-uae-bahrain-
  and-u-s-forces-conduct-first-joint-red-sea-military-drill/0000017f-e9aa-dc91-a17f-
  fdaffcb90000.

冲突的升级"。①

与摩洛哥关系开启里程碑式发展,国防与安全合作将成为两国关系发展的重要支柱。2021 年 7 月,以色列特拉维夫与摩洛哥马拉喀什(Marrakesh)之间的直飞航班开通。马拉喀什成为继拉巴特后摩洛哥第二个与以色列开通直飞航班的城市。8 月,拉皮德访问摩洛哥,这是自 2003 年以来以色列外交部部长首次正式访问摩洛哥。拉皮德表示:"恢复以色列和摩洛哥的关系是历史性的里程碑,希望两国在经济、技术、文化、旅游等领域的合作取得进展。"②11 月,两国国防部部长在拉巴特签署了谅解备忘录,为安全合作、情报共享和武器防御系统的销售奠定了基础,这也是以色列与阿拉伯国家签订的第一份国防谅解备忘录。③ 以色列表示,希望与摩洛哥重新建立的关系能够发展成深厚的关系,这种关系不仅建立在短期的武器销售和应对共同敌人的基础上,而且建立在更强大、更持久的基础上。④ 根据《耶路撒冷邮报》报道:"以色列与《亚伯拉罕协议》签署国的国防贸易达到数十亿美元,摩洛哥是这一巨额贸易的关键。"⑤ 区域研究政策以色列研究所(The Israeli Institute for Regional Foreign Policies)所长尼姆罗德 · 戈伦(Nimrod Goren)表示:"以色列与摩洛哥的关系正常化已经帮助以色列于近期重新获得了非洲联盟观察员地位。这可能会提高以色列在地中海的影响力,促进以色列和摩洛哥共同参与欧盟资金充裕的项目,支持以色列和巴勒斯坦之间的高层政策对话渠道,并使以

---

① Jacob Magid, "Bahrain Envoy: Abraham Accords Helped Keep Lid on Gaza War in May," *The Times of Israel*, August 10, 2021, https: //www. timesofisrael. com/bahrain - envoy - abraham - accords-helped-keep-lid-on-gaza-war-in-may/.

② Lazar Berman, "Lapid to Visit Morocco Wednesday, in First Trip by Israeli FM Since 2003," *The Times of Israel*, August 10, 2021, https: //www. timesofisrael. com/lapid-set-to-visit-morocco-wednesday-in-first-trip-by-israeli-fm-since-2003/.

③ "Morocco, Israel Sign First-Ever Defence Agreement in Rabat," Al Jazeera, November 24, 2021, https: //www. aljazeera. com/news/2021/11/24/morocco - israel - sign - first - ever - defence - agreement-in-rabat.

④ Judah Ari Gross, "Israel Looking to Deepen Ties with Morocco, with Plans for Arms Sales, Joint Drills," *The Times of Israel*, November 25, 2021, https: //www. timesofisrael. com/israel - looking-to-deepen-ties-with-morocco-with-plans-for-arms-sales-joint-drills/.

⑤ Seth J. Frantzman, "Morocco-Israel Relationship Is a Huge Beneficiary of New Peace Era-Analysis," *The Jerusalem Post*, July 18, 2022, https: //www. jpost. com/middle - east - news/article-712403.

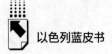
色列公司成为摩洛哥和阿联酋商业合作的一部分。"①

在与美国关系上，以色列联合政府采取务实政策，努力改善与拜登政府的关系。贝内特政府和拜登政府都不愿内塔尼亚胡重新掌权，这一共识使得双方更能接受"通常无法接受之事"，这是联合政府的一个"先天优势"。美国政府前顾问亚伦·米勒（Aaron Miller）表示："无论政策上存在何种分歧，拜登都有更强烈的动机来确保贝内特政府能存活下来，避免内塔尼亚胡重新掌权。"② 从美国来看，相较于内塔尼亚胡，更加多元化的贝内特政府对拜登而言是更合适的伙伴，拜登希望以色列新政府能够站稳脚跟，期冀贝内特能在2023年顺利将权力移交给颇受美方欢迎的拉皮德，因而支持两国私下解决分歧，避免让以色列成为美国两党间的分歧点，避免采取动摇以色列联合政府的举措。③ 从以方来看，贝内特、拉皮德和国防部部长本尼·甘茨都尽力避免内塔尼亚胡任期内出现的与美国发生龃龉的情况，努力弥合内塔尼亚胡和奥巴马任期内双边关系的分歧；④ 同时，贝内特也务实地以可实现的目标为中心，不像内塔尼亚胡那样立场强硬对美方造成压力，以避免与美国发生进一步冲突的风险。

美以双方虽有分歧，但都试图在分歧与合作间达成平衡。双方的核心分歧点在于伊朗核问题、巴勒斯坦问题以及定居点建设问题。目前双方都在努力对这些分歧进行"软处理"。对于伊朗核问题，拜登认为内塔尼亚胡和特朗普试图通过"极限施压"颠覆伊朗政权并不可取，而贝内特虽支持制裁，但并不认为改变伊朗政权是现实的目标，这与拜登通过谈判来解决伊核问题的立场基

① Lazar Berman, "Lapid Touches Down in Morocco to Kick off Historic Visit," *The Times of Israel*, August 11, 2021, https：//www. timesofisrael. com/lapid-touches-down-in-morocco-to-kick-off-historic-visit/.

② Annie Karni, "Biden Vows 'Unshakable Partnership' With Israel in Meeting with Bennett," *The New York Times*, August 27, 2021, https：//www. nytimes. com/2021/08/27/us/politics/biden-naftali-bennett-meeting. html.

③ Herb Keinon, "Bennett's First 100 Days: Transitional, Not Transformational," *The Jerusalem Post*, September 19, 2021, https：//www. jpost. com/israel-news/politics-and-diplomacy/bennetts-first-100-days-transitional-not-transformational-679829.

④ Barak Ravid, "Iran Demanding Revolutionary Guards Be Taken off Terror List in Nuclear Talks: Israeli PM," *Axios*, February 21, 2022, https：//www. axios. com/2022/02/20/irgc-terror-designation-nuclear-deal-talks.

本一致。① 对此，贝内特表示："尽管（美以）在伊核协议上存在分歧，但是我们与拜登及其政府将继续保持密切关系。"② 对于巴勒斯坦问题，贝内特表示既不会支持巴勒斯坦建国，也不会吞并约旦河西岸；但是为了平息美方因以色列联合政府拒绝拜登提出的恢复美国驻耶路撒冷巴勒斯坦办事处的要求而引发的怒火，以色列也积极改善巴勒斯坦人的生活状况。拜登政府虽支持巴勒斯坦建国的两国方案，但由于这一目标不大可能很快实现，同时为了确保以色列新政府的稳定，并未对以色列施加较大压力。定居点建设问题虽是美以两国关系的一个摩擦点，但该问题并非美国在中东的首要考量，因而不会就此与以色列爆发激烈冲突。具体来看，拜登虽然谴责以色列开展定居点建设，但是在行动上更加微妙，拜登政府并未像奥巴马政府那样对以色列施加巨大压力，将定居点建设定义为"非法"。因而，贝内特虽然减缓了定居点建设，但是并未感受到立即停止定居点建设的压力。此外，在以色列新政府内部，支持定居点建设的成员也是少数，不少成员希望以色列政府能够限制定居点建设，甚至有成员支持停止定居点建设。③

以色列联合政府强化旧识、开拓新交的外交政策，不仅在一定程度上修复了与美国的裂痕，而且极大地缓和了与邻国的外交关系，中东地缘政治环境开始向有利于以色列的方向转变。以色列联合阿联酋、巴林、摩洛哥、埃及、约旦以及美国，构建了有利于以色列的地区安全架构，甚至被称为"小北约"（mini-NATO）。④ 对于上述外交领域的巨大成就，拉皮德表示："从战略上讲，我们创造了一个实质上的政治轴心。可以把它想象成由以色列、摩洛哥、埃及和约旦组成的圈子，在某种程度上还可以加上塞浦路斯、希腊、巴林

① Lahav Harkov, "Bennett Is Attempting a 'New Spirit' in His Relationship with Biden," *The Jerusalem Post*, August 29, 2021, https：//www. jpost. com/international/bennett-is-attempting-a-new-spirit-in-his-relationship-with-biden-677822.

② Barak Ravid, "Iran Demanding Revolutionary Guards Be Taken off Terror List in Nuclear Talks：Israeli PM," Axios, February 21, 2022, https：//www. axios. com/2022/02/20/irgc - terror - designation-nuclear-deal-talks.

③ Tovah Lazaroff, "Can Bennett Avoid a Freeze and Sway Biden to Accept Settlement Building?" *The Jerusalem Post*, August 17, 2021, https：//www. jpost. com/opinion/can - bennett - avoid - a - freeze-sway-biden-to-accept-settlement-building-676941.

④ Lahav Harkov, "The Bennett-Lapid Government's Year in Diplomacy-Analysis," *The Jerusalem Post*, June 12, 2022, https：//www. jpost. com/israel-news/politics-and-diplomacy/article-709214.

和阿联酋。"①

　　除了努力发展与中东地区主要国家的外交关系外，对于被视为其"头号威胁"的伊朗，以色列联合政府则采取强硬的"章鱼主义"（Octopus Doctrine）政策来进行反击。贝内特在2021年7月访问美国之前表示，对伊朗的态度将进一步强硬。这一政策被称为"章鱼主义"，其将伊朗领导层比作章鱼头部，其触角为遍布中东地区的各式伊朗代理人，以色列决定将先前攻击章鱼触角的战略改为直接攻击章鱼头部。② 联合政府授权以色列安全部队在境外阻止伊朗攻击西方目标。③ 一位以色列安全官员表示："贝内特总理的'章鱼主义'已被证明是行之有效的，其在整个伊朗领导层引发了冲击波。"④

　　在巴勒斯坦问题上，以色列联合政府一方面通过帮扶巴勒斯坦民族权力机构，提高法塔赫的掌控力；另一方面对哈马斯采取"胡萝卜加大棒"政策和"割草"策略。对于巴勒斯坦民族权力机构，拉皮德倡导"以经济换安全"，表示为了减少潜在冲突，以色列应该协助改善巴勒斯坦人的生活条件。这些措施包括：向约旦河西岸的巴勒斯坦人发放1.5万份入境工作许可证，批准在以色列控制的约旦河西岸C区为巴勒斯坦人建设1000套住房。以色列向巴勒斯坦民族权力机构提供贷款，并将巴勒斯坦地区移动电话网络提升至4G。主动寻求与巴勒斯坦民族权力机构进行对话，国防部部长甘茨在私人住宅接待了十年来首次正式访问以色列的阿巴斯，随后梅雷茨党的几位部长也分别会见了阿巴斯。根据民意调查，这些措施可能使法塔赫的支持率上升到38%，再次略高于哈马斯的33%。⑤在对待哈马斯的策略上，以色列在谋

---

① Rina Bassist, "Israel's Lapid Reopens Liaison Office in Morocco, Is Moved by Synagogue Visit," Al-Monitor, August 13, 2021, https：//www.al-monitor.com/originals/2021/08/israels-lapid-reopens-liaison-office-morocco-moved-synagogue-visit.

② Neville Teller, "It's Time to Recognize the Coalition Government's Achievements-Opinion," *The Jerusalem Post*, July 18, 2022, https：//www.jpost.com/opinion/article-712439.

③ Neville Teller, "It's Time to Recognize the Coalition Government's Achievements-Opinion," *The Jerusalem Post*, July 18, 2022, https：//www.jpost.com/opinion/article-712439.

④ Neville Teller, "It's Time to Recognize the Coalition Government's Achievements-Opinion," *The Jerusalem Post*, July 18, 2022, https：//www.jpost.com/opinion/article-712439.

⑤ Lidia Averbukh and Peter Lintl, "Israel：Half a Year Under the Bennett Government," Stiftung Wissenschaft und Politik, January 21, 2022, https：//www.swp-berlin.org/en/publication/israel-half-a-year-under-the-bennett-government.

求和平的同时，遏制哈马斯不断增强的军事力量。"胡萝卜加大棒"政策延续了以色列应对哈马斯的一贯策略。当哈马斯向以色列发动较低水平的暴力行动，特别是向以色列城市发射火箭弹时，以色列便以"大棒"政策进行强有力的回应，这包括部署更多军队应对边境附近潜在的暴力活动，或通过限制过境点、关闭加沙捕鱼区来严格限制人员、物资流动。当哈马斯收敛到可接受的程度时，以色列便开始采用"胡萝卜"政策。[①] 包括重新开放过境点，允许运输货物、建筑材料的车辆进入加沙，并向加沙居民发放入境工作许可证，以便其通过过境点进入以色列工作。以色列新政府也开始修复加沙地区的电网、接通天然气系统、建造海水淡化厂、改善医疗保健设施、重建住房和改善交通基础设施。作为交换，哈马斯需要承诺长期和平。[②] 此外，以色列认为彻底铲除哈马斯将需要部署大规模的军事行动，极有可能导致加沙地带出现安全真空，成为滋生极端主义的温床，因而联合政府采取对抗性较低的"割草"策略，以压倒性的力量，通过摧毁哈马斯在加沙地区的军事基地和武器，挫败其发展军事能力的意图。[③] 这种策略可能使边境平稳一段时间，但一旦在宗教节日双方围绕耶路撒冷等问题爆发冲突，或者以色列国内爆发阿犹冲突等，都极易再度引发加沙地带的骚乱，最终导致哈马斯展开报复行动。[④]

## （三）联合政府执政困境不容忽视

联合政府执政的稳定性和持久性面临的最大威胁来自内部。"倒内"成为八党联合的唯一黏合剂，联合政府中各个政党搁置分歧、做出巨大妥协，虽成功组阁，但在内部留有较大的分裂隐患。一旦新政府通过国家预算案并初步立

---

[①] Reham Owda, "The Bennett Government's Policy Towards Gaza," *Carnegie Endowment for International Peace*, November 4, 2021, https：//carnegieendowment.org/sada/85717.

[②] Yaakov Katz, "Bennett Is Learning that Political Statements Do Not Make Political Reality-Opinion," *The Jerusalem Post*, September 17, 2021, https：//www.jpost.com/opinion/bennett-is-learning-that-political-statements-do-not-make-political-reality-opinion-679608.

[③] Reham Owda, "The Bennett Government's Policy Towards Gaza," Carnegie Endowment for International Peace, November 4, 2021, https：//carnegieendowment.org/sada/85717.

[④] Reham Owda, "The Bennett Government's Policy Towards Gaza," Carnegie Endowment for International Peace, November 4, 2021, https：//carnegieendowment.org/sada/85717.

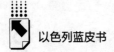

足，各党派成员便可能因开始兑现各自竞选承诺，而在政府内部造成矛盾。有学者指出："左、中、右翼的政见有多么的水火不容，就越能反衬内塔尼亚胡有多么遭人厌弃。"因为这三大派别在政见上几无共同之处，团结他们的唯一目标便是将内塔尼亚胡赶下台。为了达此目的，各个政党可谓做出较大让步。比如，拉皮德所在的拥有未来党在阵营中属于第一大党，拉皮德本人也被视为中左翼政党的新领袖，阵营中的政党几乎都由拉皮德拉拢组建并领导，但为了拉拢贝内特，拉皮德愿意将前两年的总理之位"拱手相让"；被称为比内塔尼亚胡更"右"、更极端的贝内特，曾表示绝不会与中间派拉皮德和阿拉伯政党合作，但其在关键时刻成为拉皮德组阁的"造王者"，这也招致许多右翼选民的抨击和谴责。再如，阿拉伯政党拉姆党领袖曼苏尔·阿巴斯秉持务实主义，顶着巴勒斯坦问题的巨大压力，同时并不挑战以色列作为犹太国家的属性，阐明犹太-阿拉伯共存的观点，同意加入联合政府；但其本质上仍秉持保守的伊斯兰主义，其与联合政府中不少党派成员的政见存在着难以调和的矛盾，诸如无法接受左翼和中间派支持同性恋、双性恋和跨性别者群体的态度等。① 又如，左翼的工党和梅雷茨党试图通过《平等基本法》（Basic Law on Equality）来平衡《民族国家法》，这也将激怒右翼以色列家园党和新希望党。② 有鉴于此，虽然一致倒"内"易，但协力执政难。与联合政府建立后面临的"先天不足、后天困境"相比，将内塔尼亚胡拉下马反而是最简单之事。倒"内"这一目标即便足以将八党联合，但很难支撑其平稳度过整个任期，这个以色列历史上最多元化、政见分歧最大的联合政府有可能重蹈"短命"覆辙。因为联盟内任何一个党派，甚至任何一位议员的不满，都可能对联合政府的生存前景造成致命威胁，其脆弱性可见一斑。"从政治光谱的每一端都能蔓延出紧张的断层带，任何一条断层带都有可能随时击垮这一

---

① Amotz Asa-El, "The Lapid-Bennett Experiment Was a Heroic Success-Opinion," *The Jerusalem Post*, June 26, 2022, https：//www. jpost. com/israel - news/politics - and - diplomacy/article - 710271; David Makovsky, "Bennett on the Brink：Israel's Precarious Coalition One Year On," The Washington Institute for Near East Policy, June 13, 2022, https：//www. washingtoninstitute. org/policy-analysis/bennett-brink-israels-precarious-coalition-one-year.

② Gil Hoffman, "Why Bennett's Next 100 Days Could Be Perilous-Analysis," *The Jerusalem Post*, September 19, 2021, https：//www. jpost. com/israel - news/politics - and - diplomacy/why - bennetts-next-100-days-could-be-perilous-analysis-679807.

新生联合政府。"①

八个政党为了组阁成功做出巨大妥协，但在不同程度上伤害了各党选民的感情，未来各党若产生分歧，很有可能因选民施压、拉拢选民造成分裂，一些政党支持率在未来可能有所下滑。例如，贝内特帮助拉皮德组阁成功，被不少极右翼和右翼政党及选民视为"叛徒"，贝内特甚至告诉自己的孩子"他将成为这个国家最不受欢迎之人"；支持定居点建设者多为右翼选民的重要组成部分，其中一些选民曾是贝内特的支持者，但贝内特试图与拜登政府搞好关系而事实上停止了部分定居点建设，也惹怒了大批选民，导致选民向贝内特所在政党施压。② 再如，阿拉伯政党"联合名单党"原本是以色列4个阿拉伯政党的联合体，因照顾了不同阿拉伯选民诉求深得以色列阿拉伯人的认同，从而在2015年首次参加大选便从边缘化地位跃升为第三大党。然而此次大选中，阿拉伯选民指责拉姆党领袖阿巴斯为了"个人政治前途"脱离"联合名单党"，不仅使后者重新变为无足轻重的边缘化政党，而且破坏了阿拉伯政党的团结性和完整性。这令不少阿拉伯选民颇为失望。③

来自极端正统派和政府反对派的压力不容小觑。极端正统派人口增长率高，目前占以色列总人口的12%。联盟政府因对极端正统派"开刀"而招致极端正统派的极力反对与对抗，并引发了两个极端正统派反对党和政府中右翼政党的政治抵制。④ 此外，有着强大政治手腕的内塔尼亚胡及其领导的第一反对党利库德集团，也会利用联合政府内的各种分歧来分化瓦解政府，以便引发新的大选。

以色列与阿联酋、摩洛哥、苏丹和巴林实现关系正常化，主要得益于特朗普为调解这些国家与以色列的关系而提出的"激励政策"。然而后特朗普时

① Carrie Keller-Lynn, "Key Losses Expose Fatal Threats Facing Bennett's Coalition from Every Direction," *The Times of Israel*, June 7, 2022, https：//www.timesofisrael.com/key－losses－expose-fatal-threats-facing-bennetts-coalition-from-every-direction/.

② Lazav Harkov, "Diplomatic Ventures Can't Save Bennett from Coalition Troubles-Analysis," *The Jerusalem Post*, April 6, 2022, https：//www.jpost.com/israel－news/article－703406.

③ 刘炳辰：《阿拉伯政党首次参与以色列组阁，却可能沉重打击阿拉伯选民》，澎湃新闻，2021年6月4日，https：//www.sohu.com/a/470420237_260616。

④ Noam Ivri, "The New Israeli Government：Challenges Ahead and Key Stakeholders," APCO Worldwide, July 21, 2021, https：//apcoworldwide.com/blog/the－new－israeli－government－challenges-ahead-and-key-stakeholders/.

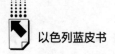

代，这些未兑现的"激励政策"将有可能使相关国家放慢发展与以色列关系的步伐。在与以色列实现关系正常化的四个国家中，特朗普对阿联酋、摩洛哥、苏丹三个国家提出了"激励政策"。对于阿联酋，美国同意向其出售最先进的 F-35 隐形战斗机，连内塔尼亚胡都认为这些战斗机可能削弱以色列在该地区的"定性军事优势"；对于摩洛哥，美国"承认其对西撒哈拉争议地区的所有权"，这打破了几十年的国际共识与惯例，使美国成为全球首个承认摩洛哥拥有这一地区"主权"的国家；苏丹由于曾为本·拉登提供庇护而被美国列入支持恐怖主义国家的名单，特朗普为了让其签署协议，同意将苏丹从该名单上除名。巴林作为美国海军第五舰队的总部及其司令部，一直与美国保持着密切关系。① 然而，拜登上台后，美国政府不少官员联名上书，抨击特朗普为斡旋《亚伯拉罕协议》而做出诸多"短视、草率、不考虑历史背景和未来影响的赤裸裸交易"，要求拜登改弦更张。这也引发相关国家的不满，例如摩洛哥方面表示："在特朗普政府承认摩洛哥对有争议的西撒哈拉地区的主权得到美国总统拜登的支持之前，摩洛哥不愿采取行动（与以色列深化关系）。"② 美国在中东地区的战略收缩，以及民主党日益高涨的反以情绪，会对拜登造成压力，若以色列在美以摩擦点上推诿过久，拜登政府可能失去耐心。2021 年以来，美国在中东重点关注伊核问题和阿富汗问题。在伊核问题上，有学者表示："美国、英国、法国和德国都表示愿意重启伊核问题全面协议，无论以色列如何游说，这些国家都相信伊核问题全面协议的有用性，其未来更多地取决于伊朗，而非以色列的游说。"此外，巴勒斯坦问题、定居点建设问题等也是美以关系的摩擦点，美国民主党中日益高涨的反以色列情绪会对拜登造成压力，迫使其对以色列采取强硬立场。③

---

① Ron Kampeas, "One Year on, Here's How the Abraham Accords Are Holding up," *The Times of Israel*, August 17, 2021, https：//www.timesofisrael.com/one-year-on-heres-how-abraham-accords-agreements-are-holding-up/.

② MEE Staff, "Western Sahara: Biden Won't Reverse Trump's Recognition of Morocco Sovereignty-Report," Middle East Eye, May 1, 2021, https：//www.middleeasteye.net/news/western-sahara-morocco-biden-trump-reverse-recognition-sovereignty.

③ Noam Ivri, "The New Israeli Government: Challenges Ahead and Key Stakeholders," APCO Worldwide, July 21, 2021, https：//apcoworldwide.com/blog/the-new-israeli-government-challenges-ahead-and-key-stakeholders/.

# 三 社会动态

## （一）以色列的人口状况

根据以色列中央统计局的数据，截至 2021 年 12 月 31 日，以色列人口约为 944.9 万人。其中，犹太人共计 698.2 万人，占 73.9%；阿拉伯人共有 199.5 万人，占 21.1%；"其他人"共计 47.2 万人，占 5.0%。2021 年，以色列人口增加了大约 16 万人，增长率为 1.7%，其中 83% 的人口增长为自然增长，17% 的人口增长来自国际移民盈余。具体来看，犹太人 87% 的人口增长源于自然增长；在阿拉伯人中这一比例为 95%；在"其他人"中，只有 22% 的人口增长为自然增长，78% 的人口增长来自国际移民盈余。[1] 2021 年，以色列的移民主要来自俄罗斯（30.0%）、美国（13.9%）、法国（6.41%）和乌克兰（4.21%）。2021 年 1~11 月，共计 2.27 万名移民抵达以色列，相较于 2020 年增长了 28.8%。[2]

2021 年，以色列新生儿约 18.4 万人，其中 73.8% 的新生儿为犹太人，23.4% 的新生儿为阿拉伯人，剩余 2.8% 的新生儿为"其他人"。2021 年，以色列死亡人口为 5.1 万人，这一数字超过往年数据，甚至高于新冠肺炎疫情刚暴发的 2020 年（4.87 万人）。以色列死亡率从 2017~2019 年的 5.1‰，上升至 2021 年的 5.4‰。截至 2021 年 11 月，共有 0.48 万名居民因感染新冠病毒死亡。[3]

根据以色列中央统计局的数据，以色列的家庭构成因族群而异：在阿拉伯

---

[1] "Population of Israel on the Eve of 2022," Israel Central Bureau of Statistics, December 30, 2021, https: //www.cbs. gov. il/en/mediarelease/pages/2021/population－of－israel－on－the－eve－of－2022. aspx.

[2] "Population of Israel on the Eve of 2022," Israel Central Bureau of Statistics, December 30, 2021, https: //www.cbs. gov. il/en/mediarelease/ pages/2021/population－of－israel－on－the－eve－of－2022. aspx.

[3] "Population of Israel on the Eve of 2022," Israel Central Bureau of Statistics, December 30, 2021, https: //www.cbs. gov. il/en/mediarelease/pages/2021/population－of－israel－on－the－eve－of－2022. aspx.

家庭中，61%的夫妻拥有 17 岁及以下的孩子，但在犹太人家庭中，这一比例仅为 45%。犹太无孩家庭约占 29%，而阿拉伯无孩家庭仅占 10%；两个族群的单亲家庭占比相似，约为 6%。

### （二）阿犹关系再度紧张

2021 年 4 月，自穆斯林斋月起，东耶路撒冷地区的犹太人和巴勒斯坦人便持续发生冲突，耶路撒冷陷入混乱。后以色列警方以安全和防疫为由，限制巴勒斯坦民众进入耶路撒冷部分区域，导致巴方民众不满，成为后续冲突的一个导火索。5 月 6 日，以色列政府依据相关规定，要求居住在东耶路撒冷谢赫·贾拉（Sheikh Jarrah）地区的数十户巴勒斯坦家庭搬迁，以便在此建造犹太定居点。这导致大量不满的巴勒斯坦民众于 7 日在阿克萨清真寺祈祷后，与进驻圣殿山（穆斯林称"尊贵禁地"）的以色列警察发生冲突，共造成 300 余名巴勒斯坦人和 21 名以色列警察受伤。哈马斯就此事向以色列发出最后通牒，"要求以'平息骚乱'为借口进入阿克萨清真寺执法的以色列警察于 10 日撤出"。这一冲突恰逢阿拉伯人和犹太人各自庆祝宗教节日 ［穆斯林在 8 日庆祝"卡德尔之夜"（The Qadr Night），犹太人则在 10 日庆祝纪念 1967 年占领东耶路撒冷的"耶路撒冷日"］，双方在耶路撒冷的聚集导致冲突继续蔓延。10 日，最后通牒时间过后，哈马斯从加沙向以色列发射了大约 150 枚火箭弹，以色列则以"城墙守护者"（Guardian of the Walls）为行动代号向哈马斯发起强硬回击。这一冲突一直持续至 21 日双方宣布停火，11 天的冲突共造成 242 名巴勒斯坦人丧生，其中包括 60 多名儿童，另有 1948 名巴勒斯坦人受伤；以方死亡 12 人，其中有 2 名儿童，另有约 710 人受伤。①

宗教节日期间耶路撒冷地区阿拉伯人和犹太人之间爆发的持续冲突，成为新一轮巴以冲突的直接导火索，最终又扩散至以色列境内诸多地区。这次骚乱是自以色列建国以来同类骚乱中范围最广的一次，使以色列在国内国外遭遇阿犹关系、巴以问题的双重挑战。在境外，哈马斯从加沙地带向以色列城市共发射了 4000 多枚火箭弹。在国内，骚乱同时发生在大量混居城市、加利利地区

---

① 《安理会呼吁"全面遵守"加沙停火　强调两国解决方案重要性》，联合国网，2021 年 5 月 22 日，https://news.un.org/zh/story/2021/05/1084632。

的阿拉伯社区以及中部内格夫地区等。① 其中最激烈的冲突发生在以色列中部混居城市罗德（Lod）。随后政府 20 多年来史无前例地宣布在罗德实施宵禁，以色列边防警察也被从约旦河西岸部署到罗德等城市。事件发生后，极右翼犹太青年开始在以色列几个城市对阿拉伯人展开报复，打着"捍卫犹太人权益"的口号攻击阿拉伯人，一些犹太拉比也支持极右翼青年的行动。② 参与骚乱的大多数阿拉伯人是处于社会边缘的年轻人，涉足其中的犹太人则多为极右翼分子以及约旦河西岸一些犹太居民。③

这次冲突发生前，以色列阿拉伯人在严格遵守国家防疫规定上与极端正统派犹太人形成鲜明对比，阿拉伯医护人员与犹太人并肩作战，做出了巨大贡献，因而不少人认为疫情改善了以色列社会的阿犹关系，对两者间关系的发展开始抱有期待。冲突的爆发无疑让这些良好期待化为了泡影。更为值得警惕的是，这次冲突不同以往。之前的冲突通常发生在以色列阿拉伯人与以色列安全部队之间，但这次后续的大多数冲突却发生在以色列阿拉伯人和以色列犹太人之间，使双方关系出现了严重裂痕。④

新一轮巴以冲突爆发的原因主要有以下几点。

第一，圣殿山问题仍旧是以色列阿拉伯人和以色列犹太人之间高度敏感的问题，极易成为双方爆发冲突的导火索。此轮冲突最开始爆发的原因便在于穆斯林斋月期间，以色列警方限制巴勒斯坦民众进入圣殿山祈祷。节日期间，双方宗教热情和民族主义情绪会油然高涨，更易发生冲突。圣殿山对于阿犹双方而言都有着宗教情感上的重大意义，根据惯例，圣殿山上的阿克萨清真寺仅允许穆斯林礼拜，犹太人只可参观大院，不可在此祈祷。然而近年来，犹太人前

① Ephraim Lavie, Meir Elran, Ilham Shahbari, Khader Sawaed, and Jony Essa, "Jewish-Arab Relations in Israel, April-May 2021," *INSS Insight*, No. 1474, May 31, 2021, p. 2.

② Neri Zilber, "How War with the Palestinians Triggered Ethnic Violence in Israel," The Washington Institute for Near East Policy, May 13, 2021, https：//www. washingtoninstitute. org/policy-analysis/how-war-palestinians-triggered-ethnic-violence-israel.

③ Ephraim Lavie, Meir Elran, Ilham Shahbari, Khader Sawaed, and Jony Essa, "Jewish-Arab Relations in Israel, April-May 2021," *INSS Insight*, No. 1474, May 31, 2021, p. 1.

④ Michael Milstein, "The Crisis in Relations Between Jews and Arabs in Israel: Can the Rift Be Healed?" Fikra Forum, June 16, 2021, https：//www. washingtoninstitute. org/policy-analysis/crisis-relations-between-jews-and-arabs-israel-can-rift-be-healed.

往圣殿山的次数更加频繁，且越来越多的犹太人无视规定、偷偷祈祷。① 穆斯林愤怒地把犹太人的频繁访问和祈祷视为挑衅与亵渎，担忧以色列未来会把阿克萨清真寺切割为犹太区域和穆斯林区域，甚至将耶路撒冷"犹太化"，这成为以色列犹太人和阿拉伯人关系紧张的又一个刺激点。②

第二，以色列阿拉伯青年的认知基础越发受到以法塔赫和哈马斯为首的巴勒斯坦领导层的影响。法塔赫和哈马斯近年来逐步重视向以色列阿拉伯青年呼吁对巴勒斯坦做出承诺。在此轮冲突中，哈马斯更可谓开创了与以色列对抗的新模式，即"加沙—耶路撒冷"两条战线，直接煽动以色列阿拉伯人加入反对以色列的暴力行动中，试图从内部削弱以色列，并将此视为在耶路撒冷和圣殿山问题上向以色列施压的绝佳杠杆。③ 冲突结束后，哈马斯认为以色列阿拉伯地区的动乱对其斗争至关重要，直言在以色列阿犹之间制造的紧张关系，是其在冲突中取得的最好战果之一，明确表示在以色列的阿拉伯人是对抗以色列的积极力量。④ 随着哈马斯在巴勒斯坦政治结构中的加强，未来预计会进一步借机加大对以色列阿拉伯青年的"情感攻势"。

第三，在以色列阿拉伯人身上存在着"以色列认同"和"巴勒斯坦认同"共存的双重认同，近几年双重认同之间的张力加大，其发展的总体趋势是"融合而非同化"的"以色列化"，这在青年身上表现得尤为明显。⑤ 一方面，与被占领土上巴勒斯坦人暴力抵抗并脱离以色列不同，以色列阿拉伯人更倾向

① "The Forces Driving the Israeli Arab Sector from the Galilee to the Negev," The Jerusalem Center for Public Affairs, https：//jcpa. org/an-in-depth-analysis-of-the-forces-driving-the-israeli-arab-riots-of-may-2021/.

② Yoni Ben Menachem, "Were Jerusalem and the al-Aqsa Mosque the Driving Forces Behind the Violence of May 2021?" The Jerusalem Center for Public Affairs, https：//jcpa. org/an-in-depth-analysis-of-the-forces-driving-the-israeli-arab-riots-of-may-2021/.

③ Yoni Ben Menachem, "Were Jerusalem and the al-Aqsa Mosque the Driving Forces Behind the Violence of May 2021?" The Jerusalem Center for Public Affairs, https：//jcpa. org/an-in-depth-analysis-of-the-forces-driving-the-israeli-arab-riots-of-may-2021/.

④ Michael Milstein, "The Crisis in Relations Between Jews and Arabs in Israel：Can the Rift Be Healed?" Fikra Forum, June 16, 2021, https：//www. washingtoninstitute. org/policy-analysis/crisis-relations-between-jews-and-arabs-israel-can-rift-be-healed.

⑤ Sammy Smooha, "Arab-Jewish Relations in Israel After the May 2021 Unrest：A Survey by Sammy Smooha," *Fathom Journal*, October 2021, https：//fathomjournal. org/arab-jewish-relations-in-israel-after-the-may-2021-unrest-a-survey-by-sammy-smooha/.

于在保持自身宗教、语言、文化特征的前提下，融合于以色列社会，为获得平等、反对歧视而努力，也期望在社会和政治领域中发挥更大作用。然而另一方面，以色列阿拉伯人还想强调他们与巴勒斯坦和阿克萨清真寺之间不可分割的联系，对巴勒斯坦的认同也在增加。① 对此，非营利组织亚伯拉罕倡议（Abraham Initiatives）的联合主席萨比特·阿布-拉斯（Thabet Abu-Rass）表示："大多数年轻的以色列阿拉伯比以往任何时期都更以色列化，同时也更巴勒斯坦化。这将不可避免地导致这一双重认同遭遇冲突，当冲突发生时，其中巴勒斯坦认同会跃居第一位。"②

此外，以色列阿拉伯人长久以来遭受的社会、经济困顿成为冲突爆发的内在驱动力。相较于以色列犹太人，大多数以色列阿拉伯人的社会经济状况较差，几乎所有经济指标都落后于以色列犹太人。而根据以色列银行发布的报告，以色列阿拉伯人的教育水平低导致其就业前景差，进而影响经济水平，并拉升犯罪率，最终影响社会稳定。③

教育水平及教育质量较低，成为影响以色列阿拉伯人经济增长的一个原发性因素。75%的以色列人拥有高中文凭，但以色列阿拉伯人获得高中文凭的比例仅为48%，耶路撒冷至少1/3的阿拉伯学生没有完成11年义务教育。④ 从成绩来看，总体而言，以色列学生的学习成绩低于发达国家学生；讲阿拉伯语

---

① Sammy Smooha, "Arab-Jewish Relations in Israel After the May 2021 Unrest: A Survey by Sammy Smooha," *Fathom Journal*, October 2021, https://fathomjournal.org/arab-jewish-relations-in-israel-after-the-may-2021-unrest-a-survey-by-sammy-smooha/.

② Noam Yatsiv, "Young Arabs: 'More Israeli and More Palestinian than Ever'," Qantara. de, December 7, 2021, https://en.qantara.de/content/middle-east-young-arabs-more-israeli-and-more-palestinian-than-ever.

③ Office of the Spokesperson and Economic Information of Bank of Israel, "Remarks by Governor of the Bank of Israel Prof. Amir Yaron at the Annual Conference of the Arab Economic Forum," Bank of Israel, March 10, 2022, https://www.boi.org.il/en/NewsAndPublications/PressReleases/Pages/10-3-22.aspx.

④ Amir Levi, Daniel Suchi, "The Causes and Consequences of Israeli Government Resolution 922: A Roadmap to Accelerate Economic Inclusion of Arab Communities in Israel," Working Paper NO. 99 of Mossavar-Rahmani Center for Business and Government of Harvard Kennedy School, 2018, p. 5, https://www.hks.harvard.edu/sites/default/files/centers/mrcbg/working.papers/99_final.pdf; Nasreen Haddad Haj-Yahya, "Israel's Jerusalem Syndrome," The Israel Democracy Institute, May 8, 2021, https://en.idi.org.il/articles/34511.

的学生成绩则低于讲希伯来语学生的成绩，近年来这一差距不断扩大。此外，根据以色列银行发布的报告，政府对以色列阿拉伯人的教育支出低于犹太人，虽然教育部正采取措施平衡支出，"但实际上，似乎仍存在着不利于阿拉伯学校的分配差距"①。

教育水平及教育质量的差距拉开了双方在就业市场的地位。成人能力国际评估项目（Programme for the International Assessment of Adult Competencies）中关于工人技能的调查发现，以色列阿拉伯工人的分数远低于以色列犹太工人，该差距与以色列阿拉伯学生和以色列犹太学生在国际学生评估项目测试中的差距相似。这强化了之前的预测，即教育系统的差距对以色列阿拉伯人发展劳动技能的能力产生了不利影响。② 教育差距也会影响以色列阿拉伯人的就业前景，使其难以融入高速发展的高科技行业。以色列初等和中等教育的差距，从一开始就影响了阿拉伯学生和犹太学生的成绩，这一差距甚至到高等教育阶段仍在产生重要影响。以色列高科技行业对英语和数学要求较高，而阿拉伯学生在本专业所占的这两门科目上从最初就与犹太学生差距较大，这使得学习高科技专业的阿拉伯学生所占的比例（4%）低于阿拉伯大学生所占的比例（25%）。③ 由于较少有阿拉伯学生在毕业后能够符合高科技行业入职门槛，当前以色列阿拉伯人主要受雇于工资低廉、非高技能的行业，例如，建筑业、制造业、零售业、批发贸易和运输业，这些行业特点是工作时间长、身体倦怠率高、工资低于平均水平。④ 此

① Office of the Spokesperson and Economic Information of Bank of Israel, "Remarks by Governor of the Bank of Israel Prof. Amir Yaron at the Annual Conference of the Arab Economic Forum," Bank of Israel, March 10, 2022, https: //www. boi. org. il/en/NewsAndPublications/PressReleases/ Pages/10-3-22. aspx.

② Office of the Spokesperson and Economic Information of Bank of Israel, "Remarks by Governor of the Bank of Israel Prof. Amir Yaron at the Annual Conference of the Arab Economic Forum," Bank of Israel, March 10, 2022, https: //www. boi. org. il/en/NewsAndPublications/PressReleases/ Pages/10-3-22. aspx.

③ Office of the Spokesperson and Economic Information of Bank of Israel, "Remarks by Governor of the Bank of Israel Prof. Amir Yaron at the Annual Conference of the Arab Economic Forum," Bank of Israel, March 10, 2022, https: //www. boi. org. il/en/NewsAndPublications/PressReleases/ Pages/10-3-22. aspx.

④ Nasreen Haddad Haj-Yahya, Muhammed Khalaily, Arik Rudnitzky, Ben Fargeon, "Statistical Report on Arab Society in Israel: 2021," The Israel Democracy Institute, March 17, 2022, https: //en. idi. org. il/articles/38540.

外，无法熟练掌握希伯来语也成为以色列阿拉伯人就业的一大障碍，影响其收入水平。以色列阿拉伯人口各个年龄组人群对希伯来语的掌握度都很低。这使得以色列阿拉伯人很难融入几乎完全使用希伯来语的以色列劳动力市场。许多以色阿拉伯人选择在只需要使用阿拉伯语的居住地附近工作，这大大限制了其就业选择。①

以色列劳动力市场的差距最终导致阿拉伯人生活水平较低，生活在贫困线以下的阿拉伯家庭比例更高。虽然阿拉伯家庭占以色列家庭的比重不到15%，但有1/3以上阿拉伯家庭生活在贫困线以下。② 在耶路撒冷，59%的阿拉伯居民身陷贫困，该数据是犹太人的两倍。③ 阿拉伯青年的失业率较高，大约30%的18~24岁阿拉伯公民既不工作也不学习，但同年龄段的犹太人该数据仅为13%。④ 这一现象在混居城市中尤为严重，其阿拉伯人的贫困率甚高，几乎一半的阿拉伯儿童生活在贫困中，该数据是犹太儿童的4.5倍;⑤ 接受高等教育的人较少，只有18%的阿拉伯人拥有学位，这在很大程度上限制了其改变命运的能力。⑥

上述困境使得2021年以色列阿拉伯社区的犯罪暴力事件打破了纪录。此轮冲突的大多数骚乱也发生在贫困率较高的混居城市。2021年，共126名以色列阿拉伯人在暴力事件中丧生，其中约50%的受害者年龄低于30岁。年

---

① Office of the Spokesperson and Economic Information of Bank of Israel, "Remarks by Governor of the Bank of Israel Prof. Amir Yaron at the Annual Conference of the Arab Economic Forum," Bank of Israel, March 10, 2022, https://www.boi.org.il/en/NewsAndPublications/PressReleases/Pages/10-3-22.aspx.

② Office of the Spokesperson and Economic Information of Bank of Israel, "Remarks by Governor of the Bank of Israel Prof. Amir Yaron at the Annual Conference of the Arab Economic Forum," Bank of Israel, March 10, 2022, https://www.boi.org.il/en/NewsAndPublications/PressReleases/Pages/10-3-22.aspx.

③ Nasreen Haddad Haj-Yahya, "Israel's Jerusalem Syndrome," The Israel Democracy Institute, May 8, 2021, https://en.idi.org.il/articles/34511.

④ Nasreen Haddad Haj-Yahya, "Why Are Israel's Mixed Cities on Fire?" The Israel Democracy Institute, May 19, 2021, https://en.idi.org.il/articles/34541.

⑤ Keren Setton, "Arabs Feel the Change of Participating In Israeli Politics-Analysis," *The Jerusalem Post*, May 25, 2022, https://www.jpost.com/israel-news/article-707700.

⑥ Nasreen Haddad Haj-Yahya, "Why Are Israel's Mixed Cities on Fire?" The Israel Democracy Institute, May 19, 2021, https://en.idi.org.il/articles/34541.

轻人失业、受教育程度低，一些人甚至与犯罪组织有联系，"如果没有国家支持的重大改革，许多年轻人将面临严峻前景。他们对未来失去希望，容易引发社会问题"①。犹太民族政策研究所高级研究员什穆埃尔·罗斯纳（Shmuel Rosner）表示，"共同的生活环境滋生了嫉妒与竞争，凸显了双方经济、福利等方面的差距……很明显，参与骚乱的以色列阿拉伯人和犹太人的动机是深重的彼此仇恨、恐惧，以及对现实或想象中的不公正进行报复"②。另外，近年来，在以色列犹太民众内部出现了激进化态势，这尤其表现为极右翼组织势力不断增强，其中一些极右翼组织甚至被国家赋予了政治合法性地位。③ 这些极右翼犹太分子不断挑起对立关系，将阿拉伯公民称为"第五纵队"。④ 有鉴于此，不少学者指出，缓和犹太人和以色列阿拉伯人之间的关系已经到了刻不容缓的地步，必须缩小两者间日益加深的社会经济差距，否则为时已晚。⑤

以色列试图构建犹太人和阿拉伯人和平相处的国家并非易事。这些掺杂民族、宗教和社会不满的集体情绪，一旦出现导火索，极易演变为社会冲突。但不可就此对以色列这一国内矛盾持悲观态度，因为近年来的一些新发展也为以色列阿拉伯人提升教育水平、推动经济发展、融入以色列社会、缓和对犹关系提供了契机。

在社会融合问题上，大多数以色列阿拉伯人仍然渴望融入以色列社会，他们认同自身的以色列公民身份，并期望在社会和政治领域发挥更大作用。根据

---

① Yohanan Plesner, "An Iron-Clad Distinction: We Must Differentiate Between Hamas and the Riots Within Israel," The Israel Democracy Institute, May 20, 2021, https://en. idi. org. il/articles/34539; Keren Setton, "Arabs Feel the Change of Participating in Israeli Politics-Analysis," *The Jerusalem Post*, May 25, 2022, https://www. jpost. com/israel-news/article-707700.

② Shmuel Rosner, "The 2021 Arab Israeli Riots and Their Consequences," The Jewish People Policy Institute, June 1, 2021, https://jppi. org. il/en/article/מאורעות-תשפ"א-של-ערביי-ישראל-והשלכו/#. YwSeGtBBW2x.

③ Ephraim Lavie, Meir Elran, Ilham Shahbari, Khader Sawaed, and Jony Essa, "Jewish-Arab Relations in Israel, April-May 2021," *INSS Insight*, No. 1474, May 31, 2021, p. 2,

④ Neri Zilber, "How War with the Palestinians Triggered Ethnic Violence in Israel," The Washington Institute for Near East Policy, May 13, 2021, https://www. washingtoninstitute. org/policy-analysis/how-war-palestinians-triggered-ethnic-violence-israel.

⑤ Nasreen Haddad Haj-Yahya, "Israel's Jerusalem Syndrome," The Israel Democracy Institute, May 8, 2021, https://en. idi. org. il/articles/34511.

2020年4月的一份调查，77%的阿拉伯公民认为其是以色列国的一部分，赞同他们与以色列国面临共同问题，这是10年来赞同比例最高的一次。在2014~2019年的民意调查中，这一比例范围始终在35%~62%。[①] 值得一提的是，在这次冲突中，阿拉伯领导人及大多数阿拉伯民众较为克制，并未被卷入骚乱中，这与一些犹太领导人的态度形成鲜明对比。

在经济层面，以色列政府也认识到阿拉伯社会经济在以色列经济中的占比将在未来几年出现增长，改善阿拉伯社会的经济状况，将对以色列的宏观经济做出贡献。以色列阿拉伯人口预计到2059年将占以色列总人口的23%。但以色列阿拉伯人劳动参与率较低，如果这一趋势持续下去，那么预计到2059年，以色列整体就业率将下降6个百分点。就业率每下降1个百分点，将会使以色列GDP下降0.75个百分点，因此以色列阿拉伯人口较低的就业率将在未来给以色列经济带来重大负面影响。[②] 此外，在蓬勃发展的高科技行业，以色列阿拉伯人和以色列社会稳定之间存在着互利关系。高科技行业需要大量技能型人才，符合这一要求的阿拉伯人越多，越能填补该行业的就业缺口，同时也为高科技行业在阿拉伯社会深入发展提供重要机遇；另外，加入高科技行业的阿拉伯人更易改善自身和家庭的社会经济状况，有助于社会稳定。[③]

以色列高层对待阿拉伯公民的态度，以及阿拉伯政党与犹太政党之间的关系近年来也出现了一些积极的发展趋向。有学者指出，在利库德集团执政期间，内塔尼亚胡认为国内政治的关键在于犹太选民，阿拉伯公民只需参与

① Afif Abu Much, " In Israel, Coronavirus Crisis Improves Jewish-Arab Relations," Al-Monitor, May 7, 2020, https: //www. al-monitor. com/originals/2020/05/israel-arabs-benjamin-netanyahu-yitzhak-rabin-joint-list. html.

② Amir Levi, Daniel Suchi, "The Causes and Consequences of Israeli Government Resolution 922: A Roadmap to Accelerate Economic Inclusion of Arab Communities in Israel," Working Paper No. 99 of Mossavar-Rahmani Center for Business and Government of Harvard Kennedy School, 2018, pp. 14 - 15, https: //www. hks. harvard. edu/sites/default/files/centers/mrcbg/working. papers/ 99_ final. pdf.

③ Sammy Smooha, "Arab-Jewish Relations in Israel After the May 2021 Unrest: A Survey by Sammy Smooha," Fathom Journal, October 2021; Office of the Spokesperson and Economic Information of Bank of Israel, "Remarks by Governor of the Bank of Israel Prof. Amir Yaron at the Annual Conference of the Arab Economic Forum," Bank of Israel, March 10, 2022, https: // www. boi. org. il/en/NewsAndPublications/PressReleases/Pages/10-3-22. aspx.

民事问题，无须涉足政治领域。① 但近几年，内塔尼亚胡开始认识到，阿拉伯公民的选票和一些阿拉伯政党具备合法性将对他的政治生涯存续问题至关重要。② 与阿拉伯政党联盟再也不是政坛禁忌，这也迅速改变了其他犹太政党与阿拉伯政党打交道的方式，从左翼到右翼的政治人物都开始争夺阿拉伯公民的选票。顺应这一潮流，一些阿拉伯政党及领袖也开始实施务实政治，巴以冲突问题不再是其政治议程的根本问题，取而代之的则是通过与犹太政党合作，来改善以色列阿拉伯人的生活状况，并试图影响以色列的决策进程。③

这并非唯一的新发展，与此同时，以色列阿拉伯人也越来越渴望参与政治一体化进程，开始将国内问题与巴以冲突脱钩。④ 对以色列阿拉伯人进行的一项调查显示，巴以冲突在以色列阿拉伯人看重的问题中仅排第 7 位，排在前 6 位的问题都与以色列阿拉伯人的生活状况有关。许多阿拉伯受访者认为，如果新一届联合政府成立，它首先需要解决的两个主要问题是加强民众团结和缩小社会经济差距。⑤ 当以色列与阿联酋、巴林实现关系正常化时，高达 61.8% 的以色列阿拉伯人认为这是一项积极的发展。⑥

大多数世俗犹太人也渴望与阿拉伯人建立良好关系。根据调查，大多数世俗犹太人更渴望与阿拉伯人而非信仰宗教的犹太人建立政治伙伴关系，认为"有阿拉伯族裔的朋友或熟人是件好事"，88% 的左翼犹太人和 68% 的中间派犹太人"完全赞同所有以色列人、犹太人和阿拉伯人拥有一

---

① Afif Abu Much, " In Israel, Coronavirus Crisis Improves Jewish-Arab Relations," Al-Monitor, May 7, 2020, https: //www. al-monitor. com/originals/2020/05/israel-arabs-benjamin-netanyahu-yitzhak-rabin-joint-list. html.

② Yohanan Plesner, "How Netanyahu Learned to Love Israeli Arab Parties," The Israel Democracy Institute, May 7, 2021, https: //en. idi. org. il/articles/34510.

③ "Israeli Arabs Want a More Pragmatic Politics While Jewish Parties Court the Arab Vote," Stiftung Wissenschaft und Politik, March 17, 2021, https: //www. swp-berlin. org/10. 18449/2021C18/.

④ "Israeli Arabs Want a More Pragmatic Politics While Jewish Parties Court the Arab Vote," Stiftung Wissenschaft und Politik, March 17, 2021, https: //www. swp-berlin. org/10. 18449/2021C18/.

⑤ Tamar Hermann, Or Anabi, "Israelis Hope for More Unity and Closing Socioeconomic Gaps," The Israel Democracy Institute, June 6, 2021, https: //en. idi. org. il/articles/34615.

⑥ "Israeli Arabs Want a More Pragmatic Politics While Jewish Parties Court the Arab Vote," Stiftung Wissenschaft und Politik, March 17, 2021, https: //www. swp-berlin. org/10. 18449/2021C18/.

个共同未来"。① 有鉴于此，虽然以色列阿拉伯人与犹太人之间的矛盾旷日持久、纷繁复杂，重建双方关系不易，但是仍存可能性。为了给以色列犹太人和阿拉伯人创造一个弥合裂痕、和谐尊重的环境，需要以色列从上到下共同努力，这包括政府、双方领导人以及民众的双向互动。②

从政党合作来看，犹太右翼与中左翼政党存在与阿拉伯政党进行政治合作的意愿，稳定与合作、避免暴力冲突符合双方利益。双方政党领导人，甚至公众人物都应当立即加入缓和彼此对立、仇恨的行动中，必须明确谴责种族主义，向公众阐明民族对立将对阿拉伯人和犹太人的重要利益造成危害。③ 具体来看，"犹太人需要为恢复双方关系而'压制'对该事件的回忆，努力提振双方关系。而以色列阿拉伯人则需铭记冲突对自身社会、政治地位造成急剧下降的风险。双方只有对该事件的潜在严重性感到恐慌，才能促使双方及其领导层在合作共存的道路上做出坚定和全面努力"④。有学者也直接指出，缺乏这一真诚的相互反省，隐含在阿犹共存表面下的则是怀疑、敌视和不信任，那么下一次爆发冲突也只不过是时间问题。⑤

从国家层面来看，政府应该鼓励并积极促进社会融合，严厉打击种族分裂、对立与仇恨，加强相关的执法力度，并在教育系统中增加宗教宽容等内容。政府要以立法形式否定对阿拉伯民众进行任何形式的社会、经济或政治排斥，明确以色列阿拉伯人是拥有平等权利的公民，努力在各个领域促进团结与平等。抑制极右翼犹太组织愈演愈烈的激进化进程，否认一些极右翼组织的政

---

① Shmuel Rosner, Camil Fuchs, Noah Slepkov, "Shared Spaces, Challenging Spaces: What the Findings of JPPI's 2022 Pluralism Index Survey Reveal," The Jewish People Institute, February 5, 2022, https://jppi.org.il/en/article/pluralism2022/#.Ys_ExOxBxhE.

② Ephraim Lavie, Meir Elran, Ilham Shahbari, Khader Sawaed, and Jony Essa, "Jewish-Arab Relations in Israel, April-May 2021," *INSS Insight*, No. 1474, May 31, 2021, p. 4.

③ Ephraim Lavie, Meir Elran, Ilham Shahbari, Khader Sawaed, and Jony Essa, "Jewish-Arab Relations in Israel, April-May 2021," *INSS Insight*, No. 1474, May 31, 2021, p. 1.

④ Shmuel Rosner, "The 2021 Arab Israeli Riots and Their Consequences," The Jewish People Policy Institute, June 1, 2021, https://jppi.org.il/en/article/מאורעות-תשפ"א-של-ערבי-ערבי-ישראל-והשלכו/#.YvIB-9BBw2x.

⑤ Michael Milstein, "The Crisis in Relations Between Jews and Arabs in Israel: Can the Rift Be Healed?" Fikra Forum, June 16, 2021, https://www.washingtoninstitute.org/policy-analysis/crisis-relations-between-jews-and-arabs-israel-can-rift-be-healed.

治合法性。①

　　缩小教育差距，提升以色列阿拉伯人教育水平刻不容缓，政府需重点提高阿拉伯男性受教育水平。以色列阿拉伯女性受教育水平在近年来得到较大提升，35%的30岁以上以色列阿拉伯女性拥有大学学历，而同年龄段以色列阿拉伯男性的这一比例仅为18%，2/3接受高等教育的以色列阿拉伯人为阿拉伯女性。② 对此，有学者颇有远见地指出，在以色列阿拉伯家庭中，夫妻之间的教育差距经常引发家庭冲突，未受过高等教育的阿拉伯男性更希望配偶或其他女性亲属居家承担包括家务、抚养孩子在内的全部家庭责任。更不利的情况在于，在阿拉伯家庭的男权观念中，接受高等教育将阻碍阿拉伯女性履行婚姻和家庭主妇的职责。因此，在提高阿拉伯女性受教育水平的同时，也要同样重视阿拉伯男性的教育和认知差距，否则只会让努力付诸东流。③

　　政府通过更为公平的分配方式，改善了以色列阿拉伯人的社会福利状况。2021年，以色列通过了《阿拉伯人口社会经济发展五年计划》（The Five-year Plan for the Socioeconomic Development of the Arab Population），并在国家预算案中为阿拉伯社区提供有史以来最大数额的拨款，预计约有160亿美元，用于在未来5年中改善阿拉伯社区的住房、医疗服务、基础设施建设、交通、治安状况等，以缩小以色列阿拉伯社区与犹太人社区的差距，满足阿拉伯人口的社会需求，也将此作为具有高回报率的国家投资。以色列议会通过新的《电力法》，对内格夫地区一些未获得承认的贝都因人村庄予以承认，满足了数以万计家庭接入水、电、通信网络的基本生活需要。④

① Ephraim Lavie, Meir Elran, Ilham Shahbari, Khader Sawaed, and Jony Essa, "Jewish-Arab Relations in Israel, April-May 2021," *INSS Insight*, No. 1474, May 31, 2021, p. 5.

② David Israel, "Study: Southern Arab Population Growth Double That of Jews; 80% of Murders Take Place in Arab Society," The Jewish Press, June 28, 2022, https://www.jewishpress.com/news/israel/study-southern-arab-population-growth-double-that-of-jews-80-of-murders-take-place-in-arab-society/2022/06/28/.

③ Nasreen Haddad Haj-Yahya, "A Call from Arab Women to Arab Men: Let's Join Forces," *The Times of Israel*, March 8, 2022, https://blogs.timesofisrael.com/a-call-from-arab-women-to-arab-men-lets-join-forces/.

④ Tia Goldenberg, "Trailblazing Arab Lawmaker Shakes up Israeli Politics," AP News, January 17, 2022, https://apnews.com/article/business-middle-east-israel-tel-aviv-9f570e7d01677e59cba3652c07fa7c75.

  政府大力推动阿拉伯人融入就业市场，尤其重视阿拉伯女性的劳动参与率。以色列银行行长指出，在推动阿拉伯人参与经济活动的过程中，提升阿拉伯妇女就业率将成为一个重要推力。虽然拥有高等教育学历的阿拉伯女性比例明显高于阿拉伯男性，但阿拉伯女性的就业率却远低于阿拉伯男性就业率，使得以色列阿拉伯男性和女性的受教育水平与就业程度不成比例。对此，以色列银行行长明确指出，必须采取措施降低阿拉伯女性外出工作的成本，改变其外出工作的社会规范，增加阿拉伯女性进入职场的通道和机遇，扩大幼儿日托服务和覆盖范围，鼓励阿拉伯女性融入就业市场。[1] 以色列总理纳夫塔利·贝内特（Naftali Bennett）极为看重阿拉伯女性的劳动参与率，他指出："大多数以色列阿拉伯女性处于失业状态，我们希望将更多智慧的阿拉伯女性带入劳动力市场，对此我们正在努力。"[2]

  综上所述，2021年疫情依然在全球肆虐，以色列经济从疫情中迅速复苏；国内政治局势虽矛盾丛生，但最终达成共识，新政府的执政能力与外交表现得到认可；在社会融合方面，虽然新政府做出了多方努力，但族群关系依然紧张，以色列阿拉伯人的强烈诉求再次成为焦点，极端正统派犹太人的社会融入没有实质性进展。各类社会矛盾的影响，加之脆弱的政治基础与利益博弈导致贝内特政府的执政危机随时可现，前景茫然。但整体来看，社会发展态势向好。

---

[1] "Remarks by Governor of the Bank of Israel Prof. Amir Yaron at the Annual Conference of the Arab Economic Forum," Bank of Israel, March 10, 2022, https：//www.boi.org.il/en/NewsAndPublications/PressReleases/Pages/10-3-22.aspx.

[2] Herb Keinon, "Israel's Problem：Lots of Jobs, Not Enough Workers to Fill Them-Analysis," *The Jerusalem Post*, June 28, 2022, https：//www.jpost.com/israel-news/politics-and-diplomacy/article-710636.

# 分 报 告
## Topical Reports

# B.2
# 2021~2022年以色列经济报告

常 颖 朱兆一 潘慧璇*

**摘 要:** 继2020年在经合组织国家中表现较好后,以色列经济在2021年继续展现了强大的增长动能和国际影响力。以色列高科技产业在投融资金额、上市公司数量、并购退出金额等关键领域创造了历史最佳成绩。不过,在非凡的成就下,以色列经济仍然存在不少隐忧,例如高科技人才队伍的结构性供需矛盾、总体层面缺乏突破性技术支撑等。对外经济合作方面,以色列与阿联酋经济合作发展迅猛。在2022年第一季度美股大跌和美国GDP负增长的不利影响下,以色列创新经济可能在2022年无法延续上一年的强势增长,进入一个相对沉寂的时期,这将对政府管理者、创业者、投资方提出了更高的要求。

**关键词:** 以色列 创新经济 科技行业 对外经济合作

---

* 常颖,科学技术部科技人才开发交流服务中心副研究员;朱兆一,对外经济贸易大学国际经济研究院助理研究员、区域国别研究院以色列中心秘书长;潘慧璇,山东财经大学山东以色列研究中心助理研究员。

2020 年，以色列和大部分欧美国家一样，受全球新冠肺炎疫情影响较为严重。但是以色列经济展现出了韧性，在 2020 年全年走出了一个深 "V" 形反弹，最终取得全年 2.2% 的负增长，在经合组织国家中表现较好。[①] 2021 年，以色列经济展现了更强的适应性，面对德尔塔和奥密克戎等不同变异株的侵扰，在封控和有限开放之间找到了动态平衡，全年取得了远超预期的 8.1% 的高增长率，该增长率在经合组织国家中仅次于爱尔兰，在全球前 30 大经济体的增长率排名中位列第三。[②]2021 年成为以色列在过去 20 年经济增长率最高、宏观经济基本面各项数据表现最为出色的年度，令世人瞩目。2022 年 2 月中旬访问以色列的经合组织秘书长马蒂亚斯·科尔曼（Matthias Cormann）称赞道："以色列政府在疫情期间利用了先进和灵活的方式管理了这个国家，最终让本国的经济取得了'非凡'和'鼓舞人心'的成就。"[③]

# 一 以色列国民经济形势总体向好

得益于高科技行业的强劲反弹和快速增长，以及政府出台的一系列经济扶持政策，以色列经济在 2020 年下半年就已经基本走出了新冠肺炎疫情的阴霾，取得了不俗的增长率。虽然进入 2021 年之后新的新冠病毒变异株导致经济第四次停摆，但是良好的经济增长态势并未中断，甚至依靠高科技行业的进一步发展、进出口贸易的活跃、疫情基本受控之后的国民消费大反弹而取得了更加亮眼的经济成就。

根据以色列中央统计局提供的数据，2021 年上半年以色列实现了 6.2% 的 GDP 增长率，虽然第三季度仅增长了 2.4%，但是第四季度出现了 16.6% 的极

---

① 朱兆一、韩忠先：《2020~2021 年以色列创新经济报告》，载张倩红主编《以色列蓝皮书：以色列发展报告（2021）》，社会科学文献出版社，2022，第 59~60 页。

② Nati Tucker, "Israel's 2021 Economic Growth Rate Was the Highest in Two Decades," *Haaretz*, February 16, 2022, https://www.haaretz.com/israel-news/business/.premium-israel-s-2021-economic-growth-rate-was-the-highest-in-two-decades-1.10616864.

③ "Secretary General of the OECD Has Arrived for a First Visit to Israel and Has Met with the Minister of Finance," Ministry of Finance, February 13, 2022, https://www.gov.il/en/departments/news/press_ 13022022.

速跳涨，最终全年取得了 8.1% 的高增长率，高于以色列央行之前 6.5% 的预测，而经合组织 38 个国家的平均增长率为 5.3%。① 以色列经济增长率在最后一个季度的突然跳涨和欧美的经济增长特别是美国的增长曲线基本一致，具体表现为私人支出增长 19.2%，出口增长 26.3%，投资增长 14.1%，而政府支出和进口在最后 3 个月也急剧上升。这种超高热度不可持续，在 2022 年第一季度已经有所回撤。② 从 2021 年全年看，消费支出增长了近 12%，固定资产投资增长了 10.5%，再加上出口的强劲走势，导致全年新谢克尔对美元汇率涨幅达到 14%，但是过于强劲的本币表现不利于本国出口行业，特别是高科技行业的国际竞争。人均 GDP 方面，在 2020 年下降 3.9% 以后，2021 年增加了 6.3%，高于经合组织 5% 的平均增长率；与之相对应的私人消费方面，在 2020 年下降 9.2% 以后，2021 年增长了 11.7%，高于经合组织 5.6% 的平均增长率。③

进一步解析以色列的消费构成可以发现，2021 年的消费热潮主要是由汽车消费和住房消费推动的。从 2021 年全年数据看，以色列交付了超过 29 万辆汽车，自 2016 年以来再次实现增长并创新高；交付了 12 万套住宅，比 2020 年增长了 12.5%，与之对应的是住房抵押贷款申请总额为 1003.87 亿新谢克尔，比 2020 年增长 33%；旺盛的需求促使全国房价上涨了 10.3%，同时也带动了其他有价资产的持续增长。④ 由于房价上涨还带动了特拉维夫证券交易所房地产指数的增长，该指数年增长率达到了惊人的 73.9%，个股中房地产公司奥拉（Aura）的股票更是增长了 210%。但是，房地产等价格的上涨并没有在 2021 年造成以色列严重的通货膨胀，相反全年的通货膨胀率只有

① "Gross Domestic Product (GDP)," Israel Central Bureau of Statistics, https：//www.cbs.gov.il/en/subjects/Pages/Gross-Domestic-Product.aspx.

② Steven Scheer, "Israel Grows 8.1% in 2021, Fastest in 21 Years; Rate Hike Possible Soon," Reuters, February 16, 2022, https：//www.reuters.com/world/middle-east/israel-economy-surges-81-2021-after-2020-contraction-2022-02-16/.

③ Globes Correspondent, "IVC-Meitar: Israeli Startups Raised Record $ 25.6b in 2021," Globes, January 3, 2022, https：//en.globes.co.il/en/article-ivc-meitar-israeli-startups-raised-record-256-billion-in-2021-1001397227.

④ Danielle Nagler and Ricky Ben-David, "Housing Prices Keep Soaring, up 15% from Last Year," *The Times of Israel*, April 21, 2022, https：//www.timesofisrael.com/housing-prices-continue-climbing-up-15-from-last-year/.

2.5%，大大低于经合组织成员国平均5.8%的通货膨胀率。[①]这主要得益于以色列政府通过宽松的财政政策给予生产企业税收方面的减免，并降低了民众的消费税支出。此外，随着地中海东海岸开采的天然气不断增加对本地消费市场的供应，以色列对于国际油气能源的依赖程度降低，从而使国际油价在2021年的飙升对以色列本地市场的影响有限，确保该国的通货膨胀率处于较为温和的水平。

以色列活跃的进出口贸易也对本国的经济增长做出了重要贡献。出口方面，以色列在2021年实现了创纪录的商品和服务出口总额1350亿美元，比2020年增长了18.5%，其中服务贸易出口占比（51%）首次超过货物贸易出口占比（49%）。对服务贸易出口起到主要拉动作用的是初创公司和成长型公司的跨境服务业务，该类业务在2021年增长了约257%，并促使服务贸易总体增长了约30%。在服务贸易出口中，互联网应用服务和研发服务的出口分别增长了25%和15%。[②] 此外，工业聚合物、药品、化工产品和主要高科技产品（计算机设备、电子元件、航空设备、电子通信设备、实验设备和医药产品）也都有不同程度的增长。从出口目的地看，以色列商品主要出口到欧盟（约39%），其次是美国（33%）和亚洲（25%）。[③] 就进口而言，以色列进口的主要商品包括汽车、未打磨钻石原料、大宗商品（特别是粮食）以及电器等。

高科技行业的强劲发展及由此带动的出口业务快速增长、房地产市场的火热和国内消费状况的改善，共同促成了以色列经济在2021年的优异表现。但是和其他受到疫情严重冲击的国家类似，以色列的旅游、餐饮和娱乐等多个行业仍然没有恢复，全行业亏损情况并未彻底扭转。就入境游而言，2020

---

① Drew Desilver, "In the U. S. and Around the World, Inflation Is High and Getting Higher," Pew Research Center, June 15, 2022, https: //www. pewresearch. org/fact-tank/2022/06/15/in-the-u-s-and-around-the-world-inflation-is-high-and-getting-higher/.

② "Israel's Foreign Trade in Goods by Country-2021," Israel Central Bureau of Statistics, January 20, 2022, https: //www. cbs. gov. il/en/mediarelease/pages/2022/israel－foreign－trade－in－goods－by－country-2021. aspx.

③ "Israel's Import and Export Trade Report in 2021," Israel Central Bureau of Statistics, February 8, 2022, https: //www. cbs. gov. il/he/mediarelease/DocLib/2022/028/16＿22＿028maz＿usd. pdf.

年进入以色列的游客不到 83 万人次，比 2019 年下降 81.7%；2021 年全年进入以色列的游客仍然只有约 50 万人次，和正常入境游水平仍然差距巨大。① 除了影响旅游和餐饮等行业，疫情对于经济的影响还体现在原材料短缺和全球部分行业的供应链中断给以色列本地产业带来的影响，比如建筑业、电子元件产业等都在受影响之列。不过这种影响在 2022 年正在逐渐消退。根据国际货币基金组织的估计，在旅游业继续复苏、与海湾产油国特别是阿联酋的经济关系迅速升温以及本土高科技产业继续蓬勃发展的带动下，以色列经济还将继续保持这一增长势头数年，2022 年 GDP 将增长 4.1%、2023 年将增长 3.6%。②

## 二　政府的经济政策有力支撑了经济发展

虽然从总感染人数、感染人数占总人口比重等数据看，以色列都是中东乃至世界受新冠疫肺炎疫情影响最严重的国家之一，但是以色列经济在 2020 年和 2021 年连续两年都有着不俗表现，其中以色列政府积极的财政政策和稳健的货币政策起到了关键作用，不但减轻了病毒传播所造成的危害，也促进了经济活动的迅速恢复和经济持续增长。

在 2020 年上半年，以色列政府应对疫情的主要措施以关闭企业、限制室内活动、限制旅行为主。这导致 GDP 在第一季度下降了 7%，第二季度下降了 29.2%。③ 虽然 2020 年下半年的重新开放让国民经济得以反弹，但是也导致了第三波和第四波疫情。不过以色列并没有盲目实施国家熔断，而是依靠和美国辉瑞公司达成的协议，成为全世界最早获得疫苗批量供应的国家，并从 12 月 20 日开始在全国大规模开展疫苗接种。虽然在 2021 年年底从南非传入的具有

---

① "Israel's Foreign Trade in Goods by Country-2021," Israel Central Bureau of Statistics, January 20, 2022, https：//www.cbs.gov.il/en/mediarelease/pages/2022/israel - foreign - trade - in - goods - by-country-2021.aspx.

② "IMF Executive Board Concludes 2022 Article IV Consultation with Israel," International Monetary Fund, March 21, 2022, https：//www.imf.org/en/News/Articles/2022/03/21/pr2282 - israel - imf-executive-board-concludes-2022-article-iv-consultation-with-israel.

③ 朱兆一：《新冠疫情对中东国家经济的冲击与地区应对》，《学术探索》2021 年第 5 期，第 56 页。

极强疫苗穿透力的奥密克戎毒株导致了以色列的第五波疫情，但是疫苗仍然对民众的健康起到了较好的保护作用，以色列的重症率和病死率均为世界较低水平，这为经济活动的正常开展打下了坚实基础。

不管是财政政策还是货币政策，以色列政府都遵循了为企业和个人减税降费、向市场提供充足流动性的政策基本面，大部分政策从 2020 年 4 月开始，延续到了 2021 年年底。就财政政策而言，2020 年 4 月 8 日以色列议会批准了 800 亿新谢克尔（约占 2020 年 GDP 的 6.1%）的一揽子计划，①其中 110 亿新谢克尔用于抗击疫情，410 亿新谢克尔用于国内市场的流动性援助，包括为大公司、中小企业提供由政府担保的贷款，为企业减免营业税和增值税，允许企业和商业机构延期支付增值税、市政税、公用事业税和所得税。2020 年 6 月 2 日和 7 月 29 日，以色列议会再次通过了 200 亿新谢克尔（约占 2020 年 GDP 的 1.4%）和 800 亿新谢克尔的中小企业扶持计划，力保受到疫情冲击的中小企业能够存活并限制失业率的迅速提升，从而保证大部分民众的基本收入不受影响。②

与财政政策相比，以色列政府以央行为主体采取的货币政策延续了确保市场流动性和降低企业与个人信贷压力的基本思路。为了保证政府的经常账户盈余，以色列央行在 2020 年年中通过高达 150 亿美元的外汇定期向本地市场提供额外的美元流动性，在 2021 年继续了 300 亿美元的购买计划。在市场层面，从 2020 年 4 月开始的主要货币政策包括：宣布购买高达 500 亿新谢克尔的政府债券，并在 10 月下旬增加到 850 亿新谢克尔；向主要的商业银行提供流动性支持；在公开市场买入评级为 AA 或更高级别的公司债券；通过商业银行为小微企业提供 3 年期无息抵押贷款（截至 2021 年 3 月这类贷款总共发放了约 400 亿新谢克尔）。③对境内的商业银行，以色列政府要求其降低存款准备金率 1 个百分点，将住宅抵押贷款的占比从 50% 提高到 70%；允许其提高企业和个

---

① 朱兆一：《新冠疫情对中东国家经济的冲击与地区应对》，《学术探索》2021 年第 5 期，第 56 页。

② "Key Policy Insights," OECD, June 28, 2021, https：//www.oecd-ilibrary.org/sites/af8f331e-en/index.html? itemId=/content/component/af8f331e-en.

③ "Key Policy Insights," OECD, June 28, 2021, https：//www.oecd-ilibrary.org/sites/af8f331e-en/index.html? itemId=/content/component/af8f331e-en.

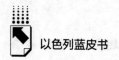
人的透支额度；要求其允许特别困难的企业延迟偿还至多 6 个月的贷款，由此造成的额外费用由政府承担一部分。主要的货币政策从 2020 年年中就陆续推出，基本都延续到了 2021 年下半年。①

虽然疫情并没有完全结束，但是最艰难的阶段已经基本过去。以色列经济从 2020 年的被熔断到彻底反弹，一直到 2021 年下半年的经济总体过热，该国议会和央行在经济政策的执行和调整方面发挥了至关重要的作用，确保了国民经济基本面的持续健康运行。以色列央行保持了政府和市场的信贷流动，在给予企业和个人纾困支持的同时确保了公共卫生系统的正常运行。随着疫情的发展，进入 2020 年下半年以后，以色列政府又将重点放在了关注受疫情冲击严重的部门和弱势群体，这一政策在 2021 年得以持续。

可以说，以色列政府的经济政策在 2021 年全年保持了动态调整，确保与变化的疫情和经济状况保持一致。在 2021 年下半年以色列的经济增长明显出现过热迹象以后，政府适时取消了部分面向企业的纾困政策特别是无抵押和无息贷款政策，收紧了部分流动性；将政策重点放在减少公共债务，审查公共支出效率，并扩大税基和重建部分累进制税收制度，从而增加政府税收收入，防止因为疫情掉入政府债务无限增长的陷阱。② 对于过热的房地产市场，央行很快要求所有商业银行收紧房贷并对贷款者提出了更加严格的要求，切实防止银行坏账累积。但是在促进高科技产业发展和劳动人口素质提高方面，政府则不断向劳动力市场投入大笔资金帮助推进传统产业从业人员和高校毕业生进入高科技行业，并加速数字化基础设施建设，从而引导并解决以色列劳动力市场的结构性矛盾。2021 年以色列的财政赤字已经下降到只占 GDP 的 4.3%，远低于预期，公共债务只占 GDP 的 69%。经常账户盈余则受益于高科技服务出口推动，占 GDP 的比重达到了 4.6%，总体财政收入增加了 30%。③ 有效控制疫

---

① 朱兆一：《新冠疫情对中东国家经济的冲击与地区应对》，《学术探索》2021 年第 5 期，第 57~58 页。

② "2021-2022 State Budget and Economical Plan Pass First Reading in Knesset Plenum," The Budgets Department, September 2, 2021, https：//www.gov.il/en/departments/news/press_02092021_c.

③ "IMF Executive Board Concludes 2022 Article IV Consultation with Israel," International Monetary Fund, March 21, 2022, https：//www.imf.org/en/News/Articles/2022/03/21/pr2282-israel-imf-executive-board-concludes-2022-article-iv-consultation-with-israel.

情、促进高科技行业发展、民众充分就业、政府财政收入稳步增长，以色列政府艰难做到了四方面的统筹。从延续到2022年第一季度的基本经济数据来看，以色列政府的经济纾困与发展政策获得了较为丰厚的回报。

持续性的宏观经济政策除了为国民经济保驾护航以外，对政府财政预算也有着特殊意义。从政治层面看，2021年以色列最大的政治事件是举行了2年内的第四次大选，最终以拉皮德和贝内特为首的政治联合体击败了连续执政12年的内塔尼亚胡政府，并在6月成立了由8个政党组建的联合政府。经济领域的最大事件则是2021年11月以色列议会以微弱优势（61∶59）通过了2018年以来的第一个国家财政预算案，不但让新政府暂时免于倒台（如不通过将立即触发新一轮大选），也为以色列经济吃下了一颗定心丸。根据国家财政预算案，以色列政府在2021年的预算金额为6090亿新谢克尔（约1940亿美元），2022年的预算为5730亿新谢克尔（约1825亿美元），其中各自包括700多项单项预算。① 最具争议的预算包括对于右翼保守派犹太人群体的财税安排、以色列境内阿拉伯聚居区的建设经费等。

国家财政预算案遇到的最大阻力来自右翼保守派犹太人，因为以内塔尼亚胡为首的几大主要在野党多有右翼保守派背景，所以各方一直无法在削弱右翼保守派犹太人的社会福利待遇、提高其税赋、削弱其在犹太洁食食品许可证发放等领域的垄断地位方面达成共同行动纲领。不过，基于各派对于此问题严重性的共同认识，议会最终通过了右翼保守派的削弱性国家财政预算案。国家财政预算案的重要改革包括：（1）为了缓解以色列的结构性劳动力短缺以及缓解养老金发放压力，女性的退休年龄将从62岁提高到65岁；（2）在提高最低工资标准方面，政府与主要公共部门工会（以以色列工会为首）就基本工资改革方面达成了一致，在2025年将月最低工资从现在的5300新谢克尔（约1690美元）逐步提高到6000新谢克尔（约1913美元）。② 此外，国家财政预

---

① "2021-2022 State Budget and Economical Plan Pass First Reading in Knesset Plenum," The Budgets Department, September 2, 2021, https：//www.gov.il/en/departments/news/press_02092021_ c.

② Steven Scheer, "Israel's Central Bank Urges Government to Meet Looming Budget Deadline," Reuters, November 3, 2021, https：//www.reuters.com/business/cop/israels-central-bank-urges-government-meet-looming-budget-deadline-2021-11-03/.

算案还涉及将以色列国内的公共交通投资翻一番，年投入达到 350 亿新谢克尔（约 106 亿美元），其中包括一项新的地铁法，以促进以特拉维夫为中心的轻轨网络和地铁轨道交通建设。总之，国家财政预算案对于接下来 3~5 年的以色列经济和社会发展有着极其深远的影响，是对经济发展存在的问题进行的一次查漏补缺，在进一步鼓励优势行业和优势企业做大做强的同时兼顾社会公平，以达到经济与社会可持续发展的目的。

## 三 高科技产业在投融资领域创佳绩

新冠肺炎疫情虽然给以色列社会带来了巨大灾难，但是也为其国内高科技产业的投融资带来了机遇。2020 年上半年，以欧美各国为主的发达经济体普遍采用了向本地资本市场注入大量流动性的方式来对冲疫情影响，这为海外资本进入以色列创业市场提供了外部条件；同时，疫情催生了大量的线上需求，如线上课程、电子商务、视频会议、线上办公等，此类数字化应用均为以色列的强项，加上以色列长期具有的生命科学产业优势，强化了以色列的优质投资目的国属性。融资数据也准确反映了这一趋势：以色列创业公司在 2019 年募集的资金就已经达到了创纪录的 80 亿美元，2020 年这一数据增长到了 104 亿美元，2021 年则更进一步，超过 250 亿美元（见图 1)①。如果把成功在本土和美国资本市场上市所募集的资金总额，以及通过并购和 SPAC② 的方式完成上市的所有金额汇总，则科技公司的相关交易总额达到了创纪录的 824.9 亿美元，基本等同于以色列在过去 10 年所获得的投融资的总金额，再一次证明了"创业的国度"对于资本的强烈吸引力。

截至 2022 年 3 月，以色列境内已经有 92 家未上市的独角兽科技公司（估值超过 10 亿美元的未上市公司），其中诞生于 2021 年和 2020 年的分别是 42

---

① Globes Correspondent, "IVC-Meitar: Israeli Startups Raised Record $ 25.6b in 2021," Globes, January 3, 2022, https://en.globes.co.il/en/article-ivc-meitar-israeli-startups-raised-record-256-billion-in-2021-1001397227.
② SPAC（Special Purpose Acquisition Company）是特殊目的并购公司的英文缩写，是一种借壳上市的创新融资方式。与买壳上市不同的是，SPAC 自己造壳，即首先在美国设立一个特殊目的的公司，这个公司只有现金，没有实业和资产，这家公司将投资并购欲上市的目标企业。目标企业通过已经上市的 SPAC 的并购迅速实现上市融资的目的。

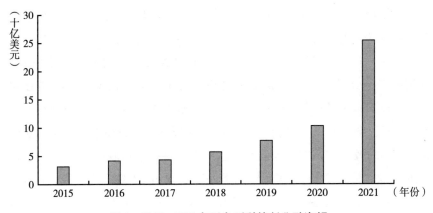

**图1 2015~2021年以色列科技创业融资额**

资料来源：笔者根据以色列中央统计局、以色列创新局、以色列投资协会官网数据绘制。

家和19家。[1] 这些独角兽公司基本上以以色列、美国纽约和硅谷作为公司所在地，甚至雇用了大批来自东欧波兰、白俄罗斯、乌克兰等国的数字化人才，并催生了对以色列本土的研发、法务、营销等配套人才的需求，带来了科技公司获得充盈资金支持后的涓滴效应。这一方面为以色列经济带来了投资的乘数效应，另一方面也造成了科技行业从业人员的结构性短缺。据以色列创新局的统计，以色列高科技产业虽然占GDP的约60%，但是从业人数只占社会劳动力总数的10%，这无疑造成了人才的两极化发展，最终将损害全社会的总体利益。[2] 为此，以色列政府从2020年下半年开始推行了一系列的人才扶持政策，包括为传统产业从业人员的职业转型提供数字化课程和相关补助，鼓励更多极端正统派犹太人、妇女和阿拉伯劳动力进入高科技行业等。作为经合组织成员国中收入不平等程度最高的国家之一，这些人才扶持政策既可以消弭人才发展的鸿沟，也可以降低政府的补助性支出，可谓一举两得。

---

① Globes Correspondent, "IVC-Meitar: Israeli Startups Raised Record $25.6b in 2021," Globes, January 3, 2022, https://en. globes. co. il/en/article-ivc-meitar-israeli-startups-raised-record-256-billion-in-2021-1001397227.

② Globes Correspondent, "IVC-Meitar: Israeli Startups Raised Record $25.6b in 2021," Globes, January 3, 2022, https://en. globes. co. il/en/article-ivc-meitar-israeli-startups-raised-record-256-billion-in-2021-1001397227.

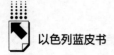

　　和 2020 年相比，2021 年的科技产业投融资市场出现了几个比较明显的趋势。第一个趋势是单笔投资金额数量有所增长，投资中位数从 2020 年的约 800 万美元增加到 2000 万美元，甚至出现数亿美元的非上市融资项目。比如网络安全公司 Claroty 获得了来自软银的 4 亿美元投资，食品科技初创公司 Future Meat 筹集到了 3.47 亿美元，金融科技初创公司 Melio 筹集到了 2.5 亿美元，全球薪资支付管理平台 Papaya 环球（Papaya Global）则获得了 2.5 亿美元的融资。第二个趋势是以色列本土科技公司收购以色列初创科技公司的数量在持续增长，2020 年此类并购案仅有 21 笔，而 2021 年达到了 40 笔，创下了历史新高，这也反映了以色列创新局（Israel Innovation Authority）认为的本国初创企业数量连续 3 年下降的趋势在 2021 年得到了一定的改善，是一个积极的信号。第三个趋势是创业基金投资以色列科技公司的退出渠道更为多样，2021 年除了并购和 IPO（Initial Public Offering，首次公开募股）上市异常活跃以外，还出现了 SPAC 上市方式，而且大行其道。与 IPO 不同，SPAC 是公司从私人投资者筹集成长资本并最终从公众那里筹集资金的另一种方式，和 IPO 的结果类似，但是过程更快收费更低，而且操作更加灵活。在 2020 年美国证券交易委员会放宽对 SPAC 上市的要求以后，国际资本市场看准了不少以色列的优质非上市科技公司，并与以色列本土基金公司合作，大大加快了以色列科技公司的 SPAC 上市进程。2021 年有 20 多家以色列公司通过 SPAC 实现了上市，其中也包括艾绒萨斯（Ironsource）、派欧尼（Payoneer）、英诺维兹（Innoviz）等资本市场关注度较高的高市值科技公司。①

　　和热闹的资本市场相比，2021 年以色列科技公司在业务上的总体表现只能算中规中矩，甚至有一些高科技龙头企业在和国际巨头的角逐中渐渐处于下风。比如在 2017 年被英特尔以 152 亿美元收购的自动驾驶芯片龙头企业 Mobileye 在失去特斯拉的供应商资格以后，在国际市场份额和综合表现方面逐渐被后起之秀高通和英伟达赶上，特别是英伟达在 2021 年和 2022 年连续推出的 Orin 和 Altan 自动驾驶芯片都对 Mobileye 的主打芯片 EyeQ 系列形成了一定

① Globes Correspondent, "IVC-Meitar: Israeli Startups Raised Record ＄25.6b in 2021," Globes, January 3, 2022, https://en.globes.co.il/en/article-ivc-meitar-israeli-startups-raised-record-256-billion-in-2021-1001397227.

的压制。① 此外，在生命科学领域，以色列是最先进行新冠疫苗和新冠特效药研发的国家，但是 2021 年疫苗研发没有多大进展，由 Amorphical 公司推出的新冠特效药 Amor-18 以及 Ichilov 医院研究团队推出的 EXO-C24 都没有被临床证实有足够的推广价值，从侧面也证明了以色列在生命科学领域并没有比美国等先进国家具有更大的技术领先优势。②

## 四　与阿联酋经济合作发展迅猛

以色列是全世界最为开放的经济体之一。由于国内市场有限，大部分以色列科技公司极度依赖全球供应链、全球资本和全球市场。截至 2022 年 4 月，以色列已经与美国、加拿大、土耳其、欧盟签署了自由贸易协定，与印度和中国的自由贸易协定正在讨论中。2022 年 4 月，阿联酋成为最新和以色列签署自由贸易协定的国家，且谈判过程仅用了一年多一点的时间，"光速"签约体现了两国对协定的重视和对双边合作前景的信心。回望过去一年多两国关系的发展，把 2021 年定义为以色列阿联酋年也是恰当的，因为两国关系在这一年取得了太多成绩，对双方的对外经济合作都有着重要意义。

从政治上来说，以色列和阿联酋的合作远远大于冲突，因为两国在历史上本就没有过节，再加上来自伊朗和也门的胡塞武装成为阿联酋国家安全的头号威胁，在美国前总统特朗普的撮合下，两国顺理成章走到了一起。2021 年 9 月，上台不到 3 个月的以色列总理贝内特顶着疫情风险访问阿联酋，并敲定了一系列合作协议；2022 年 2 月，以色列总统赫尔佐格访问阿联酋，并参观了 2020 年迪拜世博会以色列展览馆，表达了对于加快发展两国经贸合作的深切期望。③在两国关系中，以色列展现得更为主动，阿联酋则积极回

---

① 《智能驾驶何时走出算力黑洞?》，腾讯网，2022 年 5 月 19 日，https://new.qq.com/omn/20220519/20220519A05S8F00.html。

② Rossella Tercatin, "Israeli Drug Prevents 100% of COVID Patients from Deteriorating in Trial," *The Jerusalem Post*, December 22, 2021, https://www.jpost.com/health-and-wellness/coronavirus/article-689543.

③ Lazar Berman, "Herzog Announces Historic Trip to UAE Next Week, Will Meet Crown Prince," *The Times of Israel*, January 25, 2022, https://www.timesofisrael.com/herzog-announces-historic-trip-to-uae-next-week-will-meet-crown-prince/.

应，双方关系在你来我往中迅速推进，最终促成了具有划时代意义的自由贸易协议的签署。根据该协议，双方将分批次对接近95%的双边贸易商品施行零关税，包括食品、化妆品、医疗设备和药品等，该协议也包括服务贸易进出口零关税、政府采购不收取相应关税等法规安排。虽然更多细节还需要经过多轮谈判进行继续磋商，但是双方都对该协议给予高度评价，比如阿联酋外贸部部长塔尼·扎伊迪（Thani Zeyoudi）就说，"该协议具有里程碑意义"，以色列与阿联酋的贸易关系"将成为世界上最重要、最有前途的新兴贸易关系之一"。①

贸易互补性和经济结构契合度是以色列和阿联酋的经济关系得以迅速发展的根本原因。两国的经济总量虽然差不多（2021年数据为4000亿美元左右），但是在产业构成上有巨大差距，阿联酋的主要收入来源为油气资源贸易、港口航运、转口贸易、金融投资和旅游服务，但是缺乏制造能力和智慧产业研发能力；以色列则拥有较为完整的工业体系，在化工、工业制造、电子通信、互联网技术、生命科学、高科技农业等方面表现不凡。阿联酋的石油美元收入和以色列的新兴科技产业有着天然的结合空间。2021年4月，阿联酋宣布将在以色列设立高达100亿美元的投资基金，主要用于投资以色列的新能源、高端制造、水处理技术、太空技术、医疗和农业技术方面的科技公司，并支持相关公司到阿联酋发展。② 以色列则乐于接受阿联酋在重大基建和能源项目方面的建设和开发能力：2021年11月，阿联酋、以色列和约旦签署了一项以水换能源的三方协议，由一家阿联酋公司负责在约旦建造一座太阳能发电厂，发出来的电供给以色列的海水淡化厂，而淡化的海水则供应约旦，这种创新的合作方式可能推动以色列和周边国家关系的进一步改善；12月，阿联酋国有公司木巴达拉（Mubadala）以10亿美元收购了以色列地中海天然气田塔玛尔（Tamar）的部分股份，这也是两国关系正常化以来的最大单笔交易。③ 此外，以色列也

① "Israel Signs First Arab Free Trade Agreement with UAE," Al Jazeera, May 31, 2022, https://www.aljazeera.com/economy/2022/5/31/israel-signs-major-trade-deal-with-uae.
② AFP, "UAE Announces \$ 10 Billion Fund for Investments in Israel," *The Times of Israel*, March 12, 2021, https://www.timesofisrael.com/uae-announces-10-billion-fund-for-investments-in-israel/.
③ "Israel's Delek Finalises Sale of Tamar Gas Stake to Abu Dhabi's Mubadala," Reuters, September 2, 2021, https://www.reuters.com/world/middle-east/israels-delek-says-finalised-deal-sell-tamar-gas-stake-uaes-mubadala-2021-09-02/.

看中了迪拜这个自由港具有的地区区位优势：总部位于特拉维夫的金融科技公司锐皮德（Rapyd）等正在阿联酋开设办事处，希望更接近海湾市场，在提供更优质本地化服务的同时更好地吸引国际化人才；总部位于耶路撒冷的众筹投资公司"我们所有人"（OurCrowd）于 11 月在阿布扎比全球市场（ADGM）开设分公司，以期更好地筹集当地资金，并将更多以色列科技公司和孵化经验带入阿联酋。①

以色列和阿联酋建交后第一年的双边贸易额超过了 10 亿美元，两国领导人都各自表达了十足的信心要继续成倍增加双边的商业合作和投资合作。这种合作关系一方面体现了以色列对于外部市场的渴望，另一方面也体现了阿联酋对于防卫隐患和本国科技发展水平滞后的担忧。阿联酋认为以色列是一个地理距离最近的优质合作伙伴，决心要顶着来自伊朗和部分保守阿拉伯国家的压力和以色列开展更多双边合作。在接下来的几年，以阿的双边经贸合作还会继续快速发展，这一资本和技术的组合可能成为影响中东地缘政治和经济格局的新兴力量。

# 结语　以色列经济前景展望

2021 年是以色列社会与经济发展值得铭记的一年。政治层面，以色列结束了近 3 年的混乱局面，成立了由左翼、中间派和右翼组成的联合政府。虽然这一复杂政治组合刚开始并不被看好，但从执政表现看，此届政府基本合格，初步证明了其在复杂局面下领导以色列走向稳定与发展的能力，而且顶住压力通过了 2018 年以来的第一个国家财政预算案，为接下来 2~3 年经济的稳定发展奠定了一个较好的基础。不过联合政府在接下来的执政周期中仍将面临诸多考验，能否继续执政仍存较大变数。以色列国民经济的最大特点和优势在于其与世界主要经济体，特别是与美国和欧盟经济体之间的密切联系，但是这也决定了以色列经济具有易受外界影响的较大不确定性。从 2021 年年底开始，美国资本市场迎来了一波熊市，并持续到了 2022 年第一季度，导致美国 GDP 在该季度下降 1.4%。②

---

① "Israeli Venture Firm OurCrowd Gets License to Operate in the UAE," Reuters, November 22, 2021, https：//www.reuters.com/markets/us/israeli-venture-firm-ourcrowd-gets-license-operate-uae-2021-11-22/.

② Jeff Cox, "U.S. GDP Fell at a 1.4% Pace to Start the Year as Pandemic Recovery Takes a Hit," CNBC, April 28, 2022, https：//www.cnbc.com/2022/04/28/us-q1-gdp-growth.html.

以色列在美上市的 95 家公司被波及，有一半的上市公司股价腰斩，甚至有不少公司市值跌去了七八成。比如 2021 年 4 月上市的汽车技术公司 Innoviz 的市值从上市时的 14 亿美元跌到了 3.95 亿美元，下跌了 72%；另一家汽车技术公司 Otonomo 从 12.6 亿美元市值跌到了 1.76 亿美元，下跌了 86%。① 所有在美上市的高科技公司股价都有较大幅度下跌，唯一取得增长的以星综合航运服务公司（ZIM）却不是高科技公司。以色列知名创投基金阿列夫（Aleph）的合伙人舍哈特（Shochat）表示，股市暴跌"正在影响整个生态和每个人"，这种不好的趋势可能降低未来 2~3 年科技公司的估值和总体表现。② 二级市场的降温将会逐步传导到创业投资一级市场，从而让以色列科技创业投融资热度有所降低。所以，2021 年的科技创新产业发展可能是接下来 3 年的顶峰，这一年的高增长率不可持续。

此外，科技创新领域的发展也进一步造成了以色列经济发展的不平衡。科技行业的从业人数只占社会劳动力总数的 10%，为了提高科技行业从业人数占比，以色列政府制定了一系列的人才扶持政策，但是短期内很难看到高科技行业的边缘从业人群，特别是妇女、以色列阿拉伯人和极端正统派犹太人进入这一领域，这一现象有可能造成更大的收入不平等，从而在长期进一步撕裂以色列社会并损害国家团结。这种撕裂已经直接体现在了以色列国家劳动生产率（Labor Productivity）在所有经合组织国家中排名靠后。如何在发展效率与社会公平之间寻找到动态平衡将是以色列政策制定者在未来数年的核心议题之一。

此外，乌克兰危机可能对以色列经济的基本面产生不小的影响。俄罗斯与乌克兰都是以色列重要的经济合作伙伴，其中以色列对俄罗斯的出口额为每年 10 亿美元，而从俄罗斯的进口额为 25 亿美元，主要的进口商品包括燃料、矿物和宝石，其中小麦有一半从俄罗斯进口；虽然以色列与乌克兰的双边贸易额

① Shiri Habib-Valdhorn, "Israeli Wall Street Tech Stocks All Fall Below 2021 IPO," Globes, April 25, 2022, https：//en. globes. co. il/en/article-israeli-wall-street-tech-stocks-all-fall-below-2021-debut-value-1001409982.

② Shoshanna Solomon, "2021 Was a Bumper Year for Israeli Tech. What Will 2022 Bring?" The Times of Israel, December 20, 2021, https：//www. timesofisrael. com/2021-was-a-bumper-year-for-israeli-tech-what-will-2022-bring/.

仅有约 8 亿美元，但其中约 80% 是以色列从乌克兰进口的小麦（约占以色列小麦进口总量的 30%）和其他农产品。以色列科技公司还在乌克兰雇用了约 2 万名程序员，乌克兰危机爆发导致大部分员工流离失所，无法正常工作，这也势必影响一部分科技公司的日常业务。[①] 在对外经贸合作中，以色列也面临着更多来自美国的压力。作为以色列第三大贸易合作伙伴，中国与以色列的经贸合作也受到了美国的干扰，双边的投资合作特别是中国对以色列科技产业的投资深受影响，从长远来看对以色列经济发展同样不利。

---

① Danny Zaken, "Israel's Trade with Ukraine, Russia to Be Affected by Conflict," Al-Monitor, March 2, 2022, https：//www. al－monitor. com/originals/2022/03/israels－trade－ukraine－russia－be－affected－conflict.

# B.3
# 贝内特政府的施政方略及其面临的挑战

王晋　朱晓锋*

**摘　要：** 2021年6月贝内特领导的执政联盟，终结了内塔尼亚胡长达12年的连续执政，开启了以色列政坛的新征程。区别于内塔尼亚胡突出"国家安全"、强化以色列"犹太国家"属性的施政重点，贝内特政府加强了对少数族群和边缘群体的保护，缓和与巴勒斯坦的关系，修补以色列与美国关系，改善以色列的国际形象。贝内特政府的政策，在一定程度上缓和了以色列的内外矛盾，执政表现也得到了国内民众的认可。但由于受以色列政治和社会现实的制约，贝内特政府仍面临疫情管控、政党矛盾、美以分歧和国家安全等多方面难题。

**关键词：** 以色列　贝内特政府　施政方略　执政挑战

2021年6月，长期执掌以色列政坛的内塔尼亚胡下台，利库德集团失去了在以色列政坛连续12年的主导地位。右翼政治人物纳夫塔利·贝内特（Naftali Bennett）带领8个政党——右翼政党统一右翼联盟、以色列家园党和新希望党，左翼政党工党和梅雷茨党，中间派政党拥有未来党和蓝白党，以及阿拉伯政党拉姆党——摒弃分歧，成功组建执政联盟。在执政之初，贝内特政府面临严峻的政治、社会、外交和安全挑战。

## 一　贝内特政府上台之初面临的问题

内塔尼亚胡执政末期，以色列的政治、社会、外交和安全方面面临日益严

---

* 王晋，西北大学中东研究所副教授、所长助理；朱晓锋，西北大学中东研究所硕士研究生。

峻的挑战。在政治方面，政党之间信任危机加剧，政党裂痕亟待弥合；在社会方面，以色列国内犹太人和阿拉伯人矛盾激化，族群裂痕亟待修复；在外交方面，以色列与美国关系僵冷，国际形象亟待改善；在安全方面，以色列安全形势严峻。

首先，以色列政党之间信任危机加剧，政党裂痕亟待弥合。从 2019 年 3 月到 2021 年 6 月，以色列在两年多的时间里，经历了四次大选，为以色列建国以来所罕见。一方面，以色列政党间立场分歧严重。尽管只有 944 万多人，但是以色列复杂的社会背景，使得以色列政坛呈现碎化的态势。以色列政党，在意识形态上可以划分为左翼、中间派和右翼；在文化理念上，可以划分为世俗政党和宗教政党；在政党的族群背景上，可以划分为欧洲犹太人政党、中东犹太人政党、俄罗斯犹太人政党和以色列阿拉伯人政党等。各个政党，在以色列国家性质、宗教和世俗关系、犹太人和阿拉伯人关系等问题上，存在原则性分歧。在内塔尼亚胡执政时期，以色列的对外政策和国内政策，都显示出较强的右翼政治理念，因而被中间派、左翼和阿拉伯政党激烈抨击。另一方面，政党领导人之间矛盾突出，政党信任缺失，影响政治稳定。内塔尼亚胡与右翼政党以色列家园党领导人阿维格多·利伯曼（Avigdor Liberman）、统一右翼联盟领导人贝内特、中间派政党蓝白党领导人本尼·甘茨（Benny Gantz）和新希望党领导人吉德昂·萨阿（Gideon Sa'ar）等的矛盾难以弥合，导致内塔尼亚胡多次组阁失败。贝内特、利伯曼、甘茨和萨阿等人，都曾经在内塔尼亚胡政府中任职，但是由于在权力分配和政治理念等方面存在分歧，受到内塔尼亚胡的打压；工党和力量党等左翼政党，反对内塔尼亚胡的右翼政治理念，因此拒绝加入执政联盟。以色列的政党矛盾，影响了以色列政治稳定。

其次，以色列国内犹太人和阿拉伯人矛盾激化，族群裂痕亟待修复。1948 年以色列建国以来，以色列究竟是一个"犹太国家"还是"民主国家"，成为涉及以色列国家政治身份的重要难题。右翼政党认为，以色列应当强化"犹太国家"属性，强化犹太人在以色列社会中的政治、社会和经济地位。在内塔尼亚胡执政时期，以色列政府强化了"犹太国家"的属性。在约旦河西岸、东耶路撒冷和戈兰高地，以色列政府默许犹太定居者迁入。在社会生活中，犹太宗教节日成为以色列的官方节日，2020 年以色列内阁通过决议，将希伯来语作为以色列唯一的官方语言。以色列犹太正统派要求接管耶路撒冷老城，占

领"圣殿山";一些犹太极端分子,甚至扬言要"炸毁阿克萨清真寺",重建以色列"第三圣殿"。① 以色列犹太正统派多次举行大规模游行,激起了以色列阿拉伯人的强烈不满。

以色列有大约200万阿拉伯公民,占以色列总人口的21%。内塔尼亚胡政府对"犹太国家"属性的强调,使以色列阿拉伯人被边缘化,"二等公民"的感受日益强烈,以色列国内犹太人和阿拉伯人的族群关系更加紧张。② 2017年7月以色列军警和巴勒斯坦人在耶路撒冷老城发生冲突,以色列"伊斯兰运动北方分支"(Northern Wing of the Islamic Movement)③ 号召全以色列的阿拉伯人前往耶路撒冷老城举行示威活动,双方冲突升级造成数十人死伤。2021年5月以色列和哈马斯冲突期间,以色列国内多地爆发了建国以来最大规模的犹太人和阿拉伯人暴力冲突,海法、拿撒勒、巴特亚姆(Bat Yam)和贝尔谢巴多地的清真寺和犹太会堂被毁。以色列左翼政党和阿拉伯政党要求重视以色列阿拉伯人的经济、社会和文化权利。

再次,以色列与美国关系僵冷,国际形象亟待改善。内塔尼亚胡政府同美国共和党政府关系较近,与美国民主党政府关系较为疏远。在奥巴马担任总统时期,美国和以色列关系冷淡,内塔尼亚胡团队批评奥巴马"装腔作势"和"理想主义",甚至将奥巴马执政时期定义为"美以关系史上最差的八年"。④ 在2020年美国大选中,内塔尼亚胡高调支持特朗普连任,认为共和党政府执政"有利于以色列国家安全"。⑤ 内塔尼亚胡疏离民主党,引起了拜登政府的不满。2021年拜登就任总统一个月后,才与内塔尼亚胡进行了电话会谈,凸

---

① 圣殿是古代犹太人修建的最高宗教场所。在历史上,第一圣殿修建于以色列王国时期,公元前586年被新巴比伦王国摧毁;第二圣殿修建于公元前515年,但是在公元70年被罗马军队摧毁。

② Sammy Smooha, *Arabs and Jews in Israel: Chang and Continuity in Mutual Intolerance*, New York: Routledge, 2019.

③ "伊斯兰运动北方分支",是1993年建立的以色列阿拉伯人宗教团体,要求保护以色列阿拉伯人的宗教权利,反对以色列阿拉伯人组建政党参与以色列大选,否认以色列国家的合法性。

④ Robert O. Freedman, "The Obama Legacy in the Middle East and the Trump Challenge," *India Quarterly*, Vol. 73, No. 2 (2017), p. 242.

⑤ Ilham Shahbari, "Israel Takes Stock: The Legacy of Benjamin Netanyahu," *Political Insight*, Vol. 12, No. 3 (2021), p. 34.

显了拜登政府与内塔尼亚胡政府关系的冷淡。

在巴以问题上，以色列同巴勒斯坦民族权力机构的沟通中断，与加沙地区哈马斯的冲突不断。2017 年美国特朗普总统上任后，将耶路撒冷定义为"以色列首都"，推出巴以和平"世纪协议"，严重损害巴勒斯坦人民的利益。巴勒斯坦民族权力机构主席阿巴斯在 2018 年宣布，全面暂停与以色列在政治和安全方面的合作。2007 年哈马斯占领加沙后，以色列和哈马斯多次爆发大规模冲突，造成巴以双方巨大的人员伤亡。2021 年 5 月以色列和哈马斯爆发激烈冲突后，以色列政府彻底封闭了"国土检查站"，加沙地区人道主义境况越发艰难。在以色列和埃及的封锁下，面积仅为 360 平方公里人口却多达 200 万的加沙地区，失业率高达 60%，人道主义形势严峻。

以色列在巴以问题上的强硬姿态，遭到西方舆论的广泛批评。在欧洲和北美，同情和支持巴勒斯坦建国的呼声日益高涨。在巴以和平未能实现，以色列继续封锁加沙和占领约旦河西岸巴勒斯坦土地的情况下，以"抵制、撤资和制裁运动"（Boycott, Divestment and Sanction Movement）为代表的政治运动，对以色列国际形象造成了负面影响。2020 年以来，新冠肺炎疫情暴发，欧洲和北美经济衰退，一些极端民粹主义将以色列和犹太人诬蔑为疫情肆虐的"罪魁祸首"。具有反犹性质的反犹太复国主义，仍旧是对以色列国际声望和以色列与海外犹太人居住国家关系的重大威胁。[1]

最后，以色列安全形势严峻。以色列认为，伊朗已经对以色列构成了"全方位的威胁"。在以色列看来，"伊朗不仅拥有强大的军事实力，还力图将武器装备和战略影响力拓展到也门、伊拉克、叙利亚、黎巴嫩、加沙和中东其他地区。尤其是，伊朗力图提升和发展弹道导弹的精度和射程，将弹道导弹部署到中东地区什叶派军事团体手中"[2]。在军事层面，伊朗的弹道导弹技术进步快，且数量多、射程远，一旦向以色列发动导弹袭击，以色列的防空体系难

---

[1] 〔西班牙〕大卫·H. 阿尔塔拉斯：《2020 年全球犹太社团状况》，李舒扬译、马丹静校，载张倩红主编《以色列蓝皮书：以色列发展报告（2020）》，社会科学文献出版社，2020，第 57 页。

[2] Gadi Eisenkot, "The Campaign between Wars: How Israel Rethought Its Strategy to Counter Iran's Malign Regional Influence," The Washington Institute for Near East Policy, September 4, 2019, https://www.washingtoninstitute.org/policy-analysis/campaign-between-wars-how-israel-rethought-its-strategy-counter-irans-malign.

以招架。在地区安全层面，以色列认为，伊朗不断加强与地区什叶派军事团体的关系，为将来全面攻击以色列做好准备。在地区战略层面，敌视以色列的什叶派民兵组织在伊拉克和叙利亚强势崛起，扬言攻击戈兰高地，夺回耶路撒冷。[1] 黎巴嫩"真主党"先后出兵叙利亚和也门，不仅拓展了活动地域，壮大了团体人数，还获得了更加先进的武器装备。"以色列将黎巴嫩'真主党'视为周边最严峻的安全威胁，时刻关注其发展动向。"[2]

## 二 贝内特政府的执政理念与施政方略

内塔尼亚胡执政末期以色列政治、社会、外交和安全方面面临的诸多挑战，要求以色列政府调整施政重点，调整政策措施。以色列总理贝内特在就任总理时表示，将调整内塔尼亚胡执政时期的政策。在内阁宣誓就职后，贝内特表示将会修补内塔尼亚胡时期的"错误政策"，"摆脱'内塔尼亚胡主义'对以色列政治的影响"。[3] 区别于内塔尼亚胡政府对外关注安全事务、对内强化以色列"犹太国家"属性的内外施政特点，贝内特政府推出多项社会政策，调整以色列外交政策，着力应对以色列政治、社会、外交和安全方面的挑战。

首先，贝内特政府出台措施，加强对以色列少数族群的政策支持。[4] 贝内特政府中的左翼工党、力量党和联合阿拉伯名单党等认为，以色列长期忽视了阿拉伯人、德鲁兹人和贝都因人等少数族群的权益，以色列少数族群在生活、就业、教育和文化等领域的权利需要重视。[5] 在政府中，左翼政党和联合阿拉

① Houchang Hassan Yari, "Iran and Iraq-GCC Rapprochement," *Middle East Policy*, Vol. 25, No. 4 (2018), pp. 56-63.

② Daniel Sobelman, "Learning to Deter Deterrence Failure and Success in the Israel-Hezbollah Conflict, 2006-2016," *International Security*, Vol. 41, No. 3 (2016), p. 1533.

③ Steven A. Cook, "Netanyahu Is Gone. Netanyahu-ism Still Reigns," *Foreign Policy*, September 1, 2021, https://foreignpolicy.com/2021/09/01/naftali-bennett-netanyahu-gone-netanyahu-ism-still-reigns/.

④ 德鲁兹人是分布在叙利亚、黎巴嫩和以色列三国交界的少数族群，人口约100万。在以色列和黎巴嫩，德鲁兹人被视为一个独立的民族；而在叙利亚，则被视为信仰伊斯兰特殊教派的阿拉伯人。

⑤ Amos Barshad, "Can Merav Michaeli Save the Israeli Left From Extinction?" *Slate*, June 10, 2021, https://slate.com/news-and-politics/2021/06/merav-michaeli-israel-labor-party.html.

伯名单党议员，获得了卫生部部长、交通部部长、公共安全部部长、区域合作部部长等职务，能够在改善少数族群权利的问题上，启动多方面政策。

在财政上，贝内特政府出台了针对以色列阿拉伯人社区和村镇的专项拨款。2021年11月，在拉姆党、工党和梅雷茨党的力推下，以色列政府通过了补贴计划，计划在2022~2026年，投入94亿美元建设以色列的阿拉伯村镇和社区，改善阿拉伯居民的生活环境，提升阿拉伯青年人的教育与医疗水平。[①]

在地方行政关系上，贝内特政府修改多个法案，增加对以色列阿拉伯人和德鲁兹人的援助，提升以色列少数族群的地位。2021年10月，以色列内政部宣布，将以色列北部德鲁兹人城镇马哈尔（Maghar）的行政级别，由镇提升为市。马哈尔也由此成为以色列国内"第一个德鲁兹人城市"。[②] 通过镇改市，以色列政府赋予马哈尔市政府和市议会更大的权力，当地的一些发展项目，如开设学校和医院，招商引资，建设车站等，也得以更加便利地启动和实施。

在基础设施方面，贝内特政府着力改善贝都因人的生活和居住环境。2022年1月，以色列议会修订《电力法》，允许尚未获得建筑许可的住房与以色列公共电网和自来水管网连接。根据旧版《电力法》，未获得建设许可的房屋，不能连接以色列的公共电网和自来水管网。以色列南部内格夫沙漠的贝都因人，保持着祖先的游牧习惯和游牧领地，坚持将自己的房屋建在沙漠之中，因此无法获得电力和自来水供应。随着该法的最新修订，以色列贝都因人聚居区，有权获得电力和自来水。

其次，贝内特政府修复与美国政府的关系，缓和与巴勒斯坦的矛盾，积极改善以色列国际形象。在以色列和美国关系上，贝内特政府努力修补与美国民主党政府的关系。贝内特政府的外交部部长拉皮德认为，内塔尼亚胡忽视了与美国的沟通，导致以色列外交陷入被动。以色列政府需要调整内塔尼亚胡时期的外交战略，"修补内塔尼亚胡犯下的外交错误"。[③]

---

① "Israel Cabinet Backs Huge Spending Plan for Arab Minority," BBC, October 25, 2021, https：//www.bbc.com/news/world-middle-east-59039911.

② Afif Abu Much, "Mixed Feelings in Israel over First Druze City," Al-Monitor, November 1, 2021, https：//www.al-monitor.com/originals/2021/11/mixed-feelings-israel-over-first-druze-city.

③ "Lapid Vows to Fix Netanyhu's 'Mistake'," *Haaretz*, June 27, 2021, https://www.haaretz.com/israel-news/. premium-lapid-meets-blinken-vows-to-fix-netanyahu-s-mistakes-regain-bipartisan-support-1. 9946165.

贝内特就职总理后仅数日，就与拜登通电话；2021 年 8 月贝内特访问美国，并在白宫与拜登举行会谈，拜登和贝内特互称对方为"密友"，表现出两人的友好关系；在两人会面后，贝内特多次派出特使访问美国，阐述以色列对伊朗核问题的立场，希望美国"不要信任伊朗""不要重启'伊朗核协议'"，加大对伊朗的制裁力度，甚至要求美国打击伊朗核设施。① 在伊朗核问题维也纳会谈期间，美国多次向以色列派遣特使，介绍谈判进程，阐述美国立场。

在巴以问题上，贝内特政府避免压缩东耶路撒冷和约旦河西岸巴勒斯坦人的空间，致力于改善与巴勒斯坦民族权力机构的关系。2021 年 10 月，以色列国防部部长甘茨批准在约旦河西岸兴建 3000 多套犹太人住房和 1300 多套巴勒斯坦人住房的计划，这是近十多年以色列首次批准在约旦河西岸大规模新建巴勒斯坦人住房。2021 年 11 月，以色列国防部向约旦河西岸 4000 多名巴勒斯坦人发放身份文件，允许这些巴勒斯坦人留住约旦河西岸或是返回加沙地区。此外，以色列政府还多次中止约旦河西岸扩建犹太定居点的计划，努力改善与巴勒斯坦民族权力机构的关系。

贝内特政府主动减轻对加沙地区的封锁力度。贝内特政府认为，既要防范哈马斯袭击以色列的企图，也要改善加沙地区民众的社会境遇。一方面，贝内特政府对加沙地区局势保持警惕，以色列军队坚决打击来自加沙地区的火箭弹和无人机袭击，显示以色列的强大震慑力。但是以色列军队打击行动受到严格限制，避免升级为以色列和哈马斯的大规模冲突。另一方面，以色列政府减轻了对加沙地区的封锁措施。2021 年 8 月，以色列向 1300 多名加沙商人颁发入境文件，允许这些加沙商人携带货物进入以色列境内售卖；2021 年 10 月以色列向加沙地区的巴勒斯坦劳工增加了 3000 多个短期签证，允许加沙劳工凭借签证在以色列寻找工作机会，缓解加沙地区的经济压力。

在贝内特政府的推动下，以色列和巴勒斯坦民族权力机构的官方沟通得以恢复。2021 年 8 月，以色列国防部部长甘茨访问约旦河西岸的巴勒斯坦民族权力机构总部所在地拉姆安拉，同巴勒斯坦民族权力机构主席阿巴斯举行

---

① Julian E. Barnes, "Iran's Nuclear Program Ignites New Tension Between U. S. and Israel," *The New York Times*, December 10, 2021, https://www.nytimes.com/2021/12/10/us/politics/iran-nuclear-us-israel-biden-bennett.html.

会谈；2021 年 12 月，阿巴斯回访以色列，与以色列多位部长举行会谈，此次访问也是 2010 年巴勒斯坦和以色列领导人会晤后，巴勒斯坦领导人首次访问以色列。以色列承诺将向巴勒斯坦民族权力机构提供更多的贷款和资金支持，而巴勒斯坦民族权力机构则恢复了与以色列在情报、政治和安全等领域的合作。

再次，贝内特政府积极推动与阿拉伯国家的合作，改善以色列的国际形象。贝内特政府努力深化与阿联酋、巴林、苏丹和摩洛哥等新建交阿拉伯国家的关系。2021 年 7 月，以色列和摩洛哥签署了政治、航空和文化交流等多个文件，促进以色列和摩洛哥双边关系进一步发展；2021 年 11 月，以色列和摩洛哥签署军事合作协议，加强了两国的军事和情报关系。

2021 年 10 月，耶路撒冷市政府通过了在东耶路撒冷修建新犹太定居点的计划。在欧盟的抗议下，2021 年 12 月以色列政府叫停了该计划，赢得了欧洲国家的广泛赞誉；贝内特和拉皮德等高层多次强调，以色列将会与国际社会紧密合作，降低约旦河西岸和加沙地区巴勒斯坦人的贫困率，减轻加沙地区的人道主义危机。此外，以色列积极参与全球气候变化谈判。以色列环境保护部部长塔玛尔·桑德伯格（Tamar Zandberg）在 2021 年 11 月的经济合作与发展组织会议上承诺，以色列将在 2030 年减少 30% 的温室气体排放量，计划推广电动汽车、扩大绿化和新能源建设等项目，助力减排目标的实现。[①]

最后，贝内特政府关注伊朗军事动向，理性应对周边地区的安全威胁。一方面，以色列加强对美国的游说力度。在伊朗核问题上，以色列反对美国与伊朗进行接触和对话，积极通过犹太院外集团，游说美国停止与伊朗的接触和谈判，对伊朗实施更加严厉的制裁，并考虑军事打击伊朗核设施的可能性。[②] 另一方面，贝内特政府积极准备针对伊朗核设施的军事打击，并通过空袭明确安全红线。在伊朗核问题上，贝内特强调，以色列不愿单独对伊朗实施军事打击，但是如果伊朗的核研发实现突破，以色列军队有能力摧毁伊朗的核研发体

---

① Danny Zaken, "New Environment Minister Has Ambitious Plan for Israel," Al-Monitor, June 22, 2021, https://www.al-monitor.com/originals/2021/06/new-environment-minister-has-ambitious-plans-israel.

② Martin Beck, "The Aggravated Struggle for Regional Power in the Middle East: American Allies Saudi Arabia and Israel versus Iran," *Global Policy*, Vol. 11, No. 1 (2020), p.86.

系。在应对周边安全威胁方面，2021 年 6~12 月，以色列空军对加沙、黎巴嫩南部和叙利亚境内发动了 30 多次空袭，主要针对哈马斯、真主党和叙利亚政府军的目标，意在显示强大的军事实力，震慑周边的敌对军事团体。①

## 三　贝内特政府未来的执政挑战

贝内特政府执政时期的政策取得了一定成效。贝内特政府"成功转变了'内塔尼亚胡决定一切'的政治体系，将意识形态差异极大的政党团结为一个执政联盟，参与到美国对伊朗的决策之中，推动了与阿拉伯国家的关系"，曾经不被看好的贝内特政府"有条不紊地运行着"。② 但贝内特政府仍面临多方面的挑战。

首先，薄弱的议会基础是贝内特政府的"达摩克利斯之剑"。以色列实行议会总理制，议会共有 120 个席位，拥有半数议席以上的政党或政党联盟组成内阁。根据以色列《选举法》，全国大选获得 3.25% 以上选票的政党有资格进入议会。较低的议会门槛导致以色列议会党派林立。1948 年建国以来，以色列历届内阁都由多个政党构成的执政联盟组建，但贝内特领导的执政联盟由 8 个来自右翼、中间派、左翼的政党共同组建，政党数量之多在以色列历史上罕见。该执政联盟在以色列议会 120 个席位中仅占 61 席，处于微弱优势。在 2021 年国家财政预算案表决中，执政联盟仅以 61 席的微弱优势涉险过关，甚至出现了一名议员"按错表决器"，导致预算案重新编写的情况。鉴于执政联盟的政治光谱横跨右翼、中间派和左翼，以色列政坛关涉国家性质、政府权力分配、伊朗核问题、以色列国家安全问题等，有可能造成执政联盟内部某一党派退出，进而导致执政联盟瓦解的情况。

其次，贝内特的内阁成员普遍缺乏军事履历。内塔尼亚胡及其支持者批评

---

① 关于以色列对周边地区军事行动的战略目的，参见王晋《美国在中东的战略收缩与以色列的应对》，《当代世界》2020 年第 2 期；王晋《以色列对中东变局的认知及其应对》，《当代世界》2021 年第 3 期。

② Herb Keinon, "Bennett, the Coalition, and the Cold Reality Painted by Polls," *The Jerusalem Post*, December 19, 2021, https：//www.jpost.com/israel－news/politics－and－diplomacy/bennett-the-coalition-and-the-cold-reality-painted-by-polls-689183.

贝内特政府缺少安全事务的经验，无力保证以色列国家安全。就内阁成员的军旅经历而言，只有国防部部长本尼·甘茨曾任国防军总参谋长。而贝内特则是首次担任政府总理，此前仅短暂担任国防部部长和教育部部长；外交部部长拉皮德、内政部部长阿耶雷特·沙凯德（Ayelet Shaked）、司法部部长吉德昂·萨阿等人政治资历较浅，并未担任过部长职务。交通与道路安全部部长梅拉夫·米凯利（Merav Michaeli）、卫生部部长尼赞·霍洛维茨（Nitzan Horowitz）和环保部部长塔玛尔·桑德伯格等人，是首次担任以色列政府部长职务。利伯曼曾经担任国防部部长，但是并无军旅经历。利库德集团和其他在野党认为，贝内特政府在应对安全威胁方面措施乏力，"除了反复游说美国外，只会静观其变"①。在未来，无论伊朗重新回到 2015 年核协议框架下，还是继续增加浓缩铀的丰度和当量，都不符合以色列的安全期许。如果以色列无法劝说美国对伊朗采取强硬政策，必然削弱贝内特在以色列国内的政治威望。

再次，以色列和美国分歧明显。以色列希望美国在中东事务上承担更多的责任，但由于战略重心的转移，美国无意也无力在中东地区承担过多的责任。② 与此同时，美国要求以色列"站队"，限制中国在以色列的基础设施建设、金融投资，以及中以科技合作，并要求以色列在涉华问题上听从美国的"建议"。中国是以色列的第三大贸易伙伴，以色列希望在美国的压力下，继续发展与中国的关系，而非全面倒向美国。在伊朗核问题上，美国反对以色列激进的军事打击手段，主张通过政治和经济手段来约束伊朗核能力。即使在特朗普时期，也是通过"极限施压"的政治和经济手段，而非军事打击手段，迫使伊朗实现"自我约束"。在叙利亚问题上，尽管美国在叙利亚北部和南部驻扎军队，但是避免直接大规模介入叙利亚问题，甚至拒绝向叙利亚反政府武装提供重型武器。③ 2021 年拜登政府上台以来，美国国内决心撤出在阿富汗和伊拉克的驻军，不再希望在中东地区承担过多责任。

---

① Mazal Mualem, "Bennett Styles Himself as Israel's New Mr. Security," Al-Monitor, August 5, 2021, https://www.al-monitor.com/originals/2021/08/bennett-styles-himself-israels-new-mr-security#ixzz7IVUxJQG9.

② 王晋：《美国在中东的战略收缩与以色列的应对》，《当代世界》2020 年第 2 期，第 27~33 页。

③ 王晋：《美国影响下的俄罗斯与伊朗关系》，《阿拉伯世界研究》2021 年第 2 期，第 17~34 页。

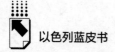

最后，疫情防控是以色列政府面临的最大挑战。在执政前，联合右翼、以色列家园党和工党等，都曾激烈批评内塔尼亚胡政府抗疫不力。贝内特政府延续了内塔尼亚胡政府"全民接种"的防疫策略，在2021年8月推动全民接种"第三针"新冠疫苗，在2021年12月针对老人和医护人员接种"第四针"新冠疫苗。但是随着2021年12月新冠病毒变异株"奥密克戎"席卷以色列，以色列政府的疫情管控措施遭到了社会舆论的批评。其一，以色列政府的防疫措施组织不力，病毒检测、医院救治和社区封闭等措施未能有效执行，导致病毒快速传播。其二，以色列民众普遍接种了美国的辉瑞疫苗，一些以色列学者认为，应当接种中国和俄罗斯的疫苗作为加强针，提高抵抗力。其三，以色列政府并未出台救助措施，引发国内商界普遍批评。以色列商业、餐饮业和旅游业受到疫情严重影响，但是以色列政府拒绝出台救助措施，以色列财政部部长、右翼政党以色列家园党领导人利伯曼甚至提出，不会出台救助措施来"贿赂选民"，导致舆论哗然。如何有效防控疫情，是贝内特政府面临的最大难题。2021年11月，以色列议会先后表决通过了2021年国家财政预算案和2022年国家财政预算案。① 历届以色列政府，往往会由于预算案分歧导致执政联盟瓦解。2021年国家财政预算案和2022年国家财政预算案的顺利通过，意味着贝内特政府的执政表现得到了议会的支持和认可。然而其执政之路仍非坦途，以色列国内复杂的政治和社会现实，波诡云谲的中东政治，都将继续考验着贝内特政府的执政智慧。

---

① 2018年年末以色列内阁解散后，以色列直至2021年6月才产生新一届政府，因此2021年国家财政预算案是2018年后以色列议会通过的首份预算案，紧接着以色列议会又通过了2022年国家财政预算案。

# 疫情之下的以色列社会及族群关系

高智源*

**摘　要：** 新冠肺炎疫情对以色列的医疗卫生体系、民众生活以及心理状况
造成了巨大影响，也使长期处于紧张状态的族群关系雪上加霜。
极端正统派犹太人因不愿进入劳动力市场、不遵守卫生防疫规定
等问题与以色列社会离心倾向明显；以色列阿拉伯人因医疗资源
分配不平等、贫富差距进一步扩大以及巴以冲突等问题与犹太人
的矛盾趋于尖锐。与此同时，以色列新政府也做出了一系列的努
力，希望改善不同族群之间的关系，增强社会凝聚力。

**关键词：** 新冠肺炎疫情　以色列　族群关系　极端正统派　以色列阿拉
伯人

新冠肺炎疫情是一次全球范围的重大突发公共卫生事件，不仅对全球医疗
卫生体系提出了重大挑战，而且对全球政治、经济和社会等诸多领域造成了巨
大冲击。以色列也未能幸免于难。新冠肺炎疫情加剧了以色列不同族群之间的
紧张关系，如同放大镜般将以色列社会长期存在的不平等凸显出来。研究疫情
背景下以色列的族群关系对了解当今以色列社会的多样性和复杂性具有重要
意义。

## 一　以色列的社会状况

新冠肺炎疫情对以色列社会的方方面面产生了不同程度的影响，例如导致

---

＊ 高智源，郑州大学历史学院博士研究生。

医务人员及医疗设备短缺、就业困难群体增多、房价上涨等。另外，突发性疫情也不同程度地影响了以色列民众的生活方式与社会心态，民众焦虑情绪激增，社会问题凸显。

## （一）医疗状况

新冠肺炎疫情暴发初期，以色列政府一方面出台严格的管控措施，另一方面充分发挥科技创新优势，保障了疫情防控的科学精准。从整体上看，以色列新冠肺炎疫情呈现以下特点。

第一，新冠疫苗接种率较高。截至 2022 年 2 月 20 日，第一剂新冠疫苗接种人数约为 669.75 万人，接种率约为 72.68%；第二剂新冠疫苗接种人数约为 611.7 万人，接种率约为 66.38%；第三剂新冠疫苗接种人数约为 445.97 万人，接种率约为 48.40%；第四剂新冠疫苗接种人数约为 71.02 万人，接种率约为 7.7%。[1] 据美国有线电视新闻网报道，2021 年 12 月 21 日，以色列政府宣布将向 60 岁以上人群、免疫功能低下的人以及医务人员提供第四针新冠疫苗，以应对奥密克戎变异株的迅速传播。这是以色列继 2021 年年初率先接种第三针新冠疫苗后，再一次在疫苗接种进度上领先于全球其他国家。另有数据显示，至 2022 年 2 月 19 日，全球接种过至少一剂新冠疫苗的人约占 61.9%。[2] 因此，相较于全球新冠疫苗接种率来说，以色列的接种率较高。

第二，确诊率高但死亡率低。据以色列中央统计局统计，2020 年以色列人口约为 921 万人，其中犹太人口约为 682 万人；阿拉伯人口约为 194 万人，其他人口约为 45 万人。[3] 截至 2022 年 2 月 11 日，以色列累计新冠肺炎确诊病例 3323348 例，累计死亡病例 9453 例，确诊率约为 36%，死亡率约为 1‰。截至 2022 年 2 月 11 日，以色列不同年龄段新冠肺炎确诊情况如表 1 所示。确诊

---

[1] "Coronavirus in Israel-General Situation," Israel Ministry of Health, February 20, 2022, https://datadashboard. health. gov. il/COVID－19/general? utm＿source＝go. gov. il&utm＿medium＝referral.

[2] "Share of People Who Received at Least One Dose of COVID-19 Vaccine," Our World in Data, February 19, 2022, https://ourworldindata. org/covid-vaccinations.

[3] "Population, by Population Group," Israel Central Bureau of Statistics, August 31, 2021, https://www.cbs. gov. il/he/publications/doclib/2021/2. shnatonpopulation/st02＿01. pdf.

病例中 0~19 岁占 40.83%；20~39 岁占 29.25%；40~59 岁占 20.51%；60 岁及以上占 9.4%。①

表 1　以色列不同年龄段新冠肺炎确诊情况

| 年龄段 | 确诊人数（例） | 占比（%） |
| --- | --- | --- |
| 0~4 岁 | 236344 | 7.11 |
| 5~11 岁 | 587534 | 17.68 |
| 12~15 岁 | 282284 | 8.49 |
| 16~19 岁 | 250969 | 7.55 |
| 20~29 岁 | 499299 | 15.02 |
| 30~39 岁 | 472952 | 14.23 |
| 40~49 岁 | 413055 | 12.43 |
| 50~59 岁 | 268659 | 8.08 |
| 60~69 岁 | 174365 | 5.25 |
| 70~74 岁 | 56504 | 1.70 |
| 75 岁及以上 | 81383 | 2.45 |
| 合计 | 3323348 | 100 |

注：数据截至 2022 年 2 月 11 日。

资料来源："Corona in Israel：Situation," Clalit, February 11, 2022, https：//www. clalit. co. il/he/your_ health/family/Pages/corona_ in_ israel. aspx#1。

截至 2022 年 2 月 11 日，以色列不同年龄段新冠肺炎死亡情况如表 2 所示。在死亡病例中 0~19 岁占 0.21%；20~39 岁占 1.29%；40~59 岁占 7.5%；60 岁及以上占 91%。② 死亡病例中 60 岁及以上的占比最高。据统计，阿拉伯人死于新冠肺炎的平均年龄是 73 岁，极端正统派犹太人死于新冠肺炎的平均年龄是 78 岁，在其他群体中，死于新冠肺炎的平均年龄是 81 岁。③ 究其原因，主要包括以下两个方面：一是老年人免疫力相对较弱，且大多数有基础性疾

① "Corona in Israel：Situation," Clalit, February 11, 2022, https：//www. clalit. co. il/he/your_ health/family/Pages/corona_ in_ israel. aspx#1.

② "Corona in Israel：Situation," Clalit, February 11, 2022, https：//www. clalit. co. il/he/your_ health/family/Pages/corona_ in_ israel. aspx#1.

③ "Covid Deaths 300% Higher Among Arab Citizens of Israel, Report Finds," Middle East Monitor, June 25, 2021, https：//www. middleeastmonitor. com/20210625 - covid - deaths - 300 - higher - among-arab-citizens-of-israel-report-finds/.

病，一旦感染新冠病毒，发生重症和死亡的风险远远高于年轻人；二是部分老年人未接种或未全程接种新冠疫苗。根据以色列卫生部公布的数据，2022 年 1 月，60 岁及以上未接种或未全程接种新冠疫苗的每 10 万人中有 16.3 人死亡，而同年龄段全程接种新冠疫苗的每 10 万人中只有 0.9 人死亡。[1]

表2　以色列不同年龄段新冠肺炎死亡情况

| 年龄段 | 死亡病例（例） | 占比（%） |
| --- | --- | --- |
| 0~9 岁 | 10 | 0.11 |
| 10~19 岁 | 9 | 0.10 |
| 20~29 岁 | 42 | 0.44 |
| 30~39 岁 | 80 | 0.85 |
| 40~49 岁 | 181 | 1.91 |
| 50~59 岁 | 528 | 5.59 |
| 60~69 岁 | 1387 | 14.67 |
| 70~79 岁 | 2351 | 24.87 |
| 80~89 岁 | 3152 | 33.34 |
| 90 岁及以上 | 1713 | 18.12 |
| 合计 | 9453 | 100 |

注：数据截至 2022 年 2 月 11 日。

资料来源："Corona in Israel：Situation，" Clalit，https：//www.clalit.co.il/he/your_ health/family/Pages/corona_ in_ israel.aspx#1。

第三，医疗资源供不应求。在中东地区，以色列拥有相对完善的医疗卫生体系、高质量的医疗技术以及优质的医疗卫生服务。但由于疫情不断恶化，以色列的医疗卫生体系仍面临着巨大的挑战，主要表现在以下两个方面。首先，病床数量较少。数据显示，2019 年以色列平均每千人仅拥有 3 张病床，而经合组织平均每千人拥有 4.4 张病床。[2] 以色列病床数量少，主要是因为病床周转率高。数据显示，2016 年以色列每张病床平均住院人数为 66 人，而经合组

---

[1] Sam Sokol，"Unvaccinated vs. Boostered：What the COVID Death Toll from Israel Reveals，" *Haaretz*，February 7，2022，https：//www.haaretz.com/israel-news/unvaccinated-vs-boostered-what-the-covid-death-toll-from-israel-reveals-1.10586137.

[2] Shira Silkoff，"Israeli Health System Understaffed，Under-Equipped-OECD Data，" *The Jerusalem Post*，January 24，2022，https：//www.jpost.com/health-and-wellness/coronavirus/article-694419.

织每张病床平均住院人数约为 41 人。以色列病人平均住院时间为 5.2 天，低于经合组织 6.7 天的平均水平。[1] 新冠肺炎疫情暴发后，不断增加的确诊病例使病床需求量大增。因此，疫情下以色列医院只能被迫关闭或者暂时缩小现有病房的规模，其中大部分是内科病房，与此同时，一些外科手术几乎陷入延迟甚至停滞的状态。其次，以色列医护人员严重短缺。以色列长期以来一直饱受医护人员短缺的困扰，新冠肺炎疫情的暴发加剧了这一情况。数据显示，2019 年以色列平均每千人中只有 5 名护士，远低于经合组织 9.4 名的平均水平。医生方面，以色列的人数也明显不足。经合组织平均每千人中有 3.69 名医生，而以色列平均每千人中仅有 3.29 名医生。[2] 究其原因，主要包括两个方面。一方面，退休人员多。数千名 20 世纪 90 年代从苏联及俄罗斯移民至以色列的医生已陆续从工作岗位上退休。另一方面，以色列每年医学专业毕业人数偏少。截至 2019 年，以色列医学专业毕业生数量在经合组织国家中排名倒数第二，略高于日本。再加上受奥密克戎变异株的影响，被隔离的医护人员增多，进一步导致医务人员短缺。

## （二）生活状况

新冠肺炎疫情不但给以色列的医疗卫生体系带来了巨大挑战，而且对民众的生活也造成了极大的影响。

第一，疫情下以色列经济疲软导致就业形势进一步恶化。疫情封锁期间，大量企业倒闭或为了节省开支而解雇大量工人，尤其是青年工人（18～29 岁）和超过退休年龄的老年工人（65～74 岁）。疫情前，以色列失业率为 3.5%，约有 15 万人失业。第一次疫情封锁期间，以色列失业率跃升至 35% 的创纪录水平。[3] 随后政府采取了一系列促进经济复苏的政策，如延长税收

[1] Nadav Davidovitch, Baruch Levi, and Rachel Arazi, "The Health Workforce in Israel During the Covid-19 Pandemic: An Overview," Taub Center, December 2021, p. 145, https://www.taubcenter.org.il/wp-content/uploads/2021/12/Health-Overview-ENG-2021.pdf.

[2] Shira Silkoff, "Israeli Health System Understaffed, Under-Equipped-OECD Data," *The Jerusalem Post*, January 24, 2022, https://www.jpost.com/health-and-wellness/coronavirus/article-694419.

[3] "Unemployment Down to 16.7% in February as Economy Reopens," *The Times of Israel*, March 22, 2021, https://www.timesofisrael.com/unemployment-down-to-16-7-in-february-as-economy-reopens/.

期限、为中小企业建立特别贷款机制以及延长失业救济金的期限等，2021 年 12 月失业率已经降至 6%。但相比疫情之前，以色列失业人数仍然较多。2021 年 12 月，仍有 262100 人处于失业状态。① 此外，疫情加剧了性别不平等。研究表明，疫情期间，失业登记的人中 52%~58% 是女性。究其原因，主要包括两个方面。一方面，女性从业人员较多的教育和销售等行业受疫情影响较大；另一方面，受疫情影响，学校关闭，许多妇女被迫与孩子待在家里。有报告称，夫妻双方经常选择让薪水较低的一方留在家里。2020 年 9 月 6 日，据以色列妇女网络（The Israel Women's Network）公布的数据，尽管过去几年进入以色列劳动力市场的女性人数有所增加，达到总数的 47%，但女性收入仅为男性的 2/3。与其他经合组织国家相比，以色列在同工同酬方面排名倒数第三。②

第二，疫情下以色列粮食安全问题的紧迫性日益突出。以色列的物价水平较高，生活成本是欧美国家的两三倍。2021 年，特拉维夫被《经济学人》评为世界上生活成本最高的城市。③ 一方面，疫情导致很多以色列人收入下降或失去了稳定的生计；另一方面，疫情暴发后，供应链紧张、农业生产方式以及粮食运输方式发生变化，导致粮食价格上涨，影响了人们的粮食购买力。疫情暴发前，以色列大约 17.8% 的家庭和 1/4 的儿童粮食不能保障。根据华盛顿大学社会政策研究所（the Social Policy Institute at Washington University）的调查，在疫情高峰期，大约 1/4 的以色列家庭面临严重的粮食安全问题，其中约 1/3 是单亲家庭。值得注意的是，以色列阿拉伯人和极端正统派犹太人更容易面临粮食安全问题。调查显示，以色列阿拉伯人中有 36.3% 面临粮食安全问题，极端正统犹太人中这一比例为 21.6%，非

---

① "Israeli Unemployment Rate Continues to Dip," *The Times of Israel*, January 17, 2022, https://www.timesofisrael.com/israeli-unemployment-rate-continues-to-dip/.

② Daniel Nisinman, "Equal Pay Day: Women Still Earn Less in Israel," *The Jerusalem Post*, September 7, 2020, https://www.jpost.com/israel-news/equal-pay-day-women-still-earn-less-641320.

③ Keren Setton, "Price Hikes in Israel Highlight Long-term Issues Plaguing Economy," The Media Line, January 2, 2022, https://themedialine.org/life-lines/price-hikes-in-israel-highlight-long-term-issues-plaguing-economy/.

极端正统犹太人中这一比例为 10.5%。①

第三，疫情下以色列房价不断攀升。研究表明，以色列房价在过去 10 年中上涨了 345.7%，每平方米的价格从 2010 年的平均 2145 美元上涨到 2020 年的平均 9560 美元，而过去 10 年平均工资仅增长了 17.5%。② 以色列银行指出，目前全球房价持续上涨，从 2020 年年初到 2021 年 9 月，以色列房价上涨了近 10%。③ 根据以色列中央统计局的数据，截至 2021 年第三季度，以色列自住住宅每套平均价格约 168 万新谢克尔（约 54 万美元）。其中，以色列自住住宅最贵的城市是特拉维夫，自住住宅平均价格约 344.3 万新谢克尔（110.8 万美元），拉马特甘约 247.6 万新谢克尔（79.6 万美元），贝尔谢巴约 103.2 万新谢克尔（33.2 万美元）。截至 2021 年第三季度，在以色列的主要城市中，内坦亚的房价涨幅最大，涨幅为 38.1%。④ 究其原因，主要包括以下几个方面。首先，供不应求。一方面，以色列建筑商协会主席劳尔·斯鲁戈（Raul Srugo）表示："房价上涨应归咎于供应不足，即以色列土地管理局（Israel Land Authority）没有出售足够多的土地。"⑤ 另一方面，以色列住宅建设受疫情影响。根据以色列中央统计局的数据，2021 年上半年住宅竣工量同比下降 11.7%，达 22235 套。住宅开工量同比下降 2.7%，达 25567 套。虽然房价上

① "Food Insecurity in Israel During The COVID - 19 Economic Crisis: Prevalence and Associations with Children's Behaviors," Social Policy Institute at Washington University in St. Louis, November 19, 2021, https://socialpolicyinstitute.wustl.edu/food-insecurity-in-israel-during-the-covid-19-economic-crisis-prevalence-and-associations-with-childrens-behaviors/#:~:text=Food%20insecurity%20in%20Israel%3A%20Prevalence%20and%20distribution&text=According%20to%20the%20results%2C%20as, prevalent%20among%20socioeconomically%20disadvantaged%20families.

② Brian Blum, "Israeli Housing Prices Show Largest Increase in The World," Israel21c, September 15, 2021, https://www.israel21c.org/israeli-housing-prices-show-largest-increase-in-the-world/.

③ Amitai Gazit, "Prices of Housing to Increase 10% - 20%, Says Israel Builders Association President," Calcalistech, May 30, 2021, https://www.calcalistech.com/ctech/articles/0, 7340, L-3908835, 00. html.

④ Lalaine C. Delmendo, "Israel's Housing Demand Reviving Very Strongly," Global Property Guide, January 17, 2022, https://www.globalpropertyguide.com/Middle-East/Israel/Price-History.

⑤ Amitai Gazit, "Prices of Housing to Increase 10% - 20%, Says Israel Builders Association President," Calcalistech, May 30, 2021, https://www.calcalistech.com/ctech/articles/0, 7340, L-3908835, 00. html.

涨，但政府为缓解新冠肺炎疫情对经济的冲击，下调抵押贷款利率，抵押贷款利率接近历史低点，刺激了买家的购买力，以色列住宅交易总量上涨。2021年前3个季度以色列住宅交易总量同比增长近39%，达39363套。其中，特拉维夫的交易量飙升55.5%，耶路撒冷的交易量飙升25.5%。① 根据以色列银行的数据，2021年11月以色列的平均抵押贷款利率为2.13%，低于2020年11月的2.84%。2021年前10个月，用于购买住宅的抵押贷款总额为928.9亿新谢克尔，同期增长48%以上。由于住房信贷的持续强劲增长，以色列的抵押贷款从2019年占GDP的26.8%增长至2020年的占GDP近30%。②

第四，疫情下以色列民众的生活方式发生了改变。其一，居家办公的员工占比上升。疫情暴发后，面对以色列政府严格的疫情防控措施，许多企业开始让员工居家办公。数据显示，疫情下以色列居家办公的员工占比大幅上升，2020年的最后4个月里，约有22%的人选择居家办公，最高时达26%。③ 其二，疫情改变了民众的运动方式。一项1202名以色列成年人参与的关于新冠肺炎疫情对其运动方式的影响的调查发现，70%的受访者训练量低于平时训练量，60%的受访者采用网络课程的方式进行训练。此外，55%的受访者体重增加，半数以上的受访者体重增加超过2公斤。④ 其三，极端正统派犹太人使用互联网的比例上升。2020年6月，以色列民主研究所对疫情期间以色列极端正统派犹太人使用互联网的情况进行调查，发现仅有66.2%的受访者使用互联网，而非极端正统派犹太人的相应比例高达93%。相比2008年极端正统派犹太人使用互联网的比例28%，极端正统派犹太人使用互联网的比例已大幅上升，但是极端正统派中儿童和青少年（18岁以下）使用互联网的比例仅为13%，而非极端正统派中儿童和青少年（18岁以下）这一比例为75%。马拉

① Lalaine C. Delmendo, "Israel's Housing Demand Reviving Very Strongly," Global Property Guide, January 17, 2022, https://www.globalpropertyguide.com/Middle-East/Israel/Price-History.

② Lalaine C. Delmendo, "Israel's Housing Demand Reviving Very Strongly," Global Property Guide, January 17, 2022, https://www.globalpropertyguide.com/Middle-East/Israel/Price-History.

③ "Annual Report 2020," Bank of Israel, March 2021, p. 37, https://www.boi.org.il/en/NewsAndPublications/RegularPublications/Research%20Department%20Publications/BankIsrael AnnualReport/Annual%20Report%202020/annual%20full.pdf.

④ Horesh Dor-Haim, "The Impact of COVID-19 Lockdown on Physical Activity and Weight Gain Among Active Adult Population in Israel: A Cross-Sectional Study," *BMC Public Health*, Vol. 21, No. 1 (2021), pp. 1-10.

奇博士（Dr. Malach）和卡汉纳博士（Dr. Cahaner）称："目前极端正统派犹太人对待互联网的态度可以分为三种。第一种是保守型，往往忽视数字创新，继续抵制使用互联网。第二种是实用型，认识到使用互联网的必要性，通过使用互联网，与他人进行交流、传递信息或工作等，但对其社会功能持保留态度。第三种是现代型，持这种态度的群体通常利用各种各样的互联网在线平台，包括社交媒体，并且不认为互联网对他们的生活方式构成威胁。"①

## （三）心理状况

疫情下，由于亲人不幸离世、失业人数上升、收入下降以及长期处于封闭或隔离状态，很多人的精神健康状况恶化。2020 年 8 月，以色列国家安全研究所（The Institute for National Security Studies）对 1200 名以色列人（18 岁及以上）进行了一项民意调查。调查显示，44%的受访者认为疫情下他们的精神健康受到了损害。其中，女性认为自身精神健康受到的影响强于男性。48%的女性认为自身精神健康受到影响，男性则为 31%。② 政府官员和社会活动人士还认识到，长期封锁，以及因感染或接触确诊病例而被迫隔离或远程学习对儿童和青少年造成有害影响。以色列全国儿童委员会（Israel National Council for the Child）表示，从 2019 年到 2021 年，被诊断患有抑郁症的儿童或青少年（12~17 岁）增加了 39%，被诊断患有焦虑症的儿童或青少年（12~17 岁）增长了 33%，被诊断患有压力和情绪障碍的儿童或青少年（12~17 岁）增长了 20%。从 2020 年到 2021 年，接受教育部心理学家治疗且有自杀倾向的学生人数上升了 43%，从 829 人增加到 1184 人。③

疫情对人们造成的心理压力是多方面的，严重的甚至引发家庭暴力。疫情暴发后，以色列政府为遏制病毒的蔓延，颁布了一系列疫情防控措施，包括封

---

① Gilad Malach and Lee Cahaner, "Two Thirds of Ultra-Orthodox Are Online," The Israel Democracy Institute, December 30, 2021, https://en.idi.org.il/articles/37838.

② Zipi Israeli and Mora Deitch, "The Israeli Public and The Effects of The Coronavirus: Findings from a Public Opinion Poll in the Second Wave of the Crisis," The Institute for National Security Studies, September 29, 2020, https://www.inss.org.il/publication/coronavirus-inss-survey/.

③ Amy Spiro, "Depression, Anxiety in Children Jumped During Pandemic, Study Shows," *The Times of Israel*, January 26, 2022, https://www.timesofisrael.com/depression-anxiety-in-children-jumped-during-pandemic-study-shows/.

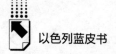

锁社区、关闭学校以及保持社交距离等。这些措施虽有效控制了疫情，但家庭成员相处时间太久也使得家庭暴力事件增加。据妇女国际犹太复国主义组织（the Women's International Zionist Organization）统计，拨打家庭暴力求救热线电话的数量大幅增加，从 2019 年的 2286 次增加到 2020 年的 5866 次，增加了 157%。其中，超过一半是配偶暴力案件，数量从 2019 年的 688 次跃升至 2020 年的 2853 次，增加了 315%。①

## 二 极端正统派犹太人与以色列社会的离心倾向加剧

以色列作为一个以犹太人为主体、多族群构成的移民国家。不同族群之间不仅在宗教信仰、价值观念以及生活习俗等方面差异明显，而且在社会地位上也存在着显著差异。长期以来，极端正统派男性免服兵役，成年后可以继续在犹太神学院学习并领取财政津贴等一系列特权导致公众对极端正统犹太人不满。疫情暴发后，这种不满升级为公然的敌意，主要表现如下。

第一，极端正统派犹太人的高感染率引起社会批评。一方面，极端正统派犹太人疫苗接种率低。数据显示，以色列截至 2021 年 12 月 28 日仍有数十万极端正统派犹太人尚未接种新冠疫苗，该群体的疫苗接种率是该国最低的。②究其原因，主要包括以下几个方面。首先，极端正统派人口中有一半不满 20 岁，疫情初期不符合新冠疫苗接种条件。据统计，以色列极端正统派人口约为 117.5 万人，占总人口的 12.6%，其中，20 岁以下的极端正统派人数占 60%。③ 直到 2021 年 8 月 29 日，以色列卫生部才宣布将接种第三剂新冠疫苗人群的年龄下限从 30 岁降低至 12 岁。④ 其次，极端正统派犹太人认为通过宗

① Maya Margit, "Study Shows 315% Jump in Domestic Violence Cases in Israel During 1st Pandemic Year," The Media Line, November 15, 2021, https：//themedialine. org/by - region/study - shows-315-jump-in-domestic-violence-cases-in-israel-during-1st-pandemic-year/.
② "Low Vaccination Rates Threaten Orthodox Israelis," USA Today, December 28, 2021, https：// www. usatoday. com/videos/news/nation/2021/12/28/low - vaccination - rates - threaten - orthodox - israelis/9031702002/.
③ Malach Gilad and Lee Cahaner, "Statistical Report on Orthodox Society in Israel 2021," The Israel Democracy Institute, December 28, 2021, https：//en. idi. org. il/haredi/2020/？chapter＝34272.
④ 《以色列降低第三剂新冠疫苗接种年龄至 12 岁》，中国新闻网，2021 年 8 月 30 日，https：//www. chinanews. com. cn/gj/shipin/cns-d/2021/08-30/news899511. shtml。

教学习和遵守宗教诫命（mitzvot）可以保护人们免受伤害。最后，部分极端正统派犹太人已经被感染，他们认为自己不需要再接种新冠疫苗。以色列民主研究所极端正统派犹太项目负责人吉拉德·马拉奇（Gilad Malach）强调："对于极端正统派犹太人来说，存在双重恐惧，对国家的恐惧和对科学的恐惧。极端正统派犹太人对这些实体不信任。与此同时，这种怀疑的态度使得疫苗毫无作用的说法在极端正统派社区中广泛传播。"① 另一方面，极端正统派犹太人频繁参加聚集性活动。疫情期间，卫生部为遏制病毒传播颁布封锁条例，如禁止大规模聚集，佩戴口罩，等等。但极端正统派犹太人依旧像往常一样继续送孩子上学以及参加各种大型集会，如集体祈祷、成人礼、大型婚礼以及葬礼等，其中绝大多数人没有佩戴口罩。为防止疫情蔓延，2021年年初，以色列警察冲进极端正统派犹太社区并试图关闭违反防疫规定开设的宗教学校，导致极端正统派犹太人与以色列警察发生激烈冲突。② 冲突的暴发，进一步加剧了以色列社会的分裂。对于极端正统派犹太人来说，聚会、祈祷和学习仍然是最重要的，它们不仅仅是一种生活方式，更是保护生命本身的手段。因此，当极端正统派犹太人被禁止参加各种大型集会时，他们认为自身的核心价值观和信仰受到了威胁。一位以色列著名的拉比坚持认为："取消托拉的研究比新冠病毒更危险。"③ 因此，当卫生部发布的指示与宗教当局的指示产生冲突时，极端正统派犹太人选择遵守宗教当局的指示。而以色列主流社会认为持续不断的疫情应归咎于极端正统派犹太人，认为他们没有对公共卫生负责。以色列民主研究所的调查显示，尽管目前极端正统派社区成员对新冠肺炎疫情的危害性有所了解，但他们对国家机构应对疫情的信任度非常低，对拉比的信任度很高。④

---

① "Hard-hit by Covid, Israel's Ultra-Orthodox Slow to Get Shots," Bloomberg, December 28, 2021, https：//www.bloomberg.com/news/articles/2021-12-28/hard-hit-by-covid-israel-s-ultra-orthodox-slow-to-get-shots.

② "Israeli Ultra-Orthodox Clash with Police over School Closures," Al Jazeera, January 24, 2021, https：//www.aljazeera.com/news/2021/1/24/israeli-ultra-orthodox-clash-with-police-over-school-closures.

③ Joyce Dalsheim, "Jewish History Explains Why Some Ultra-Orthodox Communities Defy Coronavirus Restrictions," The Conversation, April 27, 2020, https：//theconversation.com/jewish-history-explains-why-some-ultra-orthodox-communities-defy-coronavirus-restrictions-135292.

④ Tamar Hermann and Or Anabi, "Haredim Trust Rabbis More Than the Health Ministry on COVID-19," The Israel Democracy Institute, November 26, 2020, https：//en.idi.org.il/articles/32950.

　　第二，极端正统派犹太人的低劳动参与率一直备受质疑。受宗教影响，目前大约只有52%的极端正统派男性和78%的极端正统派犹太女性在劳动力市场中就业，平均收入仅是其他犹太人的59%。[1] 长期以来，极端正统派不愿进入劳动力市场以及国家为其发放津贴的行为引起了以色列纳税人的不满。纳税人认为极端正统派犹太人不仅不分担社会责任，还给国家带来了巨大的经济负担。疫情暴发后，以色列经济受到巨大冲击，新政府希望提高极端正统派犹太人的就业率，缓解财政压力。以色列银行表示："提高极端正统派犹太人（尤其是男性）的就业率和劳动生产率，对于提高人均国内生产总值、劳动生产率以及缩小极端正统派犹太人与以色列社会其他群体之间的收入差距具有战略意义。"[2] 目前，以色列执政联盟中没有极端正统派政党，以色列新政府希望利用这一难得的政治机会，推动更多极端正统派犹太人进入劳动力市场，以促进经济发展。财政部部长阿维格多·利伯曼（Avigdor Lieberman）是一个坚定的世俗主义者。他认为："极端正统派家庭的男人应该让家人过上体面的生活，而不是靠津贴和别人的施舍。"但这一举措引起了宗教领袖的反对。托拉犹太教党成员摩西·加夫尼（Moshe Gafni）称利伯曼是"邪恶的"。[3] 不同于非极端正统派犹太人，极端正统犹太人对自身经济状况十分满意。哈雷迪公共事务研究所（The Haredi Institute for Public Affairs）曾对以色列不同族群对待自身经济状况是否满意做过调查，数据显示，71%的极端正统派犹太人对自身的经济状况感到满意，63%的非极端正统派犹太人对自身的经济状况感到满意和49%的以色列阿拉伯人对自身的经济状况感到满意。其中，极端正统派犹太男性比极端正统派犹太女性更满意自身的经济状况。[4]

　　第三，极端正统派犹太人的服兵役问题一直是困扰以色列社会的难题。根

① Malach Gilad and Lee Cahaner, "Statistical Report on Orthodox Society in Israel 2021," The Israel Democracy Institute, December 28, 2021, https：//en. idi. org. il/haredi/2021/？ chapter＝38442.

② Steven Scheer, " Israeli Government Wants More Ultra-Orthodox Men to Work, but Faces Pushback," Reuters, July 26, 2021, https：//www. reuters. com/world/middle－east/israeli－government-wants-more-ultra-orthodox-men-work-faces-pushback-2021-07-26/.

③ Steven Scheer, " Israeli Government Wants More Ultra-Orthodox Men to Work, but Faces Pushback," Reuters, July 26, 2021, https：//www. reuters. com/world/middle－east/israeli－government-wants-more-ultra-orthodox-men-work-faces-pushback-2021-07-26/.

④ Nitsa（Kaliner）Kasir and Dmitri Romanov, "Quality of Life Among Israel's Population Groups Comparative Study," The Haredi Institute for Public Affairs, May 2018, p. 117.

据《托拉研究是其职业》（Torato Umanuto）协定，耶希瓦学生以托拉学习为由推迟服兵役，还每年从国家获取大量的补贴以从事宗教学习。① 早在 2002 年，以色列议会就已经通过了《塔勒法》（Tal Law），允许极端正统派犹太人推迟服兵役的时间，引起了世俗势力的强烈不满。2012 年，以色列最高法院以违宪为由废除了《塔勒法》，遭到了极端正统派的强烈反对。近年来，世俗势力与宗教人士在极端正统派犹太人服兵役问题上展开了多次博弈。疫情暴发后，极端正统派犹太人因不遵守防疫规定与其他群体的分歧加大，新政府为缓和社会矛盾，增强社会凝聚力，进一步推动极端正统派犹太人服兵役。2021 年，新政府提出了新的计划草案。根据该草案，极端正统派犹太人服兵役的年龄将从 24 岁降至 21 岁。如果极端正统派犹太人愿意参加其他形式的民事训练或"高质量的职业培训"，可推迟至 23 岁服兵役。此外，该项草案还对极端正统派男子每年应征入伍的人数进行了规定，如果征兵目标没有实现，国家将削减对耶希瓦学生的预算。② 随后，极端正统派犹太人举行大规模的游行，反对他们社区在以色列国防军服兵役的成员。③ 因为服兵役的极端正统派犹太人不在拉比的控制之下，而是服务于以色列世俗社会，所以对于极端正统派社区来说，服兵役被视为对极端正统派生活方式最严重的威胁之一。

## 三 以色列阿拉伯人与犹太人之间的矛盾上升

以色列国内不同族群之间存在着诸多矛盾，犹太人与阿拉伯人之间的矛盾最为持久且尖锐。尽管国家表面上将平等公民权扩大到所有居民，但以色列实际上是由犹太人主导的。长期以来，以色列阿拉伯人在教育、就业、社会资源分配、公共服务等诸多方面都受到了不公正的待遇。新冠肺炎疫情暴发后，政府医疗资源分布不均、巴以冲突爆发、阿拉伯人贫困加剧等问题进一步恶化了

---

① 艾仁贵：《一个还是多个：认同极化与当代以色列的身份政治困境》，《西亚非洲》2020 年第 4 期。

② "Foreign Affairs and Defense Committee Discusses Haredi Draft Bill Ahead of Final Votes in The Knesset Plenum," Knesset News, February 9, 2022, https：//main. knesset. gov. il/EN/News/PressReleases/Pages/press9222e. aspx.

③ Amotz Asa-E, "Haredi IDF Refusal Is a Crime, Violates Judaism," *The Jerusalem Post*, February 3, 2022, https：//www. jpost. com/author/amotz-asa-el.

阿犹之间的关系。根据以色列民主研究所发布的《以色列民主指数2021》
（The Israeli Democracy Index 2021），在2021年，46%的以色列人认为犹太人和
阿拉伯人之间的紧张关系是最严重的，2020年这一比例为28%。这表明两者
之间的关系更加紧张。[①]

　　第一，疫情下以色列阿拉伯人与犹太人之间的贫富差距进一步扩大。以色
列是全球范围内贫富差距最大的国家之一，其中贫困人口的大多数是以色列阿
拉伯人和极端正统派犹太人。据中央统计局公布的数据，2018年阿拉伯家庭
的平均月净收入约为1.2万新谢克尔，而犹太家庭的平均月净收入约为1.8万
新谢克尔。[②] 疫情暴发后，以色列收入不平等现象进一步加剧。主要受以下几
个方面影响。首先，以色列阿拉伯人就业形势恶化。以色列就业局于2021年
6月27日发布了一份关于新冠肺炎疫情期间阿拉伯人口就业状况的报告，报
告指出新冠肺炎疫情对阿拉伯人就业的影响比对犹太人的影响更大。截至
2021年4月，阿拉伯人的就业率仅为36.6%，比疫情前低11.7个百分点。极
端正统派犹太人和非极端正统派犹太人的就业率下降幅度较小，分别为8.4个
百分点和7.2个百分点。[③] 这主要是因为以色列阿拉伯人受教育程度较低。仅
15%的以色列阿拉伯人拥有学位，相比之下，33%的犹太人拥有学位。这些教
育差距不仅影响阿拉伯公民进入劳动力市场的前景，也影响他们的潜在收入和
工作条件。[④] 其次，疫情封锁结束后，犹太人重返工作岗位的比例高于阿拉伯
人。就业服务中心（Employment Service）表示，工资水平与复工率呈正相
关——工资越高，复工的人数就越多；相反，工资越低，越难重返工作岗位。
一方面，低收入的人获得的失业救济金几乎等于他们以前的工资，他们想要重
返工作岗位的动力不强。另一方面，封锁结束后，低收入的人与劳动力市场的

① Tamar Hermann, ed., "Israeli Democracy Index 2021: Democratic Values," The Israel Democracy
Institute, January 6, 2022, https://en.idi.org.il/articles/37857.

② "Bank of Israel Annual Report," Bank of Israel, April 6, 2021, p. 299, https://www.boi.org.il/
en/NewsAndPublications/RegularPublications/Pages/DochBankIsrael2020.aspx.

③ Afif Abu Much, "Report Reveals Heavy Impact of COVID-19 on Israeli Arabs," Al-Monitor, July
14, 2021, https://www.al-monitor.com/originals/2021/07/report-reveals-heavy-impact-
covid-19-israeli-arabs.

④ Nasreen Haddad Haj-Yahya, ed., "Statistical Report on Arab Society in Israel: 2021," The Israel
Democracy Institute, March 17, 2022, https://en.idi.org.il/articles/38540.

联系减弱，因为他们曾经工作的企业倒闭了，他们"无处可去"。数据显示，2020年3月，32%的阿拉伯人申请就业服务，犹太人申请就业服务的比例仅为23%。[①] 最后，薪资差距进一步扩大。犹太人和阿拉伯人之间的薪资差距已经从1987年的12%扩大到2005年的25%以上。2011年，犹太男性比阿拉伯男性平均薪资大约高50%，犹太女性比阿拉伯女性的平均薪资高40%以上。疫情暴发后，阿拉伯人的薪资下降幅度也大于犹太人。以色列民主研究所于2020年12月进行了一项调查，受访的阿拉伯职员报告说，2020年11月他们的工资平均下降了31%，而犹太职员的工资下降幅度为23%。其中，3.8%的阿拉伯人完全没有工资，这一比例比犹太人高出3倍以上。[②]

第二，疫情下政府医疗资源分布不均衡，进一步加大了两者之间的裂缝。虽然对于大多数以色列人来说，政府在遏制疫情传播和帮助人们克服日常困难方面发挥了重要作用，但对于阿拉伯人来说，情况却完全不同。以色列的贝都因人不仅在抵抗疫情方面缺乏政府支持，而且在医疗基础设施方面也存在着严重短缺，例如缺少清洁水和卫生用品等。1980年以来，因土地问题，贝都因人常常与政府产生冲突，在很大程度上被剥夺了获得自来水、电力、医疗、教育和住房等基本权利。国家一直试图强迫数十个"未认可村庄"的人搬到"认可的村庄"，甚至通过严厉、不公平和不人道的方式搬迁，包括拆除房屋、扣留建筑许可证、封锁供水、供电和电信服务，"未认可村庄"里的贝都因人有时被迫住在帐篷屋里，从而导致贝都因人住房过度拥挤，大大增加了病毒传播的风险。因此，疫情下没有人真正知道"未认可村庄"里的确切情况——有多少人感染新冠肺炎，有多少人生病，甚至有多少人在这场疫情中死亡。[③]以色列阿拉伯人居住地距离医院的平均距离远于犹太人距离医院的平均距离，

① Shoshanna Solomon, "Lower-income Workers Struggling to Return to Work, Employment Service Says," *The Times of Israel*, April 27, 2021, https：//www.timesofisrael.com/lower-income-workers-struggling-to-return-to-work-employment-service-says/.

② Avivit Hai, "Arab Citizen Employment in Israel Critical Concern and Great Potential," Inter-Agency Task Force on Israeli Arab Issues, 2013, p. 11, https：//www.iataskforce.org/sites/default/files/resource/resource-1052.pdf.

③ Morad Elsana, "Left to Fend for Themselves, Israel's Bedouin Are Struggling with COVID-19," Middle East Institute, October 29, 2020, https：//www.mei.edu/publications/left-fend-themselves-israels-bedouin-are-struggling-covid-19.

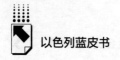

阿拉伯人距离医院的平均距离为 22 公里，犹太人距离医院的平均距离为 14 公里。[1] 相比犹太人，疫情下阿拉伯人的核酸检测率低。新冠肺炎疫情暴发的前 4 个月，阿拉伯人新冠肺炎确诊病例为 2060 例，占总确诊病例（23345 例）的 8.82%。极端正统派犹太人确诊病例占比为 30.08%。[2] 但是，阿拉伯社会人士认为，低确诊率不是因为阿拉伯人有"自然免疫力"，而是因为阿拉伯地区的核酸检测率低。例如，疫情暴发的第一个月，尽管阿拉伯人占以色列总人口的 21%，但是只有 6% 的核酸检测是在阿拉伯社区进行的。根据以色列阿拉伯事务最高监督委员会（The Supreme Monitoring Committee for Arab Affairs in Israel）的说法，以色列优先在犹太社区进行核酸检测，而在阿拉伯社区的核酸检测直到 2020 年 3 月底才开始，给人的印象是"给阿拉伯人检测只是为了防止病毒在犹太人中蔓延"[3]。疫情下以色列阿拉伯人的重症率和死亡率高。截至 2021 年 9 月底，以色列新冠肺炎重症患者中近 50% 是以色列阿拉伯人。[4] 以色列卫生部称，新冠肺炎引起的并发症导致的死亡中以色列阿拉伯人占比最高。以色列阿拉伯人先前有基础性疾病的较多，这些问题使阿拉伯人感染新冠肺炎后面临的风险加大。其一，以色列阿拉伯人中先天性疾病发病率高。近亲婚姻增加了该群体患先天性疾病的可能性。2010 年的一项研究发现，在过去的 5 年里，以色列阿拉伯人中近亲结婚的比例达 25%，其中一级表亲通婚的比例达 12%，贝都因人中近亲婚姻的发生率达 45%。[5] 其二，患慢性病的概率高。研究表明，近年来，以色列阿拉伯人中患慢性病的人数不断增多，21 岁及以上人群

① Dov Chernichovsky, ed., "The Health of the Arab Israeli Population," Taub Center, December 2017, p. 33.

② Mor Saban; Vicki Myers, and Rachel Wilf-Miron, "Coping with The COVID-19 Pandemic—The Role of Leadership in The Arab Ethnic Minority in Israel," *International Journal for Equity in Health*, Vol. 19, No. 1 (2020), p. 3.

③ Arik Rudnitzky, "Arab Society in Israel and the Coronavirus Crisis," Konrad Adenauer Foundation, 2021, p. 16.

④ Maayan Jaffe-Hoffman, "Arabs Are 21% of Population but 50% of Serious COVID Patients," *The Jerusalem Post*, October 4, 2021, https://www.jpost.com/israel-news/arabs-are-21-percent-of-population-but-50-percent-of-covid-patients-in-serious-condition-681035.

⑤ Dov Chernichovsky, ed., "The Health of the Arab Israeli Population," Taub Center, December 2017, p. 25, https://www.taubcenter.org.il/wp-content/uploads/2020/12/healthofthearabisraelipopulation.pdf.

中患慢性病的大约占 1/3（30%），最普遍的慢性病是糖尿病（13%）、高血压（11%）和高胆固醇（9%），癌症的发病率大幅上升。以色列阿拉伯人中患高血压、糖尿病的百分比也高于犹太人。①

第三，疫情下以色列的阿犹混居城市中阿拉伯人的犯罪率上升，加深了犹太人对阿拉伯人的敌意。根据以色列民主研究所 2021 年 10 月发布的数据，过去几年里，在海法或洛德等阿拉伯人和犹太人混合居住的城市中，阿拉伯人的犯罪率显著增加，高达 35%，远高于他们在混合城市中的人口占比 10%。其中，阿拉伯未成年人犯罪率高达 51%，远高于全国阿拉伯未成年人的犯罪率 40%。以色列民主研究所称，较高的犯罪率很可能是这些城市中绝大多数阿拉伯男子没有读完高中所导致的。例如，阿拉伯男性中未读完高中的占比在洛德为 83%、在拉姆勒为 80%、在特拉维夫为 77%、在阿卡为 70%。②

第四，疫情进一步凸显了以色列教育资源不均衡。一方面，疫情下阿拉伯学生无法顺利进行线上上课。为了防止疫情扩散，以色列政府关闭境内的学校，实行线上教学。相比弱势群体，家庭社会经济背景好的学生可以顺利进行线上学习，因为他们有上网课的设备。数据显示，在以色列阿拉伯社区，23% 的学生没有机会使用电脑上网；在非极端正统派犹太人社区中，这一比例仅为 2%；而在极端正统派社区，受宗教影响，这一比例为 41%。③ 另一方面，疫情导致阿拉伯学生无法顺利毕业。一项针对以色列 675 名高等学校在读学生关于新冠肺炎疫情对其影响的调查发现，1/5 的阿拉伯学生担心自己因疫情不得不终止学业，这一比例是犹太学生的两倍。④

---

① Dov Chernichovsky, ed., "The Health of the Arab Israeli Population," Taub Center, December 2017, pp. 29-30, https://www.taubcenter.org.il/wp-content/uploads/2020/12/healthofthearabisraelipopulation.pdf.

② "Arab Conviction Rates in Mixed Cities Higher Than Rest of Israel-Study," *The Jerusalem Post*, October 25, 2021, https://www.jpost.com/israel-news/arab-conviction-rates-in-mixed-cities-higher-than-rest-of-israel-study-683019.

③ Nachum Blass, "Opportunities and Risks to the Education System in the Time of The Coronavirus: An Overview," Taub Center, December 2020, https://www.taubcenter.org.il/en/research/opportunities-and-risks-to-the-education-system-in-the-time-of-the-coronavirus-an-overview-eng/.

④ Marian Tehawkho, "Disparities Between Jewish and Arab Students During COVID-19 Crisis," Reichman University, https://www.runi.ac.il/en/research-institutes/economics/aiep/policy-papers/coronavirus-crisis/student-gaps/.

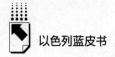

第五，巴以冲突使阿犹双方之间的不信任感加强。2021 年 5 月 10 日至 21
日，以色列与哈马斯发生冲突，随后以色列警方冲入阿克萨清真寺庭院内，向
前去参加礼拜的民众投掷瓦斯弹和震荡弹，使得以色列犹太公民和阿拉伯公民
之间的关系跌入谷底，双方产生了强烈的不信任感。

目前，以色列新政府已经意识到了这一问题的严重性，也在努力调解两者
之间的关系。首先，新政府从政策方面进行支持。2021 年 11 月，新政府批准
了第 550 号决议，将 300 亿新谢克尔用于发展阿拉伯社区，涉及教育、交通、
房屋、污水处理、体育、健康以及商业发展等领域。其中，政府对教育的预算
最高，达 94 亿新谢克尔，主要用于提高阿拉伯人的大学入学率、减少辍学人
数、设立高等教育奖学金以及对教师进行培训等。[1] 新政府的政策不仅有助于
进一步缩小阿拉伯社区与其他社区的差距，而且有助于加强国家和阿拉伯社区
之间的合作。其次，以色列创新局推动以色列阿拉伯人进入高科技产业。以色列
阿拉伯人约占以色列人口的 21%，但仅占技术工人的 3.5%。为使以色列阿拉伯
人更好地融入以色列蓬勃发展的高科技产业，以色列创新局启动了一项总额达
7000 万美元的计划，以改善阿拉伯社区的就业环境。[2]

# 四　几点启示

新冠肺炎疫情加剧了以色列社会的固有矛盾，社会分化现象越来越突出，
而以色列存在的问题也是很多国家面临的共性问题。因此，通过研究以色列的
社会状况与族群关系会让我们得到一些启发。

## （一）舆论导向需要正确引导

新冠肺炎疫情进一步撕裂了以色列社会，加剧了不同族群之间长期紧张的

①　"Government Resolution 550 (Takadum)：NIS 30 Billion for Socio-Economic Development of Arab
Society," Inter-Agency Task Force on Israeli Arab Issues, November 2021, https：//
www.iataskforce.org/sites/default/files/resource/resource-2074.pdf, pp.1-5.

②　"Israel Launches $70M Plan to Enhance Arab Tech Workforce," *Israel Hayom*, February 8, 2022,
https：//www.israelhayom.com/2022/02/08/israel-launches-70m-plan-to-enhance-arab-
tech-workforce/.

状态。在网络信息技术和新媒体快速发展的今天，网络媒体成为人们了解外界信息和表达想法的最主要方式，而不实的网络炒作会进一步加剧社会分化。因此，为促进社会融合，增强社会凝聚力，政府把握正确的舆论导向尤其重要。在这一方面以色列的做法是：充分利用网络媒体的优势，扩大政府影响力。2021 年巴以冲突后，成千上万的以色列阿拉伯人和犹太人在特拉维夫中心举行示威游行，呼吁犹太人和阿拉伯人共存，并要求政府为巴以冲突问题找到解决方案。游行者高呼"这是我们所有人的家园"，"我们站在一起，没有仇恨，没有恐惧"。① 这一现象引起了广泛关注，一些有识之士纷纷建言政府要引领社会媒体以及自媒体开展正面宣传，从而营造有利于巴以和解的良好网络环境。

## （二）弱势群体的就业问题需要重视

研究表明，新冠肺炎疫情对社会经济地位越低的人产生的影响越大。疫情的暴发加剧了就业不平等，尤其是恶化了极端正统派犹太人和以色列阿拉伯人的就业状况。2013 年 5 月，以色列国家经济委员会就曾警告内阁："如果极端正统派犹太人和以色列阿拉伯人不能全面地融入劳动力大军，以色列经济就不可能繁荣。"② 因此，为了加快经济恢复，提高以色列弱势群体的生活质量，缩小社会差距，提高阿拉伯人和极端正统派犹太人的就业率和劳动力质量是关键，具体来说可以从以下两个方面入手。

一方面，政府应加强对弱势群体的支持和保护。政府可以通过职业培训，帮助失业者找到新的工作岗位，以减轻新冠肺炎疫情带来的负面影响。根据以色列民主研究所的数据，2021 年 9 月，以色列职位空缺数量约为 13.75 万个，而 2019 年平均职位空缺数量约为 9.54 万个。③ 商业、服务业、建筑业和工业

---

① Simona Weinglass, "Dispel the Darkness: Thousands of Jews, Arabs Rally for Coexistence in Tel Aviv," *The Times of Israel*, May 23, 2021, https://www.timesofisrael.com/dispel - the - darkness-thousands-of-jews-and-arabs-rally-for-coexistence/.

② Avivit Hai, "Arab Citizen Employment in Israel Critical Concern and Great Potential," Inter-Agency Task Force on Israeli Arab Issues, 2013, p. 6, https://www.iataskforce.org/sites/default/files/resource/resource-1052.pdf.

③ Daphna Aviram-Nitzan, "The Labor Market Must Be Fixed for the Economy to Improve," The Israel Democracy Institute, October 31, 2021, https://en.idi.org.il/articles/36486.

等行业中劳动力短缺严重阻碍了行业发展。因此，政府可以根据各行业的需求，精准开展短期职业培训课程，并提供相应的激励措施，例如向参加职业培训人员提供津贴，从而提高失业人员参与职业培训课程的积极性。这也有助于促进经济长期增长，改善财政可持续性，增强以色列社会凝聚力。

另一方面，政府应进一步提高劳动者的教育水平。想要从根本上解决弱势群体的就业问题，就一定不能忽视弱势群体自身竞争力的问题。以以色列阿拉伯人为例，2018~2019学年，7~12年级的阿拉伯女孩的辍学率为1.9%，而阿拉伯男孩的辍学率为4.5%，是阿拉伯女孩的2倍以上。[①] 因此，政府和阿拉伯地方当局应加大对阿拉伯男孩的教育投入，帮助他们提高入学考试成绩，降低他们的辍学率，使越来越多的阿拉伯男子走进高校接受高等教育，从而提高其就业竞争力。

### （三）心理健康问题需要关注

随着新冠肺炎疫情的持续蔓延，以色列人的社会负担和心理负担加重。因此，要注重疫情下人们的心理健康引导，尤其要注重青少年的心理健康引导。第一，政府层面，卫生部要重视起青少年心理健康问题，将青少年日常心理咨询服务纳入初级卫生保健，并专门培训咨询师，确保青少年出现心理问题时可以寻求帮助。第二，学校层面，教师在促进学生心理健康方面应发挥积极作用。例如，老师可以组织学生讨论心理健康问题，及时发现问题，并给予学生必要的帮助。同时，学校可以开展一些青少年心理咨询和缓解压力的活动。第三，家长层面，父母应该鼓励孩子在封锁期间保持社会联系，例如，鼓励孩子与朋友通电话、视频聊天等。同时，父母与孩子协商使用互联网的时间，避免孩子遭受网络欺凌或沉迷于网络游戏等。第四，社区层面，加强社区心理健康服务。新冠肺炎疫情下，社区应积极发挥自身作用，为那些需要精神健康援助的人提供紧急援助，减少他们的孤独感，缓解焦虑，促进心理健康发展。特别是在长期实施封锁措施的地区，当人们被迫待在家里时，社区人员可以通过电话、短信或视频的方式与其进行沟通。

---

① Nasreen Haddad Haj-Yahya, "How to Boost Employment of Arab Women? Invest in Educating Arab Men," The Israel Democracy Institute, March 8, 2021, https：//en. idi. org. il/articles/33781.

　　此外，在应对新冠肺炎疫情的过程中，医护人员不仅是高危人群之一，而且面临着巨大的心理压力。一项针对以色列 920 名医护人员关于新冠肺炎疫情对其生活方式的影响的调查发现，59% 的受访者压力增加，28% 的受访者睡眠时间改变，35% 的吸烟者吸烟量增加。① 医护人员的心理调节问题已引起了以色列方方面面的关注，期待以色列能够发挥其心理学、医疗卫生学的潜在优势，建立一套完善有效的医护人员心理健康防护体系。

---

① Yael Bar-Zeev, ed., "Changes in Smoking Behavior, Stress, and Sleep Duration Among Israeli Hospital Workers During the COVID-19 Pandemic: A Cross-Sectional Study," Nicotine & Tobacco Research, January 13, 2022, https://pubmed.ncbi.nlm.nih.gov/35029653/.

# 社会治理篇
## Social Governance

# B.5
# 以色列"碳中和"目标的
# 实现路径及其影响[*]

朱兆一　荣婷婷　范辰辰[**]

**摘　要：**　借助于建国以来开展的一系列生态环境建设项目，以色列形成了
本国特色的绿色与低碳经济发展之路。2021 年 7 月，经过长时
间的国内博弈，以色列最终确立了 2050 年完全实现"碳中和"
的国家目标，并通过议会立法将其上升为国家首要的发展战略之
一。在政策路径层面，以色列出台了"2030 年能源计划"和
"2050 年能源计划"，对政府各部门、各大研究机构以及商业机
构和民众进行了充分动员，让"碳中和"目标成为各级政府指
导下全社会共同参与的事业；在技术路径层面，以色列在成熟的
新能源和清洁技术的基础上，进一步提高太阳能光伏发电效率，

　*　本报告是对外经济贸易大学 2021 年度校级课题"新时代中国与中东国家能源关系研究"的
阶段性成果。
**　朱兆一，对外经济贸易大学国际经济研究院助理研究员、区域国别研究院以色列中心秘书长；
荣婷婷，博士，北京师范大学人事处办公室主任；范辰辰，山东财经大学山东以色列研究中
心副主任、财政税务学院税收系副教授。

并鼓励发展多种新型清洁能源，从而实现绿色发展与低碳技术的提升，进一步巩固"创新国度"的国际声誉。"碳中和"不但没有成为以色列的国家负担，反而成为实现以色列技术出口和国家形象建设的难得机遇。

**关键词：** 以色列　碳中和　低碳经济


气候变化正在影响整个地球，包括干旱、洪涝等自然灾害在世界各地都变得越来越频繁，无一大洲可以幸免。气候迅速变化也造成海平面的急剧上升、海洋酸化和全球生物多样性丧失，这些都严重威胁到人类的生存。气候变化的关键是人类的生产生活向地球环境排放了过多的二氧化碳等温室气体（GHG），从而造成全球气温持续升高，所以想要控制住全球变暖的关键是控制二氧化碳等温室气体的排放。1990年联合国启动的政府间气候谈判是国际社会控制全球气候变暖的第一次峰会。1997年，京都气候峰会通过了《京都议定书》。2015年，巴黎气候大会通过了《巴黎协定》，大多数发达经济体承诺进一步减少本国碳排放以缓解气候变暖，54个已经实现"碳达峰"的发达国家承诺尽快实现"零碳排放"——"碳中和"——目标。[①] 根据测算，全球气候变化的安全阈值是将升温幅度控制在1.5摄氏度，这就要求全球大部分经济体在21世纪中叶实现"碳中和"，为此195个国家已经签署了《巴黎协定》。截至2021年年底，承诺在2050年前后实现"碳中和"的国家达到了28个，其中包括中国和以色列。本报告拟对以色列如何设定"碳中和"目标及其实现路径展开分析，探讨以色列在此方面的举措及其带来的国际影响。

## 一　以色列设定"碳中和"目标

据世界银行统计，以色列是54个已经实现"碳达峰"的国家之一，2011

---

[①] "CO$_2$ Emissions Per Capita in Selected Countries and Regions, 2000－2020," International Energy Agency, October 28, 2021, https：//www. iea. org/data－and－statistics/charts/co2－emissions－per－capita－in－selected－countries－and－regions－2000－2020.

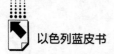 

年以色列实现"碳达峰"的当年全国碳排放总量约7400万吨,之后排放量逐年下降,到2020年下降到6050万吨,较峰值已下降约18.2%;人均碳排放量在2000年达到峰值的11吨以后也持续下降,到2020下降到7吨(见图1),下降幅度约为36.4%。① 从经济总量来说,以色列在2011年的GDP为2610亿美元,2020年则上升到4020亿美元,增长了54%。以色列的减排之路并不是以牺牲国民经济的增长为代价,而是保持了持续减排和经济持续增长的同步进行,这在实现"碳达峰"的国家中并不多见。

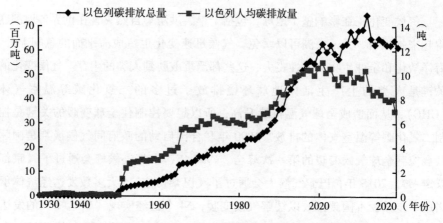

**图1 1930~2020年以色列碳排放总量和人均碳排放量**

资料来源:笔者根据以色列中央统计局、以色列经济部、经济合作与发展组织(OECD)官方网站数据绘制。

由于以色列领土沙化面积超过60%,水资源极度短缺,犹太人从19世纪80年代移居巴勒斯坦地区以来就一直进行着环境改造的各项工程。在1948年建国以后,以色列政府持续上马加利利湖国家水运工程(National Carrier)以及南部内格夫沙漠改造工程,力求从有限的自然资源禀赋中获得更多发展资源和更大的生存空间。以色列极度重视本国的气候变化,因为微小的气候变化也会给其脆弱的生态带来重大灾难。这也决定了以色列必须积极参与全球环境治理事务。从1990年联合国政府间气候谈判到1997年京都气候峰会,再到2015

---

① 朱兆一等:《"碳中和"目标下以色列绿色经济发展的实践经验及其对中国的启示》,《国际贸易》2022年第2期,第15页。

年巴黎气候大会，以色列都积极参与并由政府专员提交了气候报告。以色列在 2016 年 4 月签署了《巴黎协定》，承诺在 2030 年之前持续减少碳排放。① 2017 年 12 月，以色列政府批准了国家能源效率计划，通过大规模使用天然气代替煤炭发电来进一步节能减排，并设定了以 2015 年为基础到 2025 年减少 13% 的碳排放和 2030 年减少 17% 的碳排放的国家目标。

2021 年 7 月，即苏格兰格拉斯哥联合国气候变化大会召开前 3 个月，以色列总理贝内特曾经表示本国无法实现到 2050 年实现"碳中和"的目标，但是承诺在 2050 年将本国碳排放减少 85%，可以说打折实现"碳中和"。但是这一相对保守的目标招致了以色列国内环保主义者和普通民众的不满，数千人走上特拉维夫街头进行集会抗议，要求政府采取更为行之有效的措施应对气候变暖。最终经过国内各派势力的激烈博弈，贝内特总理在前往格拉斯哥之前改口，称本国将调整目标，全力以赴在 2050 年实现温室气体零排放。贝内特的发言代表了以色列政府的决心："气候危机影响到我们所有人甚至我们子孙后代的生活，我们必须下定决心解决这一问题。以色列是一个创新国家，有能力为世界减排贡献我们的人才和创造力。"②

与此同时，以色列总统伊扎克·赫尔佐格（Yitzhak Herzog）宣布建立由以色列议会、学界、地方政府和工商界部门领袖与精英组成的以色列气候论坛。该论坛将通过每年不定期召开峰会的方式讨论本国和地区的气候问题，以便加快实现国家的"碳中和"计划。以色列总统已经任命环境问题专家多夫·海宁（Dov Hanin）为论坛负责人，并以"生命与环境"（Chaim veSviva/Life and Environment）秘书处作为常设机构，协调以色列各大政府部门与民间力量为解决气候危机而付出努力。"生命与环境"秘书处在以色列 130 个环保组织中发挥着领导作用。③ 2022 年 5 月 10 日，以色列议会通过了第一个气候

① Rossella Tercatin, "Israel Reaffirms Its Commitment to Paris Agreement," *The Jerusalem Post*, November 6, 2019, https：//www.jpost.com/israel-news/israel-reaffirms-its-commitment-to-paris-agreement-607032.

② Tovah Lazaroff and Tzvi Joffre, "COP26：Israel to Hit Zero Net Emissions by 2050, Bennett Pledges," *The Jerusalem Post*, October 30, 2021, https：//www.jpost.com/climate-change/cop26-israel-to-aim-for-zero-net-emissions-by-2050-683470.

③ 《总统赫尔佐格主持建立以色列气候论坛》（希伯来文版），以色列 Ynet 希伯来语网站，2021 年 10 月 20 日，https：//www.ynet.co.il/environment-science/article/r1xf6lpsy.

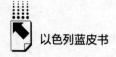

法案，设定碳排放的双目标——2030 年温室气体排放量在 2015 年基础上减少 27%和 2050 年实现"碳中和"。这表明实现"碳中和"是以色列追求的长期目标，不会因为政府换届而有所动摇。

## 二  以色列实现"碳中和"的政策路径

"碳中和"的实现路径无外乎两条，一条是减少经济活动产生的温室气体排放，另一条是通过自然和人工方式进行"碳捕集"来减少环境中已经存在的温室气体。退耕还林和大规模种植绿色植被是通过自然方式进行"碳捕集"，但是这种方式会和经济发展的用地需求产生一定矛盾。所以，以色列为实现 2050 年"碳中和"目标采取的主要手段包括：通过开发新型的太阳能、风能、地热能等技术进一步减少对化石能源的依赖程度；开发绿色"碳捕集"和封存技术；实施碳税等政策引导民间的低碳生产与消费习惯。其中，减少对化石能源的依赖是降低全社会碳排放量的主要手段。从以色列 2020 年各产业碳排放量占比来看，电力与能源产业占 58.3%，运输业占 18.1%，建筑业占 12.3%，其他工业占 11.2%（见图 2）。

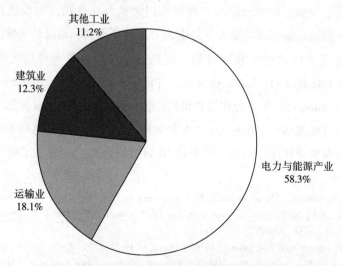

**图 2  以色列 2020 年各产业碳排放量占比**

资料来源：笔者根据以色列能源局、OECD 国别碳排放量表格的数据绘制。

制定新的能源战略无疑是以色列实现 2030 年中期减排目标和 2050 年远期"碳中和"目标的关键。截至 2022 年 5 月，以色列能源部推出的最为重要的国家级能源计划分别是 2018 年推出的"2030 年能源计划"和 2021 年 7 月推出的"2050 年能源计划"，两个计划为以色列国家能源发展绘制了蓝图。

## （一）"2030年能源计划"

根据"2030 年能源计划"，以色列全社会将在 2020～2030 年实现大规模的可再生能源替换，特别是以可再生能源发电取代化石能源发电，同时推进新能源汽车逐步替换传统能源汽车项目，着重改善电力与运输部门的碳排放。其中，可再生能源发电逐步取代化石能源发电分为两步走：第一步是加快太阳能和风能发电的发展速度并提高电力并网率；第二步是用以色列东地中海的天然气取代动力煤，在提高能源利用率的同时降低碳排放量。[1]根据"2030 年能源计划"的目标，以色列需要在 2025 年相较 2015 年提高 11%的能源利用效率；从 2025 年到 2030 年再提高 18%。[2] 通过能源利用效率的不断提高和新能源对化石能源的替换，以色列期望在 2030 年将可再生能源比例从 2015 年的 17%提高到 30%。[3] 其他的具体措施还包括市政零排放战略、进口电器能耗评级的市场改革、鼓励企业提高能源利用率的奖金、刺激可再生能源公司扩大生产的贷款、降低市政部门用电量的一揽子计划、提高汽车轮胎的能源评级标准以及单元房和写字楼更加精细的能源评级标准等。

"2030 年能源计划"如能顺利实施，以色列相较 2015 年将减少约 600 万吨的

---

① 能源利用效率是指能源中具有的能量被有效利用的程度，也叫作能源使用效率。通常以 η 表示，其计算公式如下：η＝（有效利用能量/供给能量）×100%＝（1-损失能量/供给能量）×100%。

② "The Ministry of Energy Presents: The Updated Energy Efficiency Plan (NEEP) and Coping with the Climate Crisis in the Plan," The Ministry of Energy, November 16, 2020, https://www.gov.il/en/departments/news/energy_ 2030.

③ Sue Surkes, "Ministry Unveils Program to Make Israeli Economy More Energy Efficient," *The Times of Israel*, November 17, 2020, https://www.timesofisrael.com/ministry-unveils-program-to-make-israeli-economy-more-energy-efficient/.

碳排放，每年节省的运输用化石能源约为 100 万吨原油。① 由于国家施行了全新的能源结构发展规划和能源效率激励计划，预计将有超过 1.5 万个新工作岗位被创造出来，其中有约 4000 个工作岗位和"2030 年能源计划"中要求 80% 的以色列建筑屋顶必须铺设太阳能电池板有关，此规定催生了以色列社会对于屋顶太阳能电池板铺设和维护的大量岗位需求。② 根据 2021 年 11 月 4 日通过的 2021 年国家财政预算案，财政部将给能源部设置总金额为 7 亿新谢克尔的能源效率激励金，旨在鼓励地方政府转向可再生能源的使用，并为绿色能源企业提供相应的现金奖励。③

### （二）"2050 年能源计划"

与"2030 年能源计划"侧重于新能源替代和能源使用效率不同，"2050 年能源计划"更加强调全社会的共同参与和减排政策的多样性与层次性，是充分调动以色列总统办公厅、总理办公厅、议会、财政部、能源部、环保部、农业与农村发展部、交通部、科技部、外交部等众多政府部门来实现"碳中和"终极目标的总动员。"2050 年能源计划"也是对"2030 年能源计划"的一次完善。"2050 年能源计划"中设定的主要目标如下。

其一，到 2030 年固体废物的碳排放量与 2015 年相比至少减少 47%，倾倒的城市垃圾重量则比 2015 年减少约 71%；到 2050 年这两项指标将分别达到 90% 和 85%。从 2030 年开始，所有重量不超过 3.5 吨的普通乘用车的平均碳排放量不得高于 2020 年普通乘用车平均碳排放量的 5%；从 2026 年开始，所有新购买的城市公交必须为电动大巴或没有废气排放的氢能源大巴。④

① "Energy Economy Objectives for the Year 2030," Ministry of Energy, October 2018, pp. 3 - 5, https://www.energy-sea.gov.il/English-Site/Pages/Regulation/energy_ economy_ objectives_ 2030.pdf.

② "Energy Economy Objectives for the Year 2030," Ministry of Energy, October 2018, pp. 6 - 7, https://www.energy-sea.gov.il/English-Site/Pages/Regulation/energy_ economy_ objectives_ 2030.pdf.

③ Ricky Ben-David, "How Much of a Revolution? 13 Key Reforms in Israel's New State Budget," *The Times of Israel*, November 4, 2021, https://www.timesofisrael.com/how - much - of - a - revolution-13-key-plans-in-israels-new-state-budget/.

④ "National Action Plan on Climate Change, 2022 - 2026," The State of Israel, p. 11, https://www.gov.il/BlobFolder/reports/implementation - plan/en/climate _ change _ and _ energy _ efficiency_ implementation-plan-en.pdf.

其二，2050年实现交通部门的碳排放量减少96%，电力部门的碳排放量减少85%，城市垃圾处理部门的碳排放量减少92%，工业部门的碳排放量减少85%。[①]

其三，由财政部牵头，环保部、能源部、交通部、经济和工业部以及内政部分设专项基金，每年的总体预算超过10亿新谢克尔，早期主要用于政务乘用电动车的采购和充电站推广，后期主要用于新能源技术、新型储能技术、碳捕集技术等的研发和商业化推广应用。

其四，要求建设部对以色列密集的城市建设和城市区域中的开放空间进行绿色改造，减少城市热岛效应的影响，到2030年实现城市空间80%以上的绿植覆盖，到2050年提高到95%以上。在绿色建筑方面提出的要求更高，全社会必须在2025年实现所有新建住房和5层以下老旧住宅楼的零能耗，到2030年则要求其他写字楼和住宅楼也实现零能耗。2050年要在2030年零能耗的基础上实现零碳排放，也就是所有城市建筑实现自我发电、自我供能、碳排放的自我吸收和固化。

其五，对环保部的垃圾处理提出了更加细致化的要求，因为垃圾处理产生的温室气体占总排放量的7%以上，其中不但有二氧化碳，还有温室效应更严重的甲烷和二氧化硫等气体。以色列政府要求环保部将以填埋方式处理的垃圾占比从2018年的78%降低到2030年的20%，到2050年降至5%；由垃圾处理产生的各类温室气体排放量从2018年的550万吨二氧化碳当量减少到2050年的44万吨，排放量降低92%。[②]

"2050年能源计划"的每一条都至关重要，因为所有条款必须全部执行到位才能保证以色列在2050年实现"碳中和"的终极目标。从发布这一计划的态度和具体实施细则来看，以色列政府向本国公民和世界各国政府展现了充分的信

---

① "National Action Plan on Climate Change, 2022 - 2026," The State of Israel, p. 12, https://www.gov.il/BlobFolder/reports/implementation - plan/en/climate _ change _ and _ energy _ efficiency_ implementation-plan-en. pdf.

② "The Israeli Government Set to Approve an Unprecedented Decision Mandating That by the Year 2050 Israel Will Move to a Low Carbon Emissions Economy, While Dealing with the Climate Crisis that Threatens All of Humanity," Ministry of Environmental Protection, July 23, 2021, https://www.gov.il/en/departments/news/government_ will_ approve_ historic_ decision_ by_ 2050_ israel_ will_ move_ low_ carbon_ economy.

心，他们宣布的是长达28年的有关清洁、高效和有竞争力的经济发展国家战略，目的是让以色列与其他发达经济体在应对全球气候危机方面保持一致。

（三）碳税

不管是2030年中期目标还是2050年"碳中和"终极目标的实现，都离不开价格机制对于社会面碳排放的调节作用，国际货币基金组织和世界银行均表示碳税是鼓励减少温室气体排放的最有效方法。几年来经合组织一直建议以色列政府施行碳税，在经过多年考量后，这一新型税种即将在以色列付诸实施。根据财政部在2021年8月发布的以色列向《联合国气候变化框架公约》缔约方大会提交的国家报告中的最新规划，以色列将在2023年开始引入碳税，并在2028年以前分阶段全面实施碳税，这也将使以色列成为首个设立此类税种的中东国家。① 根据规划，第一阶段的碳税将适用于使用煤炭、液化石油气（LPG）、燃料油和天然气的有关部门，未来也将对垃圾处理部门和其他来源的温室气体排放部门征税。财政部也明确了在2028年全面实施碳税以后，电价的涨幅不得超过5%，即碳税不会大幅度增加终端消费者的用电成本，但是对过度用电的行为将给予更高的惩罚，也就是说阶梯电价的上升幅度将更大。

根据以色列财政部的规划，碳税分阶段实施的一个重要考量是引导社会尽快且大规模使用以色列本土提供的天然气，以此减少对于进口动力煤和进口原油的消费依赖。截至2020年年底，以色列的发电装机容量为19.5吉瓦，其中天然气发电装机容量占43.9%，燃煤发电装机容量占24.8%。可再生能源发电装机容量不到2.5吉瓦，其中太阳能发电装机容量约占90%，剩余的以风能发电为主，还有少部分潮汐能和地热能发电。② 得益于东地中海的超大海上天然气田塔玛尔（Tamar）和利维坦（Leviathan），以色列已经决定在2025年之前停止使用动力煤发电，并到2030年禁止在运输部门使用汽油和柴油，即完全取消内燃机汽车销售市场。以天然气替换动力煤和原油的使用不但是以色列实

---

① 《以色列将首先采用碳定价降低碳排放》（希伯来文版），以色列政府网，https：//www.gov.il/he/departments/news/press_ 02082021_ b。

② "Energy Economy Objectives for the Year 2030," Ministry of Energy, October 2018, pp. 7 - 8, https：//www.energy-sea.gov.il/English-Site/Pages/Regulation/energy_ economy_ objectives_ 2030. pdf.

现"碳中和"目标过渡阶段的绝佳替代途径,而且确保了以色列通过本土资源替代进口资源增加国民财富和加强地缘政治影响力。

在具体税额上,碳税以逐年提高的方式进行征收,比如对煤炭的使用从2023年的每吨131新谢克尔,上升到2024年的每吨167新谢克尔,以及2025年的每吨214新谢克尔。对于固体垃圾的处理也有相应的碳税政策。预计施行碳税后,以色列政府将在2023年获得3亿新谢克尔税收收入,2028年预计将达到28亿新谢克尔收入。① 预计这一税收收入将大部分进入政府的专门基金账户,用于投资提高能源使用效率和碳捕集方面的技术研发和商业化应用,剩余部分则将以补贴电费的形式改善低收入家庭的收入状况。

## 三 以色列实现"碳中和"的技术路径

与以色列的创新生态系统的打造类似,以色列政府通过能源部、交通部、财政部和创新局等部门的配合,引导更多化学、材料学、分子生物学、生命科学、工程学等领域的专家进入新能源和清洁技术研发领域,并配置相应的技术转移转化和商业化应用的基金支持平台,以缩短从实验室阶段到社会层面大规模应用的周期,使以色列在新能源和清洁技术研发领域占据世界领先地位。此外,以色列政府还积极和欧盟、美国等能源技术先进经济体展开全方位合作,支持以色列研发部门与欧盟和美国实验室的合作,推动跨境的人才、技术与市场合作,以提高本土新能源产业链的商业化与国际化水平。其中,发挥核心作用的是创新局与各部门的首席科学家办公室,它们也是以色列实现"碳中和"技术路径的核心。

### (一)主要部门首席科学家办公室的技术路径

能源部的首席科学家办公室从2010年以来主要专注于:(1)国家能源生产能力的多元化和能源的系统性安全;(2)提高太阳能转换效率的技术、提高风力涡轮机发电效率的技术、基于沙漠温差的气流发电技术等;(3)天然

---

① Sue Surkes, "Israel to Impose Carbon Tax, Starting with Fossil Fuels," *The Times of Israel*, August 2, 2021, https://www.timesofisrael.com/israel-to-impose-carbon-tax-starting-with-fossil-fuels/.

气替代石油产品的全流程技术支持；（4）可再生燃料电池技术；（5）更加高效和低能耗的空调技术；（6）大型建筑物节能建材的研发和相关节能材料强制性使用的立法。①

建设部的首席科学家办公室主要专注于：（1）城市可持续发展建设和智慧城市建设；（2）城市废弃物的无害化处理和有害物质排放的控制；（3）降低基础设施能耗，改进城市与基础设施之间的电力传输和分配系统；（4）延长城市基础设施的使用年限，特别专注于研发对抗太阳暴晒和海风对建筑物和基础设施侵蚀的技术；（5）加快对老旧建筑的绿色化改造，降低城市的热岛效应。②

隶属于能源部的水务局极其重要，水务局还下设了独立的水务研究院。由于气候变暖，以色列境内的水文条件和水资源也受到了影响，所以控制温室气体排放和确保全国水资源供应有着间接的联系。以色列是全世界水处理技术最先进的国家之一，也是全世界淡水供应中海水淡化比例最高的国家，而水处理和海水淡化都需要大量的能源供应，因此也会产生大量的二氧化碳气体。水务局的科研工作，特别是关于提高水资源利用效率的研究对于以色列"碳中和"目标的实现非常重要。水务局从 2017 年正式成为"准独立"部门以来的关注重点包括：（1）进一步大规模推广节水设备并检测管道系统的漏水问题，以提高水资源利用效率；（2）完善相关基础设施建设，进一步预防水污染；（3）提高天然降水的利用效率并优化降水的含养手段；（4）进一步开发污水处理技术，提高处理后的中水在园艺、消防、农业和街道清洁用水中的占比；（5）计算以色列不同地区的干旱指数，提高公众对于水危机严重性的认识，从而减少水资源的浪费。③

---

① "The Israeli Government Set to Approve an Unprecedented Decision Mandating that by the Year 2050 Israel Will Move to a Low Carbon Emissions Economy," Israeli Government, July 23, 2021, https：//www. gov. il/en/departments/news/government_ will_ approve_ historic_ decision_ by_ 2050_ israel_ will_ move_ low_ carbon_ economy.

② "The Israeli Government Set to Approve an Unprecedented Decision Mandating That by the Year 2050 Israel Will Move to a Low Carbon Emissions Economy," Israeli Government, July 23, 2021, https：//www. gov. il/en/departments/news/government_ will_ approve_ historic_ decision_ by_ 2050_ israel_ will_ move_ low_ carbon_ economy.

③ "Israel's Third National Communication on Climate Change," Ministry of Environmental Protection, 2018, pp. 7-9, https：//unfccc. int/sites/default/files/resource/UNFCCC%20National%20Comm unication%202018. pdf.

和水务局类似，农业与农村发展部的首席科学家办公室也承担了实现"碳中和"目标的重要任务，这是由于以色列有着较高的农业机械化和自动化水平，农业活动贡献了以色列约8%的二氧化碳等温室气体的排放，提高农业特别是畜牧业的能源使用效率同样意义重大。为此，农业和农村发展部的首席科学家办公室将其研究重点放在：（1）提高农作物灌溉环节的水资源利用效率；（2）提高作物光合作用效率，减少单位农产品的肥料使用和用水投入；（3）提高生物育种技术，以及农作物的耐干旱和抗病虫害能力；（4）改善土壤质量，提高土壤的水分含养能力；（5）继续开发效率更高能耗更低的生物农药技术；（6）开展更大规模的入侵物种与病原体的研究，防止出现新的植物传染病。[①]

从各部门首席科学家办公室出台的密集政策和施政目标可以看出，相关政策的主要目的是降低对化石能源的依赖并提高资源的使用效率。但这并不足以实现"碳中和"目标，还需要通过打造系统性的低碳技术生态，特别是"零碳排放"新能源技术、碳捕集技术等才能实现"碳中和"的终极目的。在零碳排放的可再生能源技术方面，以色列将研发重点放在太阳能、风能、潮汐能、地热能和生物质能等领域；在碳捕集与固碳技术方面，以色列重点发展低能耗化学吸收碳捕集技术、高空碳捕集技术、生物藻类固碳技术等。

## （二）太阳能技术路径

作为太阳能资源极为丰富的国家，以色列从20世纪50年代就已经开始使用太阳能。经过60多年的发展，以色列的太阳能已占其新能源的90%和全部能源的4.7%，而到2030年太阳能占其新能源的比例预计会降低到85%，占全部能源的比例则提高到约25%。[②] 以色列太阳能的利用主要有两种方式，一种是在所有居民楼房顶安装太阳能板进行热水供应和电力供应，另一种是在沙漠等空旷地带集中建设大规模的太阳能发电站，将热力转化为电力后再并网输送

---

① "Israel's Third National Communication on Climate Change," Ministry of Environmental Protection, 2018, pp. 16 - 18, https：//unfccc. int/sites/default/files/resource/UNFCCC% 20National% 20Co mmunication%202018. pdf.

② Sue Surkes, "The Sun Is Shining, So Why Isn't Israel Making Hay of Its Solar Energy?" *The Times of Israel*, October 20, 2021, https：//www. timesofisrael. com/the-sun-is-shining-so-why-isnt-israel-making-hay-of-its-solar-energy/.

到城镇。在以色列的太阳能发展历史上，1973 年的石油危机极大地促进了太阳能在全国范围的普及使用，由英国移民的太阳能专家哈里·塔波（Harry Zvi Tabor）发明的改良版太阳能热水器被以色列政府在全国大规模推广，以降低对进口原油的依赖。之后包括塔波在内的以色列太阳能专家继续改良太阳能面板涂层的吸热效率和转化效率，并以此发展出了以色列强大的太阳能产业链，包括太阳能面板的设计与制造、涂层化合物的研发、太阳能逆变器的设计与生产，以及太阳能软件控制系统的开发等。[①] 以色列太阳能的开发空间主要依靠建设大规模的太阳能发电站。从 2017 年开始，以色列加大了对大型太阳能发电站建设的土地审批和税务支持。比如在 2019 年，以色列就完成了两个世界级太阳能基站的建设，均位于南部沙漠腹地，分别是装机容量为 120 兆瓦的泽利姆（Zeelim）太阳能发电站和装机容量 121 兆瓦的阿沙利姆（Ashalim）太阳能发电站，其中阿沙利姆占地 390 公顷，落成后总发电量达到了以色列全国发电量的 0.75%，能满足超过 7 万个家庭的供电需求。[②] 以色列太阳能产业还孕育了一批具有世界影响力的太阳能技术公司，其中包括聚光太阳能技术公司亮源公司（Bright Source）和布雷米勒能源公司（Brenmiller Energy），分布式太阳能功率优化以及光伏系统监控解决方案供应商所乐科技（Solaredge，已在纳斯达克上市），太阳能电加热系统和储能系统技术公司艾姆科太阳能（Amcor Solar），热电转换和储能系统公司埃尔所太阳能（Elsol-Solar Energy），碟式太阳能发电系统建设和运营公司海里福克斯（Helio Focus），等等。2020 年以色列的太阳能市场达到了 120 亿美元左右的规模，相关产品和技术出口约为 12 亿美元，这两项数据仍然在逐年增长。[③]

## （三）其他清洁能源技术路径

除太阳能之外，以色列有几十个学术研发团队，包括魏兹曼科学院植物和环境学院、特拉维夫大学环境和清洁能源学院、耶路撒冷希伯来大学环境学院、

---

① Daniel Avis and Gwen Ackerman, "Israel Unveils Plan for 20% Renewable Energy by 2025," Bloomberg, May 29, 2022, https: //www. bloomberg. com/news/articles/2022 – 05 – 29/israel - unveils-roadmap-for-20-renewable-energy-by-2025.

② "About Us," Negev Energy, http: //www. negevenergy. co. il/en/, accessed September 5, 2022.

③ "Renewable Energy in Israel-Background," Ministry of Finance, January 26, 2021, https: // www. gov. il/en/departments/general/project-renewable-energy-ag.

本-古里安大学沙漠学院和上百家清洁能源公司正在寻求其他可以大规模开发和利用的清洁能源。以色列海法理工学院的一个研发团队设计了生产电力的新型公路，通过汽车碾压带来的压力变化来发电。现在，这一项目已经进入大规模测试阶段。奥玛特（Ormat）地热能公司通过特殊的能量转换装置将地热能转换成电能。该公司已经在美国、加拿大、危地马拉、德国、日本、肯尼亚、印度、新西兰等国家安装了 750 多座地热发电厂。SDE 波浪能（SDE Wave Energy）公司改良了潮汐能发电的方式，通过类似于浮标的漂浮物在潮汐之间不断翻转而产生动能并转化成电能供陆上使用。该公司已经在以色列、印度和中国等国家的 9 个沿海城市安装了这样的发电装置。[1] 蓝色空间（Bluesphere）公司利用食物残渣和农场有机废料等进行发电。该公司的技术优势是发电效率较传统的沼气发电提高很多，而且使用后的残渣基本无害，不需要掩埋处理。该公司已经在以色列、美国和西非的数个国家建立了 11 个发电厂。[2]

## （四）碳捕集与固碳技术路径

除清洁能源公司以外，以色列在碳捕集和固碳技术方面也有不凡的技术和商业表现。崇高希望实验室（High Hopes Lab）开发了一种特制的气球，可以从 50 公里的高空捕集已经结冰的二氧化碳并将其送回地面。这种方式捕集的二氧化碳甚至可以直接作为二氧化碳产品，可谓一举两得。[3] UBQ 公司开发了一种将包括食物残渣、塑料制品等家庭垃圾转化成热塑性塑料的技术。据测算每生产 1 吨 UBQ 塑料，可以减少 1.3 吨垃圾的填埋，并减少 11.7 吨二氧化碳当量的排放，而 UBQ 塑料则可以当作油基塑料、木材甚至是混凝土的替代品，用于城市建设。[4] 创建于 2003 年的森百奥帝（Seambiotic）最初专注于从海产

① "About SDE," Startup National Central Library, https：//finder. startupnationcentral. org/company_page/sde, accessed September 5, 2022.

② "About Bluesphere," Startup National Central Library, https：//finder. startupnationcentral. org/company_page/blue-sphere, accessed September 9, 2022.

③ Eli Berlzon, "Sky's the Limit：Israeli Startup Develops Balloons to Capture Carbon," Reuters, November 6, 2021, https：//www. reuters. com/business/environment/skys-limit-israeli-startup-develops-balloons-capture-carbon-2021-11-04/.

④ Rachel Barr, "It's Time Israeli Companies Joined the Race to a Decarbonized Economy," Israel21c, November 11, 2021, https：//www. israel21c. org/corporates - must - join - in - creating - a - decarbonized-economy/.

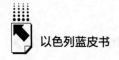

微型藻类生产并出售欧米茄-3脂肪酸产品，但随后发现这种类型的藻类可以大量吸收二氧化碳，于是该公司在发电站附近建设了培育这种海藻的水池并将发电厂的废气注入水池来消化其中的二氧化碳。山东的烟台发电厂已经引入了该技术。森百奥帝还在与中国其他城市商谈合作。此外，还有全顺藻类（TransAlgae）和藻类科技（Algatech）等公司进行了类似的特殊藻类培育和改良，在吸收二氧化碳的同时提供生物质能。[①]

## 四　以色列推进"碳中和"目标的影响

由于自然资源的贫瘠和环境的极度脆弱性，以色列的国家建设之路一直离不开对于环境的改造。近几十年，随着气温的升高，以色列的生存环境进一步恶化，全国气候更为干燥、沙尘暴更加频繁、病虫害时常侵袭。以色列气象局预计，如果不采取进一步措施，以色列每年将会因为气候变化至少损失 GDP 的 5%，而且这一数据会随着环境进一步恶化而增加。这种气候变化已经对公共卫生造成了长期负面影响，包括与极端冷热环境有关的疾病患病率增加，与空气污染有关的心血管和呼吸道疾病传播的增加，以及因为气候异常变化导致的普遍性的精神压力等。以色列作为自然环境较为恶劣的小国，在推进"碳中和"目标的过程中给予气候变化更多的关注，从而在提升自然环境应对能力的基础上获得经济与社会的可持续发展。

以色列是地理意义上的小国，2021 年全国的碳排放总量只占世界碳排放总量（363 亿吨）的约 0.16%；但是以色列不是经济意义上的小国，2021 年的 GDP 总量（约 4500 亿美元）占世界 GDP 总量（约 92 万亿美元）的约 0.5%。上述数字既说明了以色列即使不实现"碳中和"对世界的减排影响也不大，也说明了以色列具有明显的绿色经济特征，同等规模 GDP 导致的碳排放量只是世界平均水平的不到 1/3。[②] 在 2021 年 7 月以色列向世界做出"碳中

---

① "About TransAlgae," Startup National Central Library, https：//finder. startupnationcentral. org/ company_ page/transalgae, accessed September 9, 2022; "About Algatechnologies," Startup National Central Library, https：//finder. startupnationcentral. org/company _ page/ algatechnologies, accessed September 9, 2022.

② 朱兆一等：《"碳中和"目标下以色列绿色经济发展的实践经验及其对中国的启示》，《国际贸易》2022 年第 2 期，第 16～17 页。

和"承诺之前，国内各个利益集团之间进行了激烈的斗争，传统油气资源的既得利益集团自然不支持以色列设立退出油气资源的时间表。但最终以色列议会通过了 2050 年实现"碳中和"的法案，这也让以色列成为全世界对抗气候变化最活跃的国家之一。

以色列加快推进"碳中和"目标，具有以下几个方面的重要意义。

首先，以色列政府的"碳中和"目标表面上和国家的天然气利益有所违背，但是对国民经济的持续发展有着重大的战略意义。现在，以色列的各大高校、科研院所和创新公司也将大量精力用在了能源储存、碳捕集、绿色基础设施、创新节能技术等领域。随着全球碳排放标准的不断提高、国际贸易中碳关税的陆续推出，以及全球民众对于消费低碳环保产品意愿的提升，以色列在绿色低碳技术方面的储备正在成为该国新的经济增长点，并将形成强大的创新外溢效应，带动以色列在新能源、清洁技术、食品科技、绿色建筑和绿色城市、智慧交通等领域的持续进步，从而形成研发促进商业化应用、商业化应用促进出口创汇、外汇资金支持更多研发的良性循环，为以色列国民经济带来持续创造力和活力。

其次，推进"碳中和"目标，有助于维持以色列科技创新国度的国家形象。正如贝内特总理在《联合国气候变化框架公约》第 26 次缔约方大会上的声明中指出的那样："作为一个小国，以色列对全球变暖的影响很小，但是作为技术创新大国，以色列在绿色技术方面可以为世界提供巨大的支持和帮助。"① 以色列已经积累了半个多世纪关于干旱地区生存和发展经济的经验，同时在太阳能开发和利用、蛋白质替代、农业技术、海水淡化技术等领域也处于世界领先地位。"碳中和"不但是以色列对抗气候变化的"刚需"目标，也为该国的创新科技产业发展奠定了良性基础，有助于以色列走在全球绿色低碳技术研发与商业化应用的前沿。

最后，通过设定"碳中和"目标不但有助于以色列加快绿色低碳技术的发展和应用，也有助于以色列通过绿色低碳技术的国际合作换取更广泛的国际认可。相较于传统的经济援助和军事援助，基于绿色低碳技术开展的外交活动

---

① TOI Staff, "Full Text: At UN Summit, Bennett Says Israel Can Lead Way in Climate Fight," *The Times of Israel*, November 1, 2021, https://www.timesofisrael.com/full-text-at-un-summit-bennett-says-israel-can-lead-way-in-climate-fight/.

成本更低。以色列的技术输出对于国内资源和经济的损耗几乎不存在，是技术或者相关专利体系这种"无形资产"的使用权免费授予，无疑对于以色列而言是最为经济的。对于受援国家而言，这些绿色低碳技术正是它们发展本国经济所急需的技术，而且以色列的水务、荒漠改造等技术的先进性和成熟度是其他国家不可比的，自然就具有更高的价值，比单纯的金钱外交更有意义。此外，开展以技术援助为主要特征的绿色外交有助于受援国增进对以色列的了解和认同，由此建立的外交关系比普通的"金元外交"更加牢靠。以色列的绿色外交策略中，最重大的成功无疑是突破了阿拉伯国家的封锁，与埃及（1979 年）和约旦（1994 年）两个邻国建立了外交关系。根据以色列与埃及和约旦的建交协议，以色列向埃及和约旦输出了水源改造技术、荒漠化治理技术等，这种技术输出无疑奠定了双边交往的基础，也让两国得以互利共赢。

过度的碳排放已经被证实和全球气候变暖及气候异常变化有着直接的联系。为了人类共同的家园，所有国家的民众都应该行动起来，投入这场保卫地球的战斗当中，以色列在绿色和低碳技术开发方面已经走在了世界的前端，其在建设低碳社会方面的经验也值得包括中国在内的大多数国家借鉴。正如以色列现任总统赫尔佐格在 2021 年 10 月主持召开第一届以色列气候论坛所提到的，世界气候危机已成为国际社会必须全力应对的紧急情况，建立以色列气候论坛的目的是加强以色列国内与国际之间的合作，改变生活和生产习惯，防止气候问题进一步恶化。以色列的技术创新能力及其全球推广可能加快全球"碳中和"这一目标的实现，这也会进一步提升以色列的国际地位和技术美誉度。

# 以色列的养老服务保障体系

张 瑞*

**摘　要：** 人口老龄化是世界各国普遍面临的问题。从国际通用标准来看，以色列已经进入老龄化阶段。在应对老龄化问题上，以色列不仅采用了包括公共养老保险、私人养老保险在内的双层养老保险制度，而且还率先实施了长期照护保险制度，以社会化筹资的方式分担老人照护费用，并逐步向科技养老、健康养老的模式发展。疫情期间，以色列政府基本维持并适当提高了养老保障支出，并为老年残障人士、低收入老年群体提供了补助，养老保障政策及内容未发生大的变动，政策的完整性及持续性较强。整体来看，以色列双层养老保险制度兼顾公平和效率，既保障了所有老年人的基本生活水平，也满足了部分老年人对高质量生活的诉求。利用信息技术的科技健康养老模式不仅服务了老年人，而且减轻了家庭负担，促进了家庭的和谐和社会的稳定发展。

**关键词：** 以色列　人口老龄化　养老保险　长期照护保险制度

## 一　以色列的人口老龄化现状

人口老龄化是世界各国普遍面临的问题，以色列也不例外。从国际通用的老龄化标准来看，如果一个国家或地区 60 岁及以上人口占总人口的比例超过 10%，或者是 65 岁及以上人口占总人口的比例超过 7%，就意味着这个国家或地区整体上处于老龄化阶段。如图 1 显示，2000 年以色列 65 岁及以上人口占

---

* 张瑞，郑州大学国际教育学院讲师。

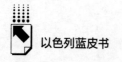

比为 10.03%，之后一直处于上升趋势。2020 年，以色列人口平均寿命为 83.04 岁，65 岁及以上人口占比为 12.41%。根据这一发展趋势，预计到 2035 年，以色列 65 岁及以上人口数量将双倍增长[①]，老龄化程度将进一步加深。

从经济角度来看，老年人口抚养比是反映人口老化社会后果的指标之一，亦称为老年人口抚养系数，它是人口中非劳动年龄人口数中老年部分（65 岁及以上）与劳动年龄（20~64 岁）人口数之比，用以表明每 100 名劳动年龄人口要负担多少名老年人。以色列中央统计局的数据显示，自 2010 年后，以色列老年人口抚养比一直处于上升趋势，且呈现加速态势（见图 2）。按照这一速度发展，预测到 2060 年，以色列老年人口抚养比将从 2010 年的 19.5%增长至 36%[②]，老龄化程度将持续加深。

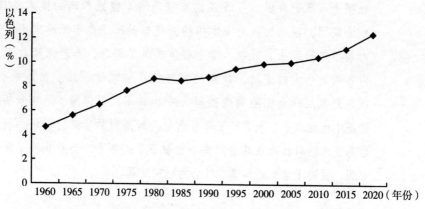

**图 1　1960~2020 年以色列 65 岁及以上老年人口占比情况**

资料来源：Claude Giorno and Jacques Adda, "Improving the Pension System and the Welfare of Retirees in Israel," *OECD Economics Department Working Papers*, No. 1288, 2016。

随着老龄化的发展，在 65 岁及以上人口构成方面，如图 3 所示，2009 年老年人口中的哈雷迪及阿拉伯人群体仅占 10%。由于高出生率，这两个群体

---

① Claude Giorno and Jacques Adda, "Improving the Pension System and the Welfare of Retirees in Israel," *OECD Economics Department Working Papers*, No. 1288, 2016. http://www.oecd.org/eco/survey/economics-survey-israel.htm, p. 8.

② Claude Giorno and Jacques Adda, "Improving the Pension System and the Welfare of Retirees in Israel," *OECD Economics Department Working Papers*, No. 1288, 2016, http://www.oecd.org/eco/survey/economics-survey-israel.htm, p. 8.

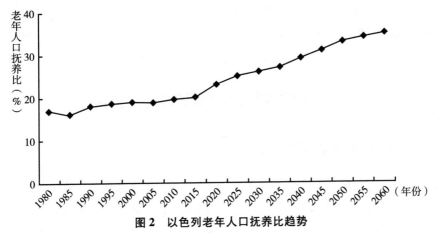

**图2 以色列老年人口抚养比趋势**

注：2020年之后的数据为预估数据。

资料来源：Claude Giorno and Jacques Adda, "Improving the Pension System and the Welfare of Retirees in Israel," *OECD Economics Department Working Papers*, No. 1288, 2016。

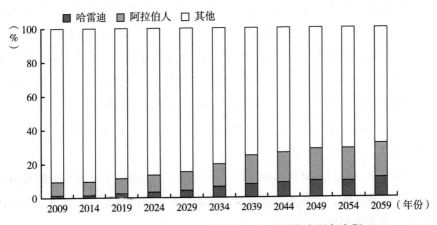

**图3 以色列65岁及以上老年人口在各群体中所占比例**

注：2019年之后的数据为预估数据。

资料来源：Claude Giorno and Jacques Adda, "Improving the Pension System and the Welfare of Retirees in Israel," *OECD Economics Department Working Papers*, No. 1288, 2016。

老年人口基数较大，其占比自2009年以来一直呈上升趋势。按照这个趋势预计，2060年，这两个群体中老年人口占比将增至32%，是2009年的3.2倍。而且，这两个群体中20~64岁劳动年龄人口的占比也将从2009年的30%增长至50%，逐渐成为以色列未来劳动力的主力军。受家庭人口多及就业率相对

较低的影响，这部分劳动力更依赖国家的公共养老保险制度，对以色列的养老服务保障体系提出了更高的要求。

## 二 以色列的养老服务保障体系

### （一）双层养老保险制度

目前，大多数发达国家坚持国家、社会和个人多方责任共担的社会保险理念，建立多层次的养老保险体系。多层次的养老保险体系，大体上包括政府主导的现收现付的公共养老保险（Public Pension），政府支持、雇主主导的职业养老保险（Occupational Pension），以及国家税收优惠、劳动者个人主导的个人养老保险（Individual Pension）。其中，公共养老保险，又称国家基本养老保险，通常是由政府公共部门发起建立并进行管理的养老保险计划，往往要承担直接的财政责任。职业养老保险和个人养老保险多为储蓄型养老保险，通常采取的是完全积累的融资方式和缴费确定型的待遇给付方式。它的主体是私人部门，包括企业个体、工会以及经政府批准的金融中介机构（包括银行、保险公司、养老保险管理公司等）。这两部分保险主要以个人账户的形式存在，所以也被称为私人养老保险（Private Pension）。政府对私人养老保险不承担直接的财政责任，只负有监管责任。

作为经济合作与发展组织成员国，以色列实施了兼顾公平和效率的双层养老制度，即适度的、公共的、普遍覆盖的公共养老保险制度及公民可自由选择的私人养老保险制度。①

1. 公共养老保险制度

以色列建国后，为解决老年人的养老问题，使老年人的晚年生活得到保障，维持社会稳定，于1954年通过并实施了《老年人和幸存者保险计划》，规定：凡以色列居民，男性65岁、女性60岁（目前，男性退休年龄提至67

---

① Ishay Wolf, Lorena Caridad and Lopez del Rio, "Benefit Adequacy in Funded Pension System: Micro-Simulation of the Israeli Pension Scheme," *International Journal of Economics and Business Administration*, Vol. 9, No. 2 (2021), pp. 147-153.

周岁，女性退休年龄提至 65 周岁）的退休人员，只要能提供长期在以色列生活的证明（包括但不限于定居地、工作单位证明或者孩子上学证明等），在最近 10 年内投保 5 年或总共投保 12 年者，可享受养老保险。①

公共养老保险通常采取的是现收现付的融资方式，以工薪税（或费）为融资来源，以待遇确定的方式发放收益。依据全国保险法规定，全民公共养老保险的资金由三方面构成：（1）年龄在 18 周岁及以上的以色列公民根据收入情况缴纳相应金额，占资金来源的 50% 左右；（2）政府拨款及其他一些特定资助项目，如为退休后移民以色列的老年人提供老年补贴、发放救济金等，占资金来源的 40% 左右；（3）后备资金用于投资后产生的收益，如投资政府债券或股票等，收益与当下市场利率挂钩，约占资金来源的10%。②

在养老保险缴纳方面，依照工作性质以色列公民可分为有固定收入的工薪阶层、个体户、没有工作却有一定收入者三大类，每一类又根据收入情况（以平均工资的 60% 为界）有着不同的缴纳标准（见表 1）。收入高的，缴纳比例也高，其个人账户数额就越高。如此，在基础养老之外，部分收入较高的老年人对退休后高生活质量的要求也可得到满足。就个体户及没有工作却有一定收入者而言，养老保险费用完全由其本人承担，收入越高缴纳费用也越高。

### 2.私人养老保险制度

20 世纪 40 年代，在与企业及雇员达成一致意见的前提下，以色列总工会（Histarut）首次设立了针对雇员的职业养老保险。70 年代，随着集中经济模式的崩溃、战争及石油危机的出现，新自由主义经济逐渐盛行，政府日渐丧失对经济的集中控制能力。③ 20 世纪 80 年代，以个体户为主要服务对象、以市

---

① *Israeli: Review of the Private Pension System*, OECD, October, 2011, p. 15, https://www.oecd.org/daf/fin/private-pensions/49498122.pdf.

② Claude Giorno and Jacques Adda, "Improving the Pension System and the Welfare of Retirees in Israel," *OECD Economics Department Working Papers*, No. 1288, 2016, http://www.oecd.org/eco/survey/economics-survey-israel.htm.

③ Moshe Manor and Joanna Ratajczak, "Shift to Private Pension System: The Case of Poland and Israel," *Economics and Business Review*, Vol. 6, No. 1 (2020), p. 91.

### 表1 以色列公民养老保险缴纳一览

单位：%

| 人员分类 | 收入情况(以平均工资的60%为界) | 保险费用占工资的比例 | | 总计 |
| --- | --- | --- | --- | --- |
| | | 雇主 | 雇员 | |
| 工薪阶层 | 不高于 | 3.85 | 0.4 | 4.25 |
| | 高于 | 5.43 | 7 | 12.43 |
| 个体户 | 不高于 | 6.72 | | 6.72 |
| | 高于 | 11.23 | | 11.23 |
| 不工作有一定收入者 | 不高于 | 4.61 | | 4.61 |
| | 高于 | 7 | | 7 |

资料来源：Israeli: *Review of the Private Pension System*，OECD，October，2011，pp. 15-16，https：//www.oecd.org/daf/fin/private-pensions/49498122.pdf。

场为导向的私人养老保险首次出现，并在 90 年代初期如雨后春笋般涌现。后来，为满足不同老年群体，尤其是那些高收入的、希望在退休后依然能保持高质量的物质生活的老年群体的诉求，以色列私人养老保险不断发展并衍生出新的类型。目前，以色列国内的私人养老保险共分为五大类型，均受资本市场保险与储蓄司（Capital Market Insurance and Savings Division，CMISD）监管。通过制定规章制度、发布通告等方式，资本市场保险与储蓄司对私人养老金的保险模式、养老机构的管理和运行等方面实施监管。

（1）旧式养老基金（The Old Pension Funds）

20 世纪 40 年代，旧式养老基金成立。作为不以赚钱为目的的非营利性基金，它主要向加入基金的企业工人成员提供每人每年总额 2% 的固定收益福利。由于经营管理不善，且不以市场化的营利为目的，再加上战争及石油危机的影响，20 世纪八九十年代，旧式养老基金出现巨额精算赤字（actuarial deficit）① 问题。1995 年，为解决赤字问题，政府制订了复兴基金计划，但收效甚微，赤字问题更加严重。2002 年，精算赤字达到 1090 亿新谢克尔。为避免赤字加剧，政府又采取了财政拨款、提高退休年龄、加强对

---

① 精算赤字是社会保障计划未来支付义务与该计划信托基金当前收益之间的差额。当收入低于成本时，在精算赤字中，社会保险被认为是无力偿债的。为了纠正精算赤字，或达到精算平衡，社会保障计划要么减少福利支出，要么提高工资税率。

基金的管理等措施，如拨款 800 亿谢克尔作为救助资金，并在 35 年内付清；将男女退休年龄分别从 65 岁、60 岁提升至 67 岁、64 岁；建立整套内部机制，设定细则进行统一管理，并任命专门的职业经理人管理基金；修改养老保险计算方法，收取养老保险管理费用，将相关风险转嫁到投保人身上；等等。① 这些措施一方面有助于缓解基金所面临的赤字问题，另一方面也意味着除 800 亿谢克尔之外，政府将不再提供资金支持，基金成员养老福利金的增加或减少直接与其累计精算收益或损失挂钩。截至目前，由于各项政策的实施，成员所获得的养老保险福利得以保障，尚未出现减少的情况。资本市场保险与储蓄司也正在考虑加强对旧式养老基金的监管，以避免未来出现保险福利风险问题。

1995 年后，囿于赤字问题，旧式养老基金停止吸纳新成员，老成员们则继续按照原有规定在退休后领取收益。

（2）新式养老基金（The New Pension Funds）

20 世纪 90 年代，以色列国内保险行业进入大发展时期。只要符合相关标准及规定，并获得营业执照及许可证，公司就可以开设并运营养老基金。因此，在旧式养老基金不再吸纳新成员的情形下，新式养老基金应运而生。它以全体公民为服务对象，以公民固定供款的方式进行运作。每个公民都可以选择适合自身的养老基金，固定供款，并根据基金的运营情况获取收益。具体来说，个人购买基金后，基金账户中累积的资金总额加上投资回报，减去公司的管理费用即为个人最终收益。退休后，在基金账户余额保留最低数额后，成员可以一次性支取基金账户中的余额。相较于旧式养老基金，新式养老基金在吸纳成员、保险涵盖内容及经营管理模式方面都较为与时俱进。新式养老基金不仅大力宣传，吸纳了大量成员，而且保险涵盖了死亡抚恤金、伤残保险、公民储蓄性存款等。受资本市场及营利经营模式的影响，新式养老基金的死亡抚恤金、伤残保险、收益标准等均以市场为导向，其相关风险全部由成员集体承担，公司会每年精算资产，并根据可能出现的资金盈余或赤字来增加或减少成员及退休人员的实际收益。

---

① *Israeli: Review of the Private Pension System*, OECD, October, 2011, p. 18, https://www.oecd.org/daf/fin/private-pensions/49498122.pdf.

（3）新式普通养老基金（The New General Pension Funds）

1999 年，为满足只想通过储蓄存款养老的老年人，尤其是那些工资高于工薪阶层平均月薪两倍以上的老年人的诉求，新式普通养老基金出现。它是唯一一款公民可以一次性存入符合养老保险规定款项的专项储蓄养老基金，比较符合收入较高的老年人的需求。在基金账户内留有一定的最低余额后，公民退休后可以将存款一次性取出，这大大保障了老年人的生活质量。但相较于新式养老基金，这款以储蓄为主的基金无法购买投资债券，公民一旦出现伤残，基金也无法提供伤残保险和抚恤金赔付。2005 年，政府颁布了新的指令，允许这类基金扩大业务范围，开展如丧失工作能力保险及人寿保险业务，但目前这类基金中只有少部分公司选择新添业务，大部分还是以养老储蓄基金为主。

（4）公积金（Provident Funds）

与各种养老保险基金不同，公积金具有普遍性，每一个成员都有一个独立的公积金账户，记录其投入及支出、投资基金的收益亏损情况及所扣除的管理费用明细。最初，根据规定，只要公积金账户开户满 15 年，成员均可以一次性支取或者按月支取账户资金，不必取决于其是否达到退休年龄。2006 年，以色列进行了立法改革，要求只有成员年满 60 周岁后才可以将公积金取出，在这之前，公积金必须一直用于投资，并设定了成员取出公积金时账户内留存的最低限额。另外，与养老基金的收益相比，公积金无法投资专项政府债券，金融收益相对较少，但胜在稳定。

（5）人寿保险（Life Insurance）

随着社会的不断进步及时代要求，保险赔付及退休福利收益逐渐向专业化发展。人寿保险是为公民提供包括死亡、伤残或丧失生活能力等风险在内的专项保险服务。以色列建国前，这类保险公司就已经存在，其所涵盖的业务也随着社会的发展不断完善。人寿保险主要分为两种：一种是带有储蓄功能的保险项目，被保险人可以选择在其保险时效即将到期时一次性付清所有保费，或者定期缴纳年金，以享受其规定的相关服务；另一种是不带储蓄功能、每年定期缴纳的保险项目，它只承保公民死亡或丧失谋生能力的保险风险，给予一定的赔偿。

总的来说，在公共养老保险外，目前以色列国内存在五大私人养老保险类型，每个类型有不同的服务内容、范围及运营模式，彼此之间并不冲突，公民可根据自身需求选择一种或多种不同类型的保险进行投保。这种兼顾公平和效率的双层养老保险体系在一定程度上促进了以色列社会的稳定及发展。

### （二）长期照护保险制度

在应对人口老龄化问题，特别是失能老人长期照护服务问题上，多数西方发达国家一直单纯仿效德国 19 世纪 80 年代末创立的《老年与残疾保险法》，直到 20 世纪 70 年代，以色列开始对老年人长期照护制度进行探索，并在 1988 年在世界上率先实施了一项特殊的养老保险制度——长期照护保险（Long-Term Care Insurance，LTCI）制度，即国家颁布法律，以社会化的筹资方式来分担老年人口生活护理的费用。[1] 早在 1958 年，以色列就颁布了《社会福利法》，并成立劳工和社会事务部，协同地方政府提供社区服务，包括安顿照顾移民老人，给老人提供看护、康复等方面的服务。1975 年，以色列开始实施旨在保护家庭中弱势群体的《家属津贴保险法》，并讨论和起草了《长期照护保险法》，探索以社会化筹资的方式来分担老年人长期照护服务费用。1986 年，《长期照护保险法》正式获得议会通过；1988 年，长期照护保险开始实现资金给付，形成了以社会保险形式分担老年人长期照护保险服务费用的制度。[2]

《长期照护保险法》规定：凡男性 65 岁、女性 60 岁的以色列公民均可享受长期照护保险；雇主和雇员每月各缴纳工资的 0.1% 作为护理保险基金，1990 年起下降到雇主和雇员每月各缴纳工资的 0.04%，政府补贴其工资的 0.06%。[3] 长期照护保险采用半市场化性质的发展模式，政府确定相关标准并决定服务价格，服务提供商就服务对象及服务质量展开竞争，最后由政府进行决定并监督。起初，非营利性组织占 70% 以上，随着市场化的发展，2005 年

---

① Mimi Ajzenstadt and Zeev Rosenhek, "Privatization and New Modes of State Intervention: The long-Term Care Programme in Israel," *Journal of Social Policy*, April 2000, p. 253.

② *National Insurance Programs in Israel 2017*, National Insurance Institute Israel Research and Planning Administration, 2017, p. 15.

③ Sharon Asiskovitch, "The Long-Term Care Insurance Program in Israel: Solidarity with the Elderly in a Changing Society," *Israel Journal of Health Policy Research*, Vol. 2, No. 3 (2013), p. 4.

后非营利组织的占比下降至37%,营利性组织的占比为63%,并呈现持续增长趋势。

就护理费用而言,长期照护费用一般由政府直接支付给提供护理服务的机构,而不付给被护理人。若有长期照护需求的老年人难以或不便享受相关服务时,可以补以津贴。在提供护理服务前,照护委员会会对老年人的依赖关系进行测试打分,如需要他人协助日常生活活动的程度、是否需要在认知或心理方面进行特殊护理、独居者完成其他额外测试内容的情况等,根据实际得分选择合适的护理方式。在护理服务方式上,家庭护理服务倾向于那些日常生活完全或者部分依靠别人帮助的体弱老年人;专门护理服务倾向于减轻家庭护理的负担,如帮助老年人洗澡、穿衣、营养调理和在家里来回走动,以及对老年人可能遇到的潜在危险的防控。在护理服务内容上,多以满足日常生活为主,为老年人提供个人护理和家务服务,如果不便享受这些服务,可以补以津贴。

## (三)科技健康养老

以色列目前致力于发展将科技与养老结合起来的健康养老服务。为应对人口老龄化的不断加深,政府不仅制定了老年人科技基础设施计划,设立了涵盖人口老龄化内容的总理创新奖,鼓励健康养老创新,而且通过加强与国际医学机构的合作,推进对衰老及其对人类健康影响的创新科学研究。2018年1月,以色列在贝尔谢巴建立了世界上首个健康老龄化创新实验室,通过模拟老年人生活环境,研究如何应对跌倒、病情恶化、疼痛以及洗澡和上厕所等日常生活中的挑战。除提出技术性的解决方案外,实验室还认可养老社会化理念,如将青少年与老年人联系起来,认为在大学生宿舍附近修建老年公寓一举两得。一方面,大学生可以通过照顾老年人赚取学费及生活费;另一方面,老年人可得到优质的看护,缓解孤独和抑郁情绪。

除此之外,以色列大力推动养老产业的科技创新,通过人工智能技术、精准医疗、机器人手术、远程医疗等技术不断改变传统养老方式。比如说摔倒作为危及老年健康甚至生命的一个主要威胁,已经引起了研究人员的重视。它轻则可能导致老年人髋关节骨折,重则可能导致失去生活自理能力甚至导致死亡。① 以色列一家"初创公司"为此研发了一款 b-shoe 自平衡老人鞋，鞋内内置压力传感器、驱动单元及微处理器，能通过先进算法分析出老人是否会摔倒，并在要摔倒的一瞬间，驱动鞋根部的履带，将老人的一只脚向后挪动一定距离，确保老人重新获得平衡。② 数字健康公司维特尔研发了针对不同患者量身定制的一体式护理平台，借助传感器、AI 算法持续对心率、体温、血氧、呼吸速率等体征指标进行监测，并根据体姿、床上的活动状态做出预警，帮助监护人员对跌倒、压疮、脓毒症、心脏意外、血压进行主动预防，不仅可以实现全天候监控，减轻护理和医疗专业人员的负担，还可以识别、收集疾病恶化的信号，有效改善各类老年患者的护理质量，降低死亡率。③

## 三 疫情中的以色列养老服务保障

疫情期间，以色列经济、社会遭受一定冲击，经济下滑，部分企业难以维持，劳动力流动性降低，中低收入者的失业率上升，部分雇主及个人难以继续支付养老保险费，再加上以市场为导向的养老基金资产的贬值等因素，直接影响了未来养老保障体系的发展。但从养老保障政策的连贯性来说，2019 年以来，以色列养老保障内容未发生大的变动，政府基本上延续了之前的政策，适当提高了养老保障支出在国内生产总值中的占比。2019 年，以色列养老保障支出约占国内生产总值的 4.7%，与 2017 年、2018 年基本持平，④ 略低于2020 年的 4.8%。⑤ 2021 年，在黑塔财务管理集团（Blacktower Financial

① 张美珍、杨锋、白怡椿：《老年人人体测量学参数与滑动摔倒危险性的关系》，《北京体育大学学报》2016 年第 2 期，第 56 页。
② 《以色列公司研发自平衡防摔老人鞋》，全球纺织网，2015 年 12 月 15 日，https：//www.thc.com.cn/info/c-005001-d-3553823.html。
③ 段莹：《科技智慧养老时代已来，维特尔亮相 2021 世界智能大会》，数字中国，2021 年 4 月 30 日，http：//digital.china.com.cn/2021-04/30/content_ 41550312.htm。
④ OECD，https：//data.oecd.org/socialexp/pension - spending.htm # indicator - chart，accessed April 20，2022.
⑤ Ishay Wolf, Lorena Caridad and López del Rio, "Benefit Adequacy in Funded Pension System： Micro-Simulation of the Israeli Pension Scheme," *International Journal of Economics and Business Administration*, Vol. 9, No. 2 (2021), p. 147.

Management Group）提供的数据中，以色列公共养老保险支出约占国内生产总值的 5.3%，[1] 高于疫情前夕。以色列养老保障的内容在疫情期间变动不大，得益于疫情前的整体社会形势。疫情前，以色列着手进行了有效的宏观经济管理及结构性改革，使得社会失业率整体较低，强化工作激励的改革又使得哈雷迪及以色列阿拉伯人的就业形势明显好转，公民的生活水平接近于经合组织国家的平均水平，而且整体健康状况良好，对国内生活的满意度高于大多数其他经合组织国家，在一定程度上有助于减轻疫情期间养老保障体系所面临的压力。

疫情期间，为缓解特殊人群的生活压力，以色列政府提高了对特殊人群的补助额度，2020 年 1 月，政府对老年残障人士的补助每月增加了 190 新谢克尔。2021 年 1 月以来，补助金额每月增加了 379 新谢克尔。[2] 为保障低收入老年群体的基本生活，政府出资对其进行补助，并从补助中扣除 106 新谢克尔作为老年人的健康保险费用。2022 年 1 月，以色列国民保险协会官网数据显示，年龄不同、家庭成员不同的老年人所获得的补助数额也存在差异（见表 2）。以 70 岁为分界线，无论是单身还是夫妻二人，年龄越大，家庭成员中孩子数量越多，老年人所获得的补助数额就越多。如若只有一个孩子，年龄 70 岁以上 80 岁以下的单身老人可获得 6399 新谢克尔，夫妻二人则可获得 7035 新谢克尔；若是两个孩子，单身老人可获得 7373 新谢克尔，夫妻二人则可获得 8012 新谢克尔。[3]

整体来说，疫情期间，对比其他国家，以色列的养老保障内容并未出现较大变动，政策的完整性及持续性较强，公民的养老有所保障，这在第三方有关养老保险体系等的测评中可见一斑。2021 年，在综合比对了养老保险体系排名前 15 的国家的养老公共支出占 GDP 的比例、正常退休年龄、养老保险供款占工资比例及参与养老保险项目的人口占就业人口的比例等指标后，黑塔财务管理集团认为芬兰的养老保险体系总体排名世界第一，而以色列排在第 10 位

① "The World's Best Countries for Pension In 2021," Black Tower Financial Management Group, https://www.blacktowerfm.com/best-countries-for-pensions-in-the-world/, accessed May 14, 2022.

② *Pensions at a Glance 2021: OECD and G20 Indicators*, OECD Publishing, 2021, p. 69.

③ The National Insurance Institute of Israel, https://www.btl.gov.il/English%20Homepage/Benefits/Old%20Age%20Insurance/IncomeSupplement/Pages/Amounts.aspx, accessed May 22, 2022.

表2 2022年以色列老年人补助数额一览

单位：新谢克尔

| 家庭成员构成 | 包含养老金在内的老年人补助数额 | | |
|---|---|---|---|
| | 70岁及以下 | 70岁以上80岁以下 | 80岁及以上 |
| 单身老人 | 3799 | 3836 | 3873 |
| 夫妻 | 6002 | 6062 | 6120 |
| 单身老人+1个孩子 | 6339 | 6399 | 6458 |
| 单身老人+2个孩子 | 7312 | 7373 | 7431 |
| 夫妻+1个孩子 | 6977 | 7035 | 7095 |
| 夫妻+2个孩子 | 7950 | 8012 | 8068 |

资料来源：The National Insurance Institute of Israel，https：//www. btl. gov. il/English%20Homepage/Benefits/Old%20Age%20Insurance/IncomeSuppleInco/Pages/Amounts. aspx，accessed May 22，2022。

（见表3）。对比表格中的15个国家，以色列养老公共支出占GDP的比例最低，仅为5.3%，还不到芬兰的一半，养老保险供款占工资比例也最低，仅为13.81%，但参与养老保险项目的人口占就业人口的比例却高达80.7%，位列第四，直接提升了以色列养老保险体系的整体排名。这一方面表明以色列公民的养老保险意识较强，另一方面则反映了以色列养老保险体系相对完善，公民可选择性较多，对保险制度较为信赖。

表3 2021年养老保险体系排名前15的国家

单位：%

| 排名 | 国家 | 养老公共支出占GDP的比例（%） | 正常退休年龄（岁） | 养老保险供款占工资比例（%） | 参与养老保险项目的人口占就业人口的比例（%） |
|---|---|---|---|---|---|
| 1 | 芬兰 | 13.4 | 67.9 | 24.4 | 89.8 |
| 2 | 波兰 | 11.2 | 65 | 27.52 | 66.2 |
| 3 | 希腊 | 8.2 | 65 | 21.71 | 100 |
| 4 | 斯洛伐尼亚 | 10.9 | 62 | 24.35 | 39.1 |
| 5 | 法国 | 15 | 65 | 27.5 | 24.5 |
| 6 | 拉脱维亚 | 7.4 | 65 | 20 | 100 |

| 排名 | 国家 | 养老公共支出占GDP 的比例(%) | 正常退休年龄(岁) | 养老保险供款占工资比例(%) | 参与养老保险项目的人口占就业人口的比例(%) |
|---|---|---|---|---|---|
| 7 | 希腊 | 17.3 | 62 | 20 | 1.3 |
| 8 | 德国 | 8.2 | 65 | 28 | 52.1 |
| 9 | 瑞士 | 9.8 | 65 | 16.6 | 73.6 |
| 10 | 以色列 | 5.3 | 62 | 13.81 | 80.7 |
| 11 | 意大利 | 15.6 | 71.3 | 33 | 19.6 |
| 12 | 澳大利亚 | 13.8 | 65 | 22.8 | 13.9 |
| 13 | 西班牙 | 12.2 | 65 | 28.3 | 3.3 |
| 14 | 挪威 | 10.7 | 67 | 20.1 | 59.4 |
| 15 | 日本 | 10.2 | 65 | 18.3 | 49.4 |

资料来源：Black Tower Financial Management Group，https：//www.blacktowerfm.com/best-countries-for-pensions-in-the-world/，accessed May 14，2022.

养老金体系也是衡量养老服务保障体系的一个标准。为了直观性地评估衡量养老金体系，美世 CFA 协会从养老金体系的充分性、可持续性和完整性三个分项指数着手，对 39 个国家的养老金体系进行了评估。其中，充分性分项指数的权重为 40%，可持续性分类指数为 35%，完整性分类指数为 25%。三者侧重点不同，充分性主要反映体系所带来的好处和收益，如体系设计、储蓄、政府支持、自由住房、资产增值；可持续性侧重于从总资产、人口、公共支出、政府债务、经济增长方面衡量体系可持续发展的可能性；完整性则涵盖了许多影响系统运行的因素，如管理、保护体系、沟通、运营成本（见图 4）。根据对每个分类指数的评估和测算得分（满分 100 分），美世 CFA 协会将养老金体系划分为不同等级。在近几年的分值估算中，荷兰和丹麦的各项指数较高，等级基本都在 A 级，养老金体系最为完善。2020 年和 2021 年，以色列养老金体系整体指数均排名第三（见表 4）。①

---

① MERCER，*Mercer CFA Institute Global Pension Index 2020*，https：//www.mercer.com.au/content/dam/mercer/attachments/private/asia‐pacific/australia/campaigns/mcgpi‐2020/MCGPI‐2020‐full‐report‐1.pdf，p. 35.

## 表4 2020年及2021年部分国家养老金体系排名及各项指数

单位：分

| 国家 | 整体指数 | | 次指数 | | | | | | 等级 | | 内容 |
|---|---|---|---|---|---|---|---|---|---|---|---|
| | | | 充分性 | | 可持续性 | | 完整性 | | | | |
| | 2020年 | 2021年 | 2020年 | 2021年 | 2020年 | 2021年 | 2020年 | 2021年 | 2020年 | 2021年 | |
| 荷兰 | 82.6 | 83.5 | 81.5 | 82.3 | 79.3 | 81.6 | 88.9 | 87.9 | A | A (>80) | 一流而稳健的退休收入体系，可持续发展，并具有高度诚信 |
| 丹麦 | 81.4 | 82 | 79.8 | 81.1 | 82.6 | 83.5 | 82.4 | 81.4 | | | |
| 以色列 | 74.7 | 77.1 | 70.7 | 73.6 | 72.4 | 76.1 | 84.2 | 83.9 | B | B+ 75~80 | 体系结构良好，整体运行及持续性良好，但与A级相比有一些有待改进的地方 |
| 澳大利亚 | 74.2 | 75 | 66.8 | 67.4 | 74.6 | 75.7 | 85.5 | 86.3 | | | |
| 芬兰 | 72.9 | 73.3 | 71 | 71.4 | 60.5 | 61.5 | 93.5 | 93.1 | | B 65~75 | |
| 挪威 | 71.2 | 75.2 | 73.4 | 81.2 | 55.1 | 57.4 | 90.3 | 90.2 | | | |
| 新加坡 | 71.2 | 70.7 | 74.1 | 73.5 | 59.6 | 61.7 | 82.5 | 81.5 | | | |
| 英国 | 64.9 | 71.6 | 59.2 | 73.9 | 58 | 59.8 | 83.7 | 84.4 | | | 体系部分结构良好，面临一些需要解决的风险及需要改进的缺点，否则其持续性及运行效果会受到质疑 |
| 美国 | 60.3 | 61.4 | 58.9 | 60.9 | 62.1 | 63.6 | 59.9 | 59.2 | C | C+ | |
| 法国 | 60 | 60.5 | 78.7 | 79.1 | 40.9 | 41.8 | 57 | 56.8 | | | |
| 西班牙 | 57.7 | 58.6 | 71 | 72.9 | 27.5 | 28.1 | 78.5 | 78.3 | | C | |
| 奥地利 | 52.1 | 53 | 64.4 | 65.3 | 22.1 | 23.5 | 74.6 | 74.5 | | | |
| 日本 | 48.5 | 49.8 | 52.9 | 52.9 | 35.9 | 37.5 | 59.2 | 61.9 | | | 体系理想化，运行效果并不很好，需要不断改进，否则难以长久 |
| 墨西哥 | 44.7 | 49 | 36.5 | 47.3 | 55.8 | 54.7 | 42.2 | 43.8 | D | | |
| 土耳其 | 42.7 | 45.8 | 44.2 | 47.7 | 24.9 | 28.6 | 65.3 | 66.7 | | | |

注：本表只截取了各等级有代表性的国家。

资料来源：Mercer CFA Institute，" Global Pension Index 2021: Pension Reform in Challenging Times，" Monash University，https：//www. monash. edu/_date/ assets/pdf−file2021−global−pension−index−mercer. pdf。

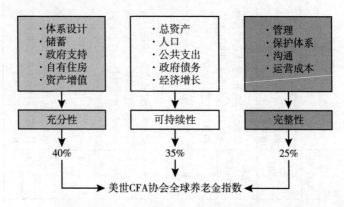

| ·体系设计<br>·储蓄<br>·政府支持<br>·自有住房<br>·资产增值 | ·总资产<br>·人口<br>·公共支出<br>·政府债务<br>·经济增长 | ·管理<br>·保护体系<br>·沟通<br>·运营成本 |
|---|---|---|
| 充分性 | 可持续性 | 完整性 |
| 40% | 35% | 25% |

美世CFA协会全球养老金指数

**图4 美世 CFA 协会全球养老金指数构成及比例**

资料来源：MERCER，*Mercer CFA Institute Global Pension Index 2020*，https：//www. mercer. com. au/content/dam/mercer/attachments/private/asia － pacific/australia/campaigns/mcgpi-2020/MCGPI-2020-full-report-1. pdf.

根据美世 CFA 协会的数据，养老金体系的三类指标分值越平均，完整性及可持续性越强，公民所能享受的退休收入及生活质量就越高，国家的养老保障也就越完善。荷兰和丹麦都具有一流而稳健的养老金体系，福利良好，可持续发展能力较强。而 C 级国家如西班牙、奥地利等国虽然充分性及完整性分值较高，但可持续性分别只有 27.5 分、22.1 分，直接影响了其退休收入体系的整体排名。以色列的退休收入来源于公共养老保险和私人养老保险收益。表4 显示，2020 年，以色列充分性及可持续性分值较为平均，完整性分值为84.2 分，高于前两项。这说明以色列退休收入体系整体情况较好，其管理、保护体系在疫情期间运行顺利。对比以色列 2020 年和 2021 年的数据，在完整性各项指数变动不大的情况下，由于充分性和可持续性指数分别从 70.7 分、72.4 分提升至 73.6 分及 76.1 分，以色列的整体指数从 2020 年的 74.7 分增加到 2021 年的 77.1 分，等级也从 B 级提升为 B+级，这与政府在疫情期间对养老保险体系进行监督管理、给予老年残障人士收入补贴、保障低收入老年人生活等政策是分不开的。从评估结果来看，无论是从体系设计、资产增值，还是从公共支出、政府债务、经济增长，乃至从体系管理等方面，以色列的养老金体系结构良好，疫情期间整体运行及可持续性较好，有助于以色列社会的恢复、稳定及发展。

# 四　对以色列养老服务保障体系的评价

从双层养老保险制度到长期照护制度，从社区养老到科技健康养老规划，无不体现着以色列人对养老问题的关注，以色列老年人的生活水平和质量普遍较高，老年人收入、平均寿命等指标，均不逊色于欧美国家，公民养老得到有力保障。

第一，体现效率与公平原则。以色列公共养老保险和私人养老保险组成的双层养老计划，充分体现了1980年《收入支持福利法》的思想，兼顾了效率和公平原则，既保证了所有老年人得到最低收入及一定生活水平的保障，有助于社会稳定，也满足了部分老年人退休后对高水平生活质量的要求，根据需求各有所选、各有所得，在一定程度上减少了社会问题的出现，有助于推动社会发展和进步。

第二，长期照护保险制度的推行在很大程度上解决了老年人因心理、生理受损而导致的生活自理能力下降的问题，减轻了家庭成员的护理负担及经济压力，提升了家庭和社会的和谐程度。除家庭护理外，以色列逐渐摸索出了一条养老模式多样化、独具特色的社区服务模式。为了维护社会秩序的稳定和保证各项新制度的有效推行，以色列在建国初期就十分强调社区建设，实行了由国家出资、政府主导、社区中心协会负责具体事务的工作模式。安顿和照护高龄老人构成了社区服务的主要内容之一，如为高龄老人提供家庭帮扶、住行帮助、心理疏导和临终关怀等。另外，以色列也通过日托中心、邻里互助计划等多层次的养老措施确保老人能够获得社区和机构的照料。

第三，私人养老保险的发展有助于降低公民养老对政府财政的依赖，拉动经济增长。在世界银行发布老龄化危机报告之后的20年，大部分国家采取了养老保险私有化政策，以色列职业养老保险及私人养老保险所占比重也不断上升。以市场为导向，养老保险私有化使得养老保险体系更为有效、灵活，投资所获取的收益更多，降低了国家在养老保障及保险管理上的支出。另外，私有化促生了养老保险的多样性，公民的选择性更多，对私人养老金的投资更是直接拉动了经济增长，有助于公民实现自我管理及投资获益。因此，政府可从养老保险体系入手，除继续加强监管外，适当提高私人养老保险占比，增加私人

养老保险持有的资产总量。

第四，以色列的创新能力、科技养老在老年人照护服务方面的作用显得尤为突出。通过利用信息技术促进医疗与养老服务资源整合，建立起整合家政、就医、出行等各种信息的养老服务信息平台，简化电脑和手机的使用难度，并通过手机应用、智能电视、机器人等工具来实现监测、感应或追踪等，以色列实现了医养结合，不仅解决了老年人的医疗需求，缓解了老年人的孤独感，而且减轻了家庭和医护人员的负担，在提升公民生活幸福感、促进家庭和谐稳定方面发挥了重要作用。

另外，以色列私人养老保险制度也存在着一些弊端，如投资者的风险及投资花费增加，以市场为导向，风险全部转嫁到了投资者身上；养老保险在收益、服务、养老覆盖范围等方面存在不平等现象；保险机构以营利为目的，对投资人的实际身体健康情况缺乏正确评估，而投资者由于缺乏专业知识及客观认知，导致保险计划并不能完全满足其需求；等等。疫情下，劳动力就业率下降、市场经济行情不稳等因素都将使政府在未来养老收入及支出方面面临财政压力。因此，相比当下的老年人，疫情对青年的未来养老会有更大影响。但整体来说，以色列养老保障政策具有一定的完整性及可持续性。可预见的是，随着疫情的缓解，以色列经济社会秩序遭受的冲击也将逐渐得以恢复。

# 以色列生态环境治理的
# 国际合作及其前景[*]

孔 妍 张济海[**]

**摘 要:** 以色列与周边阿拉伯国家和欧洲国家开展了一系列的生态环境
治理合作,其中周边阿拉伯国家是以色列生态环境治理国际合
作的重点对象。以色列非政府组织在生态环境治理国际合作中
发挥了重要作用。以色列将双边谈判与多边谈判相结合以推进
生态环境治理国际合作。此外,以色列生态环境治理的国际合
作也存在一些制约因素,如以色列与阿拉伯国家政治上缺乏互
信;以色列与阿拉伯国家的社会文化差异限制了生态环境合作
的深度;以色列政府内部的责权失衡对履行国际环境治理义务
造成压力。尽管如此,生态环境国际合作不仅是以色列解决环
境问题的必要手段,而且在一定程度上推动了中东地区的和平
与发展。从长远来看,以色列将更加注重生态环境治理的国际
合作。

**关键词:** 以色列 生态环境治理 国际合作 非政府组织

当今人类共同面临着一系列全球性环境问题,生态环境问题已成为国际社
会普遍关注的重大现实问题。全球生态环境恶化的直接后果就是经济损失。在
2021 年,联合国秘书长提醒世界:"我们正处在十字路口,面临着重大的选择。

---

\* 本报告为教育部高校国别和区域研究年度课题"埃及、沙特阿拉伯、以色列生态环境问题的
成因、治理及其对我国生态文明建设的启示"(2021-N41)的阶段性成果。
\*\* 孔妍,郑州大学历史学院副教授;张济海,郑州大学历史学院硕士研究生。

我们面前有两条不同的道路：崩溃或突破。"[1] 气候问题的全球性在当下已经充分展现，全球治理理念被国际社会广泛接受，国际社会也越来越重视在生态环境治理领域进行广泛而深入的国际合作。

就以色列而言，该国环境极其容易受全球气候变化的影响。该国境内不同地区的环境受全球气候变化的影响差异性巨大，局部面临的荒漠化与缺水的问题使其亟须同周边国家进行协作。缺水问题是以色列生态环境治理的核心，具体表现为：水资源（与邻国）共有现象普遍；水资源时空分布不均；水资源供需矛盾尖锐。[2] 这些问题引发了新的利益冲突。对于本就存在众多政治分歧的中东地区而言，新的利益冲突对区域的稳定性也造成了一定的负面影响。长期以来约旦河流域各国纷争不断主要归结于淡水资源的极度匮乏，该问题直接关系到了国家的核心利益。[3] 因此，在生态环境治理相关政策的制定方面，国际化的多边协作为从根本上解决相应的问题提供了一种模式。以色列同邻国的生态环境治理合作，使以色列能够更好地与这些国家协作，在一定程度上推动了中东地区的和平、稳定与发展。

# 一 以色列生态环境治理国际合作的典型案例分析

## （一）以色列与周边阿拉伯国家的生态环境治理合作案例

### 1. 以色列与巴勒斯坦的生态环境治理合作案例

### （1）关于污水处理的合作

以色列与巴勒斯坦在污水处理方面的合作取得了一定进展，但是哈马斯的上台对双方的合作产生了消极影响。早在20世纪80年代后期，未经处理的污水定期流向耶路撒冷，当时耶路撒冷市领导开始与伯利恒市和拜特贾拉市领导谈判，就污水处理问题展开协商。1991年，这三个城市签署了一项协议，将

① 《2022年：开启环境紧急模式》，联合国环境规划署，2022年1月6日，https://www.unep.org/zh-hans/xinwenyuziyuan/gushi/2022niankaiqihuanjingjinjimosh.
② 陈阳：《战后中东水资源合作研究》，硕士学位论文，上海师范大学，2015，第12页。
③ 王晓娜：《约旦河流域水资源国际政治问题研究》，博士学位论文，青岛大学，2013，第5页。

巴勒斯坦城市的污水排放系统连接到耶路撒冷的污水处理网络系统，由德国和意大利政府为该连接项目提供资金。[①] 该协议并不包括各项监督、执法和冲突解决机制，污水处理费用也没有在协议中说明。1991 年，中东和平进程在马德里开始，污水处理的相关问题得到了以色列政府高层的高度关注。

《奥斯陆二号临时协议》签署后，巴以水务联合委员会（Joint Water Committee）的技术小组开始定期开会，讨论供水和污水处理项目。巴以双方展开了相应的合作并取得了一定的进展，但最终由于巴勒斯坦政局的改变而未能持续下去。在双方合作之前，以色列的主要兴趣是建立新的污水处理厂和修复现有的污水处理厂，巴勒斯坦人则优先考虑如何获得更多水资源供应。合作初期，以色列批准为巴勒斯坦人提供新的供水计划，双方合作取得了进展，作为回报，巴勒斯坦人考虑在重要的污水排放点附近修建几个污水处理厂。这些污水处理厂均由外界自 1996 年至 2002 年专门为污水处理捐款 2.6 亿美元修建。在此基础上，以色列进一步承诺捐助 750 万美元，以推进约旦河西岸的几个优先级的污水处理项目。[②] 其中一个项目是将巴勒斯坦城市卡奇亚（Kalkilya）与位于尼尔以利亚胡（Nir Eliahu）的以色列污水处理厂连接起来，以减少对主要流经特拉维夫的雅孔河的污染。但到 2006 年，哈马斯在巴勒斯坦选举中获胜后，以色列暂时关闭了与巴勒斯坦所有正式的沟通渠道，包括停止水务联合委员会的运作。[③] 由于捐助方停止向巴勒斯坦提供污水处理的资金，以色列最终没有按照原计划设计合资项目来处理以色列定居点和巴勒斯坦附近村庄排放的污水，取而代之的是以色列建了一个小型污水收集系统，只为约旦河西岸的以色列定居点服务。尽管以色列同巴勒斯坦在污水处理方面有一定的合作，但是由于巴勒斯坦政局的变动，其合作成果没能实现初步预想。

---

[①] Itay Fischhendler, Shlomi Dinar and David Katz, "The Politics of Unilateral Environmentalism: Cooperation and Conflict over Water Management along the Israeli-Palestinian Border," *Global Environmental Politics*, Vol. 11, No. 1 (2011), p. 41.

[②] Itay Fischhendler, Shlomi Dinar and David Katz, "The Politics of Unilateral Environmentalism: Cooperation and Conflict over Water Management along the Israeli-Palestinian Border," *Global Environmental Politics*, Vol. 11, No. 1 (2011), pp. 43-44.

[③] Itay Fischhendler, Shlomi Dinar and David Katz, "The Politics of Unilateral Environmentalism: Cooperation and Conflict over Water Management along the Israeli-Palestinian Border," *Global Environmental Politics*, Vol. 11, No. 1 (2011), p. 47.

（2）合作机构的建立及相关工作

巴勒斯坦-以色列环境秘书处（Palestinian-Israeli Environmental Secretariat，PIES，以下简称巴以环境秘书处）于 1997 年成立，由巴勒斯坦卫生理事会（PCH）① 和以色列经济合作论坛共同建立。该组织是两国在卫生和经济领域开展合作的产物。巴以环境秘书处将环境合作项目作为促进和解与共存的一种手段，其工作的重点是向巴勒斯坦企业界传输环境治理的相关知识和技术。巴以环境秘书处由一名巴勒斯坦人和一名以色列人共同负责。巴以环境秘书处并没有在巴勒斯坦或以色列正式注册为非政府组织，其原因是巴勒斯坦在非政府组织相关领域内没有明确的法律规定，而以色列对非政府组织的认证过程非常缓慢。巴以环境秘书处具有充裕的资金和良好的社会名誉，在以色列与巴勒斯坦的环境合作中发挥了较大的作用，但是没有应对冲突的机制来规避巴以双方在政治上的不确定性。巴以环境秘书处的大部分启动资金来自荷兰驻拉马拉代表处。此外，瑞士、南非、挪威、加拿大和爱尔兰政府以及美国著名犹太慈善机构卡明斯-多罗特基金会和戈德曼基金会提供了 49 万美元捐款。② 自 1997 年成立以来，巴以环境秘书处开发了 20 多个项目，其中大部分项目是与学生团体、青年团体相关的教育项目。③ 巴以环境秘书处还将巴勒斯坦和以色列企业界聚集在一起学习并实施国际标准化组织制定的环境管理体系国际标准 ISO 14001④。值得注意的是，巴以环境秘书处的两位名誉联合主席是亚西尔·阿拉法特的兄弟法蒂·阿拉法特博士和以色列前总理的遗孀莉亚·拉宾。巴以环境秘书处享有较充足的资金支持，但是得到的支持往往受到政治立场的限制，尤其是巴勒斯坦在政局变化后，该组织很难利用其丰厚的资源开展活

---

① 巴勒斯坦卫生理事会（Palestine Council on Health，PCH）由世界卫生组织赞助，该组织制定了巴勒斯坦的国家医疗保健政策。

② Michael J. Zwirn, "Promise and Failure: Environmental NGOs and Palestinian-Israeli Cooperation," *Middle East*, Vol. 5, No. 4 (2001), p. 119.

③ Julia Chaitin and Fida Obeidi, "Environmental Work and Peace Work: The Palestinian-Israeli Case," *Peace and Conflict Studies*, Vol. 9, No. 2 (2002), p. 74.

④ 环境管理系列国际标准 ISO 14001 是指由第三方公证机构依据公开发布的环境管理体系标准，对供方（生产方）的环境管理体系实施评定，评定合格的由第三方机构颁发环境管理体系认证证书，并给予注册公布，证明供方具有按既定环境保护标准和法规要求提供产品或服务的环境保证能力。通过环境管理体系认证，可以证实生产厂使用的原材料、生产公益、加工方法以及产品的使用和用后处置是否符合环境保护标准和法规要求。

动。总体而言，巴以环境秘书处工作的不确定性依然十分显著，极易受到政治与安全问题的影响。

以色列-巴勒斯坦研究和信息中心（Isreal-Palestine Center for Research and Information，IPCRI）诞生于中东和平进程之前，成立于 1989 年。该中心主要关注生态环境问题和社会问题。1992 年，以色列和巴勒斯坦双方的研究人员提出了水与环境计划。该计划从"我们的共享环境"研讨会和讲习班开始，①逐渐加深以色列与巴勒斯坦公众对中东生态环境问题的认识。该中心还制定了固体废弃物处理及自然保护区管理等方面的培训方案。该中心最具代表性的机构是联合环境管理处（The Joint Environmental Management Service，JEMS）。联合环境管理处旨在通过培训巴勒斯坦人和以色列人，将解决环境问题的技术引入中东，最终目标是在政府各部门的决策者、非政府组织和民间团体的支持下，培养一支训练有素的环境调解队伍，避免因政治和文化冲突影响环境问题的解决。除此之外，该中心还致力于接触在环境治理中被边缘化的群体，例如，让妇女团体参与环境工作，以及为巴勒斯坦人提供专业化的环境治理培训。② 该中心尝试改变巴以的政治现状并赋予巴勒斯坦人民权力。为实现这一目标，该中心人员投入了大量的精力，希望能够和平解决冲突，平稳推进生态环境治理合作。但是该中心面临着重重困难，2000 年 9 月阿克萨起义爆发后，其工作受到了严重限制。该中心的初衷是希望以色列人和巴勒斯坦人展开具有成效的合作，然而，中东环境界的一些专业人士认为，在阿克萨起义后，以色列-巴勒斯坦研究和信息中心及其联合环境管理处在巴以冲突期间几乎是被孤立的。③

2. 以色列与其他阿拉伯国家的生态环境治理合作案例

（1）红海-死海运河项目（Red Sea-Dead Sea Canal）

面对严峻的水资源供应危机，以色列、巴勒斯坦和约旦展开了合作谈判，

---

① Michael J. Zwirn，"Promise and Failure: Environmental NGOs and Palestinian-Israeli Cooperation," *Middle East*，Vol. 5，No. 4（2001），p. 120.

② Julia Chaitin and Fida Obeidi，"Environmental Work and Peace Work: The Palestinian-Israeli Case," *Peace and Conflict Studies*，Vol. 9，No. 2（2002），p. 74.

③ Michael J. Zwirn，"Promise and Failure: Environmental NGOs and Palestinian-Israeli Cooperation," *Middle East*，Vol. 5，No. 4（2001），p. 117.

但是三个国家对生态环境问题的认知存在差异，加上巴以之间缺乏互信机制，合作进程非常缓慢，且无果而终。面对死海水位下降的危机，巴勒斯坦人要求向约旦河下游提供更多的水来供应巴勒斯坦人使用。但以色列认为解决该问题需要"来自外部的新水源"。以色列主张建造一条连接红海和死海的运河，即红海-死海运河项目。以色列和约旦政府都支持该项目。该项目需要修240公里长的管道，利用重力反渗透的方式进行海水淡化，将淡化后的海水排入约旦河以弥补水位的下降。① 但巴勒斯坦拒绝了该项目，其理由是以色列仅仅把巴勒斯坦视为该项目的受益者，而不是正式的合作伙伴。② 除此之外，如果没有被三个国家接受，该项目将无法获得世界银行的帮助。

在过去的大约40年里，该项目经过多次论证，从亚喀巴湾到死海获得的路线为174公里，项目的最终成本为110亿美元，每年的维护成本为4亿美元，路线还将穿过一个地震多发地区，需要额外的费用来保障设施安全性，以免遭地震破坏引发海水泄露。③ 该项目还会引起重大的环境问题，包括对亚喀巴湾脆弱珊瑚礁的影响，以及海水淡化过程中的盐水排入死海所产生的影响。2021年，约旦最终决定彻底放弃红海-死海运河项目。因此，该项目并没有真正实施。

（2）水源好邻居项目（GWN）

水源好邻居项目（Good Water Neighbors，GWN）由中东地球之友组织④于2001年发起。该项目主要是促进当地跨境水资源的保护和水环境的改善，

① Clive Lipchin, "A Future for the Dead Sea Basin: Water Culture among Israelis, Palestinians and Jordanians," *Water Resources in the Middle East*, Vol. 2 (2007), p. 9.

② Clive Lipchin, "A Future for the Dead Sea Basin: Water Culture among Israelis, Palestinians and Jordanians," *Water Resources in the Middle East*, Vol. 2 (2007), p. 28.

③ Hadassah Brenner, "What Is the Red Sea Dead Sea Canal that Jordan Renounced? -Explainer," *The Jerusalem Post*, June 17, 2021, https://www.jpost.com/health-science/what-is-the-red-sea-dead-sea-canal-that-jordan-renounced-explainer-671294.

④ 中东地球之友（Friends of the Earth-Middle East, FoEME）是中东地区唯一一个在区域层面上运作的地球之友分会，对以色列、巴勒斯坦、埃及和约旦的生态环境保护起到了一定的作用，但是却具有一定的局限性。1994年12月，出生于南非的以色列人吉迪恩·布朗伯格（Gideon Bromberg）创立了中东地球之友组织。中东地球之友是一个区域性的环境国际合作组织，同时它也是国际知名环境组织地球之友的分会。中东地球之友曾经开展了可再生能源"太阳能村"项目、死海盆地的区域发展计划、亚喀巴湾的可持续旅游倡议等，还涉及大型死海盆地项目以及论证地中海自由贸易区对生态环境的影响。

促进处于敌对状态下的社会群体之间的合作，从而加强相互信任与理解。该项目主要针对的区域是约旦盆地。约旦盆地水资源非常稀缺，无法满足该地区人均用水量，因此，以色列与巴勒斯坦在该地区对用水权的争夺非常激烈。

由于缺乏政治支持，以色列与巴勒斯坦很难实现水资源管理合作，但在水源好邻居项目的支持下，双方开展了与水有关的教育活动和加强环境保护意识的活动，启动了水利基础设施项目和发展跨界保护区项目。截至2013 年，在水源好邻居项目的支持下，一共有 27 个社区参与水资源管理合作，其中 9 个来自以色列，8 个来自约旦河西岸，1 个来自加沙地带，9 个来自约旦。①但是由于以色列与巴勒斯坦都在争夺用水话语权，该项目很多措施没有得到有效落实。总体而言，水源好邻居项目是民间力量协调的产物。21 世纪初，在大部分非政府组织受到政治事件的剧烈冲击，尤其是在中东地球之友遭遇巨大挫折的情况下，水源好邻居项目取得的成果是难能可贵的。

## （二）以色列与欧洲国家的生态环境合作案例

### 1. 以色列-乌克兰鸬鹚种群实验合作

以色列与乌克兰在维护生物多样性方面合作较多，也取得了一定成果。自20 世纪 80 年代中期以来，欧亚大陆的鸬鹚数量逐渐增多，越来越多的鸬鹚选择在以色列过冬。2008 年的数据显示，冬季来到以色列的鸬鹚数量大约在 1.5万~2 万只，它们通常在 10 月到来并停留至第二年 3 月。过冬的鸬鹚对局部开放的池塘产生了不利影响。② 过度繁衍的鸬鹚也给乌克兰带来了相当大的危害。2008 年，以色列学习了乌克兰的筑巢管理法，即通过破坏种群筑巢的成功率来降低鸬鹚的数量，并与乌克兰进行鸬鹚种群实验合作。自 1999 年以来，

---

① Tobias Ide and Christiane Fröhlich, "Water Conflict or Water Cooperation? A Discursive Understanding of Water Conflict and Cooperation in Israel and Palestine," *Norwich Conference on Earth System Governance*, 2014, p. 8, https://pure.mpg.de/rest/items/item_ 2127318/ component/file_ 2164192/content.

② Simon C. Nemtzov, "Israel-Ukraine Cooperation for Experimental Management of a Shared Overabundant Population of Great Cormorants (Phalacrocorax Carbo)," *Proceedings of the Vertebrate Pest Conference*, Vol. 23, No. 23 (2008), p. 108.

乌克兰就已经进行了降低鸬鹚筑巢成功率的实验。该方法使鸬鹚雏鸟数量明显减少。①

以色列虽然不是欧盟的一部分，但其先进的科学技术有效保障了以色列与欧盟在各种计划中的密切合作。欧盟在关于鸬鹚种群的实验方面拥有大量经验，以色列专家一直积极参与欧洲鸬鹚管理项目，以色列和欧盟所有成员国都是联合国环境规划署《移栖物种公约》下的《非洲-欧亚水鸟协议》的缔约方。欧洲国家具有普遍较多的生态环境治理经验，特别是在跨境跨领域的环境治理合作也有较多的实例可供以色列参考。因此，以色列在生物多样性领域同乌克兰以及相关的欧洲国家进行合作就显得尤为重要。

2. 以色列-荷兰"半干旱条件下牧草生产"联合研究项目

以色列-荷兰"半干旱条件下牧草生产"联合研究项目是以色列生态环境国际合作的成功案例，该项目为以色列生态环境保护做出了贡献。1970年，应荷兰外交部国际技术援助局的邀请，以色列与荷兰开展了联合研究项目，由希伯来大学和瓦赫宁根农业大学共同研发，对半干旱条件下的牧草生产进行实验，并设计新型的农牧系统。1975~1980年该项目已进行到第二阶段，其目的是研发一套生产系统，② 利用先进技术提高地区农业的稳定性和经济的可行性。该项目有助于改善当地居民的生活条件。

以色列-荷兰"半干旱条件下牧草生产"联合研究项目对改善以色列土壤与生产条件起到了关键作用。该项目还培养了一批实用型环境技术人员，为发展中国家的本科生以及毕业生参与在职培训提供了一个平台。但是该项目最初并未吸引到足够多的目标群体，因此，该项目转换了运行模式，即通过授予学位吸引更多的学员参加课程学习。联合研究项目的地点位于约旦河西岸和加沙地带，大多数学员是来自荷兰、瑞士和德国等国家农业学院的大学毕业生，学

---

① James F. Farquhar, "The Effects of Egg Oiling on Fish Consumption by Double-Crested Cormorants on Little Galloo Island, Lake Ontario, in 2007," *New York State Department of Environmental Conservation (NYSDEC) Special Report*, Section 4 (2007), p. 3.

② H. van Keulen and R. W. Benjamin, "Actual and Potential Production from Semi-arid Grasslands-Phase II (APPSAG II) 1977 - 1981: Final Technical Report and Annotated Bibliography," Directorate General for International Cooperation (DGIS) Ministry of Foreign Affairs, The Hague-The Netherlands and the Division for International Cooperation (MASHAV), Jerusalem-Israel, 1982, p. 3, https://library.wur.nl/WebQuery/wurpubs/fulltext/444705.

生参加项目的时间从6个月到2年不等。① 在该项目中，以色列和荷兰两国科学家之间的合作非常密切，例如荷兰研究人员与以色列研究人员对位于马里的试验项目展开了积极的双向联系，负责以色列地区项目的荷兰协调员提供了持续的进展报告，以色列同样也能得到异地试验的新成果。时至今日，几乎所有参与过该项目的研究人员都还在加沙地区和约旦河西岸的实验站从事环境保护推广服务和区域环境规划的工作。这些研究人员为以色列的生态环境保护做出了巨大的贡献。

### 3. 以色列与《巴塞罗那公约》和《地中海行动计划》

以色列积极参加《巴塞罗那公约》和《地中海行动计划》，体现了以色列深度参与全球环境治理，共谋全球生态文明建设的积极态度。以色列签署了大量国际环境公约，包括《保护地中海免受污染公约》（又名《巴塞罗那公约》）及其相关议定书。为了遵守《巴塞罗那公约》及其议定书，以色列必须向地中海行动计划协调单位报告陆上污染物排放许可证的数量和类型，从世界范围来看，以色列是每年都提交报告的少数几个国家之一。以色列还积极参与了1995年《巴塞罗那公约》缔约方通过的《减少和消除陆源污染战略行动计划》，提交了一份关于向海洋排放污水的全国调查，确定了污染"热点"地区，包括海法湾、阿卡、纳哈里亚、古什但和阿什杜德，并在这些地区展开治理行动。② 以色列签署了《地中海行动计划》后，1995年以色列与埃及和塞浦路斯又签署了一份应对大中型石油泄漏的次区域协议。③ 以色列、埃及和塞浦路斯已开始着手制定应对地中海东部严重污染事件的应急合作方案，并开展海洋污染防治联合演习。

---

① H. van Keulen and R. W. Benjamin, "Actual and Potential Production from Semi-arid Grasslands-Phase II（APPSAG II）1977 - 1981：Final Technical Report and Annotated Bibliography," Directorate General for International Cooperation（DGIS）Ministry of Foreign Affairs, The Hague-The Netherlands and the Division for International Cooperation（MASHAV）, Jerusalem-Israel, 1982, p. 5.

② Erika Weinthal and Yael Parag, "Two Steps Forward, One Step Backward：Societal Capacity and Israel's Implementation of the Barcelona Convention and the Mediterranean Action Plan," *Global Environmental Politics*, Vol. 3, No. 1（2003）, p. 56.

③ Erika Weinthal and Yael Parag, "Two Steps Forward, One Step Backward：Societal Capacity and Israel's Implementation of the Barcelona Convention and the Mediterranean Action Plan," *Global Environmental Politics*, Vol. 3, No. 1（2003）, p. 57.

总体而言，以色列参与《巴塞罗那公约》被认为是最主要的国际环境成就之一。《地中海行动计划》成员的身份促进了以色列区域环境治理合作的国际化，同时也使以色列与阿拉伯国家少量的科学技术合作开始正式化。虽然以色列不是欧盟国家，但它一直参照欧盟标准。以色列颁布了与欧盟标准相适的法律、法规和行政条例来保护《巴塞罗那公约》，并积极参与《地中海行动计划》。

## 二 以色列生态环境治理国际合作的主要特征

### （一）周边阿拉伯国家是其生态环境治理国际合作的重点对象

以色列的生态环境问题具有多样性。特殊的地理位置决定了以色列的生态环境治理必须与邻国相互合作。约旦河流经以色列、巴勒斯坦、约旦、叙利亚和黎巴嫩，对于水资源稀缺的中东地区来说，约旦河河水显得弥足珍贵。水源问题是以色列重要的国家利益之一，因此以色列同周边阿拉伯国家的水源合作是必然趋势。以色列在期望凭借先进的科学技术实现同周边阿拉伯国家生态环境治理合作的良性发展。以色列在与阿拉伯国家的生态环境治理合作中具有一定的主导性。巴勒斯坦和约旦的技术水平相对落后，以色列利用高技术水平对各项生态环境问题提供多种技术解决方案，因此以色列在未涉及政治层面的前提下都对巴勒斯坦和约旦予以技术支持。

与此同时，以色列期望通过与周边阿拉伯国家进行生态环境治理合作实现政治和解。鉴于历史因素，巴勒斯坦与以色列在政治上分歧不断，以色列期望通过生态环境治理合作缓和与巴勒斯坦的关系。在水源管理问题上，1995 年，以色列和巴勒斯坦签署了《奥斯陆二号临时协议》，其中附件三第 40 条涉及水和污水问题，[①] 其内容包括成立水务联合委员会。水务联合委员会作为直接影响以色列和巴勒斯坦供水规划和项目的机构，其职能包括监督协议的执行。水务联合委员会还设了一个执法机构，即联合监督和执法小组，由以色列和巴

---

① Itay Fischhendler, Shlomi Dinar and David Katz, "The Politics of Unilateral Environmentalism: Cooperation and Conflict over Water Management Along the Israeli-Palestinian Border," *Global Environmental Politics*, Vol. 11, No. 1 (2011), p. 41.

勒斯坦共同掌管。巴以双方都希望该协议持续几年后能够被永久性协议所取代。① 尽管巴以政治关系十分复杂，具有很大的不确定性，但是以色列试图通过生态环境治理合作来缓和与巴勒斯坦关系的努力并未改变。

## （二）非政府组织发挥了重要作用

在复杂政治因素的困扰下，中东的非政府组织在生态环境治理国际合作方面发挥了重要作用。中东地球之友是由以色列人、巴勒斯坦人、埃及人和约旦人共同组成的非政府组织，总部设在安曼，在中东其他国家设有区域办事处。由于在以色列和巴勒斯坦登记有困难，中东地球之友在美国注册为非营利机构，其大部分资金来源于西方国家的领事馆和代表处，并得到了美国犹太团体的支持，其他支持者包括欧洲和北美的生态环境非政府组织以及一系列和平团体。② 中东地球之友的目标包括：与各国政府合作，以及加强各国非政府组织的能力；评估发展项目对环境的影响；在非政府组织之间制定共同的环境议程；收集和分享信息；促进区域的可持续发展与和平。③

在以色列生态环境治理的国际合作中，非政府组织不仅可以依靠民间组织的身份，降低政府间的排斥程度，还可以为以色列人和阿拉人提供更多的交流机会，深化双方在环境治理模式上的认识。此外，在以色列与欧洲国家生态环境治理的合作中，非政府组织运用法律机制发挥了监督作用。但是，以色列非政府组织也具有一定的局限性。一般来说，非政府组织会受到政治波动的影响。以色列与阿拉伯国家之间的关系趋于紧张时，直接影响非政府组织的运作。阿克萨起义后，中东地球之友受到了消极影响，其网站被关闭，图书出版工作也被迫停止。但从长远来看，以色列非政府组织的环保宣传作用不可忽视，正是通过以色列非政府组织的环保宣传，以色列和阿拉伯国家才越来越重视生态环境问题。

① Itay Fischhendler, Shlomi Dinar and David Katz, "The Politics of Unilateral Environmentalism: Cooperation and Conflict over Water Management along the Israeli-Palestinian Border," *Global Environmental Politics*, Vol. 11, No. 1 (2011), p. 43.

② Michael J. Zwirn, "Promise and Failure: Environmental NGOs and Palestinian-Israeli Cooperation," *Middle East*, Vol. 5, No. 4 (2001), p. 121.

③ Michael J. Zwirn, "Promise and Failure: Environmental NGOs and Palestinian-Israeli Cooperation," *Middle East*, Vol. 5, No. 4 (2001), p. 121.

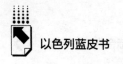

### （三）双边谈判与多边谈判相结合

为了应对复杂的生态环境问题，以色列将双边谈判与多边谈判相结合以推动生态环境治理国际合作。以色列与阿拉伯国家的生态环境治理合作大多通过双边谈判机制进行。1994年10月26日，约旦与以色列在美国戴维营举行双边谈判并签订了《约以和平条约》，两国长达46年之久的战争状态宣告结束。《约以和平条约》包括30项条款和5个附件，内容涉及边界、水源、安全、经贸合作等方面，和约附件Ⅱ中涉及约旦河水资源问题，约以双方全面规划了水资源分配的具体份额以及双方合作的方式。① 以色列在生态环境治理方面具有明显技术优势，但为了同阿拉伯国家之间进行有效沟通、尽快达成相互信任的合作关系，以色列和阿拉伯国家派出等量的代表共同参与决策，并且由以色列人和阿拉伯人共同负责监督。通过这一模式，以色列最大限度地展现了对以阿合作的诚意，减少了以阿政治上的分歧对生态环境治理的阻碍。以色列也因此赢得了国际社会的尊重，在一定程度上缓和了以阿关系。

此外，以色列与欧洲国家通过多边谈判机制进行生态环境治理合作。以色列同欧洲国家的政治关系不存在障碍，外交关系也一直较为密切，因此，以色列与欧洲国家的合作也更为深入。以色列同具有环境治理技术优势的欧洲国家进行点对点的双边合作，以此来提高生态环境治理的专业化水平。以色列通过参与区域性环境合作框架，积极与环地中海国家展开广泛的环境治理合作。以色列利用多边生态环境治理机制，同多国签署了生态环境治理协议，这使以色列能够在更大范围内获得更多的生态环境治理经验。为了能够更为稳定和顺利地同欧洲国家进行合作，以色列采用了同欧盟一致的环境标准来规范自身的环境治理。以色列以欧洲为样板，针对自身面临的生态环境问题，积极与欧洲国家进行技术交流。以色列还积极参与欧洲的各项环境治理协定，这使以色列生态环境治理国际合作的内容更为充实，生态环境治理能力和治理水平实现新跨越。

---

① 陈阳：《战后中东水资源合作研究》，硕士学位论文，上海师范大学，2015，第36页。

# 三　以色列生态环境治理国际合作的制约因素

## （一）以阿之间缺乏政治互信

水资源问题是以色列面临的众多生态环境问题中最为突出的问题。以色列同周边阿拉伯国家对水资源的分配还存在若干分歧。在巴勒斯坦人看来，缺水完全是政治原因，以色列对大部分区域水资源的控制被认为是对巴勒斯坦社会的绝对威胁。巴勒斯坦对水源分配的理解是基于政治上的不对等，不仅得不到以色列的认同，而且使以色列在与巴勒斯坦合作过程中产生了顾忌，这导致双方对现状的评估无法达成较为稳定的共识并展开进一步的合作。

以色列与阿拉伯国家之间的生态环境治理合作面临的主要问题是彼此之间的不对称关系。一方面，这种不对称是基于在环境治理方面的不同经验水平和对自然资源的控制权力。[1] 以色作为一个发达国家有较高的技术水平和充裕的财政支持，对约旦河水源的控制权也最为稳固，在合作中往往会占据主导地位。另一方面，以色列政府和军方实施的安全措施，使得巴勒斯坦人的行动自由受到限制，联合工作难以避开相应的政治干扰。例如，当以色列与巴勒斯坦联合务水委员会开会时，参会者会被各种分歧所困扰，使他们彼此不再信任，双方不能够就何时以及如何实施《奥斯陆二号临时协议》中的条款达成一致。[2]真正的问题在于，自从协议及其各项附件签署后，哈马斯已经掌权，就连加沙与约旦河西岸巴勒斯坦民族权力机构的关系也充满了猜疑和紧张。与此同时，以色列与加沙也存在不信任因素。这些不信任因素为巴以双方的水源分配机制埋下了隐患。因此，基于政治意识形态的差异引发的不信任，导致了以色列在政府层面同巴勒斯坦等阿拉伯国家开展双边合作一

---

[1] Julia Chaitin and Fida Obeidi, "Palestinian and Israeli Cooperation in Environmental Work During the 'Peace Era'," *International Journal of Politics, Culture, and Society*, Vol. 17, No. 3 (2004), p. 527.

[2] Lawrence E. Susskind, "The Political and Cultural Dimensions of Water Diplomacy in the Middle East," in Jean Axelrad Cahan, ed., *Water Security in the Middle East: Essays in Scientific and Social Cooperation*, New York: Anthem Press, 2017, p. 197.

直困难重重。

综合来看，以色列在生态环境治理方面拥有其他邻国不可比拟的技术优势，在对生态环境问题的解决方案上更强调利用科学技术手段。例如以色列更关注运用技术手段来拓宽水源供应的渠道，巴勒斯坦和约旦则受制于技术水平，更倾向于讨论重新调整水资源分配来解决问题。对约旦和以色列来说，双方的分歧在农业用水的优先次序方面体现得尤为明显，在短期和长期效益，以及如何确保废水再利用（如农业废水使用）等方面，双方存在一些根本分歧。① 在政治局面复杂的情况下，以色列会采取单边主义的行动来保证相关政策的执行，而单边主义行动往往会加剧冲突的复杂性。

## （二）以阿之间存在文化差异

为了加强以色列与阿拉伯国家在生态环境治理领域的合作，以色列与阿拉伯国家专门推出了生态环境夏令营等联合项目。尽管在联合项目中双方都付出了艰苦的努力，但是却没有真正成功地建立"共同价值社区"，双方难以超越文化的范式来追求生态环境治理的目标。以色列试图通过生态环境治理联合项目传播"和平文化"，而"和平文化"的形成必然是一个长期的过程。以色列政府及其非政府组织都支持与阿拉伯国家的生态环境治理联合项目，其目的是促进以色列同周边阿拉伯国家化解政治分歧。但是，以色列与阿拉伯国家生态环境治理联合项目的效果却不尽如人意。

从合作成效来看，以色列与阿拉伯国家的文化差异限制了双方的互动。例如以色列与巴勒斯坦青年举办了生态环境夏令营，十几岁的男孩和女孩需要互动，对一些相对保守的巴勒斯坦人来说，男孩和女孩互动应当是被禁止的。因此，双方文化的差异在一定程度上也限制了联合项目的发展。此外，以色列和巴勒斯坦对生态环境合作持有不同的看法。一部分巴勒斯坦非政府组织表示，以色列试图通过某些手段影响国际舆论，有时令人不安。② 因此，巴勒斯坦人认为他们需要时间来改变对以色列的看法。巴勒斯坦人通常对谈论巴以冲突更

---

① Martin Paul O'Connor, "Water Resource Distribution and Security in the Jordan-Israel-Palestinian Peace Process," *Environmental Change, Adaptation, and Security*, Vol. 7 (1999), pp. 5-6.

② Julia Chaitin and Fida Obeidi, "Environmental Work and Peace Work: The Palestinian-Israeli Case," *Peace and Conflict Studies*, Vol. 9, No. 2 (2002), p. 81.

感兴趣，强调以色列对他们人权和公民权的侵犯，而对生态环境问题却不是那么感兴趣。虽然大多数参与联合项目的环保主义者理解巴勒斯坦人的这种需要，但实际上这种行为会限制环境治理的实际工作进度，而且有时会让巴勒斯坦在合作中处于守势。① 除此之外，巴勒斯坦非政府组织强调生态环境治理合作的重要性并不在于推进和平，而在于防止生态环境进一步恶化。然而，以色列非政府组织更倾向于将生态环境治理与传播"和平文化"联系在一起，将生态环境治理的国际合作视为有助于巩固中东和平进程的过程。

### （三）以色列政府内部责权失衡

以色列政府针对生态环境治理的部门较多，但是相互掣肘的现象长期存在。其中缘由包括环境监督机构与执行机构的职责不明确以及以色列环境部门受到较多外部利益的影响。实际上，尽管以色列政府表现出积极参与生态环境治理国际合作的态度，但是如实兑现相关承诺，对以色列政府而言并非易事，这往往受多种因素的制约。

以色列同欧洲国家及其环地中海国家签署了多项环境治理合作协议后，虽然将《巴塞罗那公约》和《地中海行动计划》转为国内立法，但是却没有直接提高生态环境治理的有效性。以色列在程序上遵守了《巴塞罗那公约》和《地中海行动计划》，向前迈进了两步，但是在改善环境的有效性方面却又退了一步。② 以色列非政府组织在监督相关协定的落实情况方面起到了积极作用。以色列与环境保护相关的非政府组织十分关注以色列能否就自己所承诺的地中海环境治理落实有效的政策。

## 四 以色列生态环境治理国际合作的展望

进入 21 世纪后，生态环境问题越来越成为全球关注的核心议题。当今

---

① Julia Chaitin and Fida Obeidi, "Environmental Work and Peace Work: The Palestinian-Israeli Case," *Peace and Conflict Studies*, Vol. 9, No. 2（2002），p. 82.

② Erika Weinthal and Yael Parag, "Two Steps Forward, One Step Backward: Societal Capacity and Israel's Implementation of the Barcelona Convention and the Mediterranean Action Plan," *Global Environmental Politics*, Vol. 3, No. 1（2003），p. 68.

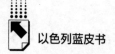

世界大部分国家已经意识到可持续发展的重要性,因此,与生态环境治理相关的事项也逐步成为不同国家施政的重点。在此背景下,生态环境治理国际合作成为必然。环境问题为中东地区带来挑战的同时也为其提供了机遇:如果处理得当,可能有助于地区和平与可持续发展;如果处理不当,可能削弱已经很脆弱的和平。① 对以色列而言,如何借助地缘环境的改善与国际环境的优化,不断提升生态环境治理方面国际合作的质量与水平,是一个需要重点思考的议题。

首先,以色列应充分发挥非政府组织在生态环境治理国际合作中的积极作用。通过以色列生态环境治理国际合作的典型案例可以看出,气候变化、水资源短缺和土地荒漠化等生态环境问题往往并不止于国界,而非政府组织可以被视为跨越国界的桥梁,在以色列生态环境治理国际合作中起着至关重要的作用。就中东这一政治局势尤为复杂的地区而言,非政府组织促进了以色列同周边阿拉伯国家展开积极的对话和相互的谅解,有效消弭了政治冲突对环境治理的合作带来的阻碍作用。在以色列同阿拉伯国家产生严重冲突的阶段,非政府组织通常会向冲突双方的领导人施压,要求他们结束暴力、通过对话解决政治层面缺乏联系的问题。在和平阶段,非政府组织也一直试图提高其推动地区和平的能力,并加强与冲突双方的对话。② 除了广泛参与环境治理工作并推动相应的国际合作进程之外,以色列与环境保护相关的非政府组织还对地中海沿岸环境进行了独立研究,将研究结果公布于众,提高了公众的环保意识。在其影响下,以色列公众举行示威游行,对环境污染责任人提起诉讼,参与有关环境议题的讨论,积极参与环境监督。以色列非政府组织参与生态环境治理,对以色列承担国际环境治理义务产生了积极影响。

其次,互信和适应是以色列与阿拉伯国家进行生态环境合作的关键。从以色列同阿拉伯国家间的各项合作来看,解决水资源短缺、水质问题以及如何同周边国家共享现有供水的关键是信任和适应,而在未来,以色列会更加

---

① Sofia Kosel and Yael Teff Seker, "Narratives of Cooperative Ecological Science: The Case of Israel and Jordan," *Peace and Conflict: Journal of Peace Psychology*, Vol. 26, No. 3 (2019), p. 3.

② Julia Chaitin and Fida Obeidi, "Palestinian and Israeli Cooperation in Environmental Work During the 'Peace Era'," *International Journal of Politics, Culture, and Society*, Vol. 17, No. 3 (2004), p. 525.

重视与周边阿拉伯国家在生态环境治理领域的合作。研究水源外交的学者一直在争论和平必须先于稳定，还是必须先建立稳定，然后才能通过谈判带来和平。对于以色列这样极易受到政治环境因素影响的国家而言，政治因素对以色列生态环境治理国际合作产生了至关重要的影响。鉴于当前国际局势的不确定性，以及全球气候变化带来的不利影响，以色列除了需要与阿拉伯国家之间加强信任之外，还需要提高适应性，需要制定可供临时调整的弹性机制方案，提高及时解决问题的能力。以色列签署了《巴塞罗那公约》，其在环境治理合作方面成果显著：以色列同阿拉伯国家正式纳入这一国际框架，促使以色列同周边阿拉伯国家展开正式的对话，有助于推动以色列与阿拉伯国家之间建立信任。以色列同约旦已经初步建立起了环境治理方面的信任，约旦将水储存在以色列的湖泊中，而以色列则租用约旦的土地和水井。[1] 在未来随着全球环境问题的关注度不断提高，国际环境治理协议的不断完善，以色列将有更多的机会参与其中，在更大范围的合作框架下有效减少双边合作过程中的政治敏感性，且可以借助第三方力量，为冲突与争端导致的合作中断提供新的协调机制，为日后更深入的生态环境治理国际合作提供可靠的持续性保障。

最后，从以色列生态环境治理国际合作的典型案例中可以寻找到多种范式，可以为推进双边或多边合作提供有价值的参考样本。一方面，以色列同周边阿拉伯国家在政府或非政府层面积极进行良性对话，在未来也会对中东地区局势的稳定产生积极影响。水资源问题不仅是一个生态环境问题，而且是一个重要的政治问题和安全问题。多年来以色列与阿拉伯国家在水资源问题上积极争取良性对话，这为巴以关系及以色列与其他阿拉伯国家的关系带来了和平的曙光。另一方面，以色列-乌克兰鸬鹚种群实验合作和以色列-荷兰"半干旱条件下牧草生产"联合研究项目以及以色列签署《巴塞罗那公约》和《地中海行动计划》等合作案例说明以色列与欧洲国家不断深化生态环境治理合作。以色列一直确保自身政策与欧盟标准的一致性，在未来它将更加注重与欧洲国家在生态环境治理领域的合作，在次区域层面和多边层面充分展现以色列的独特性。

---

[1] Aaron T. Wolf, "Conflict and Cooperation Along International Waterways," *Environmental Change, Adaptation, and Security*, Vol. 1, No. 2 (1998), p. 7.

# B.8
# 以色列的生育政策及其对
# 人口结构的影响

李永强*

**摘　要：** 在过去的半个世纪里，世界上大多数国家的生育率都在下降，而
以色列却保持了较高的生育率，这成为其人口增长的重要原因。
在以色列鼓励生育的政策背景下，阿拉伯群体生育率却急剧下
降，犹太群体的生育率略有上升，哈雷迪群体长期保持着极高的
生育率。生育政策在不同群体中产生的不同效果，造就了当前以
色列人口结构的异质性，影响了不同族群、不同宗教派别之间的
人口动态平衡。这种人口发展趋势将给以色列社会带来严峻的
挑战。

**关键词：** 以色列　生育政策　人口结构　异质性

## 一　以色列生育政策的演变

以色列的生育政策旨在提高国内犹太人的生育率，使犹太人口能够持续地
在以色列占大多数，维持犹太人的主导地位。这一政策根植于宗教，服务于国家
意识形态和政治利益。《圣经》中的训诫"生养众多"① 成为对犹太人的基本道
德要求，它反映了犹太传统观念中家庭和生育的重要性。犹太复国主义运动兴起
后，增加巴勒斯坦地区的犹太人口成为其重要的指导思想。② 根据这一思想，以

---

*　李永强，河南大学历史文化学院博士研究生。
① 《创世记》1：28。
② Carmel Shalev, "Halakha and Patriarchal Motherhood—An Anatomy of the New Israeli Surrogacy
Law," *Israel Law Review*, Vol. 32, No. 1 (1998), p. 66.

色列政府明确鼓励国民生育，制定了一系列关于家庭与生育的政策（见表1），多生多育的家庭被视为对国家建设做出了重要贡献。

早在1945年，英国委任统治当局就曾颁布《赋予女性权力法令》，要求巴勒斯坦的企业给予在职妇女8周的产假。[1] 这项法令成为最早鼓励巴勒斯坦地区妇女生育的官方政策。以色列建国后，增加犹太人口成为一个优先事项，而相对于鼓励生育，鼓励流散地犹太人的回归是增加犹太人口更为直接和有效的方式。因此在移民政策的推动下，1948~1951年以色列的犹太人口翻了一番。在鼓励生育方面，以色列在1948年设置了一项名为"英雄母亲"（Heroine Mother）的奖项，为生育第十个孩子的母亲提供金钱奖励。[2] 1953年，以色列出台了《国家保险协会法》，其中涉及一项关于产妇的福利，即保险协会需要为休产假的女性提供产假津贴，以补偿其因怀孕或分娩而缺勤期间的工资损失，其配偶也可以享受到部分的陪产假和津贴。[3] 给予在职妇女产假、提供奖励和津贴等成为以色列鼓励国民生育的主要手段。

1954年，随着以色列经济的发展，妇女开始积极进入劳动力市场。针对女性的《妇女劳工法》的出台，标志着以色列开始正式从国家层面激励国民生育。《妇女劳工法》中提到几项措施：企业应给予在职女性12周的产假，禁止女性在产假期间工作，且工资应为正常工资的75%；禁止解雇产假期间的员工；允许员工因生育相关的事情（怀孕、流产、喂养、领养）缺勤；禁止女性从事有潜在危害的工作；设计了一个"母亲特权"（Mother Position），让孕妇们能够在工作时间减少的情况下享受全部福利。[4] 这项措施的制定为以色列之后的生育政策定下了基调，即开始通过物质奖励来鼓励生育。

1959年，以色列不同族群之间，尤其是东方犹太人和阿什肯纳兹犹太人之间经济差距开始拉大。东方犹太人往往收入更少，却需要支撑庞大的家庭，

[1] Daphna Birenbaum-Carmeli, "Reproductive Policy in Context: Implications on Women's Rights in Israel, 1945-2000," *Policy Studies*, Vol. 3 (2010), p. 103.

[2] Daphna Birenbaum-Carmeli, "Reproductive Policy in Context: Implications on Women's Rights in Israel, 1945-2000," *Policy Studies*, Vol. 3 (2010), p. 105.

[3] Daphna Birenbaum-Carmeli, "Reproductive Policy in Context: Implications on Women's Rights in Israel, 1945-2000," *Policy Studies*, Vol. 3 (2010), p. 105.

[4] *Employment of Women Law, 5714 - 1954*, International Labour Organization, 1954, https://www.ilo.org/dyn/natlex/natlex4.detail? p_ lang=&p_ isn=3196&p_ classification=13.02.

而阿什肯纳兹犹太人往往经济水平高，家庭规模较小。到 20 世纪 50 年代末，大家庭（有 4 个及以上孩子）占犹太家庭的1/3以上，其中大部分在东方犹太人社区。① 族群之间的经济分层现象开始受到政治家关注，此时儿童津贴被认为是缩小贫富差距的有效手段。因此，1959 年以色列批准了第一个儿童津贴计划，该计划为生育 4 个及以上孩子的家庭提供福利，且不需要经过相关部门的认定。②

1962 年成立的生育问题委员会（Committee for Natality Problems），目的是提高犹太人的生育率，主席由本-古里安任命的巴奇（Bachi）担任，为以色列的生育政策奠定了体制基础。该委员会在一份报告中指出："如果所有家庭只生 2 个孩子，人口衰退的危险将随之而来。生育 3 个孩子的家庭对国家的贡献并不明显，只有生育 4 个及以上孩子的家庭对国家的人口复兴做出了真正的贡献。"③ 1968 年，以色列劳工和社会福利部成立了人口统计中心，其任务是"系统地实施旨在创造有利心理环境的生育政策，以便鼓励和刺激生育"④。以色列犹太人口的增长对整个犹太人的未来至关重要。但如同其他鼓励生育的举措一样，成立人口统计中心也没有达到预期的效果。

到了 20 世纪 70 年代，随着社会动荡和种族经济差距加剧，再加上 1973 年的战争创伤，大家庭开始成为贫困的标志。在这种情况下，以色列政府于 1975 年设定了全民育儿津贴，扩大了儿童津贴的范围，并增加了津贴金额。

1978 年，首家计划生育诊所的开设表达了以色列对生育政策的新态度。尽管这个门诊只对产后妇女开放，且没有任何宣传，但它仍然成了以色列生育政策的关键转折点，也表明以色列开始警惕少数族群过度生育的趋势。⑤

哈雷迪群体是以色列大家庭的代表。为谋求群体利益，宗教政党推动以色

---

① Haim Barkai, *The Evolution of Israel's Social Security System*, Farnham: Ashgate Publishing, 1998, pp. 66-67.

② Daphna Birenbaum-Carmeli, "Reproductive Policy in Context: Implications on Women's Rights in Israel, 1945-2000," *Policy Studies*, Vol. 3 (2010), p. 104.

③ Philippe Fargues, "Protracted National Conflict and Fertility Change: Palestinians and Israelis in the Twentieth Century," *Population and Development Review*, Vol. 26, No. 3 (2000), p. 456.

④ Daphna Birenbaum-Carmeli, "Reproductive Policy in Context: Implications on Women's Rights in Israel, 1945-2000," *Policy Studies*, Vol. 3 (2010), p. 107.

⑤ Daphna Birenbaum-Carmeli, "Reproductive Policy in Context: Implications on Women's Rights in Israel, 1945-2000," *Policy Studies*, Vol. 3 (2010), p. 107.

列政府于 1980 年通过了《大家庭法》，减少了小家庭的儿童津贴，再一次提高了对大家庭的补助。[①] 但个别群体的利益不能代表整个国家的利益，此时的以色列已经注意到过度生育带来的社会问题。

21 世纪之后，虽然以色列多次提高或者削减产妇津贴和儿童津贴等，但关于生育政策的总体框架没有再进行大规模的调整。截至 2022 年 1 月 1 日，支付给家庭的生育补助金取决于家庭中孩子的数量：生育第一个孩子，补助金为 1826 新谢克尔；生育第二个孩子，补助金为 822 新谢克尔；之后每增加一个孩子，都将增加 548 新谢克尔。如果生了双胞胎，将获得 9129 新谢克尔的补助金；生育三胞胎的家庭将获得 13694 新谢克尔的补助金。[②]

表 1 1945~2007 年以色列关于家庭与生育的政策

| 年份 | 政策 | 内容 |
| --- | --- | --- |
| 1945 | 颁布《赋予女性权力法令》 | 要求企业给予在职妇女 8 周的产假 |
| 1948 | 设置"英雄母亲"奖 | 为生育第十个孩子的母亲提供金钱奖励 |
| 1953 | 出台《国家保险协会法》 | 为休产假的女性提供产假津贴，以补偿其因怀孕或分娩而缺勤期间的工资损失，其配偶也可以享受到部分的陪产假和津贴 |
| 1954 | 出台《妇女劳工法》 | 企业应给予在职女性 12 周的产假，禁止女性在产假期间工作，工资应为正常工资的 75%；禁止解雇产假期间的员工；允许员工因生育相关的事情（怀孕、流产、喂养、领养）缺勤；禁止女性从事有潜在危害的工作；设计了一个"母亲特权"，让孕妇们能够在工作时间减少的情况下享受全部福利 |
| 1959 | 批准第一个儿童津贴计划 | 为生育 4 个及以上孩子的家庭提供福利，且不需要经过相关部门的认定 |
| 1962 | 成立生育问题委员会 | 提高犹太人的生育率 |
| 1968 | 成立人口统计中心 | 系统地实施旨在创造有利心理环境的生育政策，以便鼓励和刺激生育 |

---

① Daphna Birenbaum-Carmeli, "Reproductive Policy in Context: Implications on Women's Rights in Israel, 1945-2000," *Policy Studies*, Vol. 3 (2010), p. 107.

② "Birth Grant," National Insurance Institute of Israel, January 1, 2022, https://www.btl.gov.il/English%20Homepage/Benefits/Pages/BirthGrant.aspx#:~:text=Grant%20rates%20(as%20of%20Jan, grant%20amounts%20to%20NIS%20548%20.

续表

| 年份 | 政策 | 内容 |
|---|---|---|
| 1975 | 设定全民育儿津贴 | 扩大儿童津贴的范围,增加津贴金额 |
| 1978 | 开设首家计划生育诊所 | 只对产后妇女开放 |
| 1980 | 《大家庭法》 | 在第三个孩子之后,每增加一个孩子,补贴就会递增;对第二个和第三个孩子的津贴征税(儿童津贴较1975年减少35%) |
| 2003 | 调整生育福利及儿童津贴 | 第二次生育补助金规定为平均工资的6%;第7个孩子的儿童津贴减约50% |
| 2004 | 调整生育福利及儿童津贴 | 第二次生育补助金提高到平均工资的9%,如果是双胞胎或多胞胎,补助金会更高,双胞胎相当于平均工资,每增加一个孩子,补助金会增加平均工资的50% |
| 2005 | 出台《经济计划法》 | 早产住院补助金增加了约50% |
| 2007 | 修订《经济计划法》 | 住院补助金增加了12.1%;将生育津贴的发放期限从12周延长至14周;儿童津贴总额下降约50% |

资料来源: Daphna Birenbaum-Carmeli, "Reproductive Policy in Context: Implications on Women's Rights in Israel, 1945-2000," *Policy Studies*, Vol. 3 (2010), pp. 105-108; "The Effect of Child Allowances on Fertility," National Insurance Institute of Israel, December, 2009, https://www.btl.gov.il/English%20Homepage/Publications/Documents/mechkar_101E.pdf; "Annual Survey 2007," National Insurance Institute of Israel, August, 2008, http://www.btl.gov.il/English%20Homepage/Publications/AnnualSurvey/2007/Pages/default.aspx。

尽管以色列持续采用鼓励生育的政策,但从建国一直到20世纪80年代,总和生育率大体上处于下降的状态。如图1所示,以色列建国初期总和生育率为4,在1989年降到了3,然后总和生育率大致维持在这一水平上,直到21世纪生育率才出现回升。而以色列国内的穆斯林群体、基督徒和德鲁兹人以及其他无确切信仰群体的生育率则大体上处于下降的状态,其中穆斯林群体的生育率从最高时期的9.9下降到了2020的2.8。① 值得一提的是,这种大幅度下降的情况并不是以色列社会独有的,而是与其他阿拉伯社会保持一致的,高效避

---

① "Total Fertility Rates, by Mother's Religion, 1949-2019," Israel Central Bureau of Statistics, July 15, 2021, https://www.cbs.gov.il/en/mediarelease/Pages/2021/The-Muslim-Population-in-Israel.aspx.

孕方法的出现和家庭观念的变化，都是迅速拉低穆斯林群体生育率的原因。以色列基督徒、德鲁兹人和无确切信仰群体的生育率也均在以色列平均值之下，分别为 1.9、1.9 和 1.3。

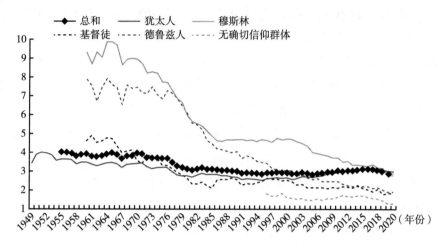

**图 1　1949～2020 年以色列不同信仰群体的生育率**

资料来源："Total Fertility Rates, by Mother's Religion, 1949-2019," Israel Central Bureau of Statistics, July 15, 2021, https: //www. cbs. gov. il/en/mediarelease/Pages/2021/The - Muslim-Population-in-Israel. aspx; "Births and Fertility in Israel, 2020," February 21, 2022, https: //www. cbs. gov. il/en/mediarelease/Pages/2022/Births - and - Fertility - in - Israel - 2020. aspx。

总的来看，自以色列建国起，其生育政策进行了多次调整，目的是影响国民的生育意愿和生育计划，提高国民生育率，尤其是犹太人的生育率，从而达到调节国内人口结构的目的。

## 二　生育政策对以色列人口的影响

以色列的人口结构和增长模式是较为罕见的。从建国至今，其人口增长率远高于大多数发达国家。其原因除了受大规模移民的影响之外，更是离不开以色列生育政策的推动。

首先，以色列的生育政策推动了高生育率，促使其人口数量稳步增长。得益于政府提供的高额的产妇福利和儿童津贴等，以色列的生育率持续保持较高的水平，因此人口数量呈现稳步增长的势头。抛开建国初期和 20 世纪 90 年代移民浪潮的影响，以色列人口的自然增长率长期处于 2% 左右，与同期大多发达国家自然增长率的急剧下降相比，以色列的人口增长速度较为稳定。在 1949 年以色列的人口超过 100 万之后，在 1958 年、1971 年、1982 年和 1992 年分别达到了 200 万、300 万、400 万和 500 万。人口数量达到一定基数之后，以色列分别在 1999 年、2006 年、2013 年和 2019 年达到 600 万、700 万、800 万和 900 万。按照这种趋势，如果排除其他因素的影响，以色列预计能够在 2025 年突破 1000 万人口。

直到今天，较高的生育率仍是以色列人口增长的主要驱动力。从以色列中央统计局的报告来看，2021 年，以色列的犹太人有 698 万人（占总人口的 73.9%），其中 87% 的新增人口是通过生育自然增长的，仅有 13% 的是通过移民增加的；在 199 万的阿拉伯人中，通过生育自然增长的人口达新增人口的 95%[1]。

其次，以色列的生育政策使得不同群体之间的人口数量呈现差异性的特征。一些学者将其定义为以色列人口结构的异质性（heterogeneity）。[2] 它主要表现在以色列犹太人口与其他族群人口在生育率和数量上的差异，以及以色列犹太人内部不同派别的生育率和数量的差异。

以生活在以色列的阿拉伯人为例，1956 年穆斯林的生育率为 7.6，德鲁兹人的生育率为 6.9，远高于当时以色列的总和生育率 4，而同年的犹太人生育率仅有 3.7。到了 1965 年，穆斯林的生育率高达 9.9，德鲁兹人的生育率也提升到了 7.6，而同年以色列的总和生育率却没有随之大幅度增长，仍保持 4 的水平。[3] 在 20 世纪 60 年代之后以色列多项鼓励生育的政策实施后，以色列阿

---

[1]  "Population of Israel on the Eve of 2022," Israel Central Bureau of Statistics, December 30, 2021, https：//www.cbs.gov.il/en/mediarelease/pages/2021/population-of-israel-on-the-eve-of-2022.aspx.

[2]  Dov Friedlander, "Fertility in Israel：Is the Transition to Replacement Level in Sight?" United Nations, https：//www.un.org/development/desa/pd/sites/www.un.org.development.desa.pd/files/unpd_egm_200203_countrypapers_fertility_in_israel_friedlander.pdf.

[3]  "Total Fertility Rates, by Mother's Religion, 1949-2019," Israel Central Bureau of Statistics, July 15, 2021, https：//www.cbs.gov.il/en/mediarelease/Pages/2021/The-Muslim-Population-in-Israel.aspx.

拉伯人口的生育率却没有保持增长的势头，反而开始连年下降，一直到 2020 年，穆斯林的生育率仅有 2.8，甚至低于犹太人的生育率 3。[1] 从人口数量来看，截至 2022 年 4 月，穆斯林人口约为 201 万，占以色列总人口的 21.1%，而犹太人占总人口的 73.8%。[2]

在以色列国鼓励生育的政策背景下，阿拉伯人的生育率却出现大幅度下降的现象，这是不寻常的。但通过回顾以色列生育政策的演变，你会发现政策中早已暗藏玄机，因为其中很多福利制度是针对犹太人制定的，目的是提高犹太人的生育率，而非阿拉伯人的生育率。以政府发放的儿童津贴为例，津贴的额度会随着生育儿童数量递增，看似这项措施对高生育率的阿拉伯人更有益，但以色列通过对津贴征税及向犹太人免税或者降低税率的方式，相对地提高了犹太人所获得的儿童津贴，削减了阿拉伯人能够获得的儿童津贴。1948 年开始颁发的"英雄母亲"奖也侧面体现了生育福利对犹太人的倾斜。该奖项发放后，国家发现奖金的获得者更多的是阿拉伯妇女[3]，于是该项目进行了 10 年便停止了，因为它违背了国家鼓励犹太人生育的本意。1986 年，以色列政府在一场讨论犹太人内部人口趋势的会议中明确表示，人口增长措施应针对犹太人群体，"鉴于以色列人口的异质性，总体的生育政策必须有所不同。我们的意思是，旨在降低某些群体（如穆斯林）生育率的措施不适用于其他群体（如阿什肯纳兹犹太人）……如果用在犹太人身上，那将是荒谬的"[4]。以色列生育政策对犹太人的偏向性导致阿拉伯人难以享受到同等的产妇福利和儿童津贴等，因此阿拉伯人的生育率出现不增反降的现象。

① "Total Fertility Rates, by Mother's Religion, 1949-2019," Israel Central Bureau of Statistics, July 15, 2021, https：//www. cbs. gov. il/en/mediarelease/Pages/2021/The－Muslim－Population－in－Israel. aspx; "Births and Fertility in Israel, 2020," Israel Central Bureau of Statistics, February 21, 2022, https：//www. cbs. gov. il/en/mediarelease/Pages/2022/Births－and－Fertility－in－Israel－2020. aspx.

② "Population of Israel on the Eve of 2022," Israel Central Bureau of Statistics, December 30, 2021, https：//www. cbs. gov. il/en/mediarelease/pages/2021/population－of－israel－on－the－eve－of－2022. aspx.

③ Philippe Fargues, "Protracted National Conflict and Fertility Change：Palestinians and Israelis in the Twentieth Century," *Population and Development Review*, Vol. 26, No. 3 (2000), p. 457.

④ Philippe Fargues, "Protracted National Conflict and Fertility Change：Palestinians and Israelis in the Twentieth Century," *Population and Development Review*, Vol. 26, No. 3 (2000), p. 456.

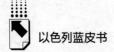

　　哈雷迪群体是以色列犹太社会中的一个独特部分。相较于其他派别的犹太人，高生育率、大家庭是他们受生育政策影响所呈现的典型特征。如图2所示，哈雷迪群体的生育率自建国起就稳定在6以上。除此之外，哈雷迪群体的年轻化是其又一特征。截至2021年，哈雷迪人口数约为122.6万人，占以色列总人口的12.9%，其中20岁以下的成员占60%，而在其他犹太人中，这一比例仅为31%。[1] 这种超高的生育率和年轻化的趋势主要得益于以色列生育政策中对大家庭的鼓励。1980年的《大家庭法》规定："在第三个孩子之后，每增加一个孩子，补贴就会递增。"实际上，这项政策更像是为哈雷迪群体量身定制的，因为能够享受到3个及以上孩子补贴的几乎都是哈雷迪人士。在这种带有倾向性的生育政策背景下，哈雷迪群体的生育率远高于其他群体，而这些新增人口也进一步改变了以色列的人口结构。

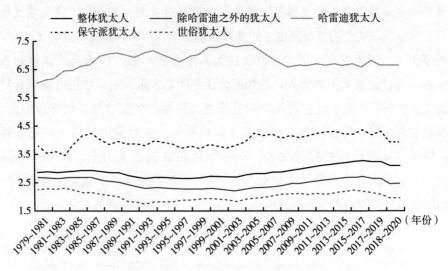

**图2　1979～2020年按信仰程度划分犹太人生育率**

资料来源："Fertility of Jewish and Other Women in Israel, by Level of Religiosity 1979–2020," Israel Central Bureau of Statistics, February 20, 2022, https：//www.cbs.gov.il/en/publications/Pages/2022/Fertility-of-Jewish-and-Other-Women-in-Israel-by-Level-of-Religiosity-1979-2020.aspx。

---

[1] "Statistical Report on Ultra-Orthodox Society in Israel," Israel Democracy Institute, December 28, 2021, https：//en.idi.org.il/haredi/2021/? chapter=38439.

最后，以色列的生育政策使以色列国内的不同群体在年龄结构上出现了显著差异。人口的出生、结婚和死亡通常与以色列人口的年龄结构息息相关。除了上文提到的哈雷迪群体之外，阿拉伯人的年龄结构也呈现低龄化的特点。[①] 年龄构成上的差异不仅仅代表了过去不同时期人口增长的结果，更重要的是，它还决定了未来几代人中可能长期存在的差异。从年龄结构的现状来看，即使犹太人和非犹太人的生育率趋同，哈雷迪群体和阿拉伯人较为年轻化的年龄结构也会引致其未来数年的增长率远高于其他群体的人口增长率。[②]

总的来看，受生育政策影响，以色列人口呈现三个明显的特征，分别是高生育率影响下人口数量稳步增长、不同群体之间人口数量的差异性，以及不同群体年龄结构的差异性。

## 三 生育政策对以色列社会的影响

迄今为止，以色列的生育政策已经卓有成效，其一系列鼓励生育的措施已经促成了以色列人口数量的稳步增长和人口结构的变化。犹太人占总人口的大多数，并保持了较高的生育率，这有利于提高国家综合实力，让以色列能够在中东地区站稳脚跟。但也有人开始对以色列的人口发展趋势感到担忧，认为它将给以色列带来一些难以调和的政治、经济和社会问题。

高生育率将给以色列社会带来生存空间不足的问题。作为一个国土面积狭小且境内大部分是沙漠的国家，以色列可居住面积有限。由于人口的不断增加，以色列政府必须不断地建设新的定居点，以满足新增人口的需求。《国土报》的记者梅拉夫·阿洛索罗夫（Meirav Arlosoroff）在一篇报道中指出，以色列是"第三世界的人口自然增长率，第一世界的生活水平"[③]。她认为如果

---

① "Population-Statistical Abstract of Israel 2021-No. 72," Israel Central Bureau of Statistics, July 4, 2021, https://www.cbs.gov.il/en/publications/Pages/2021/Population-Statistical-Abstract-of-Israel-2021-No. 72. aspx.

② Uzi Rebhun and Chaim Waxman, *Jews in Israel: Contemporary Social and Cultural Patterns*, Waltham: Brandeis University Press, 2003, p. 27.

③ Meirav Arlosoroff, "Israel's Population Is Growing at a Dizzying Rate," *Haaretz*, January 4, 2021, https://www.haaretz.com/israel-news/2021-01-04/ty-article-magazine/. premium/israels-population-is-growing-at-a-dizzying-rate-is-it-up-for-the-challenge/0000017f-ef2c-dc28-a17f-ff3f847c0000.

无法解决爆炸性增长的人口问题，以色列将首先面临住房短缺问题，随之而来的是生活水平的下降，最后是人们面临严重的就业问题，致使人均 GDP 下降。这种担忧不无道理。根据以色列中央统计局的预测，如图 3 所示，未来以色列人口数量将继续呈现稳步增长的态势，到 2055 年以色列的总人口数量将突破2000 万大关，而到 2065 年以色列人口将高达 2500 万。① 从近年来以色列对住房的规划和建设情况来看，从 2017 年年初到 2020 年年中，以色列共建成了17.8 万套公寓。② 相较于人口增长速度，住房建设的情况并不乐观。因此，未来生存空间不足对以色列来说将是一个严峻的挑战。

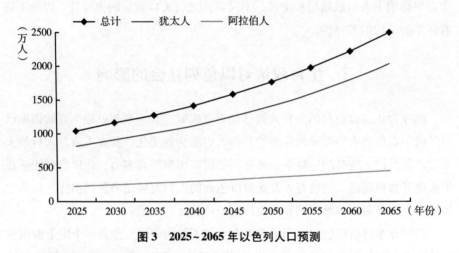

**图 3　2025~2065 年以色列人口预测**

资料来源："Projections of Population in Israel for 2025-2065, by Population Group, Sex and Age," Israel Central Bureau of Statistics, July 4, 2021, https://www.cbs.gov.il/en/publications/Pages/2021/Population-Statistical-Abstract-of-Israel-2021-No. 72. aspx。

　　在以色列人口数量激增的大背景下，哈雷迪群体的超高生育率开始对以色列的经济状况产生影响。受宗教信仰的影响，哈雷迪群体的劳动参与率远低于

① "Projections of Population in Israel for 2025-2065, by Population Group, Sex and Age," Israel Central Bureau of Statistics, July 4, 2021, https://www.cbs.gov.il/en/publications/Pages/2021/Population-Statistical-Abstract-of-Israel-2021-No. 72. aspx.

② Meirav Arlosoroff, "Israel's Population Is Growing at a Dizzying Rate," *Haaretz*, January 4, 2021, https://www.haaretz.com/israel-news/2021-01-04/ty-article-magazine/.premium/israels-population-is-growing-at-a-dizzying-rate-is-it-up-for-the-challenge/0000017f-ef2c-dc28-a17f-ff3f847c0000.

其他群体，因此随着哈雷迪人口数量的激增、较高的人口占比对以色列经济产生的直接后果便是，工薪阶层需要付出更多的劳动去补贴大量的哈雷迪人口。以色列民主研究所的吉拉德·马拉赫（Gilad Malach）表示，哈雷迪群体相对较低的劳动参与率，已经使以色列的国内生产总值每年损失 85 亿美元。[①] 未来这个问题将会变得更加严重。从以色列中央统计局 2017 年的预测来看，如图 4 所示，如果哈雷迪群体继续保持这样的生育率，那么到 2040 年，以色列哈雷迪人口的占比将从 2017 年的 11% 左右跃升至 20%；到了 2065 年，将达到 32%。[②] 以色列劳工部预计，根据哈雷迪人口占比，到 2030 年，哈雷迪的低就业率将使以色列经济每年损失 400 亿新谢克尔；到 2065 年，这一数据将超过 4000 亿新谢克尔。[③] 这也意味以色列社会中的其他人将承受更大的经济压力，国家也会遭受更加严重的经济损失。

除此之外，哈雷迪群体的超高生育率也开始间接地影响以色列的政治局势，成为宗教政党与世俗政党争论的焦点。以色列政府针对哈雷迪群体的生育补贴，已经引发了世俗人士的不满。近年来以色列政局的动荡和频繁大选，也在一定程度上反映了宗教势力的崛起，家教势力开始对以色列的政治局势产生更大的影响。

总的来看，虽然以色列的生育政策达到了最初增加犹太人口的目的，但人口数量的激增和人口结构的变化也对以色列社会产生了严重的负面影响，住房紧缺、经济效益下滑以及政局动荡都将在日后愈演愈烈。如果无法及时抑制这些负面影响，不仅会影响国家内部的社会公平，还可能产生更加严重的政治后果。以色列人口结构的动态平衡正逐渐被打破，政府亟须重新修订生育政策，调整人口结构，使其更适应以色列社会的发展。

---

① Michele Chabin, "To Understand Israel's Future, We Must Look at Where it Is Today," Jewish Telegraphic Agency, January 14, 2021, https：//www.jta. org/2021/01/14/israel/to-understand-israels-future-we-must-look-at-where-it-is-today.

② "Israel Population Projection by Population Groups-Medium Variant," Israel Central Bureau of Statistics, May 21, 2017, https：//www. cbs. gov. il/en/mediarelease/pages/2017/projections-of-israel-population-until-2065. aspx.

③ Shahar Ilan, "Exclusion of Haredi Jews from Workforce Could Cost Israeli Market over ＄100 Billion a Year, Official Says," Ctech by Calcalistech, July 14, 2019, https：//www. calcalistech. com/ctech/articles/0, 7340, L-3766286, 00. html.

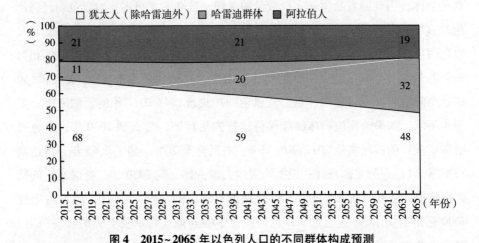

图4　2015~2065年以色列人口的不同群体构成预测

资料来源："Israel Population Projection by Population Groups-Medium Variant，" Israel Central Bureau of Statistics，May 21，2017，https：//www.cbs.gov.il/en/mediarelease/pages/2017/ projections-of-israel-population-until-2065.aspx。

# 结　语

以色列自建国起施行的鼓励生育政策已经起到了增加犹太人口数量的目的。以色列采取的维护妇女权利，提供一系列产妇福利、儿童津贴等措施，提高了国民的生育率，使以色列人口稳步增长，尤其是对于犹太人来说，其族群稳定地占国家总人口的80%左右，确保了以色列国的犹太属性不受冲击。但其生育政策在执行过程中也逐渐显示出存在的不足，引发了突出的社会问题。虽然有时这些问题是受多种因素综合影响的，不能全部归咎于生育政策，但是，生育政策对这些问题的影响是突出的和明显的，有时甚至是主要因素。

从以色列的情况来看，生育政策对人口结构和社会的影响是错综复杂的。旨在提高整体犹太人口数量的生育政策，却造成以色列不同群体之间的人口结构失衡，进而影响到以色列社会的各个方面。如何应对哈雷迪群体的急速增长给主流社会带来的冲击，是以色列当前面临的急迫问题。由此看来，如果一个国家的高生育率过于依赖一个特定群体维持，那么几代人过后，其人口结构必定会出现无法预料又难以解决的问题。所以将生育计划合理配置在不同群体之中，效果可能会更好。此外，生育政策也应随着经济社会发展等诸多因素的变化而做出相应的调整。

# 科 教 文 篇

## Educational, Scientific and Cultural

# B.9

# 以色列高科技产业现状研究及启示

武思宏　曲敖廷　韩炳阳　栗俊杰 *

**摘　要：** 以色列享有"创新国度"和"第二硅谷"的美誉，研发投入强度全球第一，高科技产业已成为以色列经济极其重要的产业之一。2021年以色列高科技出口取得了重大突破，出口额首次超过该国出口总额的50%。本报告旨在介绍以色列高科技产业出口和受雇员工的基本情况，研究以色列高科技产业投资与退出的发展动态，分析以色列高科技产业面临的潜在风险、应对新举措，以及对我国科技创新发展的启示。

**关键词：** 高科技产业　风险投资　监管沙盒

* 武思宏，科技部科技评估中心副研究员、中以创新合作战略研究中心副主任；曲敖廷，科技部科技评估中心助理研究员、评估业务主管；韩炳阳，科技部科技评估中心研究实习员、评估业务主管；栗俊杰，江苏省常州市武进区水利局。

以色列 1948 年建国，目前实际控制面积约 2.5 万平方公里。以色列中央统计局发布的数据显示，截至 2022 年 5 月 1 日，以色列人口达到 950.6 万人，同比增长 1.9%，增速较 2021 年提升 0.3 个百分点。其中，犹太人口、阿拉伯人口及其他人口分别占 74%、21% 和 5%。以色列始终将教育、科技和创新作为立国之本，被誉为"创新的国度""第二硅谷"，其高科技产业取得的成就和发展速度令人瞩目。

近几十年来，高科技产业成为以色列经济极其重要的产业之一。高科技产业占 GDP 的比重从 2000 年的 10% 增加到 2021 年的 15.3%，其中大部分增长发生在过去 4 年。[①] 经济合作与发展组织（OECD）的统计数据显示，2013 年以来，以色列研发投入强度全球第一，2020 年以色列研发投入占 GDP 的比重高达 5.4%。[②] 2021 年以色列高科技出口取得了重大突破，出口额首次超过该国出口总额的 50%，高达 54%。此外，以色列所有受薪员工中的高科技员工占比 2021 年首次突破 10%，达到 10.4%。世界知识产权组织发布的《2021年全球创新指数报告》显示，以色列的创新总指数居榜单第 15 名，研发公共支出、风险资本投资范围、信息与通信技术产品出口以及创新领域跨部门合作等多个子指标得分排名全球第一。

1992 年中以正式建交以来，两国在经济贸易、人员往来、产业合作和文化交流等方面取得了积极进展。2017 年，两国正式建立"创新全面伙伴关系"。2022 年 1 月 24 日，中国国家副主席王岐山在北京以视频方式与以色列外交部部长拉皮德共同主持召开中以创新合作联合委员会第五次会议，双方签署了《中以创新合作行动计划（2022~2024）》，推动中以创新合作迈上新台阶。本报告旨在介绍以色列高科技产业出口和受雇员工的基本情况，研究以色列高科技产业投资与退出的发展动态，分析以色列高科技产业面临的潜在风险、应对新举措，以及对我国科技创新产业发展的启示。本报告以期为进一步深化和推动中以创新合作提供参考。

---

① "Annual Innovation Report: State of High-Tech 2022," Israel Innovation Authority, June 2022, https://innovationisrael.org.il/en/report/israel-innovation-authoritys-2022-innovation-report.

② OECD 统计数据，https://stats.oecd.org/#。

# 一　以色列高科技产业基本情况

## （一）高科技出口情况

以色列高科技行业从新冠肺炎疫情的影响中恢复的速度快于其他经济领域。2022 年以色列创新局的数据显示，2021 年以色列高科技产业产值增长超过 10%，达到 2370 亿新谢克尔，占 GDP 的 15.3%；2021 年以色列高科技出口额占该国出口总额的 50% 以上，约为 670 亿美元，其中高科技产业出口占16%，高科技服务出口占 38%，非高科技出口占 46%。[①] 上述数据反映出高科技产业在以色列经济中的核心地位，以及其作为以色列主要经济增长引擎的作用。

## （二）高科技产业受雇员工情况

近年来，以色列高科技产业的受雇员工人数持续增长。2022 年以色列创新局的数据显示，截至 2021 年年底，以色列高科技产业受雇员工人数已近 40 万人，占该国受雇员工总数的 10.4%，该数据位居世界前列。高科技产业主要吸引年轻人就业，但以色列从事高科技产业的所有年龄组的人数都呈现增加态势。从受雇员工年龄分组来看，在 30~34 岁年龄组中，高科技产业受雇员工人数占受雇员工总人数的比例从 2012 年的 10.3% 上升到 2021 年的 14.3%，该年龄组在所有年龄组中占比最高；在 45~64 岁年龄组中，该比例从 2012 年的6% 上升到 2021 年的 11%。受新冠肺炎疫情影响，以色列高科技产业的就业率波动较大，但整体呈现增长态势。2020 年高科技产业受雇员工较 2019 年仅增加了 1.4 万人，2021 年高科技产业新员工人数为 2.7 万人，这预示着以色列高科技产业的复苏。特拉维夫是以色列的高科技之都，拥有全国 1/3 以上的高科技公司和该行业 1/4 的员工。[②]

---

①　"Annual Innovation Report: State of High-Tech 2022," Israel Innovation Authority, June 2022, https://innovationisrael.org.il/en/report/israel-innovation-authoritys-2022-innovation-report.

②　"Annual Innovation Report: State of High-Tech 2022," Israel Innovation Authority, June 2022, https://innovationisrael.org.il/en/report/israel-innovation-authoritys-2022-innovation-report.

# 二 以色列高科技产业投资与退出分析

## （一）吸引全球投资情况

### 1. 外国资本对以投资概况

外国资本是以色列获取投资的主要来源。一方面，外国资本对以投资额增长迅速。2017~2021 年，外国资本对以投资额逐年增加。2021 年外国资本对以投资额创历史纪录，达 186.4 亿美元（见图 1），同比增长 150.5%，大约是 2015 年 21.7 亿美元的 8.6 倍。另一方面，2017~2021 年外国资本对以投资额占对以投资总额的比重逐年加大，外国资本对以投资额与以色列本土资本对以投资额差距也逐年拉大。此外，从对以投资单量上看，外国资本投资单量在 2018 年首次超过以色列本土资本投资单量，并在 2019~2021 年逐渐拉大差距（见图 2）。

**图 1　2015~2021 年外国资本及以色列本土资本对以年度投资额**

资料来源：笔者根据以色列风险投资研究中心（IVC Research Center）的数据绘制，参见 https：//www.ivc-online.com。

以色列高科技领域是外国资本对以投资的主要领域。2015~2021 年，以色列高科技产业年度投资额持续攀升，从 2015 年的 33.2 亿美元上涨至 2021 年的 256 亿美元；高科技产业交易单量也大体上呈增加态势，2021 年交易单量比 2015 年

**图2 2015～2021年外国资本及以色列本土资本对以年度投资单量**

资料来源：笔者根据以色列风险投资研究中心的数据绘制，参见 https：∥www.ivc-online.com.。

增加了191%，从405单增长至773单（见图3）。此外，年度项目平均投资额从2015年的820万美元上升至2021年的3310万美元，涨幅约为300%。

**图3 2015～2021年以色列高科技产业年度投资额和交易单量**

资料来源：笔者根据以色列风险投资研究中心的数据绘制，参见 https：∥www.ivc-online.com。

### 2. 高科技产业获得不同轮次的投资情况

从以色列高科技产业的不同投资轮次平均投资额分布情况看，种子轮及种子轮前期单个项目平均投资额在各年度均为最低点，投资方在随后的B轮、C

轮以及后期加大投资额。例如，C 轮单个项目平均投资额从 2015 年的 2105.7 万美元，增长到 2021 年的 6125 万美元，增长了近 2 倍；后期单个项目平均投资额从 2015 年的 1526.1 万美元，增至 2021 年的 8779.3 万美元，增长了 4.75 倍。以色列高科技产业获得的风险投资主要集中于 B 轮、C 轮以及后期，近年来尤其集中于 C 轮和后期（见图 4 和表 1）。

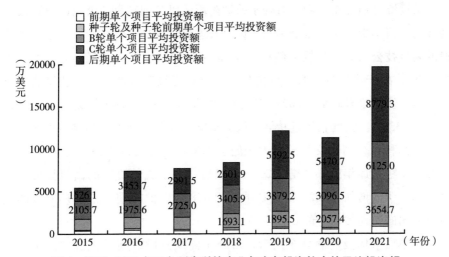

**图 4　2015~2021 年以色列高科技产业年度各投资轮次的平均投资额**

资料来源：笔者根据以色列风险投资研究中心的数据绘制，参见 https://www.ivc-online.com。

**表 1　2015~2021 年以色列高科技产业年度各投资轮次的平均投资额**

单位：万美元

| 年份 | 前期单个项目平均投资额 | 种子轮及种子轮前期单个项目平均投资额 | B 轮单个项目平均投资额 | C 轮单个项目平均投资额 | 后期单个项目平均投资额 |
|---|---|---|---|---|---|
| 2015 | 363.9 | 72.0 | 1300.0 | 2105.7 | 1526.1 |
| 2016 | 422.8 | 100.0 | 1406.6 | 1975.6 | 3453.7 |
| 2017 | 379.3 | 115.6 | 1467.5 | 2725.0 | 2991.5 |
| 2018 | 506.9 | 104.0 | 1693.1 | 3405.9 | 2601.9 |
| 2019 | 585.0 | 115.5 | 1895.5 | 3879.2 | 5592.5 |
| 2020 | 546.9 | 83.7 | 2057.4 | 3096.5 | 5470.7 |
| 2021 | 903.9 | 112.1 | 3654.7 | 6125.0 | 8779.3 |

资料来源：笔者根据以色列风险投资研究中心的数据绘制，参见 https://www.ivc-online.com。

### 3. 不同发展阶段的高科技公司获得投资情况

从高科技公司的发展阶段来看，种子轮融资或聚焦科技研发的中小型公司被认为处于前期阶段，已取得营业收入的高科技公司被认为处于成长阶段。2015~2021年以色列高科技公司获得投资的数据显示：无论是国外资本还是以色列本土资本，资本投向更偏向处于成长阶段的以色列高科技公司。

从投资金额分布来看，对处于前期阶段的以色列高科技公司的投资额出现波动，但不影响年度投资额的总体增长态势。2015~2021年，处于前期阶段的高科技公司获得的投资额从9.89亿美元增长至26.55亿美元，涨幅为168.5%；处于成长阶段的高科技公司更能获得投资方的资助，获得的投资额大体呈快速攀升趋势，2021年获得的投资额高达229.45亿美元，比2015年的23.33亿美元增长了近9倍。从交易单量来看，2019年以前，处于前期阶段的高科技公司的交易单量大于处于成长阶段的高科技公司的交易单量，但两者差距呈逐年缩小态势；2019年以后，处于成长阶段的高科技公司的交易单量明显增加，2021年交易单量为458单，比同期处于前期阶段的高科技公司的交易多143单（见图5）。

从单项平均投资额分布来看，对处于前期阶段的高科技公司的单项平均投资额远不及对处于成长阶段的高科技公司。2015~2018年，处于前期阶段的高科技公司获得的单项平均投资额大约相当于处于成长阶段的高科技公司获得的单项平均投资额的1/3，这一数据在2020年降至约1/4，在2021年甚至降至16.8%（见图6）。投资方越来越看重对处于成长阶段的高科技公司的投资。

### 4. 高科技产业投资的领域分布情况

以色列高科技产业受投资方追捧的四大领域是网络安全、金融科技、食品科技和物联网。2021年，四大领域获得的投资额高达169.8亿美元，占全年投资总额256亿美元的66.3%。2015~2021年，投资方对网络安全和金融科技领域的投资出现爆发式增长，对网络安全和金融科技领域的投资额分别从2015年的3.58亿美元和3.87亿美元，增长至2021年的65.92亿美元和66.18亿美元，分别增长17倍多和16倍多；对以人造肉为代表的食品科技领域的投资额虽不及其他三大领域，但涨幅较大，2021年投资额为8.66亿美元，与2015年的0.53亿美元相比增长近16倍；对物联网领域的投资

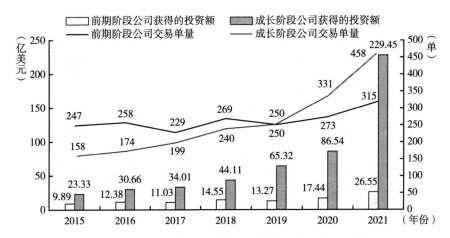

**图5 2015~2021年以色列不同发展阶段高科技公司获得的投资额及交易单量**

资料来源：笔者根据以色列风险投资研究中心的数据绘制，参见 https：//www.ivc-online.com。

**图6 2015~2021年以色列不同发展阶段高科技公司获得的单项平均投资额**

资料来源：笔者根据以色列风险投资研究中心的数据绘制，参见 https：//www.ivc-online.com。

额实现稳步增长，从2015年的3.32亿美元增长至2021年的29.67亿美元，投资金额增长近8倍（见图7）。

从单项平均投资额来看，2015年以来，以色列高科技产业四大领域的单项投资额均稳步增长，网络安全和金融科技在2021年的单项平均投资额分别

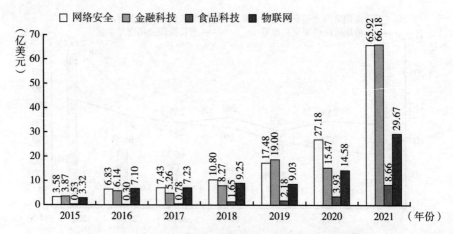

图7　2015～2021年以色列高科技产业四大领域的投资额

资料来源：笔者根据以色列风险投资研究中心的数据绘制，参见 https://www.ivc-online.com。

为5634万美元和5805万美元，分别有23单和21单投资额超过1亿美元；其次是物联网和食品科技项目，单次平均投资额分别为3450万美元和2165万美元（见图8）。

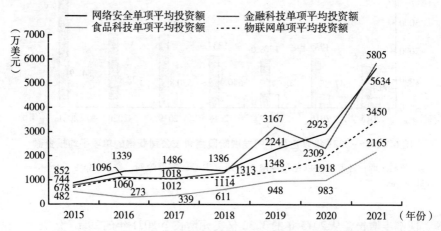

图8　2015～2021年以色列高科技产业四大领域的单项平均投资额

资料来源：笔者根据以色列风险投资研究中心的数据绘制，参见 https://www.ivc-online.com。

## （二）投资退出情况

2015~2021 年，以色列高科技企业年度退出总金额不等，但总体呈上升趋势。在退出总金额方面，2015 年以色列高科技企业退出总金额为 83.25 亿美元，为近 7 年内的最低值；随后波动上涨至 2019 年的 147.32 亿美元，比 2018 年的 126.11 亿美元增长 16.8%；2021 年达到历史新峰值 221.66 亿美元。在退出总交易单量方面，2020 年为 145 单，2021 年增至 238 单，同比增长 64.1%（见图 9）。

**图9 2015~2021 年以色列高科技企业年度退出总金额和退出总交易单量**

资料来源：笔者根据以色列风险投资研究中心的数据绘制，参见 https://www.ivc-online.com。

从退出类型来看，以色列高科技企业的投资退出方式主要包括：并购、股权收购、IPO 上市三类。2020 年以前，对以色列高科技企业的投资退出方式以企业并购为主，其次是通过股权收购和 IPO 上市的形式退出。2021 年，以色列高科技企业通过 IPO 上市实现投资退出的金额首次超过股权收购，仅比并购低 5.7%，比 2020 年增长近 520%（见图 10）。值得注意的是，2021 年，以色列高科技企业在特拉维夫证券交易所和华尔街证券交易所上市的数量均创历史新高，其中 48 家高科技企业成功在特拉维夫证券交易所 IPO 上市，是 2020 年在该交易所 IPO 上市企业数量的近 5 倍；23 家高科技企业成功在华尔街证

券交易所 IPO 上市，是 2020 年在该交易所 IPO 上市企业数量的近 3 倍（见图 11）。在平均退出金额和交易单量方面，虽然并购的交易单量占退出总交易单量的比重大，但是年度平均股权收购退出金额要远高于平均并购金额，至少是平均并购金额的 2 倍以上（见图 12）。

**图 10　2015~2021 年以色列高科技企业不同投资退出方式实现投资退出的金额和交易单量**

资料来源：笔者根据以色列风险投资研究中心的数据绘制，参见 https：//www.ivc-online.com。

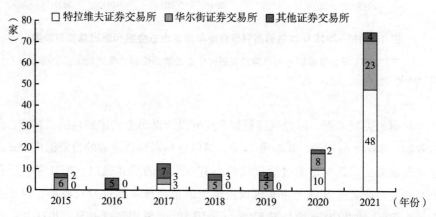

**图 11　2015~2021 年以色列高科技企业在全球证券交易所 IPO 上市数量**

资料来源：笔者根据以色列风险投资研究中心的数据绘制，参见 https：//www.ivc-online.com。

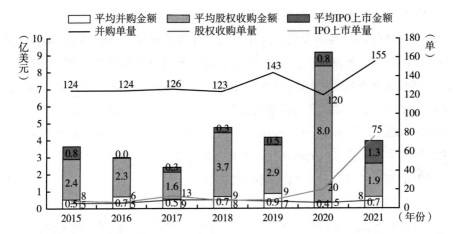

**图 12  2015~2021 年以色列高科技企业不同退出方式的平均退出金额和交易单量**

资料来源：笔者根据以色列风险投资研究中心的数据绘制，参见 https：//www. ivc - online. com。

# 三  以色列高科技产业面临的挑战与对策

## （一）以色列高科技产业面临的挑战

### 1. 存在创新能力下降的潜在风险

以色列在 2021 年的全球创新指数（GII）下降至第 15 名。2015~2019 年以色列的 GII 排名不断攀升，并在 2019 年首次进入前 10 名。然而，自 2019 年以来，以色列的排名有所下滑，2020 年下滑至第 13 名，与技术进步和基础设施相关的指标低于全球平均水平，如监管环境、理工科毕业生数量、公共部门数字化进程、软件支出占 GDP 的百分比等。以色列学术界通过知识产权转让获得收益的金额逐年下降，从 2015 年的 16.6 亿新谢克尔降至 2019 年的 5.28 亿新谢克尔。此外，以色列高科技企业 IPO 后由于目标定位更多转为企业利润率，企业的创新水平在首次 IPO 后下降了 40%，企业的创新含金量显著降低。①

---

① "Annual Innovation Report：State of High-Tech 2022，" Israel Innovation Authority，June 2022，https：//innovationisrael. org. il/en/report/israel-innovation-authoritys-2022-innovation-report.

### 2. 存在过度依赖风险投资的潜在风险

以色列在2020年研发投资占GDP的比重继续领先于其他OECD国家。然而，以色列政府研发投资占研发总投资的比重是所有OECD国家中最低的，2020年仅为9.6%，明显低于韩国的20.7%、瑞典的24.2%、德国的27.8%和美国的20.7%，这意味着与其他发达国家相比，以色列的研发资金几乎完全依赖私人市场。这一方面表明以色列高科技产业的成熟度和全球对其产品的高需求，另一方面也使以色列高科技产业对全球资本流动的波动特别敏感。

### 3. 面临学术界与工业界合作不足的挑战

以色列在2021年的GII排名中，工业界和学术界的合作排在第1名。但有关数据显示，工业界和学术界之间的合作有85%是由在以色列的跨国公司承担的，仅IBM和微软两家就几乎占了一半。相比之下，以色列本土高科技企业几乎没有享受这一优势，它们更多的是依赖自有的人力资本和专业知识，专注于自己的内部研发。

## （二）以色列促进创新的应对之策

### 1. 增加初创企业创新活力

以色列创新局支持初创企业，以及有兴趣通过技术孵化器和创新实验室等合作伙伴接触开放式创新的企业，并为其制订了一系列扶持计划，如构思计划、种子计划、技术孵化器计划、周边创业孵化器计划、技术创新实验室计划等。针对初创人才，以色列制订了编码训练营计划、高科技专业化计划、高科技人力资本基金、行业培训和安置计划、培养企业家精神和种子期初创企业计划等。

在支持初创企业方面，以技术创新实验室计划为例，该计划面向项目处于初创阶段，需要利用独特的基础设施和专业知识来证明其技术理念的可行性的企业家。该计划通过行业领先企业提供的开放创新模式运营的创新实验室来实现，使初创企业能够获得它们当下无法获得的独特技术基础设施、市场洞察力以及独特的营销渠道和专业知识。该计划提供为期1年最多100万新谢克尔的支持，数字健康子计划提供为期2年最多300万新谢克尔的支持。

在培养创业人才方面，以高科技专业化计划为例。为应对高科技行业面临缺乏有经验工人的挑战，该计划为高科技公司提供赠款，对具有学士学位或技术专业实用工程学位的新毕业生（"初级"）开展专业技能培训。初级培训模式将根据每个公司的具体需求进行调整。此外，培养企业家精神和种子期初创企业计划旨在建立一个发现处于构思阶段的初创企业和初创人才的网络，搭建具有企业家精神的创新生态系统，并增加投资种子期初创企业的投资者数量。该计划通过三个子计划鼓励创业，以增加处于种子期的初创企业的数量。（1）天使俱乐部计划。拥有天使俱乐部的 3 年特许经营权，每年将获得 90 万新谢克尔的资助。（2）技术创新中心计划。拥有技术创新中心的 5 年特许经营权，每年将获得 200 万新谢克尔的建设经费，如果中心活动提案旨在提高高科技产业就业率的活动，每个运营年度可再获得 100 万新谢克尔资助。（3）技术加速器计划。拥有为期 2~4 年的技术加速器特许经营权，每年将获得 100 万新谢克尔资助。

### 2. 加强学术界和工业界合作

以色列创新局为推动学术界与工业界之间深度合作，先后推出了磁铁联盟计划、学术知识转移计划、知识商业化计划、军民双重研发计划、研发基础设施设备计划和行业应用研究计划，以确保其持续的创新研发。2010~2021 年，在磁铁联盟计划实施期间，以色列建立了 38 个产学研联盟，涵盖了以色列数百家大公司、中小企业和所有以色列大学。此外，为协调学术界和工业界存在的显著文化差异，如工作节奏、工作目标不同等，以色列创新署制订了知识商业化计划和行业应用研究计划两个特殊计划。其中，知识商业化计划是为了促进以色列学术界与工业界合作，证明初步学术研究成果的技术可行性。该计划旨在使公司能够吸收学术机构开发的知识，并使其适应开发突破性产品的需求。行业应用研究计划面向突破性技术研究或初步开发需投入大量资金的企业，旨在弥合学术界创造的知识与行业需求间的差距，并为科研成果提供技术概念验证。该计划具有以下三个特点。（1）关注创新高风险研发。帮助从事高风险研究的企业和创新技术开发公司打入新市场并影响以色列经济的增长。（2）极具吸引力的资金支持模式。具有风险的新技术无论未来是否成功、是否产生利润，拨款都占到批准项目总预算的 55%。（3）支持建立质量标准。以色列创新署支持企业在顺利完成项目并通过全面、专业的评价后，建立相关的行业质量标准。该行业质量标准将有助于公司吸引更多的投资者。

### 3. 强化创新与公共部门、私营部门的联系

以色列政府为提高监管环境、公共部门数字化进程、大数据和人工智能等技术应用方面的水平，一方面通过加快国家光纤部署等方式，提升先进通信基础设施的建设水平，另一方面努力构建政府部门、技术公司、监管机构、测试场所和实施主体之间的跨部门合作机制，建立支持创新的环境和监管运营框架体系，为创新技术提供测试计划，并帮助参与合作的技术公司在成功试点后顺利进入市场。

以色列政府发起了促进以色列自动驾驶公共交通联合倡议，2022年启动实施了改变现实的创新计划。该计划分为两个阶段，第一阶段自动驾驶系统研发企业将在指定的试点进行自动驾驶巴士的测试，以实现技术和监管可行性；第二阶段公共交通运营商将在公共道路上运营一条自主公共交通线路，试点两年内范围稳步扩大。该计划将有助于连接公共交通运营商和自动驾驶系统研发企业，增加公众对自动驾驶汽车的了解。

当前，创新技术发展速度快，总体上快于监管政策制定和更新的速度，监管机构缺乏全面监管行业所需的技术知识。为此，许多国家采用"监管沙盒"方式引领和支持技术创新，推动企业和机构在不违反现有监管规则的情况下测试创新产品、服务和商业模式。2022年3月，以色列政府批准了公路运输令修正案，通过调整监管推动创新。以色列"监管沙盒"的独特之处在于，自动驾驶汽车可以在任何地方进行商业运营，并且不受限制，这将为自动驾驶汽车的测试提供极大便利。

# 四　相关启示

近年来，特别是新冠肺炎疫情暴发以来，以色列政府积极作为，针对高科技产业面临的主要风险和挑战，围绕支持初创企业技术创新、学术界和工业界合作、跨部门协作、人才培养等方面出台了一系列新举措。通过多元化、全方位、全链条的支持计划，提高初创企业的创新能力，赋予其更大的发展动能。充分利用国际风险投资，为以色列创新企业提供源源不断的资金保障，并推动以色列初创企业进入国际市场。积极完善科技创新生态系统，深化学术界和工业界合作，推动科技成果产业化。依托差异化的创新创业人才培养体系，助力高科技产业可持续发展。积极利用"监管沙盒",支持原始创新技术和颠覆性技术的示范和推广。当前,新一轮科技革命和产业变革突飞猛进,科学技术和经济社会发展加速渗透融合。以色列政府支持高科技产业发展的创新做法和实践经验,对我国进一步完善国家创新体系、加快建设科技强国具有积极的借鉴意义。

# B.10
# 以色列的太空探索及其太空生态系统

艾仁贵*

**摘　要：** 由于缺乏战略纵深、与周边国家在人口、领土、军队数量等方面极其不对称，以色列自建国起便大力发展科学技术，而太空计划就是其中的关键之一。自20世纪60年代起，以色列就开始为太空探索做各种准备，包括开发运载火箭、成立航天局、发射绕地卫星、启动探月工程等，快速崛起为太空探索的第二梯队国家之一。借助尖端的太空技术，以色列极大地拓展了传统的国家安全概念，形成了以威慑、预警、技术自主为三大支柱的太空安全观。为了进一步维护太空安全和发展太空产业，2009年以色列政府成立了负责制定太空发展目标的"工作小组"，并于次年正式出台"国家太空战略2010"，致力于使以色列跻身为世界五大航天强国之一。经过半个多世纪的太空探索和技术创新，以色列走出了一条独特的太空发展道路，既有力应对了国家安全威胁，又带来了可观的科技和产业效益，彰显了"小国家，大梦想"的创新文化基因。

**关键词：** 以色列　太空探索　太空战略　技术自主　太空生态系统

2019年4月11日，以色列太空登陆组织（SpaceIL）设计的民营月球探测器"创世记1号"经过6周的太空飞行逐步靠近月球，在距离月球表面约149米时失去信号而坠毁。尽管"创世记1号"功亏一篑，但它创下多个世界纪

---

\* 艾仁贵，河南大学以色列研究中心、区域与国别研究院副教授。

录：成本最低、体积最小以及首个民营的登月项目。而这背后的象征意义更为非凡，在"创世记1号"月球探测器最后坠毁的时刻，一张自拍照从月球传到地球，探测器金色方块外部印有用希伯来语和英语写就的文字——"小国家，大梦想"（Small Country, Big Dreams）。[①] 虽然"创世记1号"软着陆月球失败，但它标志着以色列的太空探索取得了巨大的进步，成为第七个将航天器送入月球轨道的国家，并且开启了民营航天机构登月的新时代。在此之后，以色列社会各界对于太空探索的兴趣不减，一些媒体甚至发起了"把以色列带上月球"（Take Israel to the Moon）的呼吁。2020年12月9日，以色列科技部宣布启动"创世记2号"登月计划，计划在4年内发射该国第二个月球探测器。

以色列是当今世界上为数不多的能自主发射航天器的国家之一，是中东地区首屈一指的太空强国。以色列在太空领域的探索与开发，与该国的安全观念以及科技创新有着密切的关系，受到后者的强烈驱动。1981年以色列启动太空计划，是一种务实的做法。该计划旨在满足国家安全需求。本报告拟对以色列的太空探索及其战略进行分析，在此基础上关注太空生态系统建设与国家创新驱动之间的关系。

# 一 "太空是我们的战略纵深"：以色列对太空技术的认知

作为1948年诞生于中东地区的新国家，以色列无可选择地处在众多阿拉伯国家的包围之中。自建国之日起，以色列与周边国家处于几乎不间断的战争或准战争状态；大的冲突有五次中东战争，小规模的对抗则不计其数。这种对抗与仇视情绪的不断积累，导致以色列遭遇了当今世界任何其他国家都无法比拟的严酷安全环境。以色列海军少将奥菲尔·舒哈姆（Ophir Shoham）曾说："以色列虽是一个小国，但却面临着核心大国才有的安全挑战。"[②] 自建国以来，以色列面临的生存困境主要表现在以下两个方面。一方面，以色列国土狭

---

① 《小国家，大梦想》，《中国青年报》2019年9月11日，第7版。

② Deganit Paikowsky, "Israel's Space Program as a National Asset," *Space Policy*, Vol. 23 (2007), p. 90.

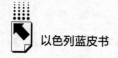

小，缺乏战略纵深，地缘环境极端不利。以色列整个国家都是边界、没有腹地，三面都被实际或潜在的对手包围，缺乏纵深且容易被拦腰截断，它所承受的"边界压力"巨大。[1] 以色列在面对军事攻击时极为脆弱，无法以空间换时间。可以说，以色列的地缘环境堪称一场"战略噩梦"（Strategic Nightmare）。[2] 另一方面，以色列与周边国家在人口、领土、军队数量等方面极其不对称，都处于绝对劣势，这种"以少敌多"的基本前提塑造了以色列人的安全观念。以色列人为争取建国和生存而与阿拉伯人开展的斗争被认为是大卫与歌利亚的搏斗在现代的再现。从本-古里安开始，以色列历届领导人都意识到这种不对称，强调这使以色列处于生存危险之中。[3]

根据与自己地理距离的远近，传统上以色列把外部军事威胁分为三层：第一层是与其直接接壤的阿拉伯国家，例如埃及、叙利亚、约旦、黎巴嫩等；第二层是这些国家的外围，例如伊拉克、利比亚、伊朗；第三层是其他阿拉伯国家和伊斯兰国家，它们是前两个层次的支持者。[4] 除了军事威胁以外，以色列面临的威胁还来自非军事层面，例如外交孤立和去合法化等。[5] 以色列在国际社会的孤立状况进一步强化了自身的不安全感。以色列历任领导人都认为，在事关民族存亡的核心问题上，外部力量是无法信赖的。

为了克服不利地缘政治环境带来的生存困境，例如缺乏战略纵深和处于数量劣势，以色列强调早期预警、借助威慑以防止灾难性战争的发生，并寻求质量优势以平衡数量劣势。在以色列建国之前，犹太领导人就意识到，一个自然资源匮乏的国家只有通过大规模投资教育、科学和技术，才有生存并取得成功的机会。[6] 用本-古里安的话来说："因为我们在数量上处于劣势，所以我们必

---

[1] Yaakov Amidror, "Israel's National Security Doctrine," The Jerusalem Institute for Strategy and Security, July 18, 2021, https://jiss.org.il/en/amidror-israels-national-security-doctrine/.

[2] Charles D. Freilich, *Israeli National Security: A New Strategy for an Era of Change*, Oxford: Oxford University Press, 2018, p. 17.

[3] Isaac Ben-Israel, *Israel Defense Doctrine*, Ben-Shemen: Modan Publishing House and Maarachot, 2013, pp. 15-16.

[4] Oren Barak, Amit Sheniak and Assaf Shapira, "The Shift to Defence in Israel's Hybrid Military Strategy," *Journal of Strategic Studies*, Vol. 43 (2020), p. 6.

[5] Charles D. Freilich, *Israeli National Security: A New Strategy for an Era of Change*, p. 3.

[6] S. Ilan Troen, "Higher Education in Israel: An Historical Perspective," *Higher Education*, Vol. 23, No. 1 (1992), p. 45.

须在质量上取得优势。"① 而这里所说的 "在质量上取得优势" 主要是通过发展科学技术来实现的。

从 20 世纪 50 年代末的美苏太空竞赛开始，以色列的领导层和科学精英充分意识到太空技术对于国家安全和科学技术的重要性，它对于以色列这样一个小国有着非同寻常的意义。苏联把第一颗人造卫星送上太空 3 年后，1960 年以色列组建了国家太空研究委员会（Israeli National Committee for Space Research，INCSR），由以色列科学与人文研究院负责，旨在给予太空研究以官方的支持和经费资助，并探索空间发射和卫星开发的可行性。② 然而，该委员会主要着力于太空理论研究，没有开展多少实际的太空探索活动。

1973 年第四次中东战争是以色列太空计划真正付诸行动的转折点。在这场事关生存的战争中，以色列由于缺乏准确的情报在战争初期极度被动，遭受了来自南北两线的突然攻击。以色列军方认为，在战争爆发前夕，美国已经掌握了由侦察卫星获得的有关阿拉伯国家举行进攻性军事演习的关键情报，但是没有告知以方。③ 经过此次教训，以色列确信有必要发展自己的卫星技术以获取独立来源的天基情报，避免过分依赖美国。1979 年，《埃以和平条约》（Egyption-Israeli Peace Treaty）达成之后，以色列对埃及等国的侦察飞行变得极其困难，并时常引起军事摩擦。为了继续侦察埃及方面的举动，以色列军方提出了一项卫星计划，并对其可行性进行了评估。随后，该计划书被提交至以色列国防部讨论。④ 1981 年 6 月底，在以色列成功摧毁伊拉克的核设施之后不久，贝京决定启动以色列的太空计划。⑤ 1988 年 9 月 19 日，以色列成功发射了第一颗卫星，标志着该国正式迈入了太空时代。

---

① Deganit Paikowsky, *The Power of the Space Club*, Cambridge: Cambridge University Press, 2017, p. 168.

② Deganit Paikowsky, "From the Shavit-2 to Ofeq-1: A History of the Israeli Space Effort," *Quest*, Vol. 18, No. 4 (2011), p. 4.

③ Gerald M. Steinberg, "Middle East Space Race Gathers Pace," *International Defense Review*, Vol. 28, No. 7 (1995), p. 20.

④ Deganit Paikowsky, "From the Shavit-2 to Ofeq-1: A History of the Israeli Space Effort," *Quest*, Vol. 18, No. 4 (2011), p. 7.

⑤ Deganit Paikowsky, *The Power of the Space Club*, p. 164.

太空领域被视为继陆地、海洋、天空之后的第四大领域，通常也被称为"最后的边疆"①。由于与周围国家相比在常规力量上处于劣势，以色列致力于通过发展非常规手段（例如发展核武器和太空技术）来寻求获得"不对称优势"。以色列各界对发展太空技术非常期待，将之比喻为"大卫的弹弓"（David's Sling）。②《圣经》中弱小的大卫得以战胜巨人歌利亚的法宝就是弹弓，大卫借助它给予歌利亚致命的打击。以色列政府和军界把发展太空技术作为增加战略纵深的关键手段。在 2013 年伊兰·拉蒙（Ilan Ramon）国际太空会议上，以色列时任空军司令阿米尔·埃舍尔（Amir Eshel）少将指出："我们必须应对的威胁不仅来自边界，也来自遥远的地方。今天，太空是我们的战略纵深，它使我们能够保持我们的质量优势。多亏了我们自主研制的卫星，我们在任何距离上开展军事活动的能力都大大提高了。"③

## 二 以色列太空探索的历程

20 世纪是航空航天的时代，犹太人对太空领域给予了长期的关注。航空领域的先驱之一德国犹太人大卫·施瓦茨（David Schwartz），在 1890 年首次设计了一个由金属制成的带有气体容器的硬式飞艇。④ 另一位德国犹太人奥托·利连索尔（Otto Lilienthal）也是航空领域的先驱之一，他最早设计和制造出实用的滑翔机，被称为"滑翔机之父"，莱特兄弟在飞机发明过程中从利连索尔那里受到了重要启发。著名航天工程学家、火箭的发明人之一西奥多·冯·卡门（Theodore von Kármán）是一位来自匈牙利的犹太人。"原子弹之父"、闻名世界的"曼哈顿计划"的领导者尤利乌斯·罗伯特·奥本海默

---

① Robert C. Harding, *Space Policy in Developing Countries: The Search for Security and Development on the Final Frontier*, London: Routledge, 2013.

② Shimon Peres, *David's Sling*, London: George Weidenfeld & Nicholson Ltd., 1970; Isaac Ben Israel and Deganit Paikowsky, "The Iron Wall Logic of Israel's Space Programme," *Survival*, Vol. 59, No. 4 (2017), p. 155.

③ L. Chanel and T. Michael, "Space as Strategic Depth," *Israeli Air Force*, January 2013, http://www.iaf.org.il/4391-40401-he/IAF.aspx.

④ 〔英〕塞西尔·罗斯:《犹太人与世界文明》，艾仁贵译，商务印书馆，2021，第 132 页。

（Julius Robert Oppenheim）为德裔犹太人。可以说，不少犹太人在现代航空航天史上留下了重要的印记。以色列的太空计划萌芽于 20 世纪 60 年代，真正起步于 80 年代。1981 年，以色列正式启动太空计划，1983 年成立了以色列航天局，1988 年成功发射了第一颗卫星。进入 21 世纪以来，以色列又开始探索深空和发展登月计划。

## （一）开发运载火箭

以色列的运载火箭（SLVs）是被作为弹道导弹计划的一部分而开发的。与其他国家一样，以色列的弹道导弹和其他导弹的发展优先于太空计划。这种相互依赖性导致以色列民用太空计划和军事导弹项目之间界限模糊。以色列是中东地区第一个研制和部署射程超过 300 公里导弹的国家，随后又将射程扩大至 1000 公里。[1] 1961 年 7 月，为了回应埃及招募德国导弹专家发展其导弹项目，以色列国家太空研究委员会研制并发射了第一枚固体燃料的两级火箭"沙维特"（Shavit，在希伯来语中意为"彗星"）。[2] 该火箭成为以色列在太空领域最早的成就之一。

沙维特运载火箭是由杰里科中程弹道导弹改进而来的，被同时用于军事导弹项目和民用太空项目。从 1954 年起，在法国的帮助下，以色列开始研制弹道导弹。[3] 20 世纪 50 年代末 60 年代初，以色列航空工业公司与法国达索航空公司合作研制出一款名为"杰里科"（Jericho，以《圣经》中的城市命名）的弹道导弹。"杰里科"是单级固体推进剂导弹，重量为 6.5 吨，长度为 13.4 米，直径为 0.8 米，据报道射程为 400～500 公里，载荷为 450～680 千克。[4] 1968 年法国中止了与以色列的合作项目，以色列开始自主研发弹道导弹。以色列增加了

① Richard Dean Burns and Joseph M. Siracusa, *A Global History of the Nuclear Arms Race: Weapons, Strategy, and Politics*, Vol. 1, Santa Barbara, CA: Praeger Security International, 2013, p. 509.

② Deganit Paikowsky, "From the Shavit-2 to Ofeq-1: A History of the Israeli Space Effort," *Quest*, Vol. 18, No. 4 (2011), p. 4; E. L. Zorn, "Israel's Quest for Satellite Intelligence," *Studies in Intelligence*, Vol. 10 (2001), p. 35.

③ Abraham Rabinovich, *The Boats of Cherbourg*, Annapolis, Maryland: Naval Institute Press, 1988, pp. 22-23.

④ John Simpson, Philip Acton and Simon Crowe, "The Israeli Satellite Launch: Capabilities, Intentions and Implications," *Space Policy*, Vol. 5, No. 2 (1989), p. 118.

第二级导弹以增加射程和载荷。大约在 1973 年以色列部署了两级固体燃料"杰里科 I"。据报道，该型导弹在赎罪日战争期间处于高度戒备状态。① 从 20 世纪 80 年代初开始，以色列研制了一款新式弹道导弹"杰里科 II"，为两级固体燃料导弹，其射程达 800 公里，还有消息称其射程达 1300 公里。②

1981 年以色列太空计划启动后，以色列的弹道导弹很快转化为运载火箭，"杰里科 II"被改进为"沙维特"运载火箭，载荷为 900 千克，射程为 3000 英里（约 4828 千米）。③ 从 1982 年起，以色列航空工业公司开始生产改进版的"沙维特"小型运载火箭。该运载火箭为三级固体燃料火箭。由于与周边国家关系紧张，以色列不得不向西朝地中海的方向发射，以避免飞经其东部的阿拉伯邻国。该做法一直持续至今。"沙维特"运载火箭被认为是"杰里科"中程弹道导弹的改装版，以色列官方在 2001 年也确认，"沙维特火箭就是杰里科导弹"④。

### （二）组建航天局

1981 年以色列太空计划启动后，迫切需要在政府部门组建专门的机构加以统筹。1982 年年底，以色列总理贝京、国防部部长摩西·阿伦斯（Moshe Arens）、总参谋长阿哈龙·哈拉米（Aharon Halahmi）召开闭门会议，决定成立以色列航天局（Israel Space Agency）。1983 年 1 月，以色列政府授权科学技术部部长尤瓦尔·尼曼（Yuval Ne'eman）组建以色列航天局，规定以色列航天局隶属于科学、技术和航天部，其职能是发起、领导和协调以色列的民用太空活动。

1983 年 7 月，以色列航天局在特拉维夫正式成立，全权负责推进以色列的航天计划和空间开发活动。尽管 1983 年新任军事情报负责人埃胡德·巴拉

① Mark Fitzpatrick, "Israel's Ballistic-missile Programme: An Overview," The International Institute for Strategic Studies, August 25, 2021, https://www.iiss.org/blogs/analysis/2021/08/israel-ballistic-missile-programme.

② Leonard S. Spector, *Nuclear Ambitions*, Boulder, Colorado: Westview Press, 1990, p. 162.

③ Richard Dean Burns and Joseph M. Siracusa, *A Global History of the Nuclear Arms Race: Weapons, Strategy, and Politics*, Vol. 1, p. 509.

④ Kiran Krishan Nair, *Space: The Frontiers of Modern Defence*, New Delhi: Centre for Air Power Studies and Knowledge World, 2006, p. 162.

克（Ehud Barak）暂停了航天局的所有工作，并主张逐步结束太空项目，以完成更优先的任务。但他的观点并没有在国防部占据主导地位。[①] 1984 年，国防部部长阿伦斯坚持要恢复太空计划。此后，以色列的太空计划有条不紊地向前推进。1984 年，以色列航天局与以色列航空工业公司合作建立国家太空知识中心，并与国防部签署协议开发以色列的首颗观测卫星。1988 年，以色列第一颗卫星发射成功。

在以色列半个多世纪的航天发展史上，有几位功勋人物，分别为尤瓦尔·尼曼、以撒·本-以色列（Isaac Ben-Israel）、伊兰·拉蒙等。尤瓦尔·尼曼教授是基本粒子物理学家，以色列太空研究和天文学领域的先驱之一，也是以色列航天局的创始人和第一任主席（1983~2005 年在任），于 1982~1984 年和1990~1992 年担任以色列科学技术部部长。以撒·本-以色列教授是以色列航天局现任主席，1998~2002 年担任以色列国防部国防研发局局长，也是以色列国家网络安全局和人工智能技术的负责人。伊兰·拉蒙是以色列第一名宇航员也是最有国际影响力的航天人物。20 世纪 90 年代中期，作为以色列航天局和美国国家航天局合作协议的一部分，伊兰·拉蒙上校被选为以色列第一位进入太空的宇航员。2003 年，拉蒙乘坐"哥伦比亚号"航天飞机进入太空，然而不幸的是，拉蒙上校与执行该任务的机组人员一起在"哥伦比亚号"的悲剧中丧生。[②]

### （三）发射侦察卫星

1988 年 9 月 19 日，以色列的第一颗卫星"奥菲克 1 号"（Ofeq-1，奥菲克在希伯来语中意为"地平线"）在特拉维夫南部的帕尔马希姆空军基地点火升空，标志着以色列正式迈入了太空时代。1988~2020 年，以色列陆续发射了一系列卫星（见表1），在太空领域扮演着重要角色。"奥菲克 1 号"的成功发射标志着以色列正式加入了一个自主开发、生产和发射卫星的国家组成的"太空俱乐部"，成为仅次于苏联（1957）、美国（1958）、法国（1965）、日本

---

① Deganit Paikowsky, *The Power of the Space Club*, p. 170.
② 为了纪念拉蒙的航天事迹及其代表的国际合作精神，自 2006 年起，以色列创立了伊兰·拉蒙国际太空年度会议（Ilan Ramon International Annual Space Conference），成为国际航天领域的重要交流平台。

（1970）、中国（1970）、英国（1971）、印度（1980）之后的第八大航天强国。①

从 1990 年开始，以色列使用"沙维特"运载火箭成功发射了"奥菲克"系列卫星。和"奥菲克 1 号"一样，1990 年发射的"奥菲克 2 号"也属于实验卫星，在轨运行不到 6 个月重返地球大气层。1995 年发射的"奥菲克 3 号"带有先进的光电有效载荷，其预期寿命增加了一倍多，能提供高质量的图像。2002 年成功发射的"奥菲克 5 号"是一颗侦察卫星，每隔一个半小时环绕地球一圈，能够传送高分辨率的彩色图像。② 然而，以色列的太空计划也遭遇了一些挫折，1998 年发射的"奥菲克 4 号"和 2004 年发射的"奥菲克 6 号"由于"沙维特"运载火箭故障未能将其准确地送入轨道而宣告失败。但这并未影响以色列太空探索的步伐。③ 总体而言，以色列的"奥菲克"系列卫星取得了巨大成功，发射成本相对低廉，其背后的动因是以色列致力于卫星的小型化。小型卫星更轻、效率更高、更节省燃料，每次发射可节省数十万美元。④

1996 年 5 月 16 日，以色列将其第一颗地球静止通信卫星送入轨道。此后，以色列发射了"阿摩司"系列通信卫星，即非洲–地中海轨道系统（Afro-Mediterranean Orbital System，AMOS）。2000 年和 2006 年，以色列发射了地球远程观测卫星（Earth Remote Observation Satellite，EROS）照片侦察系统，这种商用高分辨率遥感系统进一步增强了以色列的卫星技术。该系统还可以拍摄弹道导弹发射场的活动，以获得潜在打击的预警。⑤

以色列引领国际太空探索的一个方向是，发展微型卫星和纳米卫星。以色列的小型卫星项目发端于 20 世纪 80 年代以色列理工学院的"TechSat"学生项目。随着来自苏联的移民科学家的到来，该项目很快发展为一个专业的卫星

① Jocelyn Wills, *Tug of War：Surveillance Capitalism，Military Contracting，and the Rise of the Security State*, Montreal：McGill-Queen's University Press, 2017, p. 368.
② Eligar Sadeh, "Israel," in Stephen B. Johnson, ed., *Space Exploration and Humanity：A Historical Encyclopedia*, Washington, DC：NASA/ABC-CLIO, 2010, p. 1018.
③ Ajey Lele, *Asian Space Race：Rhetoric or Reality?* London：Springer India, 2013, p. 196.
④ Louis Brennan and Alessandra Vecchi, *The Business of Space：The Next Frontier of International Competition*, New York：Palgrave Macmillan, 2011, pp. 113-114.
⑤ Louis Brennan, Loizos Heracleous, and Alessandra Vecchi, *Above and Beyond：Exploring the Business of Space*, London：Routledge, 2018, p. 136.

项目。这也使以色列理工学院成为世界上为数不多的设计、建造和发射卫星的大学之一。[1] 1998 年 6 月，以色列将一颗由以色列理工学院开发的微型卫星"理工学院卫星 2 号（TechSat II）"送入轨道，重量只有 106 磅（约 48 千克），仅需 350 万美元，是小型化卫星的奇迹。[2] 它在离地球 516 英里（约 830 公里）的轨道上运行，装有微型摄像机、计算机和其他本土制造的空间硬件，用于通信技术、遥感、天文学和地球科学。[3] 此外，以色列还大力发展纳米卫星项目，并在该领域走在世界前列，以色列理工学院研制的"英克拉恩 1 号"（InKlajn-1）纳米卫星重量仅 12 千克，可精确救援定位和探测遇险信号。

**表 1　1988~2020 年以色列发射的主要卫星一览**

| 卫星系列 | 卫星名称 | 发射时间 | 卫星性质 | 成功与否 |
|---|---|---|---|---|
| 奥菲克系列 | 奥菲克 1 号 | 1988 年 | 军用 | 成功 |
| | 奥菲克 2 号 | 1990 年 | 军用 | 成功 |
| | 奥菲克 3 号 | 1995 年 | 军用 | 成功 |
| | 奥菲克 4 号 | 1998 年 | 军用 | 失败 |
| | 奥菲克 5 号 | 2002 年 | 军用 | 成功 |
| | 奥菲克 6 号 | 2004 年 | 军用 | 失败 |
| | 奥菲克 7 号 | 2007 年 | 军用 | 成功 |
| | 奥菲克 9 号 | 2010 年 | 军用 | 成功 |
| | 奥菲克 10 号 | 2014 年 | 军用 | 成功 |
| | 奥菲克 11 号 | 2016 年 | 军用 | 成功 |
| | 奥菲克 16 号 | 2020 年 | 军用 | 成功 |
| 阿摩司系列 | 阿摩司 1 号 | 1996 年 | 民用 | 成功 |
| | 阿摩司 2 号 | 2003 年 | 民用 | 成功 |
| | 阿摩司 3 号 | 2008 年 | 民用 | 成功 |
| | 阿摩司 5 号 | 2011 年 | 民用 | 成功 |
| | 阿摩司 6 号 | 2016 年 | 民用 | 失败 |
| | 阿摩司 17 号 | 2019 年 | 民用 | 成功 |

---

[1] Louis Brennan and Alessandra Vecchi, *The Business of Space: The Next Frontier of International Competition*, p. 114.

[2] Fred Ortenberg, *Israel in Space: Twenty Years of Exploration* (*1988-2008*), Haifa: Technion Press, 2009, p. 26.

[3] Deganit Paikowsky, "Israel's Space Program as a National Asset," *Space Policy*, Vol. 23, No. 2 (2007), pp. 90-96.

续表

| 卫星系列 | 卫星名称 | 发射时间 | 卫星性质 | 成功与否 |
|---|---|---|---|---|
| 微型卫星系列 | 理工学院卫星 2 号 | 1998 年 | 民用 | 成功 |
| 地球远程观测卫星系列 | 地球远程观测卫星 A | 2000 年 | 商用 | 成功 |
| | 地球远程观测卫星 B | 2006 年 | 商用 | 成功 |
| | 地球远程观测卫星 C | 2019 年 | 商用 | 成功 |
| 纳米卫星 | 英克拉恩 1 号 | 2011 年 | 民用 | 成功 |

资料来源：笔者根据相关资料绘制，参见 https：//www. space. gov. il/en。

### （四）启动探月工程

在取得一系列近地轨道探索成就的基础上，以色列开始加大深空探测力度，尤其是借助国际合作来推进。1995 年，以色列航天局与美国国家航天局签署合作协议，其中一项内容是将第一名以色列宇航员送上太空。2003 年，以色列宇航员伊兰·拉蒙搭乘美国"哥伦比亚号"航天飞机进入太空，在为期 16 天的太空使命中，拉蒙及其他航天员开展了超过 80 项太空科学实验。[①]为了增强深空探测能力，以色列发射了一系列深空探测器，其中由伊洛光电工业公司（El-Op）建造的特拉维夫大学紫外光探测器（TAUVEX），是一项重大国际太空研究项目的重要组成部分。[②]

值得注意的是，以色列还引领了民营机构探月活动。成立于 2011 年的以色列太空登陆组织（SpaceIL）是一家非营利性组织，致力于把第一个以色列航天器送上月球。该组织由 3 位以色列年轻的工程师雅里夫·巴什（Yariv Bash）、卡菲尔·达马里（Kfir Damari）和约拿单·温特劳布（Yonatan Winetraub）发起，致力于在尖端科技领域拥有一席之地。该组织参加了谷歌月球 X 大奖赛（Google Lunar X Prize，GLXP），并成为入围最终决赛的 4 个团队之一。谷歌月球 X 大奖赛给予首个制造无人航天器在月球表面软着陆、成

---

① Louis Brennan and Alessandra Vecchi, *The Business of Space：The Next Frontier of International Competition*, p. 113.

② Louis Brennan and Alessandra Vecchi, *The Business of Space：The Next Frontier of International Competition*, pp. 115-116.

功移动 500 米并传回高清照片和影像的非政府私人团队 3000 万美元的奖励,[①]因此吸引了世界范围内 33 个私人团队参加竞赛。

2019 年 2 月 21 日,以色列太空登陆组织设计的"创世记 1 号"月球探测器搭乘美国太空探索技术公司(SpaceX)的"猎鹰 9 号"火箭进入太空,6 周后成功进入月球轨道。2019 年 4 月 11 日,"创世记 1 号"在月球表面硬着陆最终坠毁,但它实现了大部分目标,被视为世界民营机构登月的开拓性项目。2020 年 12 月,以色列启动"创世记 2 号"航天器的活动,计划在 2024 年开展登月计划。通过对月球的探索,以色列太空登陆组织试图在以色列创造出"阿波罗登月效应"。该组织已成为以色列人的自豪,体现着以色列人的太空雄心。

## 三 威慑、预警、技术自主:以色列太空安全的支柱

以色列太空计划是务实思想的产物,其诞生主要是为了满足国家安全的需要。为确保国家安全和弥补缺乏战略纵深的劣势,以色列一直致力于借助科学技术寻求获得"不对称优势",而发展太空技术即是其改变战略劣势的核心手段之一。[②] 基于这种考虑,尽管自然资源极其匮乏、财政开支也相对紧张,但以色列仍投入大量人力、物力和财力用于太空研究和开发。以色列航天局创始人和第一任局长尤瓦尔·尼曼教授指出:"以色列没有自然资源。因此,其经济社会发展的本质是安全需求,这源于其唯一的资源:高素质的科技人才。毫不奇怪的是,我们通过采取行动加入了航天国家的'俱乐部'。"[③] 可以说,以色列的太空计划充分体现了科学技术对于维护国家安全的重要作用。

### (一)威慑

在以色列的安全战略中,威慑是一项基本原则,它同样也适用于太空

---

① Luciano Kay, *Technological Innovation and Prize Incentives: The Google Lunar X Prize and Other Aerospace Competitions*, Cheltenham, UK: Edward Elgar Publishing, 2012, p. 119.

② Deganit Paikowsky, *The Power of the Space Club*, p. 169.

③ Deganit Paikowsky and Isaac Ben Israel, "Science and Technology for National Development: The Case of Israel's Space Program," *Acta Astronautica*, Vol. 65 (2009), p. 1464.

领域。自建国起，以色列领导层就认为，由于其在数量和地理上的过度劣势，每一次冲突的结束都不意味着永久和平的到来，相反，失利的阿拉伯人时刻在蓄谋新一轮冲突。由于周边国家持久而强烈的敌意，以色列把威慑作为维护国家安全的核心手段，保持明显优于潜在对手的实力，通过威慑使对方决策者犹豫和推迟进入战斗状态。如果威慑失败，其目标则是通过快速的军事打击摧毁对手领土上的有生力量或战斗能力，以迅速而明确地结束战斗。在威慑的战略目标上，决定性的胜利是保持战争迅速结束和实现"累积威慑"所必需的。在实现"累积威慑"的过程中，每一轮威慑都将建立在前几轮战争成果的基础上。为了实现这些目标，以色列需要树立一种有能力的军事形象，如果受到攻击，将不成比例地进行报复。从长远来看，以色列在多轮战争中获胜的记录将促使其邻国停止否认其存在，并学会与之共存。① 与此同时，以色列借助非常规手段来加强威慑。作为中东地区最早发展核武器的国家，以色列把核武器作为安全保障，认为它将有助于说服对手接受以色列的存在，并在对手试图毁灭以色列时进行威慑。② 如果说，核武器是武装的威慑，那么太空计划则是"和平的威慑"（peaceful deterrence）。③ 以侦察卫星为代表的太空技术在国家之间的战略平衡方面发挥了重要作用，成为以色列对抗众多敌对国家的重要手段，也代表着以色列对于后者的技术优势。

通过发展太空计划，特别是以色列从本土向太空发射卫星，表明以色列有能力打击邻国军事目标，因为洲际弹道导弹和运载火箭的发射原理基本相似，它们在技术上的相近使两者之间的切换较为容易。因此，有能力向太空发射卫星的国家通常被认为具备向地球上的目标发射弹道导弹的能力。④ 作为和平利用太空的手段，运载火箭发射能力随时可以转化为军事打击能力，因此它具有

① Isaac Ben Israel and Deganit Paikowsky, "The Iron Wall Logic of Israel's Space Programme," *Survival*, Vol. 59, No. 4 (2017), p. 154.

② Louis Rene Beres, *Surviving Amid Chaos: Israel's Nuclear Strategy*, Lanham, MD: Rowman & Littlefield, 2016.

③ Isaac Ben Israel and Deganit Paikowsky, "The Iron Wall Logic of Israel's Space Programme," *Survival*, Vol. 59, No. 4 (2017), p. 162.

④ Kathleen C. Bailey, *Doomsday Weapons in the Hands of Many: The Arms Control Challenge of the '90s*, Champaign, Il: University of Illinois Press, 1991, p. 96.

强大的威慑力。就以色列而言，太空技术通常被用作威慑手段，主要体现在：通过卫星实现实时监测和情报搜集，监控和侦察敌对国家核心设施和军队移动情况，以便威慑对手试图改变现状的企图。以色列前空军司令大卫·埃维利少将（David Ivry）指出："对自身能力的感知和使用这些能力的意愿是威慑的重要组成部分。对太空能力的感知是以色列未来威慑的主要组成部分之一。因此，奥菲克1号、2号和3号的贡献远远超过任何人的估计。成像分辨率不是战略措施。战略措施是对以色列所展现出的能力的感知。不是我们拥有什么，而是敌人估计我们拥有什么。"[1]

## （二）预警

以色列国家安全的另一大支柱是情报搜集和预警能力，极端不利的安全环境促使以色列把情报和预警置于优先地位。以色列国土狭小，缺乏战略纵深，在面临突然攻击时特别脆弱，情报和预警对避免战略突袭和应对突然袭击至关重要。以色列高度关注敌方决策者意图的变化及其军事力量的准备程度，以便有足够的早期预警时间全面征募国防军（重点是预备役部队）。[2]借助先进的情报搜集和预警能力，可以增加军事预判能力和争取军队动员时间，从而将战争从本国的人口中心快速转移到敌方领土。为了加强预警能力，以色列建立了世界上最强大的情报机构之一——摩萨德。摩萨德被誉为可以与美国中央情报局、俄罗斯联邦安全局和英国军情六处相媲美的顶级情报机构。

20世纪80年代初以色列发展太空计划的初衷之一就是，在《埃以和平条约》签署后加强对埃及的军事侦察，这需要开发独立的天基情报系统。该条约规定以色列撤出西奈半岛，导致以色列原先的一些地面预警和情报搜集系统无法运行。而侦察卫星计划的启动提供了重要的替代解决办法。以太空技术为依托的卫星侦察技术在获取周边敌对国家情报、增强战略防御能力方面，发挥了至关重要的作用。以色列的太空计划把发展情报搜集系统作为重点，太空侦察手段有助于应对因缺乏战略纵深所带来的挑战。通过太空侦察技术，以色列

---

[1] David Ivry, "Space as a Strategic Arena in the Past, Present and Future," Fisher Institute for Air and Space Strategic Studies, 2006, p. 50.

[2] Charles D. Freilich, *Israeli National Security: A New Strategy for an Era of Change*, p. 24.

不仅能够有效应对与自己接壤的敌对国家的威胁，而且可以洞察那些距离自己较远的国家的威胁。①

### （三）技术自主

由于与邻国关系紧张，以色列一直试图从各种渠道获取情报。在20世纪60年代后期，以色列国防军从美国获取了一定数量的卫星图像；然而，这些卫星图像都经过了技术处理，分辨率降低，覆盖范围有限，且不实时。② 1973年第四次中东战争后，以色列开始开发独立的天基情报系统。在得知美国在战争期间扣留了通过侦察卫星获得的有关阿拉伯进攻编队的关键情报信息后，以色列更坚定了开发独立天基情报系统的信念。一位以色列国防部官员这样抱怨道："多年来，我们一直在恳求美国人提供从他们卫星上获得的更详细的照片，但是经常遭到拒绝，即使是在伊拉克飞毛腿导弹落在特拉维夫的时候……美国人也尽最大努力阻止所有人帮助我们建造自己的侦察卫星。"③

以色列人从历史中吸取的教训是，在事关民族命运问题上，外部社会不可依赖，而只能依靠自己。以色列领导人强调，自强和独立是应对迫害和敌对的根本方法。以色列力图通过发展太空计划和高科技实现自主和自强。以色列航天局局长以撒·本-以色列在谈及以色列太空计划的初衷时说道："以色列将太空计划视为一种技术驱动，是现代社会和先进信息化经济的关键，以及吸引高技术专业人员的资源。因此，以色列航天局希望保持和扩大以色列的相对优势，并使以色列位居航天国家的精英之列。"④

以色列缺少自然资源、土地贫瘠，科学技术成为该国的战略资源，而太空领域是尖端科技的汇集，与以色列技术密集型经济体十分契合。自以色列建国以来，技术和创新一直是以色列经济的主要催化剂。承认以色列在数量上与邻国相比始终处于劣势，促使以色列决策者把国家安全和经济发展建立在"质

① Isaac Ben-Israel and Deganit Paikowsky, "The Iron Wall Logic of Israel's Space Programme," *Survival*, Vol. 59, No. 4 (2017), p. 159.

② Kiran Krishan Nair, *Space：The Frontiers of Modern Defence*, p. 157.

③ Péricles Gasparini Alves, ed., *Evolving Trends in the Dual Use of Satellites*, Geneva：United Nations Institute for Disarmament Research, 1996, p. 40.

④ Deganit Paikowsky, et al., *Israel Celebrates Space*, Tel Aviv：Israel Space Agency, 2013, p. 4.

量高于数量"原则的基础上，并将科学和技术作为首要优先事项。拉蒙太空公司（Ramon. Space）的首席执行官阿维·沙巴泰（Avi Shabtai）说道："航天工业确实符合以色列初创企业的特点——企业家精神和深度技术。我们将看到越来越多新兴国家的公司进入这一领域。我相信以色列将成为空间创新的重要中心。"[1]

然而，以色列的太空计划也存在一些不利条件甚至是短板。以色列只能逆时针（即朝向地中海的方向）发射火箭，而不是国际上通常采用的顺时针发射方式，因为以色列国土面积过于狭小，东部邻近国家绝大部分是与其敌对的阿拉伯国家或伊斯兰国家，一旦以色列航天器过境这些国家，很容易被视为攻击目标遭拦截而导致试验失败。以色列本国没有条件优良的火箭发射场，许多情况下只能与其他国家合作借助别国发射场发射。[2] 受制于这些不利条件，以色列至今也没有开展载人航天的计划。为了不进入敌对国家领空，以色列选择了一条极不寻常的发射路径，以 143 度的倾斜角度朝西北的地中海方向发射。[3] 向西发射要比向东发射多损耗 30%的动能，从而限制了以色列航天器的载荷，它促使以色列发展尽可能小而精的航天器，这种小而精的思路与这个国家的发展特点高度契合。

# 四 "国家太空战略2010"与以色列太空生态系统建设

以色列的太空计划起步于 20 世纪 80 年代，但在很长时间里，以色列并没有形成太空战略。进入 21 世纪以来，以色列的安全环境和国际太空格局经历了重大变化与调整，出现了一些新的安全威胁，例如次国家行为体（哈马斯和黎巴嫩真主党）、大规模杀伤性武器的扩散、国际恐怖组织的蔓延;[4] 中东地区也开始了新一轮太空竞赛，伊朗、阿联酋、沙特等中东国家正积极发展

---

[1] Mandi Kogosowski, "Israel Will Become an Important Hub for Space Innovation," Israel Defense, July 27, 2021, https://www.israeldefense.co.il/en/node/51112.

[2] Todd Harrison, Kaitlyn Johnson and Thomas G. Roberts, *Space Threat Assessment* 2018, Washington, D. C.: Center for Strategic and International Studies, 2019, p. 38.

[3] Mike Gruntman, *Blazing the Trail: The Early History of Spacecraft and Rocketry*, Reston, VA: American Institute of Aeronautics and Astronautics, 2004, p. 453.

[4] Charles D. Freilich, *Israeli National Security: A New Strategy for an Era of Change*, pp. 69-70.

自己的太空计划。在此情况下，以色列亟须对自身的太空目标和政策进行调整。2009 年 11 月，时任以色列总统西蒙·佩雷斯和时任总理本雅明·内塔尼亚胡任命了一个由科学技术部总司长梅纳赫姆·格林布鲁姆（Menachem Greenblum）和以色列航天局局长以撒·本-以色列领导的工作小组审查以色列的太空项目，并为新的国家太空项目提供框架性建议。[①] 该工作小组的目标是制定以色列的国家太空战略。经过系统周密的调研，该工作小组于 2010 年 6 月提交了《作为国家工程的太空——可持续太空产业的以色列太空计划，太空活动总统特别工作小组最终报告》。[②] 该报告也被称为"国家太空战略 2010"（National Space Strategy 2010）。

"国家太空战略 2010"提出了以色列太空战略的主要目标（见图 1）。正如以色列国家航天局局长以撒·本-以色列强调的："以色列航天局的愿景是保持和扩大以色列的相对优势，并使以色列成为五大航天强国之一。"[③]

为了加快以色列太空计划的实施，"国家太空战略 2010"建议政府除国防相关的太空活动投资以外，未来五年每年另外拨款 3 亿新谢克尔（约 8300 万美元）用于太空研究和探索活动。[④] 值得注意的是，该战略把重点放在民用航天和科研活动上，使以色列能够在不断增长的全球太空市场上拥有更强的竞争力。与 20 世纪 80 年代的太空计划目标相比，除了通过发展太空技术满足国家安全需要以外，以色列在太空方面的目标还包括"使以色列在从事空间科学和空间技术发展的国家共同体中处于优势地位，扩大双边和多边空间合作，并在以色列相对强大的领域，特别是遥感和小型卫星领域，深入发展"[⑤]。2012 年 12 月 6 日，以色列经济部总干事签署了一项指令——《指令 8.24：鼓励太

① Deganit Paikowsky, *The Power of the Space Club*, p. 165.

② Deganit Paikowsky and Ram Levi, "Space as a National Project—An Israeli Space Program for a Sustainable Israeli Space Industry, Presidential Task-Force for Space Activity Final Report," Jerusalem: Israel Ministry of Science and Technology, June, 2010, in Hebrew.

③ Deganit Paikowsky, Ram Levi, and Isaac Ben Israel, "Israel's Space Strategy," in Eligar Sadeh, ed., *Space Strategy in the 21st Century: Theory and Policy*, London: Routledge, 2012, pp. 324-325.

④ Deganit Paikowsky and Isaac Ben-Israel, "India's Space Program: An Israeli Perspective on Regional Security," *India Review*, Vol. 10, No. 4 (2011), p. 397.

⑤ Deganit Paikowsky, Ram Levi, and Isaac Ben-Israel, "Israel's Space Strategy," in Eligar Sadeh, ed., *Space Strategy in the 21st Century: Theory and Policy*, p. 324.

主要目标

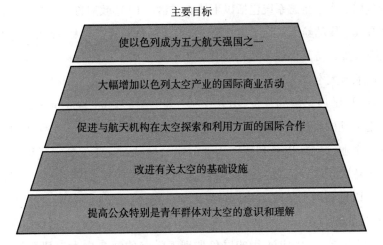

**图1 以色列"国家太空战略 2010"的目标**

资料来源：Daniel Barok，"Israel Space Agency：Vision，Objectives，Activities，"Israel Space Agency，February 2013，p. 5，http：//www. unoosa. org/pdf/pres/stsc2013/tech-63E. pdf。

空技术研发》（Directive 8.24：Encouragement of R&D in Space Technologies），以制订促进太空技术研发和创新的具体框架计划。[①] 该框架计划旨在刺激和支持太空领域的研发，进一步提高以色列的太空技术和能力，缩小以色列与主要航天强国之间的差距，提高以色列太空工业的竞争力。

在"国家太空战略 2010"的指引下，以色列在一些技术先进和体现国家能力的领域确立了相对领先的地位，特别是在遥感和微型卫星领域。以色列制造的卫星重量一般在 300~400 千克，有的微型卫星重量不足 50 千克，而纳米卫星的重量仅为 12 千克。以色列在太空领域引领了小型化、智能化的全球潮流，成为"迷你卫星"的先驱。[②] 这些优势领域的形成，在很大程度上得益于以色列构建起政府—产业界—学术界—私营太空部门的太空生态系统，在尖端技术领域实现了自主创新。

---

① Eytan Tepper，"New Israeli Civil Space Policy to Boost R&D and Commercial Space Industrial Base，"*New Space*，Vol. 2，No. 1（2014），p. 18.

② Michael C. Duke，"'Smaller Is Better' as Israel Launches Itself as Space Contender，"Jewish Herald-Voice，September 23，2010，https：//jhvonline. com/smaller - is - better - as - israel - launches-itself-as-space-contender-p9757-96. htm.

以色列的太空生态系统包括以下核心要素。(1) 政府部门，科学、技术与太空部及其下属的航天局处于核心地位。航天局负责所有的太空计划，包括制定国家太空政策、与其他航天机构合作。2013 年 4 月，以色列科学技术部更名为科学、技术与太空部（Ministry of Science, Technology and Space），增加了"太空"一词;① 随后，该部宣布 2013 年为"太空年"（the Year of Space），体现出对太空活动的高度重视。(2) 产业界，是指作为太空探索主要承包商的以色列军工企业，例如以色列航空工业公司（IAI）、拉斐尔公司（Rafael）、伊洛光电工业公司等，以色列全国约有 30 个行业参与了航天计划。(3) 学术界，例如以色列理工学院、特拉维夫大学、魏兹曼科学研究院、希伯来大学、本-古里安大学等都设立了太空研究项目，使以色列的太空计划建立在强大的学术基础上。成立于 1984 年的以色列理工学院的阿舍尔太空研究所（Asher Space Research Institute at Technion）发挥了重要作用。(4) 私营太空部门，目前以色列涉及太空领域的私营企业有 40 多家。② 私营太空部门在以色列的登月计划中发挥了至关重要的作用，它们得到了以色列产业界的大力支持，激发出了巨大的创造力和想象力。

除了自主创新以外，以色列还与美国、欧洲、印度、法国、意大利等国家和地区的航天机构积极开展国际合作，形成了自主创新+国际合作的太空开发模式。以色列积极开展国际太空合作。2015 年 10 月，以色列成为联合国和平利用外层空间委员会（United Nations Committee on the Peaceful Uses of Outer Space）的会员国。2016 年 2 月，以色列航天局加入联合国太空事务委员会（United Nations Committee on Space Affairs）。③ 与以色列航天局签署了合作协议并联合开展太空探索的航天机

---

① Judy Siegel-Itzkovich, "Science, Technology Ministry Adds 'Space' to Name," *The Jerusalem Post*, April 14, 2013, https：//www. jpost. com/Health - and - Science/Science - Technology - Ministry-adds-Space-to-name-309821.

② Adi Ninio Greenberg, "Space Week 2020：Meet the Startups Propelling Israel's SpaceTech Industry," Start-up Nation Central, January 28, 2020, https：//blog. startupnationcentral. org/general/israel-space-tech-spacetech-startups-satellites/.

③ TOI Staff, "Israel Boldly Goes into Prestigious UN Space Body," *The Times of Israel*, October 29, 2015, https：//www. timesofisrael. com/israel-boldly-goes-into-prestigious-un-space-body/; Judy Siegel-Itzkovich, "Israel to Become Official Member of UN Committee on Space Affairs," *The Jerusalem Post*, February 3, 2016, https：//www. jpost. com/business - and - innovation/health - and - science/israel-space-agency-signs-cooperation-with-un-office-for-space-affairs-to-spread-good-443705.

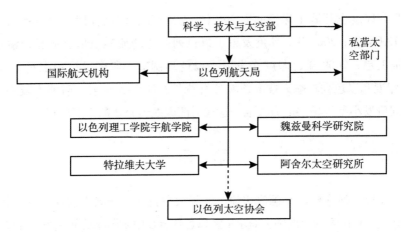

**图 2　以色列太空生态系统的组成部分**

资料来源：笔者根据相关资料绘制，参见 Space Studies Program, *A Roadmap for Emerging Space States*, Cork, Ireland：International Space University, 2017, p. 86。

构有：美国国家航天局（NASA）、欧洲航天局（ESA）、法国国家太空研究中心（CNES）、意大利航天局（ASI）、印度太空研究组织（ISRO）等。2003 年 6 月，以色列被接纳为欧洲航天局的参与成员，欧洲航天局允许以色列参与欧洲空间项目，并提交联合开发项目的提案。[1] 在以色列的国际太空合作伙伴中，美国与印度具有十分重要的地位。以色列与美国的太空合作是全方位的，不仅在民用领域，而且在军事领域。以色列航天局自 20 世纪 80 年代初建立起，就与美国国家航天局建立了密切的合作关系，其中最著名的合作项目是以色列航天员伊兰·拉蒙接受美国国家航天局训练登上 "哥伦比亚号" 航天飞机。2015 年，以色列国防部与美国太空司令部达成关键信息共享的协议。[2] 2015 年，以色列航天局与美国国家航天局在太空安全领域签署了新的合作协议，达成关键信息共享的协议。[3]

[1] Louis Brennan and Alessandra Vecchi, *The Business of Space：The Next Frontier of International Competition*, p. 115.

[2] "U. S. Strategic Command Signs Space Data-sharing Agreement with Israel," U. S. Strategic Command Public Affairs, August 12, 2015, https：//www. stratcom. mil/Media/News/News – Article – View/Article/983672/us-strategic-command-signs-space-data-sharing-agreement-with-israel/.

[3] "NASA Signs Agreement with Israel Space Agency to Expand Partnership in Space Exploration," NASA, October 16, 2015, https：//www. nasa. gov/feature/nasa – signs – agreement – with – israel – space-agency-to-expand-partnership-in-space-exploration.

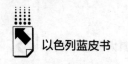

以色列与印度也开展了深度的太空合作。2003 年，印度发射了以色列制造的卫星 TAUVEX；2008 年，印度发射了以色列制造的侦察卫星合成孔径雷达技术验证卫星；2009 年，印度又发射了以色列制造、印度操控的卫星 Rinsat - 1。① 印度和以色列在航天技术领域各有特长，印度的本土发射能力较强，而以色列研发小型卫星的能力很强，这成为两国航天合作的重要契机。

# 结　语

对于以色列这样的小国家来说，发展太空技术、开展太空探索并非易事。尽管如此，在国家安全的强大需求下，以色列走在中东国家的前列率先开展太空探索，不仅是中东地区第一个具备自主制造运载火箭并把卫星送入太空能力的国家，而且在小卫星的技术领域位于世界前列，也是私营机构执行登月计划的先驱。经过几十年的发展，以色列在太空的角力场上拥有了一席之地，能够独立自主地发射和运行先进的卫星系统，被视为航天领域的中等强国。在航天领域，美国、俄罗斯、中国被视为第一梯队，欧盟、印度、日本、以色列等被视为第二梯队。② 在国家安全需求的驱动下，以色列在一些关键领域（小型卫星、小型卫星地面发射器、通信卫星领域）取得了重大技术突破。以色列国防部太空部门负责人哈伊姆·埃舍德（Hayim Eshed）自豪地说："除了美国人之外，我们在卫星技术的两个领域——照片分辨率和图像质量——都优于所有其他国家。"③

在当今世界，太空技术的重要性不言而喻，国家安全、经济发展、科技进步乃至国际地位都有赖于太空技术的发展。在国家安全需求的强大驱动下，以色列的太空发展道路很明确，即寻求用太空技术维护国家安全和在太空领域的区域主导地位。④ 以色列充分借助太空探索这种尖端技术来维护国家安全，极

---

① Deganit Paikowsky and Isaac Ben-Israel, "India's Space Program: An Israeli Perspective on Regional Security," *India Review*, Vol. 10, No. 4 (2011), p. 397.

② Zeev Shapira and Gil Baram, "The Space Arms Race: Global Trends and State Interests," *Cyber, Intelligence, and Security*, Vol. 3, No. 2 (2019), pp. 8, 20.

③ Louis Brennan and Alessandra Vecchi, *The Business of Space: The Next Frontier of International Competition*, pp. 112–113.

④ Deganit Paikowsky, Isaac Ben-Israel, and Tal Azoulay, "Israeli Perspective on Space Security," in Kai-Uwe Schrogl, et al., eds., *Handbook of Space Security: Policies, Applications and Programs*, New York: Springer, 2015, p. 495.

大地拓展了传统的国家安全概念，把太空安全纳入总体国家安全，并形成以威慑、预警、技术自主为三大支柱的太空安全观。以色列的太空计划及其成功执行表明，太空安全与总体国家安全相互补充、互为促进：国家安全驱动了太空技术的发展，反过来太空技术维护了国家安全。

另外，太空技术也是国家创新能力的突出体现，代表着一国在尖端技术领域的水平，积极发展太空相关的产业是构建创新生态系统、建设创新型国家的重要内容。就以色列而言，"国家太空计划使以色列能够最大限度地利用国家仅有的资源——高素质的人力资源和追求卓越的奋进动力。为了保持其太空领域的优势，以色列必须继续在工业部门和学术机构建立知识中心，鼓励创新和创业精神，这是在全球化和信息时代取得成功的关键。太空研究吸引了高素质的科学技术专业人员，在这一领域开展的研究促进了以色列科学技术的进步。"[1] 经过半个多世纪的太空探索和技术创新，以色列走出了一条独特的太空发展道路，既有力应对了国家安全威胁，又带来了可观的科技和产业效益，彰显了"小国家，大梦想"的创新文化基因。

---

[1]　Deganit Paikowsky, et al. , *Israel Celebrates Space*, p. 3.

# B.11
# 以色列的创新竞争力及最新科技成就

魏通 邓燕平*

**摘 要：** 以色列被誉为"创新的国度"，多年来始终坚持创新驱动发展战略。为减轻新冠肺炎疫情的影响，克服制约科技发展的不利因素，以色列政府精准施策，不断推出新的激励措施，促进初创企业融资、科技人才就业，并提高科技行业阿拉伯人口的占比。在政府科技政策的助推下，2020~2021年以色列的技术创新继续保持强劲势头，在新冠病毒检测和抗新冠病毒药物、生命科学与生物工程、电子工业技术、人工智能、新能源汽车技术、航空航天技术等领域取得了多项突破性进展。

**关键词：** 以色列 创新竞争力 科技政策 最新科技成就

在世界多极化和经济全球化进程不断加深的今天，增强创新竞争力是各国保持发展优势与提升国际影响力的关键。自1948年建国以来，以色列克服地缘局限与资源障碍，实施科教兴国战略，充分利用第三次科技革命带来的契机，发展技术导向型和出口导向型产业，成为"创新的国度"。

2020~2021年新冠肺炎疫情在全球肆虐，世界各国科技发展受到广泛影响，以色列也不例外。新冠肺炎疫情使初创企业融资更加困难，科技公司招聘技术人才的难度也随之提升。然而，在这种情况下，以色列高科技行业（如生物医疗、网络安全等）却逆势上扬，吸引着全世界的风险投资。同时，以色列新兴科技成果频出，高科技产业在国民经济中占据着越来越重要

---

\* 魏通，郑州大学历史学院硕士研究生；邓燕平，郑州大学历史学院讲师。

的地位。① 以色列高科技产业之所以能够克服新冠肺炎疫情的不利影响，在逆境中仍取得不俗成绩，与政府实施的科技政策不无关系。本报告着重分析近年来以色列的创新竞争力和最新科技成就，同时探究以色列应对科技发展制约因素的措施，以为我国提供镜鉴。

## 一　以色列的创新竞争力

创新竞争力是衡量国家科技发展水平乃至综合国力的重要指标。本报告主要根据影响力较大的《全球创新指数》②、《彭博创新指数》③、《全球竞争力报告》④ 和《IMD 世界竞争力年鉴》⑤ 中的数据考察疫情以来以色列创新竞争力的变化。

在 2021 年《全球创新指数》的总排名中，以色列排在全球第 15 名，较

---

① 根据以色列创新局（IIA）发布的《2021 年创新报告》，2020~2021 年，以色列高科技行业从业人员占全国总人口的 10%，创造了 15% 的国内生产总值（GDP），缴纳税收占全国总所得税的 25%，高科技出口占全国总出口额的 43%。参见 Israel Innovation Authority, *2021 Innovation Report*, October 2021, https://innovationisrael.org.il/sites/default/files/The%20Israel%20Innovation%20Report%202021.pdf。

② 《全球创新指数》（*The Global Innovation Index*）最早由世界知识产权组织（World Intellectual Property Organization, WIPO）、康奈尔大学（Cornell University）和欧洲工商管理学院（INSEAD）创办于 2007 年，旨在帮助全球决策者更好地制定政策，促进创新。2021 年由世界知识产权组织和 Portulans 研究所发布的第 14 版《全球创新指数》，考察了全球 132 个经济体的 7 个支柱指数，每个支柱指数包含 3 个次级指数，每个次级指数又包含 2~5 个不等的指标，共计 81 个指标。

③ 《彭博创新指数》（*Bloomberg Innovation Index*）是由美国彭博社（Bloomberg）发布的衡量经济体创新力水平的指标体系报告，每个经济体均用 7 个权重相同的指标进行打分，即研发强度、制造业附加值、高科技公司密度、科研人员比率、专利注册、生产效率和高等教育效率。被纳入评价的经济体超过 200 个，但只公布创新排名前 60 的国家。

④ 《全球竞争力报告》（*The Global Competitiveness Report*）是由世界经济论坛（World Economic Forum, WEF）发布的衡量国家中长期经济增长能力的年度报告。评价指标包括创新能力、市场规模、金融市场成熟度、基础设施、技术水平、教育水平、制度、宏观经济环境、健康与基础教育、商品市场效率、劳动力市场效率、商业成熟度 12 个支柱指数，2012 年后又将"可持续发展竞争力指数"纳入衡量标准。

⑤ 《IMD 世界竞争力年鉴》（*IMD World Competitiveness Yearbook*）是由瑞士洛桑国际管理学院发布的世界主要国家或地区竞争力排名和分析，其数据分为经济表现、政府效率、企业效率和基础设施四个大类，其中基础设施包含科学基础设施和技术基础设施，是考察对象国科技发展情况的重要依据之一。

2020年下降2个名次。具体来看，以色列的知识和技术产出（第6名）、市场成熟度（第8名）和商业成熟度（第8名）3项支柱指数均排在世界前列，创新关联（第1名）、知识传播（第2名）两项次级指数排在全球前两名。此外，2021年以色列的投资（第7名）、研发（第8名）、网络创意（第9名）3项次级指数排在全球前10名，其中，投资和网络创意两项次级指数排名较2020年均有明显上升（见表1）。与其他中东国家相比，以色列遥遥领先于阿拉伯联合酋长国（第33名）和土耳其（第41名）。

**表1 以色列在《2021年全球创新指数》中各项指数的得分和排名**

| | | 支柱 | 2020年 | | 2021年 | | 次级指数 | 2020年 | | 2021年 | |
|---|---|---|---|---|---|---|---|---|---|---|---|
| | | | 得分 | 排名 | 得分 | 排名 | | 得分 | 排名 | 得分 | 排名 |
| 全球创新指数 | 创新投入 | 制度 | 75.6 | 35 | 76.2 | 34 | 政治环境 | 75.8 | 32 | 76.6 | 28 |
| | | | | | | | 监管环境 | 67.6 | 57 | 68.6 | 53 |
| | | | | | | | 商业环境 | 83.4 | 24 | 83.4 | 24 |
| | | 人力资本和研究 | 55.1 | 15 | 51.6 | 19 | 教育 | 53.5 | 43 | 58.1 | 38 |
| | | | | | | | 高等教育 | 34.7 | 59 | 28.6 | 77 |
| | | | | | | | 研发 | 77.0 | 3 | 68.0 | 8 |
| | | 基础设施 | 51.1 | 40 | 50.2 | 40 | 信息与通信技术 | 80.7 | 31 | 78.6 | 45 |
| | | | | | | | 普通基础设施 | 31.5 | 43 | 33.7 | 45 |
| | | | | | | | 生态可持续 | 41.0 | 36 | 40.3 | 35 |
| | | 市场成熟度 | 61.4 | 14 | 66.8 | 8 | 信贷 | 49.3 | 38 | 48.0 | 39 |
| | | | | | | | 投资 | 64.1 | 12 | 74.4 | 7 |
| | | | | | | | 贸易、竞争和市场规模 | 70.7 | 33 | 77.9 | 36 |
| | | 商业成熟度 | 63.7 | 3 | 58.7 | 8 | 知识型工人 | 61.4 | 12 | 61.2 | 15 |
| | | | | | | | 创新关联 | 81.6 | 1 | 82.1 | 1 |
| | | | | | | | 知识吸收 | 48.2 | 18 | 33.0 | 48 |
| | 创新产出 | 知识和技术产出 | 55.6 | 4 | 55.9 | 6 | 知识创造 | 52.9 | 12 | 53.8 | 12 |
| | | | | | | | 知识影响 | 40.9 | 17 | 42.2 | 21 |
| | | | | | | | 知识传播 | 72.9 | 2 | 71.8 | 2 |
| | | 创意产出 | 35.9 | 26 | 36.3 | 30 | 无形资产 | 27.6 | 65 | 27.5 | 75 |
| | | | | | | | 创意产品与服务 | 30.8 | 24 | 31.2 | 23 |
| | | | | | | | 网络创意 | 57.6 | 13 | 59.0 | 9 |

资料来源：WIPO, *The Global Innovation Index 2021*, p.97; Cornell University, INSEAD & WIPO, *The Global Innovation Index 2020*, p.269。

在 2021 年《彭博创新指数》的总排名中，以色列排在全球第 7 名，较 2020 年下降 1 名。就 7 项支柱指数而言，以色列的研发强度连续 3 年排在全球第 1 名，研究人员集中度也在 2021 年重回榜首，高科技公司密度连续 3 年排在全球第 5 名，专利注册下降 1 名，但仍排在全球第 8 名。以色列的以上 4 项支柱指数向来具有明显的比较优势，2021 年的数据说明这些优势仍得以保持。其他指数中，生产效率排在全球第 18 名，高等教育效率则排在第 34 名，较 2020 年均略有下降（见表 2）。

表 2　2019~2021 年《彭博创新指数》中各项指标与上年对比

| 年份 | 总排名 | 研发强度 | 制造业附加值 | 生产效率 | 高科技公司密度 | 高等教育效率 | 研究人员集中度 | 专利注册 |
|---|---|---|---|---|---|---|---|---|
| 2021 年 | 7 | 1 | 30 | 18 | 5 | 34 | 1 | 8 |
| 2020 年 | 6 | 1 | 31 | 15 | 5 | 32 | 2 | 7 |
| 2019 年 | 5 | 1 | 33 | 8 | 5 | 36 | 2 | 4 |

资料来源：笔者根据 2019~2021 年《彭博创新指数》中的数据绘制。

2020 年，受新冠肺炎疫情影响，世界经济论坛未发布该年度全球竞争力排名，而是代之以《全球竞争力报告 2020 年特别版》。该报告阐述了经济复苏的 11 个优先事项，评估了包括以色列在内的 37 个国家为复苏和未来经济转型做出的准备，发现"虽然没有一个国家为复苏和经济转型做好充分准备，但有些国家比其他国家处于更好的位置"[1]。在"经济转型准备情况"的总体得分中，以色列得分为 62.7 分，与法国、德国和比利时并列第 3 名，仅次于芬兰和瑞典。而在瑞士洛桑管理学院（IMD）发布的《2021 年世界竞争力年报》中，以色列总排名为全球第 27 名（2019 年和 2020 年分别为第 24 名和第 26 名），其中，科学基础设施和技术基础设施分别排在全球第 5 名和第 15 名。

总体来看，以色列在各排行榜上仍处于全球领先地位，国内市场更加成熟，科技创业公司的发展模式从快速套现向规模发展转变，制造业附加值逐

---

[1] World Economic Forum, *The Global Competitiveness Report*, *Special Edition 2020*, December 2020, https://www3.weforum.org/docs/WEF_TheGlobalCompetitivenessReport2020.pdf.

步提升。① 以色列在几个主要排行榜上的总排名连续两年下降，尽管幅度较小，仍引起了其国内相关部门的重视。以色列创新局将其归因于国家投资（State Investment）所占比例降低，以色列创新局（IIA，原经济部首席科学家办公室）发布的《2021 年创新报告》指出，尽管以色列研发总支出占国内生产总值（GDP）的比例仍处于世界领先水平，但以色列创新局获得的国家投资占财政预算的比例已由 21 世纪初的 1% 下降到 2021 年的 0.5%，相当于 GDP 的 0.15%。而在欧盟、韩国和美国等其他发达国家或地区，创新部门获得的国家投资 GDP 的比例普遍在 0.6%~1%。② 除此之外，亚洲经济体创新能力日渐增强，也对以色列构成一定的压力。例如，2020 年新加坡在《彭博创新指数》的总排名中反超以色列，排在全球第 3 名；而最近两年在《全球创新指数》的总排名中，韩国、中国、日本等相继超过以色列（见表 3）。这些经济体在基础设施和创意产出方面的表现普遍优于以色列，近年来在市场成熟度和商业成熟度等方面也不断缩小与以色列的差距，以色列的比较优势有所弱化。

表 3　2019~2021 年部分亚洲经济体在《全球创新指数》中的总排名

| 年份 | 韩国 | 中国 | 日本 | 以色列 |
| --- | --- | --- | --- | --- |
| 2019 | 11 | 14 | 15 | 10 |
| 2020 | 10 | 12 | 16 | 13 |
| 2021 | 5 | 12 | 13 | 15 |

资料来源：笔者根据 2019~2021 年《全球创新指数》中的数据绘制。

## 二　疫情背景下以色列政府的科技促进政策

多年来，以色列能够在激烈的全球竞争中始终保持科技强国地位，得益于不断优化的科技促进政策。面对制约科技进一步发展的诸多因素，如高端人才

---

① Mike Wagenheim, "Israel Going from 'Start-Up Nation' to Scale-Up Nation," *The Jerusalem Post*, November 19, 2021, https://www.jpost.com/israel-news/israel-going-from-start-up-nation-to-scale-up-nation-685447.

② Israel Innovation Authority, *2021 Innovation Report*, October 2021, https://innovationisrael.org.il/sites/default/files/The%20Israel%20Innovation%20Report%202021.pdf.

的流失和后继乏力、科技研发的国民参与率（尤其是阿拉伯人与正统派犹太人的参与率）较低、科技水平地区差别大、全球竞争态势下比较优势的弱化等问题，[1] 以色列政府曾多次推出改善措施，如通过"创新2012"计划来应对全球化挑战、维持并增强高科技产业的优势地位并提升传统产业地位。但近年来以色列仍面临初创企业融资困难、阿拉伯人科技参与率低等问题。针对以上问题，以色列政府精准施策，连续推出一系列新的激励措施。

## （一）促进投资与融资

2020年5月，以色列财政部、经济产业部、资本市场管理局、以色列证券管理局和以色列创新局共同推出一项财政计划，推动以色列机构投资者[2]对成熟期（advanced-stage）高科技公司进行投资。参与者在投资高科技公司失败时仍能获得40%的收益率保证；而如果投资获利，仅需将收益较同期政府债券收益高10%支付给以色列创新局作为回报。[3] 该计划缓解了疫情给高科技公司带来的财务压力，使之较易获得更多的机构投资。以色列经济产业部部长阿米尔·佩雷茨（Amir Peretz）表示："这是一项旨在应对新冠肺炎疫情挑战的计划。高科技是推动以色列工业增长的引擎，加强高科技产业将促进经济和当地就业。"该计划由以色列创新局监督实施，预计将为高科技行业注入20亿新谢克尔（约合6亿美元）发展资金。

为了应对新冠肺炎疫情带来的挑战，以色列政府还积极推动本国生物医疗企业与国外机构的合作。2020年4月，以色列创新局与欧洲投资银行（EIB）签署了一份合作协议，为医疗保健生物融合领域寻找投资。作为合作的一部分，欧洲投资银行向总部位于海法的以色列普利干细胞疗法公司（Pluristem Therapeutics Inc.）提供了5000万欧元（约合5400万美元）的投资，支持再

---

① 李晔梦：《以色列科研体系的演变》，社会科学文献出版社，2021，第282~289页。

② 机构投资者（Institutional investors），是指用自有资金或者从分散的公众手中筹集的资金专门进行有价证券投资活动的法人机构，按其主体性质可划分为企业法人、金融机构、政府及其机构等。

③ "Israeli Government Approves Program to Promote Institutional Investment in Advanced-Stage Israeli High-Tech Companies," Israel Innovation Authority, May 26, 2020, https：//innovationisrael. org. il/en/news/israeli-government-approves-program-promote-institutional-investment-advanced-stage-israeli.

生细胞疗法的研发。2020 年 4 月初，该公司的 PLX 细胞治疗产品挽救了 6 名以色列危重新冠肺炎患者的生命。以色列经济部首席科学家兼以色列创新局主席阿米·阿贝尔鲍姆（Ami Appelbaum）博士表示，生物融合将生物学与工程、人工智能、物理学、计算机、纳米技术和材料科学结合起来，将成为以色列"下一个经济增长引擎"，"而欧洲投资银行和以色列创新局之间的合作为推进这一领域的发展提供了独特的机会"。①

相较于成熟的大型科技公司，以色列政府更加重视中小型初创企业的融资和发展。2021 年 1 月，以色列创新局推出"混合种子激励计划"（Hybrid Seed Incentive Program），以鼓励对开发创新产品的初创公司进行初始投资。计划内容如下：申请参与计划的初创公司首先向以色列创新局提交与风险投资者签订的投资协议，一旦获得批准，该公司将收到以色列创新局和风险投资者的共同投资，以色列创新局占股 40%（最多不超过 350 万新谢克尔；如果初创公司位于偏远地区或创始人来自在高科技行业代表性不足的群体，以色列创新局可占股 50%），风险投资者占股 60%（或 50%）；投资期头 3 年内或进行重大募资前，风险投资者可以选择购买以色列创新局的股份，只需在原价的基础上多付 5% 的利息即可，这样政府就收回了之前的投资。通过该计划，政府将承担初创公司早期投资风险的 40%，既能直接帮助初创企业融资，又减少了风投资本的压力，有利于间接吸引更多社会资本投入初创企业。②

同时，以色列创新局还推出了"技术孵化器计划"（Technological Incubator Program）第 4 期，旨在应对不断变化的以色列创业生态系统，并专注于生命科学、生物融合、农业、食品、工业 4.0、可持续发展、人工智能（AI）、量子计算等复杂高科技领域。该计划将为每个被选中的技术孵化器运营商提供最高可达 200 万新谢克尔（约合 61 万美元）的拨款，用于建设中心实验室，在最长 5 年内（可选择延长 3 年）协助企业开发和测试产品、评估技术可行性以

① "The European Investment Bank（EIB）and the Israel Innovation Authority Agreed to Cooperate in the Globally Emerging Field of Bio-Convergence," Israel Innovation Authority, April 30, 2020, https：//innovationisrael. org. il/en/news/eib - israel - innovation - authority - collaboration - on - health-and-bio-convergence.

② "Co-Investment Opportunity with the Israel Innovation Authority in Early-Stage Startups Operating in High Risk," Israel Innovation Authority, January 6, 2021, https：//innovationisrael. org. il/en/program/seed-incentive-program.

及营销开发。据悉，即将结束的"孵化器计划"第 3 期包括 9 个技术孵化器，自 2013 年以来共孵化 317 家企业（其中 212 家已完成孵化），筹集资金共 7.23 亿美元。①

在以色列政府多部门协作推出的创新激励政策作用下，2021 年以色列科技公司迎来创纪录的投资热潮。根据非营利性组织创业国家中心（Start-up Nation Central）的统计，2021 年以色列科技公司共筹集了 254 亿美元融资，比 2020 年同期增加了 136%，增幅远超全球平均水平（71%）和美国（78%）；新增 33 家独角兽企业②，共计达到 53 家。其中，"巨型融资轮次"③（mega-rounds）的数量从 2020 年的 22 次攀升至 2021 年的 74 次，达到 147.7 亿美元，比 2020 年增加 310%，占融资总额的一半以上。从融资方式看，首次公开募股（IPO）数量从 2020 年的 22 起猛增至 2021 年的 57 起，累计融资 40 亿美元；10 家公司通过特殊目的收购公司上市（SPAC），累计融资 49 亿美元；2021 年企业并购的数量从 2020 年的 91 起增加到 119 起，总价值则几乎翻了一番，从 40 亿美元增至 76 亿美元，其中 39 起是初创公司被收购，创历史新高，表明以色列创新生态系统正在日益成熟。从投资领域看，金融科技、企业互联网技术与数据基础设施、安全技术（以网络安全为主）是吸引投资最多的三个行业，共占全年募集资金的 65%。美中不足的是，2021 年种子轮的投资增长并不突出，仅从 2020 年的 6.7 亿美元增加到 7.94 亿美元；当然，种子轮的报告往往时间滞后，未来几年的最终总数可能有更大幅度的增长。④

## （二）吸引人力资源

在人力资源方面，以色列科技企业面临两难境遇。一方面，经验丰富的专

---

① Meir Orbach, "Israel Innovation Authority Launches $25 Million Seed Incentive Program," Ctech, January 6, 2021, https：//www.calcalistech.com/ctech/articles/0, 7340, L-3886051, 00. html.

② 独角兽企业指的是估值达到 10 亿美元以上的未上市创业公司，不同机构对以色列独角兽企业数量的统计不同，本报告以创业国家中心的数据为准。

③ 指单轮融资 1 亿美元以上的融资轮次。

④ "2021 Was the Best Ever Year for Israeli Tech：$25 Billion Raised and a Record Number of Unicorns and Mega Rounds," Start-up Nation Central, December 13, 2021, https：// startupnationcentral. org/news/start-up-nation-central-summarizes-2021-a-record-breaking-year-for-israeli-tech-25-billion-raised-and-an-unprecedented-number/.

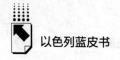

业技术人员短缺。根据以色列创新局和创业国家中心联合发布的《2020 年高科技人力资本报告》，以色列高科技企业仍需 13000 名有经验的专业技术人员。① 另一方面，尽管毕业生数量逐年递增且其中 1/4 为高科技相关专业，但是在初创科技企业无力支付培训费用的前提下，毕业生缺乏工作经验使科技公司进一步发展面临困难。

为消解上述矛盾，帮助求职者融入急需人才的高科技行业，以色列创新局在 2020 年年底推出 "人力资本基金"（Human Capital Fund）和 "紧急培训计划"（Emergency Training Program）两个项目，在提交申请的 180 家培训机构和企业中选择了 62 家进行资助，总金额达 1. 39 亿新谢克尔（约 4300 万美元），将培训 9000 名员工并把他们安置到高科技行业。② 两项新计划不仅为初创科技企业节省了培训经费，解决了年轻毕业生的就业问题，还将促进女性、少数族裔和极端正统派融入高科技研发产业，不断优化产业人口结构，使高科技产业变得更加可持续。

### （三）提高阿拉伯人的科技参与率

多年来，少数族裔尤其是分布在以色列南北两端的阿拉伯社区的阿拉伯人口在高科技领域的参与率一直较低，既阻碍了科技人才储备，也不利于区域协调发展和社会稳定。尽管之前以色列政府多次提出要改善这一局面，但出于各种原因均未取得良好效果。2021 年 6 月，贝内特与拉皮德联盟拉拢了阿拉伯政党拉姆党领导人曼苏尔·阿巴斯（Mansour Abbas），条件之一就是将 "开发以色列阿拉伯社区五年计划"（下称 "922 计划"）③ 的预算增加一倍，其中就包括在阿拉伯社区推进高科技产业的发展计划。

---

① Israel Innovation Authority & Start-up Nation Central, *2020 High-Tech Human Capital Report*, p. 6.

② James Spiro, "Israel Innovation Authority Approves \$ 43 Million Budget for 62 Programs to Train High-Tech Employees," Ctech, December 30, 2020, https://www.calcalistech.com/ctech/articles/0, 7340, L-3884763, 00. html.

③ "开发以色列阿拉伯社区五年计划" 又称 "922 计划" 或 "922 号政府决议"（Government Resolution 922），制定于 2015 年，计划在 2016~2020 年投资 120 亿~150 亿新谢克尔到阿拉伯社区，以提高阿拉伯人就业率、缩小阿拉伯人与犹太人之间的鸿沟。但一些学者认为 "922 计划" 并没有达到预期效果，阿拉伯社会的失业率和犯罪率并没有下降，阿以冲突加剧。参见 Yaniv Sharon, Tal Kaspin, "Huge Investments into Arab Public See Unexpected Consequences: Rising Unemployment," *Davar*, January 20, 2022, https://en. davar1. co. il/355648/。

2021 年 11 月，以色列政府批准了新的"阿拉伯社区经济发展五年计划"，即"550 号政府决议"（GR-550），其阿拉伯语名字为"تقدم"（英语转写为 Takadum），意为"进步"（progress）。根据政府公布的文件，"550 号政府决议"的财政预算为 300 亿新谢克尔（约合 96 亿美元），是"922 计划"投资预算的 2 倍多，内容更是涉及教育、就业、交通、住房、高科技发展、旅游业等多个领域，其中涉及教育、科技与就业领域的措施见表 4。

表 4 "550 号政府决议"涉及教育、科技与就业领域的措施

| 类别 | 预算<br>（亿新谢克尔） | 主要内容 |
|---|---|---|
| 中小学与高等教育 | 94 | 扩大阿拉伯高中差异化预算（向低年级倾斜）；提高阿拉伯学生大学录取率和"国际学生评估项目"（PISA）分数；培训教师、建设教室、减少辍学；增强学生数字素养、语言能力（希伯来语和阿拉伯语）、早期 STEM * 接触；通过非正式教育培养社会价值观和领导力；增加高等教育奖学金 |
| 就业 | 14 | 指导、培训阿拉伯人进入高薪行业；通过招聘、激励、监督和法规，促进公私部门的多样性和包容性；确保青年项目和就业服务的有效性；关注阿拉伯社会的技术和 STEM 领域，并在阿拉伯社会创造就业机会 |
| 工业区 | 4.75 | 新建工业区，并扩大现有工业区。增加地方政府从工业区获得的收入（租金、税收） |
| 商业发展和生产力 | 2.36 | 支持中小企业（包括获得信贷），并特别关注女性就业；支持阿拉伯商品出口；通过技术和商业创新来提高生产力 |
| 高科技和 STEM | 6 | 帮助毕业生进入高科技产业；通过瑞安中心（Ryan Centers）增加在高科技和 STEM 领域的阿拉伯专业人员；建立由政府、非政府组织（NGO）、学校和企业组成的专项工作组 |
| 青年 | 2 | 帮助尼特族 ** 青年就业；加强就业培训，使其高质量就业，对部分毕业生进行再培训，使之成为教师；为尼特族青年提供学术研究通道、领导力培训项目和各个领域的研究项目 |

注：* STEM 是科学（Science）、技术（Technology）、工程（Engineering）、数学（Mathematics）四门学科英文首字母的缩写。STEM 教育重视将跨学科的知识应用到生活场景中，为阿拉伯传统教育中所欠缺，加强 STEM 教育有助于真正提高阿拉伯青少年科技参与率和未来就业率。

** "尼特族"（NEET，全称 Not currently engaged in Employment, Education or Training）是指那些不升学、不就业、不参加就业培训的青年人，他们终日无所事事，给社会治安和自己的身心健康带来很多隐患。"尼特族"是一个世界性社会问题，在以色列阿拉伯人中也普遍存在。

资料来源：Inter-Agency Task Force on Israeli Arab Issues, *Government Resolution 550*（Takadum）: *NIS 30 Billion for Socio-Economic Development of Arab Society*, November 2021, https://www.iataskforce.org/sites/default/files/resource/resource-2074.pdf。

与"922 计划"相比，"550 号政府决议"不仅预算多、涉及领域广，还重视通过教育尤其是 STEM 教育提高阿拉伯人就业率和科技参与率。当然，"550 号政府决议"也有其不足之处，以色列政界和学术界并不完全看好其实施效果。一方面，"550 号政府决议"在制定时即已受到曼苏尔·阿巴斯的宣传，可谓"明星计划"，但最终也只有 96 亿美元的预算，虽然较之前的"922 计划"已大幅提高，但涉及如此多的领域未免会顾此失彼。另一方面，鉴于之前多数人认为"922 计划"并不成功，如果"550 号政府决议"再次失败，将进一步打击以色列促进阿拉伯社区发展的信心。

作为"550 号政府决议"的一部分，2022 年 1 月，以色列创新局与社会平等部少数民族经济发展局（Department for Economic Development of Minority Sectors）启动了一项 2.25 亿新谢克尔（约合 7000 万美元）的新项目，用于促进阿拉伯社区的科技创业。在该计划框架内，以色列创新局将支持阿拉伯社区建立和加强创新生态系统，推动以偏远地区阿拉伯社区为重点的创新技术项目，并促进阿拉伯人口融入高科技领域。以色列创新局首席执行官（CEO）德罗宾（Dror Bin）认为，与其人口所占比例相比，阿拉人创建的初创企业数量极少，主要是因为其所处地理位置与高科技中心的距离较远，并且阿拉伯居民大多数缺乏冒险精神，与投资者接触机会少，该计划就是为了解决这些问题。具体措施包括建立创业中心、技术加速器、天使投资者俱乐部以及培养阿拉伯人企业家精神等，重点在阿拉伯社区推进创新技术理念，同时为阿拉伯企业家吸引更多的早期投资，帮助他们成功创业。[①]

总之，面对新冠肺炎疫情和长期存在的科技发展制约因素，以色列政府多部门协作，制定并推出多项针对性激励政策，缓解了高科技企业的融资、人力短缺等难题，以色列科技创新得以继续快速发展。

## 三　以色列的最新科技成就

以色列因其高效农业、钻石加工、军事工业技术而闻名于世，20 世纪 80

---

① Israel Innovation Authority, "Israel Launches $70m Program to Promote Tech Entrepreneurship in Arab Community," January 31, 2022, https://innovationisrael.org.il/en/news/israel-launches-70m-program-promote-tech-entrepreneurship-arab-community.

年代以来，以色列在电子工业、计算机及软件开发、新能源、医疗、生物工程、航空航天等高科技领域发展迅猛，成为名副其实的"高科技大国"。[①] 新冠肺炎疫情暴发后，以色列发挥自身技术积累优势，不断推出新冠病毒检测技术抗新冠病毒药物，为全球抗疫做出了贡献。同时，以色列在生命科学、新能源和航空航天等传统优势领域也取得诸多成就。

## （一）新冠病毒检测与抗新冠病毒药物

新冠肺炎疫情暴发后，以色列非常重视与之相关的防护和治疗工作。2021年年初，以色列一度成为世界上新冠疫苗接种率最高的国家，当年7月和年底，以色列又成为世界上第一个注射第三针和第四针疫苗的国家。凭借先进的医疗技术，以色列在新冠病毒检测和抗新冠病毒药物方面取得许多突破性进展。

首先，以色列两家机构宣布研发出新冠病毒"唾液检测法"。2020年8月，以色列舍巴医疗中心（Sheba Medical Center）推出最新研发的新冠病毒"唾液检测法"。检测时，受检者往嘴中倒入漱口水，其主要成分为生理盐水。漱口后，吐回试剂瓶中。检测人员将样品放入烟灰缸大小的检测机中，然后连接电脑检测。仅需1秒，电脑屏幕即可显示结果呈阳性还是阴性。与当时使用最多的鼻咽拭子检测方法不同的是，"唾液检测法"主要利用物质会根据其成分反射不同光的特征，对受检者的唾液实施光谱分析。该检测是通过电脑所存前期数据和人工智能算法，来判断受检者的唾液是否与新冠病毒感染者的唾液特征一致，从而确定受检者是否感染。临床试验表明，舍巴医疗中心开发的"唾液检测法"能达到95%的准确率。其优点是检测速度超快，适合在机场等需要马上出结果的场合使用，同时可免去受检测者因擦拭咽喉带来的不适感；缺点则是不能获取有关病毒载量的详细信息，当医疗专业人员要求获得这些信息，或者唾液检测结果处于临界值时，都需要再进行PCR鼻咽拭子复测。[②]

2021年10月，以色列国防军情报局新冠病毒信息与知识中心、国防部及

---

① 张倩红：《以色列史》（修订本），人民出版社，2014，第389页。

② Nathan Jeffay, "In Trial, Israeli Gargle Test Gives COVID Results in 1 Second, at 95% Accuracy," *The Times of Israel*, August 17, 2020, https://www.timesofisrael.com/in-trial-israeli-gargle-test-gives-covid-results-in-1-second-at-95-accuracy/.

巴伊兰大学发表联合声明称，该国将在特拉维夫拉宾广场的测试站开展为期两周的新冠病毒"唾液检测法"试点工作，其间将对数百名不同年龄的民众进行唾液检测和鼻咽拭子检测，从而对比两种方式的"采样舒适度和安全性"以及"检测结果有效性"。进行试点的"唾液检测法"是由巴伊兰大学的阿莫斯·但涅利博士（Dr. Amos Danieli）在卫生部的合作和财政部的支持下研发的。在实验室条件下，其准确性被证明与常规咽拭子测试相似，但显示测试结果的时间则由鼻咽拭子检测所需的几个小时缩短为 45 分钟。[①]

其次是抗新冠病毒药物的推出。2021 年 12 月，以色列阿莫菲克（Amorphical）生物技术公司研发出治疗新冠肺炎的药物"阿莫-18"（Amor-18）。在 II 期临床试验中，接受该药治疗的 18 名中症或重症新冠肺炎患者均在几天内康复出院，治愈率高达 100%。"阿莫-18"以无定形碳酸钙（ACC）为主要成分，口服或吸入给药。无定形碳酸钙能调节每个细胞周围的 pH 值变化，以影响新冠病毒穿透细胞和复制的能力，从而防止病毒在人体内传播扩散。由于 II 期临床进展顺利，"阿莫-18"将很快进入 III 期研究，以进一步评估无定形碳酸钙的有效性，并在全球范围内确认其安全性、耐受性和有效性。2021 年年底，除以色列的几所医疗中心外，巴西有 7 家医院也宣布将参加对该药物的测试。如果进展顺利，该药物将在全球范围内提交申请以获取监管批准。[②]

## （二）生命科学与生物工程

以色列一直有重视医疗和生命科学的传统，曾发明全球第一个胶囊式内窥镜，为消化道疾病诊断做出了重大贡献。近年来，以基因工程、3D 打印和干细胞疗法为核心的生命科学产业继续保持高速增长，以色列研究人员在生命科学和生物工程领域取得以下新成果。

首先，以色列科学家发现了人体内负责健康衰老过程的基因。2021 年 4 月，

---

① Rossella Tercatin, "Coronavirus: Israel Launches Pilot for Innovative Saliva PCR Test," *The Jerusalem Post*, October 7, 2021, https://www.jpost.com/breaking-news/coronavirus-in-israel-2369-new-cases-475-serious-cases-681307.

② Rossella Tercatin, "Israeli Drug Prevents 100% of COVID Patients from Deteriorating in Trial," *The Jerusalem Post*, December 23, 2021, https://www.jpost.com/health-and-wellness/coronavirus/article-689543.

内格夫本-古里安大学的科学家进行衰老基因识别研究获得突破性进展。基因的衰老分为病理性和生理性两种，黛博拉·托伯博士（Dr. Deborah Toiber）的最新研究表明，与生理性的衰老相比，病理性衰老过程中发生了基因表达的变化。通过将具有受损 SIRT6 基因的小鼠与正常基因的小鼠进行比较，能够分离出来影响衰老的基因，并确定哪些基因可用于治疗病理性衰老。研究称，对于部分受损的基因，可以借助限制卡路里等措施实现逆转，从而使人体健康地衰老。托伯博士的研究发表在《衰老》（Aging）杂志，此外，她还发现，SIRT6 是防止神经退化的关键蛋白，而神经退化会导致阿尔茨海默病和帕金森病。①

其次，以色列科学家成功在人造子宫中培育出小鼠胚胎。2021 年 3 月，以色列魏兹曼科学研究所的研发团队开发了一种可以在人造子宫中培养小鼠早期胚胎的方法，该研究成果在《自然》（Nature）杂志发表。这一开创性的方法或许能为人类在子宫外妊娠提供可能。老鼠的妊娠周期最快只有 19 天，研究人员在第 5 天取出还只有 250 个干细胞的小鼠胚芽并把它放入实验室培养皿中，到第 11 天小鼠胚胎已长出所有器官，开始自己造血，并拥有跳动的心脏和完全发育的大脑。此时研究人员需将小鼠胚胎放入盛有特制营养液的瓶子中，并旋转瓶子以避免胚胎附着在瓶体侧面。通过这种方法，小鼠胚胎继续发育了十倍。整个过程成功的关键在于特制营养液和孵化器的研发，该技术团队为此耗时 7 年之久。这种营养液可以提供胚胎发育所需营养、激素和糖分，孵化器则可以严密监控气体的浓度、压力和温度。研究人员雅各布·汉纳（Jacob Hanna）表示，此前人们受子宫内部成像的限制，不能很好地观察哺乳动物器官的形成过程，其研究将促进人们对这个过程的理解，进而推动医学的进步。②

① Judy Siegel-Itzkovich, "Beersheba Researchers Say Path to Fountain of Youth Could Be Reached by Finding and Reversing Gents That Control Aging," Israel 365 News, April 4, 2021, https://www.israel365news.com/188987/beersheba-researchers-say-path-to-fountain-of-youth-could-be-reached-by-finding-and-reversing-genes-that-control-aging/.《以色列研究人员发现负责衰老过程的基因》，中华人民共和国科技部，2021 年 4 月 29 日，http://www.safea.gov.cn/gnwkjdt/202104/t20210429_174300.html。
② Nathan Jeffay, "In Breakthrough, Israelis Grow Hundreds of Mouse Embryos in Artificial Wombs," The Times of Israel, March 17, 2021, https://www.timesofisrael.com/in-major-breakthrough-artificial-israeli-womb-turns-250-cells-into-mouse-fetus/.《科学家成功在子宫外培养哺乳动物胚胎》，中华人民共和国科技部，2021 年 4 月 1 日，http://www.safea.gov.cn/gnwkjdt/202104/t20210401_173691.html。

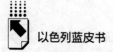

最后，3D 打印技术给生物工程领域带来更多可能性。2021 年 4 月，以色列希伯来大学和意大利都灵理工大学的科学家采用数字光处理（DLP）3D 打印技术，用水凝胶打印出复杂的形状，而且这些结构在损坏时可自我修复。该成果近期发表在《自然通讯》（*Nature Communications*）上。① 此外，以色列特拉维夫大学的研究人员还通过 3D 打印技术制作出一个胶质母细胞瘤模型，以模拟每个神经母细胞瘤的生长速度和行为特征，从而加速寻找治疗侵袭性癌症的新药物和新疗法，该研究发表在《科学进展》（*Science Advances*）杂志。研究人员表示，除了胶质母细胞瘤外，这种 3D 打印生物模型的方法还可用于模拟其他肿瘤的临床情境，为研究新药物以及筛选个性化治疗方案提供良好的测试平台。②

## （三）电子工业技术

以色列是世界上公认的电子工业强国。一方面，其芯片技术在信息通信、计算机、人工智能等诸多领域具有重大影响力；另一方面，英特尔、英伟达、高通、苹果、三星等世界上重要的电子工业公司纷纷在以色列设立研发基地。因此，以色列在电子工业技术方面取得的突破往往具有全球意义。

为应对新冠肺炎疫情给打卡上班带来的不便，以色列科学家研发出基于超声波的非接触式设备互联技术。2020 年 4 月，总部位于海法的以色列初创公司声呐瑞克斯（Sonarax）研发出一种与蓝牙、红外等无线连接方式相似但原理大不相同的超声波连接技术。该技术允许不同的设备使用人耳无法感知的超声波进行通信，还可以相当准确地测量出设备之间的距离，这就使超声波打卡成为可能。声呐瑞克斯公司首席技术官尼姆罗德·梅（Nimrod May）表示，如

① Matteo Caprioli and Shlomo Magdassi, "3D - Printed Self-healing Hydrogels via Digital Light Processing," *Nature Communications*, April 28, 2021, https：//www. nature. com/articles/ s41467-021-22802-z.《意大利和以色列科学家 3D 打印出具有自愈性的水凝胶》，中华人民共和国科技部，2021 年 7 月 1 日，http：//www. safea. gov. cn/gnwkjdt/202107/t20210701_ 175580. html。

② Maayan Jaffe-Hoffman, "Israel 'Prints' World's First 3D Living Malignant Brain Tumor," *The Jerusalem Post*, August 19, 2021, https：//www. jpost. com/health-science/israel-prints-worlds- first-3d-living-malignant-brain-tumor-677079.《科学家利用 3D 打印技术制作出完整的胶质母细胞瘤模型》，中华人民共和国科技部，2021 年 9 月 7 日，http：//www. most. gov. cn/ gnwkjdt/202109/t20210907_ 176749. html。

果员工手机上安装有他们的软件开发工具包（SDK），就不再需要用手指触摸指纹打卡器进行上班打卡，公司前台电脑上的应用程序会扫描定位到手机发出的超声波，从而实现自动打卡，这就避免了物理接触带来的新冠病毒传播风险。该技术另一个重要应用场景是学生考勤系统，目前已在欧洲一所大学应用，学生可以借此进行课堂签到。[1]

其次，以色列加快研发量子计算机的步伐。量子计算机比传统计算机运行速度快、处理信息能力强、应用范围广，其处理问题的速度远超传统计算机。因此，世界上各大国均非常重视量子计算机的研发，以求抢占下一个科技高峰，科技强国以色列也不例外。近年来，以色列政府机构、高等学府、初创企业均在加速研发量子计算机及其应用系统。以色列从事量子计算机研发的初创企业有量子机器公司（Quantum Machines）和经典科技公司（Classiq Technologies）。2020 年 3 月以来，量子机器公司正在研发第一代量子计算机操控系统，其量子控制器技术有望将量子算法转换成脉冲序列，进而实现量子技术与传统电子计算技术的有机结合。2021 年 9 月，该公司获得以色列和外国投资者投入的 5000 万美元 B 轮融资。[2] 经典科技公司则在加速量子计算机算法研发。2021 年 3 月，以色列创新局宣布将投资约 6000 万美元，力求建造该国首台量子计算机，以加入量子计算的全球竞赛。

## （四）人工智能

人工智能无疑是近年来全球范围内发展最迅速的产业。以色列在人工智能领域与美国、中国等大国一起处于世界领先行列。2017 年，以色列无人驾驶汽车视觉系统公司移动眼（Mobileye）被英特尔以 153 亿美元天价收购，再一次刷新人们对该国人工智能领域尖端科技的认知。事实上，移动眼的成功并非偶然，在以色列有近 400 家人工智能初创公司致力于计算机视觉系统、医疗生

---

① Tamar Uriel-Beeri, "Israeli Start-up to Combat Spread of Coronavirus Using Touchless Tech," *The Jerusalem Post*, Abril 23, 2020, https：//www.jpost.com/jpost－tech/israeli－start－up－to－combat－spread-of-coronavirus–using-touchless-tech-625703.

② Ricky Ben-David, "Quantum Machines Nabs ＄50m Investment to Make Quantum Computers More Accessible," *The Times of Israel*, September 6, 2021, https：//www.timesofisrael.com/quantum-machines-nabs-50m-investment-to-make-quantum-computers-more-accessible/.

物、网络安全、无人机、金融科技等领域的创新研发。例如，特拉维夫的考提卡（Cortica）公司通过模拟人类大脑皮层神经生理功能，让计算机在没有人工输入的情况下自主学习、协作并与人类互动，拥有 200 多项专利。移动优选（Optimove）公司致力于营销自动化，通过人工智能技术，为客户定制最优的营销策略。2021 年 11 月，AI21 Labs 公司推出一款名为"词调阅读"（Wordtune Read）的辅助阅读工具，通过人工智能和机器学习来理解文本中的大量文字并总结出关键信息，让读者以最快速度获取最有效的信息。用户将PDF 文件或文本链接上传到该工具后，只需几秒，屏幕就会显示总结过的关键语段。通过这种方式，读者可以节省 75% 的阅读时间，极大地提高了阅读速度。① 其他的人工智能创新产品还包括奥康（OrCam）公司推出的一系列视觉辅助设备、马克体育（Physimax）公司研发的医疗扫描系统等，前者可以通过语音的方式帮助视力障碍人士实现阅读、人脸识别和物品识别，后者则可以通过扫描运动员的训练姿势帮助他们提高竞技水平。

## （五）新能源汽车技术

以色列石油资源极度匮乏，必须重视新能源的开发和利用。近年来，除大力开发太阳能、热能和风能外，以色列还在新能源汽车技术的研发上取得多项突破。2020 年，以色列 ElectReon Wireless 公司研发出给行驶中汽车充电的独特方案，即通过铺设可以给汽车进行无线充电的道路来解决充电问题。传统的能量补给方式包括有轨电车、给汽车加油或充电，均有其不便之处。该公司在路面下方8 厘米放置与控制单元相连的铜线圈，车辆下方放置能量接收器，两者以无线方式传输电能，从而实现充电，在很大程度上提高了交通效率。2022 年 2 月，该公司宣布将在美国底特律市 1 英里的道路项目中部署其无线充电设施，预计该道路将在 2023 年投入运营。② 2021 年，以色列初创公司 StoreDot 研制出了一种可

① Zev Stub, "Shashua's AI21 Labs Launches Tool to Help Read Documents 75% Faster," *The Jerusalem Post*, November 16, 2021, https://www.jpost.com/jpost-tech/shashuas-ai21-labs-launches-tool-to-help-read-documents-75-percent-faster-685038.
② Ricky Ben-David, "Israeli 'Smart Road' Startup to Debut Wireless Charging Infrastructure in US," *The Times of Israel*, February 2, 2022, https://www.timesofisrael.com/israeli-smart-road-startup-to-debut-wireless-charging-infrastructure-in-us/.

在 10 分钟内完成充电的电动汽车电池。2021 年年初，StoreDot 公司展示了充电 5 分钟即可为电动汽车提供 160 公里续航里程的电池原型。这种电池实现快速充电的关键是使用了超薄涂层的硅负极，因为硅的克容量远高于石墨，所以较薄的涂层即可实现高容量。此外，该公司的创始人兼首席执行官多伦·梅尔斯道夫（Doron Myersdorf）表示，该快速充电电池将在美国国家航空航天局（NASA）的国际空间站进行两个星期的测试，"我们在地球上进行新材料研究的途径已经用尽了，我们想看看是否可以在零重力条件下加速新材料的突破"①。

## （六）航空航天技术

以色列的航空航天技术是在复杂的地缘环境中发展起来的，这决定了其自身特色。例如，为了避免发射航天器的火箭回落到东部的阿拉伯国家引起争端，以色列成为世界上唯一的自东向西发射航天器的国家。以色列的航天器无论是卫星还是登月设备都比其他国家的小。在重重困难之下，以色列坚持创新驱动，实现了只有少数几个大国才能完成的航天壮举。

2019 年 4 月 4 日，由以色列非营利航天组织以色列太空登陆组织（SpaceIL）设计的"创世记 1 号"月球登陆器进入月球轨道，以色列成为世界上第七个将探测器送入月球轨道的国家。"创世记 1 号"是目前世界上最小的登月器，重量仅 585 千克，其中包括 435 千克燃料。根据计划，"创世记 1 号"的主要任务包括：在着陆点测量月球磁场；利用美国国家航空航天局提供的后向反射器使地球上的激光反射，以精确测量地月距离；此外，"创世记 1 号"还携带了包含以色列文化和历史文物的数字化时间胶囊。然而，4 月 11 日，在距离月球表面 149 米的高度，"创世记 1 号"发动机发生故障，未能实现软着陆，最终坠毁在月球表面。② 尽管如此，"创世记 1 号"仍具有重要意义，它开创了国家航天机构与私营企业合作共同探测月球的新模式。

---

① Shoshanna Solomon, "Fast-charging Battery Startup Gets NASA Nod for Research in Space," *The Times of Israel*, May 5, 2021, https://www.timesofisrael.com/fast-charging-battery-startup-gets-nasa-nod-for-research-in-space/.

② Melanie Lidman, "Israel's Beresheet Spacecraft Crashes into the Moon During Landing Attempt," *The Times of Israel*, April 11, 2019, https://www.timesofisrael.com/israels-beresheet-spacecraft-crashes-during-moon-landing-attempt/.

基于特殊的外部环境，以色列一直特别重视开发应用于军事目的的侦察卫星。2020 年 7 月 6 日，以色列国防部宣布，其下属国防研究与发展局（DDR&D）和以色列航空航天工业公司当日采用"沙维特 2 号"（Shavit 2）运载火箭在帕勒马希姆空军实验基地（Palmachim Air Force Testing Base）成功发射了"奥菲克 16 号"（Ofeq-16）光电侦察卫星。"地平线 16 号"侦察卫星的开发与生产由国防部国防研究与发展局下属的太空总署（The Space Administration）领导，以色列三大军工企业均参与制造。以色列航空航天工业公司承担主要研发工作，埃尔比特公司（Elbit Systems）负责搭载的光学相机，据称"其性能高于世界上的任何产品"，引擎系统则由拉斐尔先进防御系统有限公司（Rafael Advanced Defense Systems Ltd，简称拉斐尔公司）负责开发。"奥菲克 16 号"是世界上较为先进的侦察卫星，其应用将极大地提升以色列的军事侦察能力。①

此外，以色列还积极研发纳米卫星。2021 年 3 月 22 日，以色列理工学院与以色列航空航天工业公司联合研制的 3 颗纳米卫星被成功发射升入太空，标志着以色列在纳米卫星领域迈出了重要一步。这 3 颗卫星每颗重量为 8 千克，配有导航设备、计算机控制系统、传感器、天线，及太空计算专用 AI/ML 处理器等先进技术，3 颗卫星之间相距不到 250 公里，形成一个完美队列。另外，卫星配备了由拉斐尔公司研发的基于氙燃料的创新动力系统，能够有效利用地球重力和大气阻力的作用，相对来说比较节省染料，并且不会因自然力而漂移，3 年任务期内每颗卫星将使用 400 克氙气，即每天约消耗 0.37 克。该项目策划者、航空航天工程师皮尼·古菲尔（Pini Gurfil）表示："这次发射为定位信标和卫星小型化创造了新的可能性，在国际上被视为一项颠覆性创新。"按照计划，这 3 颗纳米卫星将开展地球高精度地理定位研究，为搜救、遥感和环境监测提供支持。②

① IAI, "The Israel Ministry of Defense and IAI Have Successfully Launched the Ofek 16 Satellite-Which Has Begun Its Orbit in Space," July 06, 2020, https：//www.iai.co.il/ofek-16-satellite-successfully-launched.

② Nathan Jeffay, "3 Israeli Nanosatellites Blast into Space to Test New Method for Rescue Beacons," *The Times of Israel*, March 22, 2021, https：//www.timesofisrael.com/3-israeli-nanosatellites-blast-into-space-to-test-new-method-for-rescue-beacons/.《以色列 3 颗袖珍纳米卫星成功进入太空》，中华人民共和国科技部，2021 年 4 月 2 日，http：//www.most.gov.cn/gnwkjdt/202104/t20210402_173696.html.

时至今日，航空航天技术已经成为以色列在高科技领域的一张名片。2021年10月20日，以色列宣布将与阿联酋在太空项目上进行合作，包括在2024年前联合发射"创世记2号"（Beresheet 2）到月球。按照此前设想，"创世记2号"月球探测器将由1个轨道器和2个着陆器组成，重约630千克。其中轨道器将绕月球飞行并进行科学实验，而两个着陆器中的一个将降落在月球背面，目前世界上只有中国完成了这一任务，另一个降落地点尚不确定。这项计划是以色列航天局与阿联酋航天局（UAESA）太空合作协议的一部分。该协议是2020年8月两国实现外交关系正常化后在科技领域的最大合作。[①]

## （七）军事工业技术

以色列军事工业技术先进，较为成熟的产品有乌兹（Uzi）冲锋枪、"苍鹭"（Heron）无人机、费尔康（Phalcon）预警机等武器装备。2021年5月巴以冲突中，以色列使用"铁穹"（Iron Dome）防御系统成功拦截上千枚巴勒斯坦武装组织发射的火箭弹，拦截成功率达90%，有效保护了境内平民。"铁穹"系统于2007年由拉斐尔公司研发，2011年开始在贝尔谢巴等城市部署，能够拦截5~70公里射程的火箭弹，其优点是能在阴雨、尘暴等恶劣天气及夜间运行，缺点则是价格昂贵，拦截一次成本大约需1万~5万美元，而来自加沙地带的每枚火箭弹仅花费几百美元。2022年4月，以色列国防部正式宣布高功率激光"铁束"（Iron Beam）防御系统实验成功，在一系列测试中成功击落了无人机、火箭弹、迫击炮及反坦克导弹。与"铁穹"防御系统相比，"铁束"防御系统的拦截成本大大降低，每拦截一次仅需3.5美元；其射程则弥补了"铁穹"系统的短板，能够有效拦截7公里以内的火箭弹。以色列总理贝内特表示，将在2022年内部署该系统，届时将形成由"铁束"、"铁穹"（近程）、"大卫弹弓"（中程）、"箭2"和"箭3"（远程）组成的多层空中防御系统。[②]

---

① Ricky Ben-David, "Israel, UAE to Launch Joint Space Projects, Including Beresheet 2 Moon Mission," *The Times of Israel*, October 20, 2021, https：//www.timesofisrael.com/israel-uae-to-launch-joint-space-projects-including-beresheet-2-moon-mission/.

② Emanuel Fabian, "In 'Game Changer', Israeli Laser-based Air Defense Shoots down Drones," *The Times of Israel*, April 14, 2022, https：//www.timesofisrael.com/laser-based-air-defense-shoots-down-drones-rockets-in-first-series-of-trials/.

# 结　语

综合来看，以色列的最新科技成就是政府主导、企业研发和国际合作的共同结果。面对日新月异的科技发展与复杂多变的国际环境，以色列政府不断优化科技创新机制，使其适应并推动新事物的发展。2022 年 2 月，以色列交通部向埃尔比特公司星际线（Starliner）无人机颁发型号认证，允许该型号无人机和民用飞机一样在民用空域飞行，以色列因此成为世界上第一个允许无人机在民用空域飞行的国家。[①] 未来几年，以色列还将出台多项诸如此类的政策法规，以支持该国在无人机、自动驾驶、生物融合等领域的科技创新。正是这种敢为天下先的创新精神和灵活多变的管理模式推动着企业、高校、军队的科技创新迅速，实现创意—制造—市场—规模升级的过程，也促使以色列持续保持世界科技强国的地位。

尽管如此，以色列还面临不少挑战。例如，如何将高科技产业与国民经济更加紧密地联系起来并带动经济恢复和发展。因此，以色列还需进一步优化产业结构，增强科技创新吸纳就业的能力，创造更好的营商环境助力本土企业做大做强，出台更多的优惠政策推动边远地区的技术更新和经济发展，从而扬长补短，取得更大成就。

---

① Judah Ari Gross, "Israel Becomes 1st Country to Allow Large, High-Flying Drones in Civilian Airspace," *The Times of Israel*, February 10, 2022, https：//www.timesofisrael.com/israel-becomes-1st-country-to-allow-large-high-flying-drones-in-civilian-airspace/.

# B.12
# 疫情之下以色列基础教育
# 发展现状

**摘　要：** 以色列始终将教育作为立国的基础。2020 年 2 月新冠肺炎疫情开始在以色列蔓延，学生感染人数持续增长、教师面临安全风险和薪酬困境学校遭遇财务危机，使以色列的基础教育系统面临从未有过的挑战。以色列教育部对教学活动进行多次调整，制订教师扩聘培养计划以应对危机，保障基础教育阶段的学生停课不停学，但数字鸿沟在疫情期间加剧，也使在线教育的成效和基础教育的公平受到了严重影响。

**关键词：** 以色列　基础教育　线上教育　教育公平　数字鸿沟

2020 年 3 月新冠肺炎疫情席卷全球，以色列政府先后 4 次宣布封城，企业和学校也被迫关闭，疫情不仅导致以色列 15.7% 的高失业率，① 也让国家教育休系面临着从未有过的挑战。第一波疫情时，220 多万学生居家接受线上学习近 90 天。虽然线上学习极大地保障了学生和教师的安全，但是受疫情影响教育系统几经开放又关闭，使学生感染人数持续增长，教师面临安全风险和薪酬困境，学校也遭遇财务危机。

---

＊　焦慧凝，郑州大学历史学院博士研究生。

① "Chapter 1 of the Bank of Israel's Report for 2020 Is Published Today," The Bank of Israel, March 31, 2021, p. 10, https：//www. boi. org. il/en/NewsAndPublications/PressReleases/Pages/31 - 3-21. aspx.

# 一 疫情对以色列基础教育的冲击

## （一）学生感染人数持续增长

2020 年 2 月至 2022 年 3 月以色列先后暴发了五波疫情①。以色列卫生部公布的数据显示，这五波疫情确诊人数逐渐递增，尤其是第五波疫情期间单日确诊病例屡创新高。通过对 2020 年 2 月至 2022 年 3 月以色列全国单日确诊病例和 0~19 岁人群确诊病例趋势的对比可以看出，0~19 岁人群感染情况非常严重。

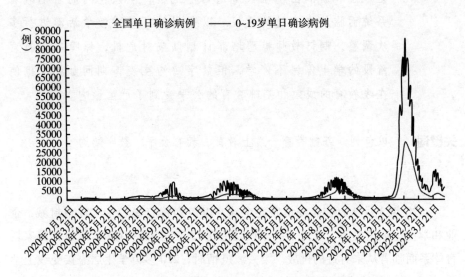

**图 1　2020 年 2 月至 2022 年 3 月以色列全国单日确诊病例
和 0~19 岁单日确诊病例趋势一览**

资料来源：笔者根据以色列卫生部新冠肺炎疫情监测中心的数据绘制，参见 https：//covid19. who. int/region/euro/country/il。

---

① 第一波 2020 年 2~4 月，第二波 2020 年 5~10 月，第三波 2020 年 11 月至 2021 年 4 月，第四波 2021 年 6~11 月，第五波 2021 年 12 月至 2022 年 5 月，本报告所用数据截至 2022 年 3 月 21 日。

2020 年疫情大流行初期世卫组织调查发现，与成人相比儿童对新冠病毒的易感性较低，低龄儿童通常不会出现成年人那么多的症状，有些儿童可能有轻度腹泻或呕吐等胃肠道症状，大多数儿童甚至不会出现任何症状。随着新冠病毒的变异，病毒传播速度加快，儿童感染率激增。如图 2 所示，2020 年 5 月至 2022 年 4 月，以色列 0～19 岁人群中 5～11 岁儿童隔离人数最多，尤其是 2021 年 9～10 月和 2022 年 1 月。出现这种现象的主要原因是：以色列政府 2021 年 8 月 22 日开始为该年龄段儿童做核酸检测，随着检测范围的扩大，该年龄段人群确诊病例急剧增加，隔离人数随之增加；该年龄段人群的疫苗直到 2021 年 11 月 14 日才被批准接种；2021 年 9～10 月和 2022 年 1 月分别是第四波疫情和第五波疫情的高峰期，且学校属于人员密集的场所。

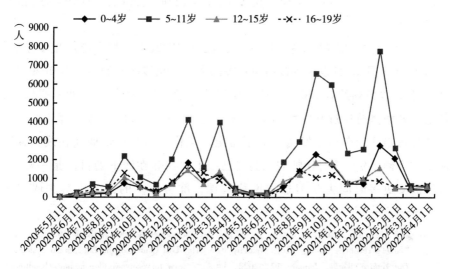

**图 2　2020 年 5 月至 2022 年 4 月以色列 0～19 岁人群中新冠隔离人数趋势**

资料来源：笔者根据以色列卫生部新冠肺炎疫情监测中心的数据绘制，参见 https：//datadashboard. health. gov. il/COVID-19/general。

## （二）教师面临安全风险与薪酬困境

在教师安全问题上，全国教师总工会与教育部发生争执。2022 年 1 月 27 日，贝内特政府宣布学龄儿童与新冠病毒携带者接触，如果核酸检测阴性就无

须隔离；如果核酸检测呈阳性需隔离5天。① 该措施旨在保障学龄儿童的日常学习，并防止父母工作中断。截至2022年1月10日有近4万名学生和6000多名教职员工核酸检测呈阳性，约10万名学生以及近3500名教职员工处于隔离状态。② 全国教师总工会主席雅法·本·大卫（Yaffa Ben David）认为这将让教育工作者面临感染风险，并呼吁全国教师举行罢工。1月30日教育部与全国教师总工会最终达成协议——教育部发放新冠抗原自测包给所有学校工作人员，政府向中小学生发放新冠抗原自测包，家长在教育部门户网站上传儿童的检测结果。根据教育部2022年1月底的统计，中小学有近3/4的学生已收到政府发放的自测包，高中有30%的学生收到。教育部要求每周三、周日早上上传检测结果，但只有约35%的父母在周日上传了孩子的检测结果。③ 可见，尽管教育部和全国教师总工会达成了协议，但教师在疫情期间的安全状况依然不容乐观。

在疫情期间的薪酬和课时问题上，教师与财政部、教育部产生了矛盾。自2020年3月13日以色列政府决定关闭学校以减缓病毒的传播至2020年3月25日，以色列约有220万中小学生无法上学。④为使学生学业不受影响，各地的教师坚持通过互联网为学生线上授课。但是以色列财政部认为，一些老师每隔几天向学生发送作业不是全职工作，因此疫情期间在线授课不能发放全额工资。⑤而教师们认为自己线上授课和在线下的付出是一样的，甚至需要更多时间去学习适应网络授课，准备更多的课堂内容去吸引学

① 参见以色列卫生部网站，https：//www.gov. il/en/departments/news/20012022-03。

② "Israel's Teacher's Union：'Total Anarchy, Gov't Has Lost Control of the Educational System'," *The Yeshiva World*, January 12, 2022, https：//www. theyeshivaworld. com/news/headlines - breaking-stories/2050201/israels-teachers-union-total-anarchy-govt-has-lost-control-of-the-educational-system. html.

③ "Education Ministry, Teachers Union Reach Deal on COVID Testing, Avoiding Strike," *The Times of Israel*, January 30, 2022, https：//www. timesofisrael. com/education - ministry - teachers - union-reach-deal-on-covid-testing-avoiding-strike.

④ "Remote Schooling Resumes Wednesday after Halt over Teacher Salary Dispute," *The Times of Israel*, March 25, 2020, https：//www. timesofisrael. com/remote - schooling - to - resume - after - classes-halted-over-teacher-salary-dispute.

⑤ Simona Weinglass, " Israeli Teachers, Finance Ministry Negotiating to Reinstitute Remote Learning," *The Times of Israel*, March 24, 2020, https：//www. timesofisrael. com/israeli - teachers-finance-ministry-negotiating-to-reinstitute-remote-learning.

生。因工资纠纷教师与财政部僵持了一周左右，一些地区教师甚至罢工停课。最终财政部与高中教师率先达成协议，以保证高中升学率。2020 年 6 月，教育部要求教师在暑假延长 9 天教学，以弥补因疫情期间封校对学生造成的损失。财政部甚至提出，如果教师不延长教学将不再发放封校期间的全额工资。而初中和高中的教师们认为，在线教学已经完成教学计划，与线下无异。最终经过协商，只有小学教师协会同意在暑假延长 9 天教学。教育部为鼓励初中和高中的教师参与其中，提出暑假到校工作的教师可以获得额外工资，教师与财政部的矛盾才得以解决。2021 年 9 月开学后，政府要求教师必须出示"绿色通行证"才能进入学校（此通行证发给接种过疫苗或新冠康复且 72 小时内核酸检测阴性的教师），而没有"绿色通行证"的教师不能入校，也不能线上授课，这些教师只能无薪休假。教师们认为自己在全国接种疫苗问题上并没有得到优先权，而且他们也认为很多工作可以通过线上方式完成，尤其是可以帮助那些隔离在家的学生完成学业。全国教师总工会主席雅法·本·大卫表示虽然她支持"绿色通行证"方案，但是对教师授课的限制也加大了以色列当下的教师缺口，[1] 尤其是没有获得"绿色通行证"的教师必须面对无薪休假，这势必导致更多教师的流失。

疫情在以色列暴发后的一年多中，由于工作条件差、工资低等问题，大约有 600 名教师离开了教育系统。[2] 以色列教育部总干事达利特·施陶伯（Dalit Stauber）说，教师短缺可能对新学年的教学工作产生负面影响，教师的工资必须提高，工作条件必须得到改善。根据经合组织 2016 年的统计，以色列教师离职率约为 3.3%，[3] 但疫情之下由于低工资和教师安全问题，离职人数翻了一番，许多年轻教师和经验丰富的校长也准备离职，尤其是幼儿园教师，而报名应聘教师的人数却在下降。

[1] Amy Spiro, "Unvaccinated Teachers Threaten to Sue if They Are Forced on Unpaid Leave," *The Times of Israel*, August 24, 2021, https://www.timesofisrael.com/unvaccinated-teachers-threaten-to-sue-if-they-are-forced-on-unpaid-leave.

[2] "On September 1, There Won't Be Any More Teachers," *Israel National News*, March 11, 2022, https://www.israelnationalnews.com/news/323746.

[3] *Education at a Glance 2021*, OECD, September 16, 2021, https://www.oecd-ilibrary.org/education/education-at-a-glance-2021_b35a14e5-en.

### （三）学校遭遇财务危机

以色列央行 2020 年 4 月 26 日公布了一项针对 40.8 万户家庭的调查报告：学生在家上网课时，一家中至少要有一人（失业或停职）专门照顾孩子。[①] 以色列政府为缓解家庭的经济损失，帮助学龄儿童在家上网课，为每个孩子一次性发放 500 新谢尔克补助金，每个家庭最多可以领取 4 个孩子的补助金。[②] 教育部和财政部在 2020 年 9 月开学时为学校提供 42 亿新谢克尔（12 亿美元），用于改善线上教学条件和招聘新教师。[③] 2021 年 10 月 20 日以色列议会也宣布，额外拨出 500 万新谢尔克用于帮助有学习困难的学生。[④]

即便政府发放了补助，在 2020 年 8 月底的一份报告中仍然显示 1/5 的学生没有在线学习所需的电脑或网络。[⑤] 财政部公布的 2020 年政府的教育支出显示，以色列在疫情期间对教育的支出并没实质性增加。如图 3 所示，近年来以色列的教育支出每年都有所增长，其中 2019 年国家教育支出为 1126 亿新谢克尔，2020 年为 1187 亿新谢克尔，增长了 61 亿新谢克尔。以色列中小学的公共资金主要来源于中央政府和地方政府（如图 4），除教育部注册教师工资由以色列中央政府承担外，非教学人员工资、基础建设和其他费用则由中央政府和地方政府共同承担。当时的教育部部长拉菲·佩雷茨（Rafi Peretz）在 4 月宣布拨款 5000 万新谢克尔为没有电脑的学生购买电脑。但据报道，财政部只

---

① "Bank of Israel: COVID-19 School Closures Costing the State NIS 2.6 Billion a Week," Jewish News Syndicate, April 23, 2020, https://www.jns.org/bank-of-israel-covid-19-school-closures-costing-the-state-nis-2-6-billion-a-week.

② 以色列财政部网站，https://www.gov.il/en/Departments/Guides/mof_economic_plan?chapterIndex=3。

③ Lior Dattel, "As Schools Near Collapse, Israel to Spend More Than \$1b to Open Them in Fall," Haaretz, July 30, 2020, https://www.haaretz.com/israel-news/business/.premium-as-schools-near-collapse-state-to-spend-4-2-billion-shekels-to-open-them-in-fall-1.9031136?lts=1648395469847.

④ "NIS 5 Million Allocated to Kids with Learning Disabilities," The Jerusalem Post, October 28, 2021, https://www.jpost.com/israel-news/nis-5-million-allocated-to-kids-with-learning-disabilities-683321.

⑤ "Teachers Put off Strike for 2 Days, Enabling School Year to Open on Time," The Times of Israel, August 31, 2020, https://www.timesofisrael.com/teachers-put-off-strike-for-2-days-enabling-school-year-to-open-on-time.

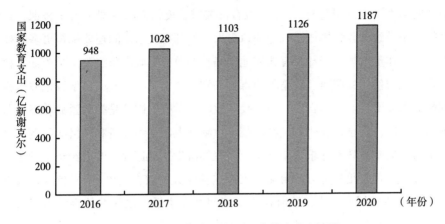

**图3 2016~2020年以色列国家教育支出统计**

资料来源：笔者根据以色列中央统计局的相关数据绘制，参见 https：//www.cbs. gov. il。

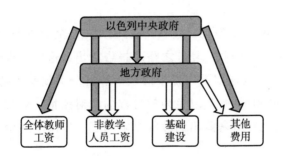

**图4 以色列中小学学校的公共资金来源**

资料来源：笔者根据经合组织《2021年教育概览》（*Education at a Glance 2021*）绘制，参见 https：//www. oecd - ilibrary. org/education/education - at - a - glance-2021_ b35a14e5-en。

批准了其中的3000万新谢克尔，共分发了4000台电脑，其中只有1360万新谢克尔用于2020年，其余的用于2021年。① 2020年9月和10月，教育部远程学习部也承诺为没有电脑的家庭提供16万台笔记本电脑，但仍有约26%符合

① Shira Kadari-Ovadia, "How Many Children in Israel Have No Access to Distance Learning? The Education Ministry Has No Idea," *Haaretz*, July 30, 2020, https：//www. haaretz. com/israel-news/. premium-education-ministry-lacks-data-on-distance-learningin-israel-1. 9028231.

条件的学生没有得到资助。① 根据教育部要求，疫情期间授课多为小班课，班级的缩小导致课程量增加，教师缺口更大。教师在疫情期间还要承担更多防疫工作，工作量增加工资却没有相应地提高。同时根据政府防疫要求学校需要提供在校园内使用的肥皂、酒精等消毒物品和消杀设备，这些支出学校也并未得到政府太多支持。简而言之，当学校开放时，学校的困境是教师紧缺和不完善的防疫设施；当学校关闭时，则面临学生缺乏上网学习设备和网络的问题。学校不得不向地方政府寻求资金支持，一些经济发达地区地方政府给予了学校一定的支持，但是更多地方政府无力支持这项庞大的教育支出。② 以色列议会在2020 年 7 月的报告中称，政府在疫情期间为缩小学生之间的数字鸿沟所采取的行动是局部的、不充分的。

## 二 以色列教育部的应对策略

世界银行、联合国教科文组织和联合国儿童基金会 2021 年 12 月 6 日发布的《全球教育危机现状：复苏之路》报告指出，这场危机使全世界的教育系统陷入停顿，全球范围内学校的全面和部分关闭平均持续了 224 天，超过 16 亿学生受到影响。③ 以色列教育部为应对疫情，对教学活动进行了多次调整；同时也针对暴露出的教师紧缺问题，发出了一份临时的教师招聘计划。

### （一）教学活动的调整

除在第一波疫情期间采取了全面的线上教学外，其他时间以色列基本采用线上线下混合式教学。线上授课时，部分学校为学生提供笔记本电脑，同时学

---

① Joshua Robbin Marks, "Experts Fear Pupils Could Fall Behind with Remote Learning," *The Jerusalem Post*, August 28, 2020, https://www.jpost.com/middle-east/experts-fear-pupils-could-fall-behind-with-remote-learning-640335.

② "Funding to Close the Gaps in Schools? 'Empty Promises'," *Israel National News*, February 24, 2022, https://www.israelnationalnews.com/news/322808.

③ 参见世界银行、联合国教科文组织和联合国儿童基金会 2021 年 12 月 6 日发布的《全球教育危机现状：复苏之路》(*The State of the Global Education Crisis: A Path to Recovery*)，第 5~6 页，https://www.unicef.org/media/111621/file/TheStateoftheGlobalEducationCrisis.pdf.pdf.

生要遵守学校使用电脑的要求——电脑仅用于学习，不能在电脑上安装游戏或其他个人软件。在线学习使用同步会话软件，例如 Zoom、Webex、Google Meet、Microsoft Teams 和 S. S. A 等。2020 年 9 月 1 日开学时教育部公布了针对非"红色"城市 1~12 年级学生混合式学习的官方文件，① 具体方案如下。

1. 1~2 年级的学生全班在学校学习，每周 5 天，每天 5 节课，每周至少 25 节课（疫情前最低标准是每周 29 节课）。

2. 3~4 年级的学生分组在学校学习，每组最多 20 名学生，每周 5 天，每天 5 节课（每周至少 25 节课），一半的课程将由教学助理（未经培训的教师）授课。

3. 5~6 年级的学生分组在学校学习，每组最多 20 名学生，每周在学校学习 2 天，每天 5 节课（每周至少 10 节课，正常时期的最低标准是每周 32 节课），其余时间通过线上方式进行学习。

4. 7~12 年级的学生分组在学校学习，每组最多 20 名学生，每周在校至少学习 2 天，每天 5 节课（每周至少 10 节课），其余时间他们通过线上方式进行学习。疫情暴发之前，中学的最低标准是每班 20 名学生，每周上 32 节课，或是每班 40 名学生每周上 37 节课。高中课程的数量不固定，每个学生专业不同，课程数量也不同。

除了学校的线上课程，教育部在其官网还设置了"在线学院"，包括录播精品课和直播课程。录播精品课由基础教育示范教师主讲，内容涵盖 80% 的国家课程，直播课程主讲是各个学科的专家，有些课程还配有手语老师，为特殊儿童提供线上教学。这些课程都有阿拉伯语和希伯来语两个版本。同时教师们也可以通过教育部网站进入数字化课堂学习、参与网络研讨会，从而提升在线教学技能。

## （二）教师扩聘培养计划

在新冠肺炎疫情期间，以色列与世界上许多国家一样，成千上万的工人失业。疫情暴发前以色列的失业率为 3.8%，虽然 2020 年 5 月中旬以色列第一波疫情得到控制后开始放宽管控，但是仍然有许多员工被迫停薪休假或彻底失去

---

① 参见以色列教育部网站，https：//parents. education. gov. il/prhnet/parents。

工作，2020 年以色列整体失业率跃升至 15.7%。[1] 与此同时，教育系统因为疫情限制班级人数和校园防控等因素，也需要更多的教师。以色列陶布社会政策研究中心 2020 年 12 月公布的统计报告显示，在 2020～2021 学年，如果按照教育部 2020 年 9 月的小班授课模式，学校需要额外增加的课程总数为 9697 节、需要增加的教师总数为 10848 人、需要增加的教师工资支出约为 18 亿新谢克尔（如表 1）。这还仅仅是 1～6 年级的数据，如果加上 7～12 年级，以色列在疫情期间的教师需求量更大。

**表 1　1～6 年级小班授课需要增加的课程、教师和教师工资支出**

| 年级 | 需要增加的课程总数（节） | 需要增加的教师总数（人） | 需要增加的教师工资支出（千新谢克尔） |
|---|---|---|---|
| 1～2 | 0 | 0 | 0 |
| 3～4 | 4954 | 8224 | 1398019 |
| 5～6 | 4743 | 2624 | 446158 |
| 共计 | 9697 | 10848 | 1844177 |

资料来源：以色列陶布社会政策研究中心，https：//www. taubcenter. org. il/wp-content/uploads/2021/01/educationsystemcoronavirusthreealtframeworks. pdf。

面对巨大的教育缺口，2020 年 4 月教育部与以色列就业服务中心合作，推出了名为"新方向"（Kivun Hadash）的研究生教育证书，面向社会招聘重点学科教师。[2] 该计划旨在吸引失业的学者、大学毕业生，在全国范围内培训 450 名学者担任幼儿园、小学或中学核心学科的教师，以解决教师短缺问题，提高教师队伍的质量。为了推进该项目，教育部放松了严格的教师培养制度，并授予培训机构一定的自主权。经过 3 个月的强化在线培训后，预备教师可以开始教学。疫情前，虽然教育部也推出过一些临时教师聘教方案，但是由于以色列教师待遇方面较低（低于其他经合组织国家）[3]，教师在工作培训的第一年的人员流

① "Chapter 1 of the Bank of Israel's Report for 2020 Is Published Today," Bank of Israel, March 31, 2021, p. 10, https：//www. boi. org. il/en/NewsAndPublications/PressReleases/Pages/31－3－21. aspx.

② Ramot and Donitsa-Schmidt, "COVID-19: Education Policy, Autonomy and Alternative Teacher Education in Israel," *Perspectives in Education*, Vol. 39, No. 1 (2021), p. 376.

③ "Israel Overview of the Education System (EAG 2021)", OECD, https：//gpseducation. oecd. org/CountryProfile? primaryCountry=ISR&treshold=10&topic=EO.

失率很高，只有75%的人员能真正坚持下来并最终走上教学岗位。①

此次教师扩聘培养计划面向21所师范学院和9所大学的教育学院的毕业生，其中有9所师范学院和1所大学参与该计划的培训工作。以色列就业服务中心根据简历筛选出如数学、生物学等学士学位获得者；再将合格人员名单送到参与教师扩聘培养计划的大学进行二次筛选；最后通过面试和小组讨论的方式选拔，以确保应聘者适合其应聘科目的教学。在不到两周的时间里，有350名合格应聘者进入教师扩聘培养计划。所有应聘合格者都能获得包括奖学金和失业救济金在内的奖励，但还需要参加13周的理论和教学在线培训。应聘合格者通过培训在2020年9月开始在学校任教，他们入职后还需要在工作的同时参加每周一天半为期一年的业务学习。

## 三　疫情下基础教育的实际效果

随着通信技术和计算机网络的不断发展，网络教育自20世纪80年代逐渐兴起，因其丰富的信息资源和无时空限制等优点成为教育手段现代化的一个重要标志。疫情之前，对于网络教育是否能够替代传统教育，网络教育在教育中的作用和影响等问题，一直存在争议。疫情之下，网络教育被视为唯一安全有效的教育方式，它由原来的辅助手段转变为基本手段。以色列政府为应对疫情也积极推动网络教育，在封城期间运用网络进行线上教育取得了一定的成效。但是，线上教育体系由于还不尽完善，存在一定的局限性。

### （一）疫情下线上教学的积极效果

在网络教学中，教师信息和通信技术（ICT）的能力对教学质量和教师专业发展起着至关重要的作用。以色列教育部自2013年以来一直鼓励教师使用网络平台进行教学。2015年，教育部制订了一项计划，以促进网络教学在日常教学中的使用。因此，当教学方式从线下转向线上，以色列的师生在网络教学和学习方面有一定基础，线上教学效果较好。

---

① Ramot and Donitsa-Schmidt, "COVID-19: Education Policy, Autonomy and Alternative Teacher Education in Israel," *Perspectives in Education*, Vol. 39, No. 1 (2021), p. 375.

### 1.线上教学得到教师认可

以色列陶布社会政策研究中心与全国教师总工会在2020年12月公布了一份关于教师线上教学情况的调查报告，参与此次调查的大约有6000名教师，其结果显示教师对线上教学的态度整体上是积极的。主要表现在以下四个方面。

（1）专业技能提升方面。在人工智能发展普及的大趋势下，疫情期间的线上教学也是对教师网络新媒体运用能力的倒逼。原来懈怠于网络新媒体教学的教师，借此机会提升了信息化素养，站在了新媒体教学的新起点。教师们从开始的不适应到逐渐适应，很多教师发现即使疫情过后他们依然可以通过新媒体给课堂带来乐趣。调查结果显示"同意"及"非常同意"线上教学有助于提升他们的专业技能的阿拉伯语受访者约占71%，"不同意"及"非常不同意"的阿拉伯语受访者只有约6%（见图5）；在希伯来语受访者中，这一数据分别约为58%和13%。

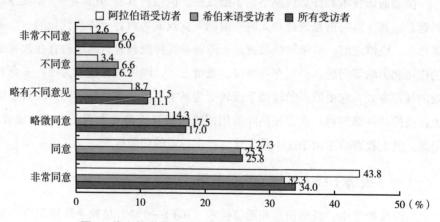

**图5　线上教学是否对专业技能提升有帮助的调查统计**

资料来源：参见以色列陶布社会政策研究中心，https：//www.taubcenter. org. il/wp-content/uploads/2021/01/opportunitiesriskstotheeducationsystematcoronavirusoverview. pdf。

（2）授课专业性、自主权提升方面。教师们根据自身条件和学生的实际情况调整教学计划，寻找最合适的授课方式完成教学。多年来，以色列开放大学、非营利组织和商业公司等机构一直不断为在线教学开发、研制新的学习软件，但它们开发的软件并未得到学校的广泛应用。当教学不得不转向线上时，学校和教师开始寻找新的思路来保障教学。网络新媒体教学方式更加灵活、多变，也提高了教师授课的自主性。此次调查也证实了这一点：65%的受访者认为线上教学提升了他们授课的专业性，43%的人认为线上教学提升了他们授课的自主性。①

（3）开辟与学生联系的新渠道方面。常规课堂上受到课程时长、班级人数多等因素的限制，总会有一些学生是教师关注不到的。而线上教学由于没有物理空间的限制，教师可以通过视频、电话等方式更多地了解每个学生的家庭、关注更多学生的成长过程。尽管它的积极效果没有以上第（1）、第（2）项明显，但"同意"及"非常同意"线上教学开辟了与学生联系的新渠道的阿拉伯语受访者占48%左右，他们现在更熟悉他们的学生及其家庭，约25%的人略微同意这一点；在希伯来语受访者中，这两种情况分别约占42%和23%（见图6）。可以看到，在这方面阿拉伯语受访者对线上教学的看法更积极。

（4）获得团队帮助方面。高效的教学需要各种各样的技巧，而这并不是每个教师都具备的。在线授课时教师可以在空闲时间观看其他同事的课堂，可以从同事那里获得更多教学启发和教学资料。青年教师认为，此时是向经验丰富的教师学习的良机。事实上，调查结果表明，大约66%的希伯来语受访者和大约56%的阿拉伯语受访者认为，他们的同事"帮助了部分工作"和"协助了大量的工作"（见图7）。

总之，教师对线上教学的态度整体上是积极的，它有效提升了他们的教学能力。2021年2月初，3名中学教师从数千名教师中脱颖而出，成为2020年以色列特朗普大师级教师奖（Trump Master Teacher Award）②的获奖者。3名获奖教师都表示通过线上使用Zoom与日常教育相结合可以有效地为学生展示更多的学习内容，线上教学为教师创造了"开拓实践"的机会，并

---

① Nachum Blass, "Opportunities and Risks to the Education System in the Time of the Coronavirus: An Overview," Taub Center for Social Policy Studies in Israel, p. 14, December 2020, https://www.taubcenter.org.il/wp-content/uploads/2021/01/opportunitiesriskstotheeducation-systematcoronavirusoverview.pdf.

② 特朗普基金会自2012年以来每年都奖励数学和科学领域的杰出教师。2019年以来，该基金会一直在奖励初中教师，以此来呼吁更多人关注基础教育。

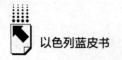

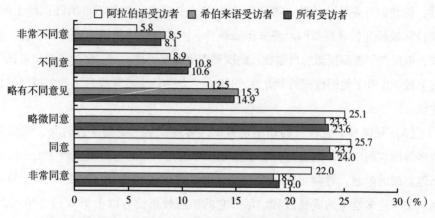

**图6　线上教学是否开辟了与学生联系的新渠道的调查统计**

资料来源：以色列陶布社会政策研究中心，https：//www. taubcenter. org. il/wp-content/ uploads/2021/01/opportunitiesriskstotheeducationsystematcoronavirusoverview. pdf。

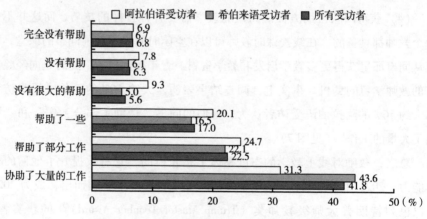

**图7　线上教学中是否获得团队帮助的调查统计**

资料来源：以色列陶布社会政策研究中心，https：//www. taubcenter. org. il/wp-content/ uploads/2021/01/opportunitiesriskstotheeducationsystematcoronavirusoverview. pdf。

增强了自我责任、多任务处理和在线研究等能力。他们甚至认为今天学生获得的知识技能比疫情之前更多。3名优秀教师通过自身经验证明，尽管许多人认为线上教育有很大弊端，但敢于创新、勇于奉献，线上教育也可以有更多可能。

## 2. 参与教师培训人员反映积极

基布兹教育、技术和艺术学院（Kibbutzim College of Education, Technology and the Arts）的拉麦士（Ramot）和多尼察-施密特（Donitsa-Schmidt）两位教授，通过对 135 名参与教师培训人员调查发现，他们对此次疫情期间的教师扩聘培养计划普遍反映积极。两周内 135 名培训人员中共有 125 人回复了调查问卷，回复率为 93%。其中，89 名是女性，36 名是男性；他们的年龄从 24 岁到 62 岁不等，平均年龄为 42 岁；58% 拥有学士学位，41% 拥有硕士学位。[①] 他们中的大多数是在以色列出生的，母语是希伯来语，且他们来自不同领域，在疫情暴发后都失去了工作。问卷调查主要从参与教师培训人员教学准备度及其对培训项目的满意度两个方面分析。表 2 列出了目前研究的参与教师培训人员教学十个方面准备度（平均值），同时与经合组织公布的"2018 年教师教学国际调查"（简称 TALIS 2018）数据对比。通过比较后发现，在目前

**表 2　参与教师培训人员教学十个方面的准备度（平均值）**

单位：%

| | 目前研究 | TALIS 2018 | |
| --- | --- | --- | --- |
| | | 以色列 | OECD |
| 使用信息和通信技术(ICT)进行教学 | 77（+） | 41 | 43 |
| 跨学科技能(如创造力、批判性思维、问题解决) | 71（+） | 54 | 49 |
| 应聘教学科目的教学法 | 71（=） | 78 | 71 |
| 一般教育学 | 71（=） | 75 | 70 |
| 应聘教学科目的课堂实践 | 70（=） | 75 | 71 |
| 混合环境中教学 | 69（+） | 54 | 44 |
| 应聘教学科目的内容 | 66（-） | 84 | 80 |
| 多文化或多语言环境中教学 | 59（+） | 28 | 26 |
| 学生行为和课堂管理 | 54（=） | 53 | 53 |
| 监测学生的发展和学习 | 53（=） | 49 | 53 |

注：与以色列平均数和经合组织平均数相比，百分比较高用（+），较低用（-），相似用（=）。
资料来源：R. Ramot and S. Donitsa-Schmidt, "COVID-19: Education Policy, Autonomy and Alternative Teacher Education in Israel," Perspectives in Education, Vol. 39, No1（2021）, pp. 380-381; OECD, TALIS 2018, 2019, https://www.oecd.org/education/talis/talis-2018-data.htm。

---

① Ramot and Donitsa-Schmidt, "COVID-19: Education Policy, Autonomy and Alternative Teacher Education in Israel," *Perspectives in Education*, Vol. 39, No. 1（2021）, pp. 378-379.

研究中，参与教师培训人员对他们应聘教学科目的内容的准备度（平均值）为66%，低于以色列平均水平和经合组织的平均水平。但是，他们在使用信息和通信技术进行教学、跨学科技能、混合环境中教学以及在多文化或多语言环境中教学四个方面的准备度都高于以色列平均水平和经合组织的平均水平；在应聘教学科目的教学法、应聘教学科目的课堂实践、一般教育学、学生行为和课堂管理、监测学生的发展和学习五个领域也与以色列的平均水平和经合组织的平均水平基本持平。整体上看，参与教师培训人员与以色列常规教师培养方案中培养的教师，在教学方面准备度相差不大。调查显示，参与教师培训人员对培训项目整体满意度比较高，对未来的工作充满希望（见图8），而满意度低的参与教师培训人员表示，他们对没有足够的机会进行教学实践感到遗憾。

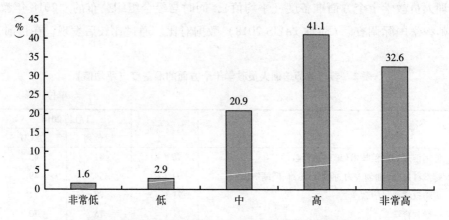

**图8 参与教师培训人员对培训项目的满意度调查统计**

资料来源：Ramot and Donitsa-Schmidt，"COVID - 19：Education Policy, Autonomy and Alternative Teacher Education in Israel," *Perspectives in Education*, Vol. 39, No. 1 (2021), p. 381。

此次调查的结果还显示，参与教师培训人员表现出对教育事业的热爱，这对教育行业未来的发展至关重要，否则无法实现优质教育。大部分参与教师培训人员认为自己将从事教师职业5年以上，甚至有部分参与教师培训人员希望从事这一职业10年以上。[1] 这个调查结果也是令人欣慰的。同时，参与教师

———————————

[1] Ramot and Donitsa-Schmidt，"COVID - 19：Education Policy, Autonomy and Alternative Teacher Education in Israel," *Perspectives in Education*, Vol. 39, No. 1 (2021), p. 382.

培训人员成为教师的外在动机也较强烈。该计划是在新冠肺炎疫情暴发后的大规模裁员期间启动的，人们再就业机会渺茫，所以他们急于寻找一份稳定的职业，以保证其经济收入。在完成第一部分培训后立即开始从事教学工作的占比比疫情前高很多。培训结束后新上岗教师第一年教学时长和每周总课时量，也比之前要高。虽然在实践方面培训人员主要是观看资深教师线上授课，乍看起来实践环节的缺失是该计划的一个弊端，受疫情影该培训形式却成为一大优势，因为在他们第一年的教学中，大多数学校的教学仍然采用线上形式。

虽然教师扩聘培养计划在应聘者内部反映积极，但是以色列社会中许多专家、学者却提出了质疑，对3个月集中培训速成的教师教学质量方面表示担忧。虽然该计划缓解了以色列社会一定的就业压力，但是缺乏实践的速成教师在面对不同特质的学生时，能否做出准确的指导还未可知。此次招聘的教师年纪普遍偏大，具有一定的社会阅历，短期看这对学生们在学习之外的生活辅导有一定的积极作用，但由于缺乏对这些老师长期的跟踪调查，相关方对这些教师自身的心理状况、师风师德方面缺乏全面的了解。这也是很多家长最担心的。毕竟1~12年级的学生三观没有完全形成，教师的德行常常能影响学生一生。另外，相较传统的教师培养方案他们的学习时间不足，对基础教育整体知识脉络把握不准、课程要求等方面并不熟悉，这也直接关系到其所带学生的成绩。

### 3. 高中毕业率提高

以色列4次封城高中生们在此期间依然坚持在线学习，疫情稍微得到控制以色列教育部首先都会开放11~12年级的学生以保证毕业班学生能顺利备考。根据教育部2021年公布的统计数据，2019~2020学年高中毕业合格率为73.4%。这比2018~2019学年69.7%的毕业合格率增加了3.7个百分点，而2017~2018学年这一数据为69.9%。①

## （二）疫情下基础教育所面临的挑战

尽管线上教育在疫情期间是唯一有效的途径，线上教育在此期间也得到了飞速发展，但学生长期在家也失去了社交自由和情感交流的机会，给身心健康

---

① 以色列教育部网站，https：//parents. education. gov. il。

方面带来一定的风险。与此同时，疫情成为数字鸿沟的放大镜，也严重影响了教育公平和教育效果。

**1. 学生身心健康风险增大**

面对疫情的大规模暴发，以色列教育部制定了线上教学与线下教学相结合的措施。但是一些社会经济条件较差的家庭根本没有供孩子线上学习的条件，这也加剧了教育的不平等。其所造成的损害主要包括以下几个方面。

（1）暴力和抑郁的风险增加。学校的关闭是在疫情期间控制传播的重要干预手段，这在一定程度上减少了学生的感染，但是对于青少年儿童来说，在校时间的缩短、课外活动的限制、同学之间交往的减少以及日常生活习惯的改变，对他们的身心健康也造成了不小的影响。对许多学生来说，尤其是对那些社会经济条件较差的家庭的学生来说，学校是最不受暴力和其他高风险影响的地方。与父母、兄弟姐妹长期居家可能会增加精神压力。这种精神压力随着家庭经济压力的增大而增大。以色列社会福利保障部 2020 年 5 月 24 日发布的一则消息称，仅 5 月 13～19 日一周内接到的全国家庭暴力投诉就有 514 宗，比前一周增加了 37%，其中暴力侵害儿童的投诉有 52 宗，配偶之间暴力行为的投诉有 328 宗。[①] 以色列社会工作者联盟（Israel Union of Social Workers）2022 年 1 月公布的一份关于新冠肺炎对青年儿童的心理影响的报告称，疫情期间，因心理健康问题而住院的儿童人数增加了一倍。这份报告基于对 458 名以色列社会工作者的抽样调查，在受访者中，76% 的人表示患有焦虑症和抑郁症的儿童数量有所增加；67% 的人表示青少年自残事件有所增加；44% 的人认为，未成年人的自杀率有所上升；超过 69% 的人认为年轻人的情绪或精神焦虑问题有所增加。[②]

（2）新冠后遗症。以色列新冠疫苗接种率全球最高，但青少年儿童仍然处于危险中。2021 年 9 月 13 日，以色列卫生部发布了一份针对 13864 名 3～18 岁感染过新冠病毒者的跟踪调查报告。报告显示，这些感染过新冠病毒的青少年儿童中有 11.2% 的人痊愈后仍然伴随呼吸不畅，乏力，丧失嗅觉、味觉之类的症状。[③] 尽管产生新冠后遗症的比例不算高，但这依然对青少年的健康构成了威胁。

---

① 以色列社会福利保障部网站，https：//www.gov.il/he/departments/news/molsa-corona-news-spokesperson-24-05-2020。

② 以色列社会工作者联盟网站，https：//socialwork.org.il/prdFiles。

③ 以色列卫生部网站，https：//www.gov.il/he/departments/news/13092021-01。

（3）在线学习的局限。从以色列目前的基础教育环境看，在线学习只能为经济基础较好的学生提供帮助；相反，对于大量社会经济条件较差的家庭的学生来说，在线学习的机会有限。据 2018 年以色列政府统计，在非哈雷迪犹太人中没有网络的学生只占 8%，但在哈雷迪犹太人中占 72%，而在以色列阿拉伯人中这一比例为 38%。在没有电脑、没有网络的学生中，非哈雷迪犹太人占 2%，以色列阿拉伯人占 23%，哈雷迪犹太人占 41%（见图 9）。哈雷迪犹太人和以色列阿拉伯人没有网络、没有电脑者所占比例比非哈雷迪犹太人明显偏高。哈雷迪家庭平均有 7 个孩子，其中许多家庭住在狭小拥挤的公寓里，无法给每个孩子足够的学习空间，而且由于受宗教影响孩子们也被禁止上网。这种差异影响了教学的公平性、在线教育的包容性和学习的连续性。缺少信息素养和有效支持不仅导致了短期的教育中断，更有可能使处在辍学边缘的学生面临长期辍学的风险。① 此外，拥有网络和电脑的家庭面临网速及网络安全问题。

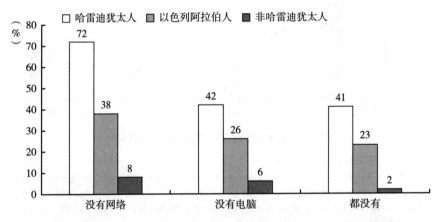

图 9 哈雷迪犹太人、以色列阿拉伯人和非哈雷迪犹太人使用互联网和电脑情况

资料来源：https：//www.gov. il/BlobFolder/dynamiccollectorresultitem/periodic - review - 28062020/he/weekly_ economic_ review_ periodic-review-28062020. pdf。

### 2. 教师使用 ICT 教学的技能低于国际平均水平

疫情开始时以色列教育系统没有对教师进行必要的、系统的线上教育培

---

① 邬志辉：《高度关注线上教学对乡村学生的不利影响》，载李政涛主编《后疫情时代，基础教育向何处去？——全球 97 位教育专家的思考与探索》，上海教育出版社，2021，第 252 页。

训，同时以色列教育系统在疫情前并没有指定的在线教育教材，这也为教师课程的准备带来了不小的难度。① TALIS 2018 年的数据显示，以色列教师课堂中 ICT 使用率低于经合组织国家的平均水平。② 以色列教师 ICT 使用率明显低于经合组织国家的平均水平。以色列陶布社会政策研究中心 2021 年公布了一项针对教师 2019~2020 学年在线授课的调查，进一步证实了经合组织的调查结果。参与调查的有 4919 名讲希伯来语的教师和 825 名讲阿拉伯语的教师。疫情之前，近 50% 的教师没有接受过在线教育方面的培训，另外约 20% 的教师接受了不到 10 个小时的在线教育培训（见图 10）。

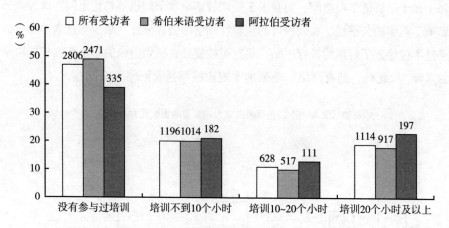

**图 10　疫情前教师在线教育培训时长统计**

说明：图中数字为受访者人数。

资料来源：Michael Debowy and Nahum Blass, "Teacher Survey：Remote Teaching Before and During the COVID-19 Crisis," Taub Center for Social Policy Studies in Israel, April 2021, p. 5, https：//www. taubcenter. org. il/wp-content/uploads/2021/05/teacher-survey-covid-19-eng. pdf。

41% 的教师在疫情之前从未使用过网络教学，另 23.5% 的教师很少使用（每年 1~2 次）。只有 8% 的教师报告说，在新冠肺炎疫情之前他们曾"常规

① "Survey of Teachers in the Histadrut Teachers' Union," Taub Center for Social Policy Studies in Israel, September 7, 2020, https：//www. taubcenter. org. il/en/pr/press - release - survey - of - teachers-in-the-histadrut-teachers-union。

② "School Education During COVID - 19：Were Teachers and Students Ready?" OECD, p. 3, https：//www. oecd. org/education/Israel-coronavirus-education-country-note. pdf。

使用"网络教学。每年使用7次以上网络教学的希伯来语受访者占比是阿拉伯语受访者占比的两倍多（见表3）。

表3 疫情前教师在工作中使用网络教学情况统计

单位：人，%

| | 阿拉伯语受访者 | 占比 | 希伯来语受访者 | 占比 | 总人数 | 总占比 |
|---|---|---|---|---|---|---|
| 没接触过 | 2 | 0.20 | 24 | 0.50 | 26 | 0.50 |
| 没使用过 | 389 | 47 | 1977 | 40 | 2366 | 41 |
| 每年1~2次 | 241 | 29 | 1119 | 23 | 1360 | 23.50 |
| 每年3~7次 | 127 | 15 | 834 | 16.50 | 961 | 16 |
| 每年7次以上 | 41 | 5 | 557 | 11 | 598 | 10 |
| 常规使用 | 33 | 4 | 440 | 9 | 473 | 8 |

资料来源：Michael Debowy and Nahum Blass, "Teacher Survey: Remote Teaching Before and During the COVID - 19 Crisis," Taub Center for Social Policy Studies in Israel, April 2021, p. 9, https://www. taubcenter. org. il/wp-content/uploads/2021/05/teacher-survey-covid-19-eng. pdf。

线上教学在充分体现其灵活性的同时，最大的问题是如何让学生始终保持较高的学习兴趣，遵循老师的指示和按时完成作业，这是对教师专业性的真正考验。线上教学时，教师的课件内容和言语表达要有足够吸引力。在线下课堂上，教师可以借助肢体语言来增加课堂的趣味性，但是在线上教学时，教师能够活动的空间有限，学生只能看到教师的面部表情，师生之间只能眼神和提问交流。如果课件内容和教师的言语不能吸引学生，加之教学中学生不仅少了老师监督、同学陪伴，更少了坐在教室中的仪式感，学生往往会表现得更为随意，很多学生会在听课过程中犯困或走神，从而影响授课效果。

3. 数字鸿沟加大了教育的不平等

根据联合国经济及社会理事会的文件，数字鸿沟指由于ITC的普遍性应用拉大了国与国之间以及国家内部群体之间的差距。新冠肺炎疫情迫使人们从面对面教学迅速转向线上教学，使物理空间不再成为教学限制。这给那些掌握互联网技术的人提供了新机会的同时也给那些没有接触过互联网技术的人带来了挑战。教育方面的数字鸿沟在以色列主要表现为群体的差异。由于哈雷迪犹太人的宗教习惯，一些群体不使用网络媒体，一些哈雷迪妇女甚至不使用智能手机。同时，约有45%的哈雷迪家庭生活在贫困线以下，① 致使其没有网络或是没有足够的电脑或上网设备帮助孩子有效完成线上学习。以色列阿拉伯人和哈雷迪犹太人经济处境基本相似，与非哈雷迪犹太人有着明显差距。受经济条件的影响，不同经济收入家庭的学生在购买上网设备、获取信息资源方面均不同，从而导致信息素养方面的差距。据以色列中央统计局的数据，2018年20岁及以上人口中有85.8%的犹太人使用互联网，而阿拉伯人中这一数据为74.2%。2021年有78.3%的犹太家庭拥有互联网，而阿拉伯家庭中这一数据只有49%。即使在阿拉伯社会内部，也存在差距。例如，在贝都因人社区中，拥有互联网的家庭占比仅为34%，而犹太社区这一比例为78%。② 这些来自低收入家庭的学生，缺乏网络和上网设备，难以完成线上学习。2020年第一波疫情时在线学习近90天，据以色列中央统计局的数据，2020年全国互联网的使用率仅增加了3.3个百分点（2019年为86.8%，2020年为90.1%）。③数学鸿沟的日趋明显使疫情下的教育不公平问题更加突出。

# 结　语

世界银行、联合国教科文组织和联合国儿童基金会发布的《全球教育危机现状：复苏之路》报告指出，新冠肺炎疫情导致的学校停课，给这一代儿童和青少年及他们的家庭造成破坏性影响。报告指出，在低收入和中等收入国家，处于学习困境中的儿童比例可能会达到70%（在疫情前为53%），原因在于学校长期关闭以及线上学习效率低下，不足以确保学校关闭期间有效学习的连续性。④ 尽管疫情对以色列基础教育带来了巨大冲击，线上教学成

---

① The Israel Democracy Institute, https://en.idi.org.il.
② 以色列中央统计局，https://www.cbs.gov.il/he/mediarelease/doclib/2022/116/32_22_116t5.pdf。
③ 以色列中央统计局，https://www.cbs.gov.il/he/mediarelease/doclib/2022/116/32_22_116t5.pdf。
④ 参见世界银行、联合国教科文组织和联合国儿童基金会《全球教育危机现状：复苏之路》（*The State of The Global Education Crisis: A Path to Recovery*），第5页，https://www.unicef.org/media/111621/file/TheStateofthe GlobalEducationCrisis.pdf.pdf。

效和教育公平方面也存在诸多的问题，但以色列教育部多次调整教学活动，最大限度地保障了基础教育阶段教学的顺利开展。世界未来可能面临更多的健康危机，我们必须优先考虑加强教育系统的复原力，以减轻对儿童学习的危害。各国需要从此次疫情期间教学模式的转变中总结经验，吸取教训，制订全面的网络学习计划，增加基础教育的互联网设施，加强教师的网络教学能力，尤其针对弱势群体缩小数字鸿沟和教育不公。即便在疫情之后，上述措施也能促进基础教育日常教学的发展，促进教育内容、教学手段和方法的现代化。

# B.13
# 耶路撒冷老城文化遗产保护现状

邓 伟*

**摘 要：** 长期以来，作为世界文化遗产的耶路撒冷老城的保护备受关注。耶路撒冷老城的文物、建筑群、遗址与宗教密切相关，广泛分布于穆斯林区、犹太区、基督徒区和亚美尼亚区。其保护主体多元、立法数目众多、保护方式多样、管理与维护高效，但也存在利益相关方缺乏沟通与协调、交通基础设施存在缺陷、"抢救性发掘"具有破坏性等突出问题。上述问题基于复杂的历史与现实因素，将长期影响耶路撒冷老城的文化遗产保护。

**关键词：** 耶路撒冷老城 文化遗产保护 利益相关方 抢救性发掘

## 一 耶路撒冷老城文化遗产概览

作为世界文化遗产，耶路撒冷老城有四个大区、八个城门和长达 4018 米的城墙。老城文化遗产由一系列文物、建筑群、遗址构成，[①] 广泛分布于穆斯林区、犹太区、基督徒区、亚美尼亚区，大部分归以色列和巴勒斯坦共同所有。老城文化遗产种类丰富、数目繁多，本报告对其进行分区梳理、摘其要者。

### （一）穆斯林区

穆斯林区是老城内最大的区域，西接基督徒区、南连犹太区，主要文化遗

---

* 邓伟，河南大学以色列研究中心博士研究生。
① 《保护世界文化和自然遗产公约》（1972）第一条规定文化遗产包括文物、建筑群、遗址，参见联合国教科文组织官方网址，https://whc.unesco.org/archive/convention-ch.pdf。

产有圣殿山/尊贵禁地（Temple Mount/Al-Haram）、苦路（Via Dolorosa）、鞭笞修道院（Monastery of the Flagellation）、圣安妮教堂（St. Anne's Church）、示众之门（Ecce Homo Arch）、通舒克夫人宫殿（Lady Tunshuq's Palace）、棉商市场（Cotton Merchants' Market）、链街（Chain Street）、中央露天市场（Central Souk）、大马士革门（Damascus Gate）、希律门（Herod's Gate）、狮门（Lions' Gate）等。

在穆斯林区，与犹太人、穆斯林最密切相关的文化遗产非圣殿山/尊贵禁地莫属。根据犹太人和穆斯林的传统，圣殿山/尊贵禁地既是"以撒献祭"之处，也是犹太人的第一、第二圣殿所在地；691 年后，岩石圆顶清真寺和阿克萨清真寺先后落成，皆位于圣殿残基之上，从而使耶路撒冷跻身为伊斯兰教第三圣城。该区与穆斯林相关的遗产有：棉商市场、大马士革门、狮门等。棉商市场可谓老城最具商业氛围的文化遗产，其始建于 14 世纪马穆鲁王朝统治时期，当时已连通圣殿山/尊贵禁地。大马士革门被阿拉伯人称为"圆柱之门"，被犹太人称为"通往示剑之门"，建于罗马帝国城门残基之上，终年游人如织，热闹非凡。与基督徒密切相关的文化遗产包括苦路、鞭挞修道院、示众之门。苦路共有 14 站，相传为耶稣背负十字架所经之处，后演变为基督徒朝圣之路。鞭笞修道院重建于 20 世纪 20 年代，相传为耶稣殉难前受罗马士兵鞭笞之地。示众之门，相传为耶稣受审判之地。

## （二）犹太区

犹太区北接穆斯林区、西连亚美尼亚区，主要文化遗产有西墙（Western Wall）、耶路撒冷考古公园（Jerusalem Archaeological Park）、宽墙（The Broad Wall）、胡瓦犹太会堂（Hurva Synagogue）、拉姆班犹太会堂（Ramban Synagogue）、塞法尔迪犹太会堂（The Sephardic Synagogues）、沃尔考古博物馆（Wohl Archaeological Museum）、焚毁之屋博物馆（The Burnt House Museum）、老伊休夫法院博物馆（Old Yishuv Court Museum）、德国圣玛丽教堂（Church of St. Mary of the Germans）、粪厂门（Dung Gate）、阿里尔中心（Ariel Center）等。

该区与犹太人和穆斯林密切相关的文化遗产首推西墙。其为希律王时期城墙的残垣，犹太教之圣地，亦是圣殿山/尊贵禁地的一部分。西墙之南为耶路撒

冷考古公园，囊括第一圣殿至倭马亚王朝时期的历史遗存，包括罗宾逊拱门遗址（Vestiges of Robinson's Arch）、希律商业街（Herodian Shopping Street）、中世纪塔楼（the Medieval Tower）、倭马亚宫殿（Umayyad Palace）等。耶路撒冷考古公园以西为胡瓦犹太会堂、拉姆班犹太会堂和塞法尔迪犹太会堂。拉姆班犹太会堂始建于1267年，重建于1523年。胡瓦犹太会堂始建于14世纪，被焚毁于1690年，重建于1857~1864年。三大犹太会堂皆是犹太人重要的礼拜中心。三大犹太会堂以东为沃尔考古博物馆，为地下遗址博物馆，是希律王时期的犹太祭司之家。

### （三）基督徒区

基督徒区东连穆斯林区、南接亚美尼亚区，主要文化遗产包括圣墓教堂（Church of the Holy Sepulchre）、大卫塔（The Citadel）、亚历山大救济院（Alexander Hospice）、路德会救世主教堂（Lutheran Church of the Redeemer）、施洗者圣约翰教堂（Church of St. John the Baptist）、希腊东正教牧首博物馆（Museum of the Greek Orthodox Patriarchate）、雅法门（Jaffa Gate）、奥马尔·伊本·哈塔卜广场（Omar Ibn al-Khattab Square）等。

在基督徒区，圣墓教堂因与耶稣受难、埋葬、复活传说密切关联，而被基督徒视为世界上最重要的教堂之一。326~335年，圣墓教堂遵从拜占庭皇帝君士坦丁一世之令建造，其中心位置，据传曾摆放安葬耶稣的大理石棺。圣墓教堂东侧是亚历山大救济院，始建于1859年，它是东正教的礼拜中心，考古发掘显示其地下保留有335年圣墓教堂的遗存。亚历山大救济院西南是大卫塔，主体结构完成于中世纪，1532年苏莱曼大帝下令重修，20世纪其下出土了公元前2世纪的文物。大卫塔东侧是奥马尔伊本哈塔卜广场，位于基督徒区、穆斯林区和亚美尼亚区的交界处，因638年哈里发奥马尔占领耶路撒冷而得名。广场上立有一根罗马圆柱，建于公元200年前后，出于纪念摧毁犹太人第二圣殿的罗马第十军团。

### （四）亚美尼亚区

亚美尼亚区北接基督徒区、东连犹太区，主要文化遗产有古尔本基安图书馆（Gulbenkian Library）、锡安门（Zion Gate）、圣母安眠堂（Church of the

Dormition)、辛德勒墓（Schindler's Tomb）、圣马可教堂（St. Mark's Church）、最后晚餐室（Hall of the Last Supper)、大卫王墓（King David's Tomb）等。

亚美尼亚基督徒定居耶路撒冷始于301年，他们最早建立了基督教国家。亚美尼亚区的圣雅各教堂始建于5世纪、重建于11~12世纪，为亚美尼亚基督徒社团的中心。古尔本基安图书馆位于圣雅各教堂内，保存有亚美尼亚人最重要的历史文献。从古尔本基安图书馆南下过锡安门进入锡安山，其间分布有为数众多的文化遗产。锡安门于1540年由苏莱曼大帝（Suleiman the Magnificent, 1494~1566）下令兴建，锡安山是大卫王墓及最后晚餐室所在地。最后晚餐室相传为耶稣与门徒共进最后晚餐之处，位于一幢哥特式建筑之内。该建筑原为12~13世纪圣母教堂的遗迹，15世纪被奥斯曼帝国当局改造成清真寺，饰以彩色玻璃。大卫王墓位于最后晚餐室正下方偏南，11世纪被勘定为历史遗迹，由于穆斯林承认大卫王为先知，15世纪被并入清真寺。

## 二　耶路撒冷老城文化遗产保护的复杂性

耶路撒冷老城文化遗产所有权、管理权、保护权分属于不同主体，受到国际公约、《以色列文物法》、双边及多边协议的保护。在耶路撒冷老城文化遗产保护过程中，以色列政府采取了利益相关方共同参与的模式，通过遗产清理与加固、拆除违建、遗产修复与遗产地开发等方式改善遗产地环境、修复遗产外观、开发遗产价值。从文化遗产保护密集度来看，老城文化遗产保护呈现"西疏南密"的分布状态，"抢救性发掘"较为集中在西墙建筑群和穆斯林区。新冠肺炎疫情暴发以来，以色列政府通过了一系列老城保护项目，采取了修复措施，使老城文化遗产管理和维护保持在较高的水平，为文化遗产旅游奠定了基础。

### （一）保护主体多元

耶路撒冷老城文化遗产种类繁多、数量丰富，分属于不同国家、不同宗教，乃至同一宗教的不同派别，因此，其所有权、管理权、保护权颇为多元。譬如，位于穆斯林区的圣安妮教堂（Eglise Sainte-Anne）是法国在耶路撒冷的四块领地之一（另外三处为：橄榄山天主教堂、列王墓、阿布戈斯本笃会修道院），由法以《费舍尔-肖维尔协议》（1948）确认，法国政府对遗产享有所有权、管理权和保护权。圣殿山/尊贵禁地归耶路撒冷伊斯兰基金会（Jerusalem Islamic Waqf）管辖，由约旦和巴勒斯坦共同管理和保护，以色列文物管理局（Israel Antiquities Authority）负责现场监督。圣墓教堂是耶路撒冷牧首教座所在，建筑本身由罗马天主教会、亚美尼亚使徒教会、东正教会、叙利亚正教会、埃塞俄比亚正教会、科普特正教会共同管辖。2017 年，希腊东正教牧首对圣墓教堂东侧的圣亚伯拉罕修道院（St. Abraham Monastery）屋顶进行了修复；托尼亚·莫洛普卢（Tonia Moropoulou）领导的希腊专家与国际工程师团队对圣墓教堂小神龛（Edicule）进行了修复，以色列文物管理局负责监督。2020 年，受新冠肺炎疫情影响，圣墓教堂人流稀少，经过近两年时间的准备，圣墓教堂募集到 1100 万美元修复资金。2022 年 3 月，罗马天主教会、希腊东正教会、亚美尼亚使徒教会联合实施了圣墓教堂石地板修复项目，考古学家对 12 世纪的石块进行修复，对 19 世纪的混凝土和砂浆斑点进行清理，约1200 平方米的石地板将分阶段予以复原，修复工作预计于 2024 年 5 月完成。[1]

## （二）立法数目众多

鉴于耶路撒冷老城文化遗产的特殊性，其受到国际公约、《以色列文物法》、双边及多边协议的保护。以色列是《日内瓦第四公约》（1949）、《海牙公约》（1954）、《保护世界文化和自然遗产公约》（1972）的缔约国。《日内瓦第四公约》第五十三条规定了"对文物和礼拜场所的保护"，严禁："一、对各国囊括其文化或精神遗产之历史纪念物、艺术品，或礼拜场所实施敌对行为；二、利用上述遗产进行军事行动；三、使上述遗产沦为被报复对象。"[2]《海牙公约》（1954）序言明确规定："考虑到文化遗产的保存对世界各国人民至关重要，因此文化遗产必须获得国际性的保护。"[3]《保护世界文化和自然遗产公约》（1972）序言指出："现有关于文化和自然遗产的国际公约、建议和决议表明，保护不论

---

[1] Areej Hazboun and Joseph Krauss, "Amid Centuries of Squabbles, Christians Unify to Restore Holiest Jerusalem Church," *The Times of Israel*, March 18, 2022, https：//www. timesofisrael. com/amid-centuries-of-squabbles-christians-unify-to-restore-holiest-jerusalem-church/.

[2] 参见联合国官方网站，https：//www. un. org/chinese/hr/issue/docs/93. pdf。

[3] 《海牙公约》（1954）的内容参见中国人大网，http：//www. npc. gov. cn/wxzl/wxzl/2000-12/16/content_ 7199. htm。

属于哪国人民的这类罕见且无法替代的财产，对全世界人民都很重要。"①

1967 年，以色列夺取东耶路撒冷后，议会通过《圣地保护法》（1967），其中，第一条款明确规定："保护圣地免遭亵渎和侵犯，以及任何可能侵犯不同宗教成员进入其圣所的自由。"② 以色列宗教事务部负责实施，对于违反者，视情节轻重，处以 5~7 年监禁。时任以色列总理艾希科尔当众宣布："耶路撒冷向不同宗教信仰的人开放，政府政策之根本原则旨在保护圣地，确保神圣场所之宗教信仰，确保每地之特色，及人员出入之自由。"③ 1978 年，以色列议会通过《文物法》（1978），授予以色列文物管理局对老城持有发掘、保护、研究之全权。在《文物法》（1978）中文物被界定为："公元 1700 年之前人类创造的遗产，也包括后来添加的，成为原先遗产不可分割之一部分，还可以是公元 1700 年之后，被认为具有'历史价值'，并经由相关部门领导认定的古物，以及公元 1300 年之前的动植物遗存。"④《海牙公约》（1954）授权占领国在特殊情况下，出于优先保护文物，以及占领区人民利益，可以对占领区内的文物实施"抢救性发掘"。⑤ 故而，长期以来，以色列对老城敏感区域实施的考古活动皆冠以"抢救性发掘"。

## （三）保护方式多样

2016 年以来，耶路撒冷老城文化遗产保护力度不断增强，保护方式更加多样。利益相关方通过改善遗产地环境、遗产修复和遗产地开发等方式保护文化遗产。新冠肺炎疫情暴发以来，耶路撒冷老城旅游业遭受重创，但也为文化遗产修护和保护创造了难得的机会。⑥ 耶路撒冷市政府与以色列文物管理局采取了一系列文化遗产保护措施。

---

① 《保护世界文化和自然遗产公约》（1972）的内容参见联合国教科文组织官方网站，https：//whc. unesco. org/archive/convention-ch. pdf。

② Israel：Law No. 5727-1967, *Protection of Holy Places Law*, Sefer Ha-Chukkim, 1968, p. 76.

③ Israel：Law No. 5727-1967, *Protection of Holy Places Law*, Sefer Ha-Chukkim, 1968, p. 76.

④ Israel：Law, *Antiquities Law 1978*, Sefer Ha-Chukkim, 1979, p. 885.

⑤ *Hague Convention of 1954*, UN, pp. 242-244, https：//treaties. un. org/doc/Publication/UNTS/Volume%20249/volume-249-I-3511-English. pdf.

⑥ Ilan Ben Zion, "With Visitors Away, Jerusalem's Tower of David Undergoes Major Facelift," *The Time of Israel*, October 28, 2020, https：//www. timesofisrael. com/with - visitors - away - jerusalems-tower-of-david-undergoes-major-facelift/.

## 1.改善遗产地环境

为了改善遗产地环境，更好地保护文化遗产，以色列文物管理局对耶路撒冷老城文化遗产实施了清洁与加固。在老城城墙长廊，以色列文物管理局工作人员不定期清理城墙上的涂鸦。为了确保城墙观光的安全，2017年耶路撒冷市政府在以色列文物管理局的监督下加固了城墙上的安全护栏、更换了环保型石材黏合剂、改善了城墙照明设施。为了更好地整合公共空间，充分发挥遗产效用，耶路撒冷市政府出台了"老城路线"项目，旨在借文化遗产保护规范街道管理，改善老城人居住环境，造福本地居民。出于保存遗产本真性（Authenticity）的需要，以色列文物管理局对老城区内的违章建筑进行拆除。譬如，联合国开发计划署曾发起"坦克兹"（Tankiz）项目，在马穆鲁克古建筑上擅自加盖一层，以色列文物管理局获悉后，一日之内拆除了新建部分，并现场监督遗产的修复。2018年5月，为了纪念"耶路撒冷日"，以色列文化部通过了一个考古项目，在两年内向以色列文物管理局提供1700万美元拨款，以支持其在老城实施文化遗产保护。①

## 2.遗产修复

为了更好地保存老城遗产的本真性，并充分发挥其经济价值，以色列文物管理局会同耶路撒冷市政府以及相关社会团体，对老城文化遗产实施了联合修复。遗产修复主要沿城墙一线展开。譬如，2017年以来，以色列文物管理局监督哈盖街（Hagai Street）墙体修复工程，参与遮阳棚和门的安装。以色列文物管理局和耶路撒冷市政府联合修复了马穆鲁克王朝统治时期的公共喷泉：狮门喷泉（Lions Gate Fountain）、监督者喷泉（HaMajilis Fountain）、哈立迪图书馆喷泉（Khalidi Library Fountain）、链门喷泉（Chain Gate Fountain）。以色列文物管理局还同联合国开发计划署、欧盟，联合修复位于哈盖街东角与南角的土耳其浴室。不仅如此，文物管理局和联合国开发计划署还对奎拉尼亚大院（Quilania Courtyard）进行了保护，修复了被建筑承包商损坏的拱形天花板。除此之外，以色列文物管理局也现场监督穆斯林遗产的修复，耶路撒冷伊斯兰基金会委托威尼斯大学建筑保护系的专家对马穆鲁克建筑马祖利亚（Mazhuriya）的外墙进行修复。

---

① Amanda Borschel-Dan，"Cultural Ministry Earmarks NIS 60m for Jerusalem Archaeology Digs，Preservation," *The Times of Israel*，May 9，2018，https：//www.timesofisrael.com/culture-ministry-earmarks-nis-60m-for-jerusalem-archaeology-digs-preservation/.

### 3. 遗产地开发

在遗产地开发方面，利益相关方通过更新基础设施，添加科技元素来增强游客的沉浸式体验。阶梯池（Stepped Pool）是第二圣殿时期的礼定沐浴池，由考古学家纳赫曼·阿维加德（Nahman Avigad，1905-1992）于20世纪70年代开始发掘，2017年开发工作完成，以博物馆的形式对公众开放。方济各会博物馆（The Franciscan Museum）也进行了现代化改造，配合声光影像，以增强游客的现场体验。除此之外，囊括青铜时代至奥斯曼帝国早期遗存的基什尔城堡（The Kishle Citadel）遗址，基督徒区的希西家水池（Hezekiah Pool）也被开发利用。在老城东北角，市政当局已完成了对巴布·胡塔社区（Bab al-Huta Community）基础设施系统的更新工作，作为视觉景观更新项目的一部分，该区的铺路石采用统一的石材，以色列文物管理局全程参与监督。在基督徒区，2020年7月大卫塔发掘、修复、开发工作展开，以色列的考古学家在近一年半的时间内，发掘了3000年前城堡的整个排水系统，出土了阿尤布王朝时期的阿拉伯铭文。① 大卫塔博物馆馆长艾拉特·利伯（Eliat Lieber）指出："博物馆正在使用高科技手段对展品进行重新设计，以讲述老城的历史。"② 遗产地的开发包含但不限于改善游客可达性、建造新的游客中心、在遗产地周边区域增加新的画廊与教育空间。疫情高峰期间，耶路撒冷市政府及各大博物馆免费开通了虚拟在线朝圣与游览活动；疫情缓解时期，游客纷纷佩戴口罩前往遗产地朝觐、观光。

## （四）遗产保护活动空间分布不均衡

耶路撒冷老城文化遗产保护活动集中在犹太区，呈现"西疏南密"的空间分布状态。犹太区遗产保护和发掘活动主要集中在西墙建筑群。从区域分布看，犹太区的"抢救性发掘"活动略多于其他三区；从遗产保护的类型看，对遗址的保护多于对文物及建筑群的保护。

---

① Jessica Steinberg, "Tower of David Renewal Seeks to Reinstate Ancient Citadel as Old City Beacon," *The Time of Israel*, February 19, 2022, https：//www.timesofisrael.com/tower-of-david-renewal-seeks-to-reinstate-citadel-as-old-city-beacon/.

② Ilan Ben Zion, "With Visitors Away, Jerusalem's Tower of David Undergoes Major Facelift," *The Time of Israel*, October 28, 2020, https：//www.timesofisrael.com/with-visitors-away-jerusalems-tower-of-david-undergoes-major-facelift/.

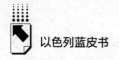

### 1. "抢救性发掘"集中区域：西墙建筑群

西墙建筑群位于犹太区。自 2016 年以来，该区的重大文化遗产发掘与保护工作围绕西墙展开。其代表性发掘和保护活动集中于奥赫·伊兹哈克犹太会堂（Ohel Yitahak Synagogue）、斯特劳斯之家（Beit Strauss）、利巴之家（Ha Liba House）、西墙隧道、威尔逊拱门（Wilson's Arch）。2016 年，奥赫·伊兹哈克犹太会堂之下出土了从第二圣殿至马穆鲁克时期的遗存。斯特劳斯之家下方发现了罗马帝国时期、倭马亚王朝时期的庭院等建筑遗存及阿巴斯王朝时期的马赛克地板，以色列文物管理局负责提供保护。哈利巴之家位于西墙广场，考古学家发现了罗马大道（Roman Cardo），并在大道的铺路石下出土了第二圣殿时期的建筑遗址。西墙隧道、巨石、马厩由于历史久远，存在安全隐患，以色列文物管理局对其进行了密封和黏合。2020 年 7 月，以色列文物管理局和西墙遗产基金会（Western Wall Heritage Foundation）对西墙隧道（处于斯特劳斯之家正下方）实施联合发掘，在基岩深处发现了三间 2000 多年前的石室，内有门框和壁龛。①

### 2. "抢救性发掘"重点区域：穆斯林区

作为以色列文物管理局直接参与或监督下的考古活动，多年以来，"抢救性发掘"是耶路撒冷老城文化遗产保护与文化遗产旅游的重要组成部分。除了西墙沿线的"抢救性发掘"之外，犹太区文化遗产的发掘还零散分布于街区、住宅楼、遗址公园之内。譬如，位于犹太区的耶路撒冷考古公园，考古学家出土了倭马亚王朝时期的建筑地基。邻近考古公园的威尔逊拱门出土了中世纪的蓄水池，从而被确定为西墙隧道旅游路线的一部分。在普鲁盖特·哈克街（Plugat Hakote Street）改造过程中，"抢救性发掘"出土了马穆鲁克时期和奥斯曼时期的建筑遗存。除此之外，以色列文物管理局对哈巴德街（Chabad Street）一栋住宅楼进行"抢救性发掘"时，出土了第二圣殿到中世纪的建筑遗存。

在穆斯林区，"抢救性发掘"多集中于私人商店、住宅楼。在街景改造过程中，哈卡里街（Al-Hakkari Street）发现了中世纪的拱顶；穆瓦卡特街

---

① Amanda Borschel-Dan, "Listen: Tol Takes You to a Unique Excavation Deep Under Jerusalem's Old City," *The Times of Israel*, July 1, 2020, https://www.timesofisrael.com/listen-tol-takes-you-to-a-unique-excavation-deep-under-Jerusalems-old-city/.

（Hosh ek Muwaqqat Street）住宅楼发现了伊斯兰早期的遗存；沙尔·沙尔谢莱特街（Sha'ar HaShalshelet Street）发现了 12 世纪的拱形天花板。在基督徒区，"抢救性发掘"主要集中于对现有建筑遗存的保护。在圣尼古拉斯教堂（Church of St. Nicholas），以色列文物管理局在未经业主同意下，在教堂地下室进行"抢救性发掘"，发现了拜占庭时期的马赛克地板碎片。在马多萨街（Madrasa Street）地下建筑群内部，分布着 900 多平方米的中世纪建筑遗址，以色列文物管理局为这些建筑遗址提供保护。在亚美尼亚区，圣马可街（St. Mark Street）文物遭到破坏，以色列文物管理局进行了"抢救性发掘"，出土了第二圣殿时期的城墙遗迹，其中含有中世纪的灰泥。

## （五）高标准管理和维护

耶路撒冷老城文化遗产管理与维护保持在较高水平，旨在提升公共空间品质、改善老城居民的生活质量、增强游客体验度。

为了改善老城的人居环境，打造舒适的公共空间，2016 年以来耶路撒冷市政府与以色列文物管理局联合实施遗产地环保项目。通过创设壁龛、修建隐蔽性垃圾箱等改进垃圾收集、存储设施，以提升空间利用率和建筑美观度，22 处存放垃圾箱的石质建筑与老城文化景观融为一体。其被广泛应用于巴布·胡塔街（Bab al-Huta Street）、什利希姆街（HaShlichim Street）、新门街（New Gate Street）、谢赫·赖昌街（Sheikh Reichan Street）、马洛特·普拉钦街（Maalot HaPrachim Street）。为了提升老城古建筑的观感，耶路撒冷市政府和以色列文物局采取了积极的措施隐藏建筑立面"暴露物"，包括管道、水表、空调等现代设施。参照老城街景设计方案，耶路撒冷市政府安装了 192 个开放式柜子和 160 多个壁龛以隐藏"暴露物"。在公共空间维护方面，以色列文物局和耶路撒冷市政府对建筑遗产进行持续的清洁和维护，修复了石护栏、石板路，安装了新路牌，消除了潜在的安全隐患。2022 年，巴勒斯坦穆斯林建筑师奥萨马·哈姆丹（Osama Hamdan）承担了圣墓教堂电路管线的修复任务，他一直致力于保护圣地的犹太人、基督徒和穆斯林的文化遗产。[1]

---

① Areej Hazboun and Joseph Krauss, "Amid Centuries of Squabbles, Christians Unify to Restore Holiest Jerusalem Church," *The Times of Israel*, March 18, 2022, https://www.timesofisrael.com/amid-centuries-of-squabbles-christians-unify-to-restore-holiest-jerusalem-church/.

## 三 耶路撒冷老城文化遗产保护存在的问题

耶路撒冷老城文化遗产的历史性、多样性、艺术性决定了其保护的复杂性与争议性。地缘、宗教、政治因素交织于耶路撒冷老城文化遗产保护之中。耶路撒冷老城文化遗产保护问题突出表现为：利益相关方在重点保护区域缺乏沟通与协调，交通基础设施项目存在一些缺陷，"抢救性发掘"存在破坏性。上述问题将长期制约耶路撒冷老城文化遗产保护。

### （一）利益相关方在重点保护区域缺乏沟通与协调

耶路撒冷老城文化遗产极具争议性。大致来看，文化遗产的所有权决定其管理权和保护权。对于非以色列所有之遗产，如属于法国的圣安妮教堂，或与以色列存有巨大争议之遗产，如圣殿山/尊贵禁地，以色列政府与以色列文物管理局仅有从旁协助、现场监督之权。故而，在敏感区域文化遗产保护过程中，利益相关方经常出现沟通不畅或协调失灵的情况。约旦、巴勒斯坦国于2017年、2018年向联合国教科文组织提交《耶路撒冷老城文化遗产保护状况报告》时曾特别强调以色列政府与约旦耶路撒冷伊斯兰基金会缺乏沟通与协调，抗议以色列阻止该基金会对相关文化遗产提供保护。[1] 对于敏感区域文化遗产保护所导致的争端，巴勒斯坦和约旦政府往往通过诉诸联合国教科文组织大会的方式解决，由该组织秘书处向以色列问询、施压。譬如，2021年3月18日，联合国教科文组织收到以色列政府提交的名为《世界文化遗产耶路撒冷老城及其城墙》的文件。作为对该组织秘书处问询的回应，以色列政府表示，其文物管理局在穆格拉比门（Mughrabi）附近并未实施任何发掘活动，因此阿克萨清真寺地基完好无损。[2] 除此之外，以色列文物管理局在实施文化遗产发掘或保护过程中也出现过未经允许强行实施的情况。例如，对基督徒区的一个教堂内部进行"抢救性发掘"时，不曾知会业主。

① UNESCO, *Item 7A of the Provisional Agenda： State of Conservation of the Properties Inscribed on the List of World Heritage in Danger*, Paris：UNESCO, 2021, p. 3.

② UNESCO, *Item 7A of the Provisional Agenda： State of Conservation of the Properties Inscribed on the List of World Heritage in Danger*, Paris：UNESCO, 2021, p. 4.

客观而论，耶路撒冷老城文化遗产的历史复杂性与现实特殊性造就了其归属的非唯一性，决定了保护主体的多元性。因为利益相关方存在政治、经济、文化冲突与矛盾，所以在一些敏感问题上很难达成共识，事前沟通和协调往往效果不明显，或无效。从长远看来，这些问题对耶路撒冷老城文化遗产的保护颇为不利。

## （二）交通基础设施项目存在缺陷

交通基础设施项目对于耶路撒冷老城发展至关重要，合适的交通基础设施有助于改善城市环境、吸引游客、提升居民生活水平，然而不合适的交通基础设施项目却有可能破坏老城文化遗产的本真性和整体性。譬如，2019 年 12 月 18 日，约旦和巴勒斯坦常驻联合国教科文组织代表团在致信该组织的官方信函中强烈抗议以色列政府在耶路撒冷老城上方建造观光缆车、安装脚手架的行为。毋庸置疑，在老城上方安装观光缆车和摩天轮的行为会影响文化遗产的视觉景观完整性，导致城市历史景观被破坏，对文化遗产的价值产生负面影响。2020 年 3 月 10 日和 5 月 22 日，联合国教科文组织两次致信以色列政府，询问以色列在老城实施的铁路与观光缆车项目。秘书处敦促缔约国以色列避免采取任何可能影响老城文化遗产突出普遍价值（Outstanding Universal Value）的基础设施建设行为。迫于各方压力，2020 年 6 月 17 日以色列政府表示，为保护世界遗产，暂停在耶路撒冷老城建造铁路及观光缆车的计划。关于在老城建造铁路及观光缆车的项目，以色列高等法院于 2021 年 2 月 23 日签署命令，要求政府就相关问题做出全面解释。

## （三）"抢救性发掘"存在破坏性

以色列对老城实施的"抢救性发掘"有效地保护了文化遗产，但是也具有一定的破坏性。譬如，以色列文物管理局对西墙隧道的"抢救性发掘"采取的是从西墙外侧"垂直下挖—地下横掏"的发掘方法，严重违反国际考古规则，对穆斯林文化遗产可能造成损害，因而遭到约旦、巴勒斯坦、联合国教科文组织的指责。2017 年，约旦联合巴勒斯坦提交的《耶路撒冷老城及其城墙保护状况报告》指出："以色列占领当局继续在阿克萨清真寺/尊贵禁地围墙附近从事非法考古发掘、拆除，以及隧道开凿工程，特别是从西边（穆斯

林区之下）和倭马亚宫殿南侧（这两处地方）的发掘越来越可能突破围墙。"①

　　在穆斯林区之内的"抢救性发掘"，增加了当地居民的生活成本，出现了破坏居民房屋的情况，引发了持续的抗议。2000 年以来，以色列文物管理局在穆斯林区的"抢救性发掘"集中于"花门""西底家洞""大马士革门"，主要在商店、公路、居民区进行，尤其是老城地下双隧道的发掘，贯通了犹太区和穆斯林区，导致有些居民的房屋出现裂隙，市政当局以修筑地下管网予以搪塞。许多巴勒斯坦人认为所谓的发掘完全是借考古活动宣示以色列主权。②此外，"抢救性发掘"也存在破坏居民公共空间的情况。譬如，穆斯林区有许多地方受到低收入群体的欢迎，在萨蒂亚（Sadia）和巴布丘塔（Ba'ab Chuta）街区实施"抢救性发掘"既破坏了当地居民的公共空间，又使居民生活成本提高，从而引发了当地居民的抗议。

　　以色列在基督徒区内的"抢救性发掘"，存在未经业主许可擅自实施，甚至是拆除宗教辅助设施的情况。上述活动使以色列文物管理局与耶路撒冷基督教团体关系不断恶化，甚至影响到以色列政府的态度，政府曾一度禁止阿拉伯基督徒进入基督徒区朝拜。"抢救性发掘"也曾侵犯圣墓教堂的西墙，对圣墓教堂之外有历史价值的铁质护栏予以拆除，③从而遭到了基督教团体的抗议。基督教团体和巴勒斯坦政府强化了老城文化遗产保护的沟通与合作，但持续抗议以色列政府的"抢救性发掘"活动。

　　"抢救性发掘"所造成的破坏效应可能已经成为影响老城文化遗产保护的重要因素。如何使联合国教科文组织现有的遗产监测机制更好地发挥功效，并与以色列的监测机制对接，以提升人们对于耶路撒冷老城文化遗产所面临威胁的认知是以色列和国际社会的责任。

# 结　语

　　自 1981 年耶路撒冷老城及其城墙被联合国教科文组织列入《世界遗产名

---

① UNESCO, *The Hashemite Kingdom of Jordan and the State of Palestine*, *Status Report*, *the State of Conservation of the Old City of Jerusalem and Its Walls*, Paris: UNESCO, 2017, pp. 24-25.

② https://emekshaveh.org/en/archeology-and-politics-in-jerusalems-historic-bas2018/.

③ UNESCO, "The Hashemite Kingdom of Jordan and the State of Palestine Status Report," The UNESCO World Heritage Centre, 2016, p. 50.

248

录》，以及 1982 年被列入《濒危世界遗产名录》以来，犹太人、基督徒、穆斯林在耶路撒冷老城文化遗产保护方面的摩擦与冲突不断，呈愈演愈烈之势。究其原因，耶路撒冷老城丰富而独特的文物、建筑群、遗址被"三大一神教"赋予了神圣的意义。犹太第二圣殿时期的古城墙、始建于 326~335 年的圣墓教堂、兴建于倭马亚王朝时期的阿克萨清真寺，连同其他文化遗产共同守护着"金色的耶路撒冷"，"见证"了老城的千载沧桑。

2000 年以降，以色列在大体遵守《日内瓦第四公约》（1949）、《海牙公约》（1954）、《保护世界文化和自然遗产公约》（1972），践行《以色列文物法》（1978）的基础上，坚持文化遗产所有权、管理权、保护权"因地制宜相分离"原则，采取了利益相关方共同参与的模式，广泛吸纳政府、国际组织、基金会、社团、公众共同参与文化遗产保护，并通过改善遗产地环境、联合修复和开发来保护文化遗产。在应对新冠肺炎疫情所导致的文化遗产保护失衡方面，以色列中央政府实施了一批新项目，旨在通过博物馆改造、遗产修复、基础设施扩建来提升遗产保护能力。耶路撒冷市政府与以色列文物管理局联合实施遗产地环保项目，以提升空间利用率和建筑美观度，更好地将石质建筑和谐融入老城文化景观。与此同时，耶路撒冷老城文化遗产保护过程中也存在一些突出问题：利益相关方缺乏沟通与协调、交通基础设施项目缺陷、"抢救性发掘"具有破坏性。在对敏感区域圣殿山/尊贵禁地周边文化遗产施行保护的过程中，利益相关方经常出现沟通不畅或协调失灵的情况；不合适的交通基础设施项目破坏了老城文化遗产的本真性和整体性；以色列文物管理局采取的"抢救性发掘"较为集中于西墙建筑群和穆斯林区，其"垂直下挖—地下横掏"的发掘方法，严重违反国际考古规则，对穆斯林文化遗产可能造成损害。上述问题不仅事关文化遗产保护，更关乎遗产的神圣不可侵犯性原则，甚至可能影响到中东局势。

# 对外关系篇
## Foreign Relations

# B.14
# 2020~2021年以色列与法国的关系

胡浩 谭泓杉*

**摘 要：** 2020~2021年，以法两国积极开展合作与交流，高层对话及互访频繁，推进了多领域合作，尤其是在科技创新、经贸投资、国家安全等领域的合作；但两国间仍存在尚需解决的问题与分歧，如法国社会反犹情绪盛行、巴以问题的不同立场、以色列监听事件可能带来的危机等。以法两国采取的一系列措施缓和了法国"添加标签"政策及法国支持联合国安理会通过第2334号决议之后渐冷的关系，但面对两国间存在的新旧问题与分歧，双方仍在探索恰当的解决方法。

**关键词：** 以色列 法国 以法关系 创新 反恐

自1948年以色列建国以来，以法关系随着国际形势的变化常有波动。以色列建国初期，以法关系密切，两国基于双方利益达成同盟，以色列从法国获

---

\* 胡浩，河南大学以色列研究中心教授；谭泓杉，河南大学以色列研究中心硕士研究生。

取武器援助，法国则将以色列作为中东地区的盟友来牵制埃及。而后，随着法国非殖民化政策的实行，以及中东局势的变化，两国关系渐冷。直至1967年"六日战争"后，以法同盟破裂，法国谴责以色列并支持阿拉伯国家。1973年第四次中东战争后，法国致力于推动巴以和谈进程，在巴以问题上的分歧使以法关系又面临挑战。从建国初期的关系密切，到以法同盟名存实亡直至完全破裂，再到尝试通过对话谋求共识，开展经济、文化、科技等方面的交流与合作来缓和关系，两国基于对多方利弊的权衡，不断调整着外交政策。近年来，以法关系发展依旧曲折。2015年法国的"添加标签"政策①及2016年法国支持联合国安理会通过第2334号决议②，使以色列与法国的关系陷入僵局。2017年，马克龙当选法国总统，以法关系进入新的探索阶段。马克龙当选后，内塔尼亚胡就曾两次访问爱丽舍宫。几年来，以法高层多次互访，加强两国的相互认知与理解，就时事热点问题交换意见。从国际政治层面看，马克龙领导的法国有条件也有意愿以一个中间人的身份，向着沟通以色列与其他国家和地区的方向努力。马克龙执政后调整中东政策，使法国中东政策重新回到"实用主义的平衡"。③ 2020~2021年以法两国均以务实的态度开展外交活动，正视在一些问题上存在分歧的现实，也秉持着谋求发展的意愿开展各领域合作。

## 一 以法两国间的合作与对话

2020年1月22日，法国总统马克龙访问以色列。其间，马克龙与内塔尼亚胡、蓝白党领导人甘茨和巴勒斯坦民族权力机构主席阿巴斯进行会谈，在圣

---

① 2015年11月11日起，法国根据2013年欧盟公布的新规定，在进口以色列产品时，对产地为"以色列犹太人定居点"的蔬菜和水果添加标签。2014年1月1日起，欧盟禁止成员国与设立在巴勒斯坦被占领土上的以色列公司和部门合作。根据该规定，欧盟成员国在与以色列各类实体签订合约时要增加一项新条款，保证这些实体机构相关活动局限在1967年前的以色列边界内。法国称"添加标签"政策并不具有政治意味，但以色列方面表示强烈反对。
② 2016年12月23日，联合国安理会通过第2334号决议，谴责以色列在巴勒斯坦被占领土上进行定居点活动，重申1967年以来，以色列在包括东耶路撒冷在内的巴勒斯坦被占领土上建立的定居点不具法律效力，公然违反国际法，是实现两国方案和公正、持久及全面和平的主要障碍。法国在表决中投了赞成票。以色列表示拒绝接受这个决议，暂停与包括法国在内的12个国家的外交关系。
③ 母耕源：《马克龙政府的中东政策》，《国际问题研究》2019年第6期，第104页。

安妮教堂进行象征性的停留，并参加奥斯威辛集中营解放 75 周年纪念活动。以色列政府新闻办公室发表声明，内塔尼亚胡和马克龙在会谈中同意两国就地区热点问题建立战略对话机制。内塔尼亚胡随后发表声明说，这是以色列外交政策的重要变化，该机制将加强双方在地区问题上的合作。① 会谈内容还涉及伊朗、伊拉克、叙利亚、黎巴嫩、土耳其、利比亚以及其他几个主题。② 2020~2021 年，马克龙政府在继承了法国一贯的立场与态度的前提下，尽量规避分歧可能带来的争端，积极推进与以色列的交往。两国尤其致力于深化在创新科技和经贸投资领域以及国家安全领域的合作。

## （一）创新科技和经贸投资领域的合作

在竞选期间，马克龙就承诺要将法国发展成为一个创新国家。在 2017 年6 月的维瓦科技大会（Viva Technology Conference）上，马克龙将法国形容为一个"初创国家"，不仅是一个与新兴企业合作、为新兴企业服务的国家，而且是一个像新兴企业一样思考和行动的国家。他还表示："本届政府将促进经济领域的改革，支持和促进企业家在法国获得成功，法国将成为创新和变革的领先国家，是未来的所在。"③ 马克龙希望创新精神能够引领法国发展。而以色列向来被称为"创新的国度"，全球创新指数排名和全球竞争力排名位居前列。近年来，以法两国企业在创新科技领域开展了一定的技术交流与项目合作。在政府层面，法国致力于推进以法关系平稳发展，在创新领域谋求更多交流与合作的可能。以色列也乐于分享自身在创新领域的经验，并且希望能够吸引更多来自法国的投资。2017 年 4 月，以法两国首次创新科技大会（Innovatech Conference）在巴黎举行，会议聚焦食品技术、生命科学、汽车技

① 《以色列和法国将建立战略对话机制》，新华网，2020 年 1 月 23 日，http：//www. xinhuanet. com/world/2020-01/23/c_ 1125495562. htm.

② Raphael Ahren, "Hosting Macron for Breakfast, Netanyahu Kicks off Marathon of Meetings," *The Times of Israel*, January 22, 2020, https：//www. timesofisrael. com/hosting－macron－for－breakfast-netanyahu-kicks-off-marathon-of-meetings/.

③ Stephen Lepitak, "'Entrepreneur Is the New France': Emmanuel Macron Invites Tech Professionals to Apply to Work Under His New Visa System," The Drum, June 15, 2017, https：//www. thedrum. com/news/2017/06/15/entrepreneur-the-new-france-emmanuel-macron-invites-tech-professionals-apply-work.

术和网络安全,旨在促进以法两国之间的合作。以色列经济工业部表示,此次会议由以法双方联合发起,共有 250 名法国高科技产业的引领者、15 家以色列企业和以色列风险投资基金的负责人参加。①

在以法两国的创新科技及经贸投资合作中,一些相关组织起到了良好的促进作用。以法工商会(Israel-France Chamber of Commerce & Industries)成立于 1957 年,是一个独立的非营利组织,致力于促进以色列和法国之间的双边贸易。法以基金会(France-Israel Foundation)由法国前总统希拉克和以色列前总理沙龙于 2005 年发起,致力于加深法国和以色列在社会层面的联系,促进法国和以色列在经济、科学和文化领域的交流。2020~2021 年,受疫情影响,一些计划内的活动被推迟或取消,以法工商会和法以基金会等相关组织主要通过举办网络研讨会的方式,加深两国在科学、经济、文化等领域的合作。研讨会内容包括"以色列和法国的太阳能""以色列的地缘战略地位和技术创新""水和农业:以色列和普罗旺斯-阿尔卑斯-蔚蓝海岸地区采用什么方法?""食物浪费""对残疾的看法""新冠肺炎疫情""金融科技"等。2020 年法以基金会青年经济学家奖颁给了致力于贸易全球化影响研究的巴黎理工学院经济系主任、经济与统计研究中心教授伊莎贝尔·梅让(Isabelle Méjean)和专研现代市场管理机制的希伯来大学经济系高级讲师阿隆·艾森伯格(Alon Eizenberg)。

深化两国创新领域的合作是一项互惠互利的举措。与以色列的合作能够推进法国创新能力的提升,技术与经验的交流和共同开展创新合作都有助于马克龙政府"创新型国家"变革的实现;同时,法国的资金和市场也为以色列的国家经济注入了新的活力。2019 年,法国金融市场管理局与以色列证券管理局签署合作协议,两国金融监管机构同意在数项关键领域密切合作。② 2020 年以色列在法国贸易伙伴中居第 52 位,以色列在法国出口国家中居第 43 位,在进口国家中居第 48 位。在中东地区,以色列是法国第八大出口国和第九大顺

---

① Shoshanna Solomon, "Say Oui: Israel Seeks to Draw French Investment to High Tech," *The Times of Israel*, April 27, 2017, https://www.timesofisrael.com/say-oui-israel-seeks-to-draw-french-investment-to-high-tech/.

② 《法国金融市场管理局将与以色列证券管理局讨论区块链、加密资产等的监管问题》,汇通财经,2019 年 5 月 15 日,https://www.fx678.com/C/20190515/201905151938562280.html。

差国。2021 年，不包括军事装备，法国对中东地区的出口额占其出口总额的 2.4%，自中东地区进口额占其进口总额的 1.4%。其中对以色列出口额为 18.77 亿欧元，占对中东地区出口额的 15.3%，自以色列进口额为 12.65 亿欧元，占自中东地区进口额的 14.4%。① 2021 年，法国向以色列出口占比最多的是汽车（10.4%）、机械设备（10.1%），以及化妆品和香水（9.6%）。法国在服务业进出口贸易中与以色列存在逆差，2020 年差额为 2.48 亿欧元。根据法国财政部的统计，约有上百家法国公司的子公司在以色列上市，雇用了近 6000 名员工，营业额接近 10 亿欧元。以色列在法国的子公司大多比较小，集中在房地产领域。法国财政部总结 2021 年与以色列的对外贸易时称，目前两国间的投资处于一种不平衡的状态，法国在以色列的存在有所加强，而即使考虑到以色列的经济实力，以色列在法国的存在也显得微弱。②

### （二）国家安全领域

2020~2021 年，以色列和法国继续谋求在国家安全领域的合作。打击恐怖主义和极端主义、军事上多维度的交流与合作，以及在面对伊朗核协议问题上可能达成的共识，都为两国关系的平稳发展提供了保障。在两国高层的对话及互访中，国家安全领域的相关问题是两国经常涉及的话题。

打击恐怖主义和极端主义是以法两国共同的目标。法国有着庞大的穆斯林群体，而且从地理位置上来看，作为中东的近邻，中东的恐怖主义衍生的安全问题及难民问题都将影响法国。马克龙政府执政后，面临的安全威胁仍然严峻。在"安全第一"的政策框架下，法国将打击恐怖主义列为外交的首要任务。马克龙主张在反恐外交中同各方广泛开展对话，认为军事行动需要在政治措施的配合下才有意义。法国计划摧毁盘踞在叙利亚和伊拉克的"伊斯兰

---

① 《Conjoncture-Analyse pays：Proche et Moyen-Orient》, Le Chiffre du Commerce Extérieur, 29 novembre, 2021, https：//lekiosque. finances. gouv. fr/site _ fr/A129/data _ cvs. asp? serie = Z4400&r=1.

② 《Relations bilatérales entre la France et Israël》, Direction Générale du Trésor, 14 avril 2022, https：//www. tresor. economie. gouv. fr/Pays/IL/cartographie-de-la-presence-israelienne-en-france.

国",阻止其成为中东和法国国内恐怖主义的策源地。[①] 法国与以色列的反恐合作是必要的。两国在反恐方面立场一致,军事合作和情报交流有利于共同打击恐怖主义。黎巴嫩真主党的军事派别被欧盟列入"恐怖组织"名单,法国发挥了重要作用。2017年马克龙会见到访的内塔尼亚胡时就曾谈及黎巴嫩南部真主党的活动。马克龙表示,人们应当在考虑所有群体的情况下寻求黎巴嫩的稳定。[②] 此外,马克龙坚持反犹太复国主义就等同于反犹主义,这一点现在已经被写入法国的法律。[③]

以法两国共同参与国际会议及多国联合军演,加强军事方面的经验交流与合作。2020年9月16日,法国与以色列参加第一届"人工智能防御伙伴关系"会议。会议主办机构为美国国防部联合人工智能中心(JAIC)。与会国家还包括澳大利亚、加拿大、丹麦、爱沙尼亚、芬兰、日本、挪威、韩国、瑞典、英国和美国。美国国防部联合人工智能中心发表声明称,会议期间,代表们分享了在各自和共同的国防任务中利用人工智能的实践经验。[④] 2021年3月12日,以色列与法国、希腊、塞浦路斯在地中海举行为期一周的联合海军演习。以色列军方表示,直升机和海军舰艇参加了为期一周的演习,内容涉及搜救训练,演习的目的是加强参与国舰队之间的合作,深化专业知识和技能。[⑤] 2021年7月12日,以色列与美国、英国、法国、意大利和德国举行代号为"蓝色卫士"的国际无人机军事演习。此次演习是以色列空军年度训练计划的一部分,演练应对多种情况,包括为地面部队提供支持、侦察、情报收集以及各国空军协作等。此次演习加强了以色列与其他参与国空军之间的合作和交

---

① 吴国庆:《论马克龙的新多边主义外交》,《欧洲研究》2021年第6期,第128页。

② Margaux Nijkerk, "Why It Is Time for a Stronger French-Israeli Connection," the Washington Institute for Near East Policy, March 15, 2018, https://www.washingtoninstitute.org/policy-analysis/why-it-time-stronger-french-israeli-connection.

③ Susan Ram, "Israel: France's Foster Child," Frontline, September 10, 2021, https://frontline.thehindu.com/world-affairs/israel-frances-foster-child/article36168771.ece.

④ Patrick Tucker, "France, Israel, S. Korea, Japan, Others Join Pentagon's AI Partnership," Defense One, September 16, 2020, https://www.defenseone.com/technology/2020/09/france-israel-s-korea-japan-others-join-pentagons-ai-partnership/168533/.

⑤ Abdel Ra'ouf, D. A. R. Arnaout and Mehmet Nuri Ucar, "Israel Holds Drill with France, Greece, Southern Cyprus," Anadolu Agency, March 12, 2021, https://www.aa.com.tr/en/europe/israel-holds-drill-with-france-greece-southern-cyprus/2174472.

流，"具有重要的战略意义"①。

伊朗核协议问题也是以色列和法国关注的重点问题之一。以色列方面完全反对伊朗研发核技术，马克龙政府则希望能对伊朗核协议进行完善，而不是彻底废除。法国支持伊朗发展民用核计划，但拒绝伊朗获得核武器。法国主张结束伊朗严重的核违规行为，全面恢复原子能机构在伊朗的监测和核查能力，解除美国对伊朗关键领域的制裁。② 以法两国曾多次在对话中提及伊朗，目前两国的立场和态度还不完全一致，以色列努力在阻止伊朗开展核研发上争取法国的支持。

2021年7月20日，由36名法国议员组成的代表团访问以色列，会见了以色列总理贝内特、总统赫尔佐格、议长莱维、前总理内塔尼亚胡等以色列高层。其间代表团参观了大屠杀纪念馆和铁穹防空炮台，访问以色列与加沙的南部边境，会见了一些当地官员。以色列新冠顾问小组负责人向代表团介绍了以色列的防疫努力。赫尔佐格总统呼吁代表团为法国抵制德班会议而努力。贝内特和内塔尼亚胡关注伊朗的威胁，以及欧洲日益高涨的反犹主义浪潮。③ 部分代表团成员认为，双方都较为关注伊朗核问题及黎巴嫩真主党。以色列媒体报道称，法国高层官员慢慢改变了对伊朗的看法，同时也改变了对以色列的看法。④ 2021年10月20日，由14名以色列高级官员组成的代表团访问巴黎，其中包括以色列安全机构的前高级官员、安全专家、以色列国防军官员、以色列议会成员以及以色列情报部部长。以色列代表团与法国官员就战略问题进行会谈，向他们解释以色列在伊朗核谈判、叙利亚问题和黎巴嫩真主党等问题上的立场，并参加主题为国土安全的巴黎国际警用装备博览会（the International Paris Milipol Expo）。⑤

---

① 《以色列首次举行国际无人机军事演习》，新华网，2021年7月13日，http：//www.xinhuanet.com/mil/2021-07/13/c_1211239010.htm。

② «La question nucléaire iranienne», France Diplomatie, mars 2022, https：//www.diplomatie.gouv.fr/fr/dossiers-pays/iran/la-question-nucleaire-iranienne/.

③ "36 French Lawmakers Visit Israel with ELNET," ELNET, August 8, 2021, https：//elnetwork.eu/country/france/36-french-lawmakers-visit-israel-with-elnet/.

④ Lazar Berman, "Iran, Terror Concerns Are Changing France's Ties with Israel, Say Visiting MPs," *The Times of Israel*, July 21, 2021, https：//www.timesofisrael.com/iran-terror-concerns-are-changing-frances-ties-with-israel-say-visiting-mps/.

⑤ Rina Bassist, "Israel Takes Security Issues to France," Al-Monitor, October 27, 2021, https：//www.al-monitor.com/originals/2021/10/israel-takes-security-issues-france.

2021 年 11 月 1 日，在出席第 26 届联合国气候变化大会时，贝内特与马克龙进行非公开会面。会议结束后，贝内特的办公室发表声明称两人进行了友好的私人会谈，他们讨论了以色列和法国面临的全球性和地区性挑战，特别是伊朗在铀浓缩方面取得的迅速进展。贝内特总理特别重视在以色列的法国群体，称他们是两国之间的桥梁。虽然贝内特的声明没有提及 NSO 集团事件，但以色列外交人士指出，除了伊朗的威胁，间谍软件危机是两位领导人会谈的核心。①

## 二 尚需解决的问题与分歧

以法两国在交往过程中也存在尚需解决的问题与分歧。2020～2021 年，虽然法国政府反对反犹主义，但法国社会的反犹情绪仍很强烈，反犹行为日益增多，对法国犹太人的生活造成严重的困扰。在巴以问题上，法国的立场不变，支持两国方案并主张推进巴以和谈，谴责以色列在约旦河西岸的定居点建设。法国外长将以色列与种族隔离联系起来的言辞，遭到了以色列的强烈抗议。2021 年 7 月，以色列 NSO 集团飞马间谍软件（Pegasus）被指将马克龙在内的部分法国政府官员列入监听名单，两国高层多次会面和通话，谨慎处理此次监听事件。

### （一）法国社会的反犹情绪

犹太社区保护服务处（Service de Protection de la Communauté Juive，SPCJ）2020 年共记录了 339 起反犹行为。受疫情影响，在限制出行和减少社区活动的前提下，2020 年法国反犹行为总数相比 2019 年有所减少，但暴力事件与 2019 年相比几乎持平。② 互联网上的反犹行为激增，法国社交媒体上将新冠病毒与犹太人联系起来的言论和讽刺漫画层出不穷。2021 年 SPCJ 共记录了 589 起反犹行为，涉及人身暴力的反犹行为比 2020 年增加了 36%。根据法国内政部的

---

① Rina Bassist, "Bennett Meets France's Macron in Glasgow, Discusses Spyware Flap," Al-Monitor, November 1, 2021, https：//www. al - monitor. com/originals/2021/11/bennett - meets - frances - macron-glasgow-discusses-spyware-flap.

② Ministère de l'Intérieur et SPCJ, « Rapport sur l'antisémitisme en France 2020 », https：// www. spcj. org/rapport-antis%C3%A9mitisme-2020-pdf.

数据，2021 年的种族主义行为中，有 73% 是以犹太人为对象的。据 SPCJ 统计，2021 年法国反犹行为出现了两个高峰：一是 5 月在以色列对哈马斯发起的 "城墙卫士" 行动期间，平均每天记录 5 起反犹行为，大多采取侮辱和威胁的形式，其中有近 1/3 提到了巴勒斯坦；二是 8 月在法国第一次反对健康限制的动员中，反犹言论大多将犹太人称为投机者，甚至是健康危机的煽动者。①

面对社会盛行的反犹情绪，马克龙政府反对反犹主义的态度明确、立场坚定，并且将反犹太复国主义和 "BDS 运动"② 都定性为危险的新形式的反犹主义。2021 年 8 月，由于担心此前联合国反种族主义大会上的反犹言论，马克龙发表声明，抵制后续举行的反种族主义大会。他表示，法国将继续打击所有种族主义势力，并将密切关注德班后续会议的召开，确保其符合联合国的创始原则。同时法国也对国内过激的言论及行为追究法律责任，引导社会舆论，树立正确的价值观导向。③ 2020 年 6 月 13 日在巴黎举行的反种族主义抗议活动中，一些与会者高喊反犹太言论。巴黎警察局向法国司法部门报告了这些反犹太言论。法国犹太人机构代理事会主席弗朗西斯·卡利法特（Francis Kalifat）表示："在巴黎高喊有关犹太人的口号是对共和国的侮辱，也是对示威者声称要推动的事业的侮辱。"④ 2020 年 12 月，参加法国小姐比赛的阿普丽尔·贝纳尤姆（April Benayoum）因在比赛中说自己的父亲是以色列人而被辱骂攻击，互联网上出现了诸如 "希特勒忘记了这一个" "不要给犹太人投票" 等言辞。2021 年 11 月，法院做出判决，对在社交媒体上发表反犹言论的 7 个人，处以 300 欧元至 800 欧元不等的罚款。⑤ 2021 年 11 月 4

---

① Ministère de l'Intérieur et SPCJ, «Rapport sur l'antisémitisme en France 2021», https://www.spcj.org/rapport-sur-l-antis%C3%A9mitisme-2021.

② "抵制、撤资和制裁运动"（the Boycott, Divestment and Sanctions Movement），是一项由巴勒斯坦民间组织面向全球正式发起的对以色列非暴力抵抗运动，起初主要在学术文化领域，而后扩展到经济和政治等其他领域，在不少国家民间得到广泛响应。

③ "France to Boycott UN Anti-racism Conference, Citing Previous Anti-Semitism," *The Times of Israel*, August 13, 2021, https://www.timesofisrael.com/france-to-boycott-un-anti-racism-conference-citing-previous-antisemitism/.

④ Chaan Liphshiz, "Protesters Shout 'Dirty Jews' at Paris Rally Against Police Racism," *The Times of Israel*, June 15, 2021, https://www.timesofisrael.com/protesters-shout-dirty-jews-at-paris-rally-against-police-racism/.

⑤ "French Court Fines 7 People for Antisemitic Abuse of Miss France Runner-up," *The Times of Israel*, November 3, 2021, https://www.timesofisrael.com/french-court-fines-7-people-for-antisemitic-abuse-of-miss-france-runner-up/.

日，一名青年因在里昂一所犹太高中外挥刀并高喊反犹口号被捕。他挥舞着砍刀，还向学校里的学生投掷石块，称他们是肮脏的犹太人。经调查，这名青年并没有违法记录，与恐怖组织也没有联系。①

## （二）在巴以问题上存在分歧

巴以问题是以法两国关系历来的分歧点。马克龙政府继承了法国一贯的立场与态度，主张推进巴以和谈进程，呼吁遵守国际法，特别是联合国相关决议。法国认为，两国方案是唯一能够满足以色列人和巴勒斯坦人对安全、独立、承认和尊严的正当愿望的解决方案。耶路撒冷应成为以色列和未来巴勒斯坦国两国的首都。②

2020年7月7日，法国与德国、埃及和约旦四国外长在举行联合视频会议后发表联合声明："我们就中东和平进程的现状及其地区影响交换了意见。我们同意，对1967年占领的巴勒斯坦领土的任何吞并都将违反国际法，并破坏和平进程的基础。我们不承认冲突双方未同意的1967年边界的任何变化。我们还认为，这一做法将对该地区的安全与稳定产生严重后果，并将成为实现全面和公正和平的努力的主要障碍。这也可能影响同以色列的关系。我们坚定承诺，在国际法和有关联合国决议的基础上，通过谈判达成两国解决办法。我们讨论了如何重新启动以色列和巴勒斯坦双方富有成果的接触，并为促进谈判道路提供支持。"③ 法国总统办公室表示，马克龙在与内塔尼亚胡的通话中要求以色列不要吞并约旦河西岸和其他地区的巴勒斯坦领土。但法国仍然关心以色列的安全

---

① Chaan Liphshiz, "Teenager Arrested After Waving Large Machete in Front of French Jewish School," *The Times of Israel*, November 9, 2021, https://www.timesofisrael.com/teenager-arrested-after-waving-large-machete-in-front-of-french-jewish-school/.

② «Israël / Territoires palestiniens: 9 clés pour comprendre la position de la France», France Diplomatie, septembre 2020, https://www.diplomatie.gouv.fr/fr/politique-etrangere-de-la-france/securite-desarmement-et-non-proliferation/crises-et-conflits/proche-orient/.

③ "Joint Statement of the Foreign Ministers of France, Germany, Egypt and Jordan," France Diplomatie, July 7, 2020, https://www.diplomatie.gouv.fr/en/country-files/israel-palestinian-territories/news/2020/article/joint-statement-of-the-foreign-ministers-of-france-germany-egypt-and-jordan-07.

以色列蓝皮书

问题，并"表达了他对联结法国和以色列的友谊和信心的依恋"①。2021 年 10 月 27 日，以色列民政总署高级规划委员会批准了在被占领土约旦河西岸推进约 3000 个定居点的计划。10 月 28 日，比利时、丹麦、芬兰、法国、德国、爱尔兰、意大利、荷兰、挪威、波兰、西班牙和瑞典等国外交部发言人发表了关于以色列定居点的联合声明："我们敦促以色列'政府'取消其决定，取消在西岸建造大约 3000 个定居点的计划。我们重申强烈反对其在巴勒斯坦被占领土上扩建定居点的政策，该政策违反国际法，破坏两国解决方案的努力。我们呼吁双方以最近几个月采取的步骤为基础，加强合作，缓和紧张局势。我们重申呼吁执行联合国安理会'2334 号决议'及其所有规定，以重建信任并为促进和平创造必要条件。"② 马克龙政府支持两国方案，谴责以色列通过建设定居点来吞并约旦河西岸的计划。法国主张通过促成和谈来解决巴以问题，但并不会贸然地、单方面地承认巴勒斯坦。

2021 年 5 月 20 日，法国外交部部长让-伊夫·勒德里安（Jean-Yves Le Drian）在谈及以色列几个城市中爆发的阿拉伯人与犹太人冲突时表示，暴力事件暴露了以色列阿拉伯人对耶路撒冷镇压巴勒斯坦人的怒火，破坏了以色列多年来的和平共处。勒德里安警告说，如果巴勒斯坦人无法获得自己的国家，以色列将面临"长期种族隔离"的风险。③ 对此，内塔尼亚胡表示了对法国政府的强烈抗议，称勒德里安的说法为一种毫无根据的、无礼的说辞。5 月 26 日，内塔尼亚胡发表讲话再次反驳说："勒德里安的发言是没有根据的傲慢的错误主张。在以色列，所有公民在法律面前一律平等，不论其种族。以色列是我们区域民主和人权的灯塔。我们不会在这个问题上遭受任何虚伪和虚假的道

---

① "France's Macron Asks Israel to Drop West Bank Annexation Plans," Al Jazeera, July 10, 2020, https：//www.aljazeera.com/news/2020/7/10/frances-macron-asks-israel-to-drop-west-bank-annexation-plans.

② "Statement by Spokespersons of the Foreign Ministries of Belgium, Denmark, Finland, France, Germany, Ireland, Italy, the Netherlands, Norway, Poland, Spain and Sweden on Israeli Settlements," Federal Foreign Office, October 28, 2021, https：//www.auswaertiges-amt.de/en/newsroom/news/settlements-israel/2492586.

③ Shweta Desai, "Israel at Risk of 'Long-lasting Apartheid': France," Anadolu Agency, May 24, 2021, https：//www.aa.com.tr/en/europe/israel-at-risk-of-long-lasting-apartheid-france/2252036.

义谴责。"① 5 月 27 日，以色列外交部部长加比·阿什肯纳齐（Gabi Ashkenazi）会见法国驻以色列大使埃里克·达农（Eric Danon），对法国外长指责以色列"走向种族隔离"的言论进行严厉斥责。阿什肯纳齐表示："勒德里安的发言是无法接受的、没有根据的、与现实不符的。以色列希望它的朋友不要以不负责任的方式发表评论，这将助长极端主义和反以色列活动。以色列是一个遵纪守法的民主国家，我强烈抗议任何挑战这一事实和以色列国基础的企图。法国无视以色列为防止事态恶化而采取的所有预防措施，而法国外长的发言实际上是对以哈马斯恐怖组织为首的极端分子和恐怖组织的奖励。"②

2021 年 10 月 22 日，以色列政府宣布，已将 6 个与解放巴勒斯坦人民阵线（PFLP）有关的巴勒斯坦非政府组织列入"恐怖组织"名单。法国外交部在10 月 26 日发表新闻稿回应："重申法国政府对公民社会在民主生活中的重要作用的重视。各国有责任为其工作创造和维持有利的环境。"并对以色列将 6 个巴勒斯坦非政府组织定性为"恐怖组织"表示关切态度，希望"以色列当局做出澄清"。③

### （三）以色列监听事件

2021 年 7 月 20 日，多家国际媒体组织报道称，以色列 NSO 集团出售的飞马间谍软件被用于入侵多个国家的记者、人权活动家和政府官员的智能手机，引发全球强烈抗议。飞马间谍软件可以远程打开手机的摄像头和麦克风，并获取通话记录、邮件、信息等数据。NSO 集团表示，许多国家曾在这款软件的

---

① "Netanyahu Slams France for 'Insolent' Claim Israel at Risk of Apartheid," *The Times of Israel*, May 26, 2021, https：//www.timesofisrael.com/netanyahu-slams-france-for-insolent-claim-israel-at-risk-of-apartheid/.

② "Israel Dresses Down French Envoy for FM's 'Israel at Risk of Apartheid' Warning," *The Times of Israel*, May 27, 2021, https：//www.timesofisrael.com/foreign-minister-dresses-down-french-ambassador-over-pariss-apartheid-remarks/.

③ Fatma Bendhaou, «La France préoccupée par la désignation par Israël de six ONG palestiniennes comme organisations terroristes», Anadolu Agency, 26 octobre 2021, https：//www.aa.com.tr/fr/monde/la-france-pr%C3%A9occup%C3%A9e-par-la-d%C3%A9signation-par-isra%C3%ABl-de-six-ong-palestiniennes-comme-organisations-terroristes/2403789.

帮助下挫败犯罪行动或阻止恐怖袭击。NSO 集团在以色列也曾受到指控，此前有报道称，以色列警方使用飞马间谍软件对包括高级政府官员和政治人物在内的数十名公民进行监控。

披露相关电话号码清单的媒体和组织称，法国总统马克龙及多位法国政府官员均被列入该软件的监听名单。NSO 集团曾明确表示马克龙的手机并未被监听，并称电话号码清单与软件实际应用情况不符。部分调查组织曾提出，至少在法国 5 位现任部长的手机中找到了试图或曾成功遭到入侵的痕迹，但并未公布相关证据。马克龙于 7 月 22 日召开紧急国家安全会议，并更换手机号码加强安全措施。马克龙在与贝内特的电话交谈中提出，贝内特需要对以色列 NSO 集团开发的飞马间谍软件做出正式解释。① 法国内政部部长杰拉尔德·达尔马南（Gérald Darmanin）因此暂停了计划中对特拉维夫的正式访问，暂停了一系列与以色列在外交、安全和情报领域的合作。以色列国防部部长甘茨访问巴黎与法国高层进行非公开会面时，更新了会面的议题，就监听事件与法国高层进行沟通，试图化解此次监听事件可能带来的危机。10 月，以色列国家安全顾问埃亚勒·胡拉塔（Eyal Hulata）曾秘密访问巴黎，会见艾玛纽埃尔·博纳（Emmanuel Bonne）。一名以色列官员表示，会谈内容涉及监听事件，法国提出国民不能再被以色列开发的软件监视。据专门从事情报工作的一名以色列记者解释，达成的协议规定，在以色列网络间谍公司未来与另一个政府之间的任何合同中都将包含一则特殊条款，规定该软件不能被应用于法国目标。② 也有媒体称，此次会面是胡拉塔向博纳介绍以色列目前的调查情况。并且由以色列提议，禁止在以色列公司与第三国之间的任何间谍软件交易中，对法国手机号码进行黑客攻击。③ 11 月 1 日，贝内特与马克龙进行非公开会面。据以色列外交人士

① "France's Macron Asks for Explanation from Israel Premier About Spyware on His Phone," Middle East Monitor, July 25, 2021, https://www.middleeastmonitor.com/20210725-frances-macron-asks-for-explanation-from-israel-premier-about-spyware-on-his-phone/.

② Elodie Guéguen, «Pegasus : la France a choisi de négocier avec Israël plutôt que d'incriminer le Maroc», France Inter, 19 novembre 2021, https://www.franceinter.fr/societe/pegasus-la-france-a-choisi-de-negocier-avec-israel-plutot-que-d-incriminer-le-maroc.

③ "Israeli NSC Head Secretly Visits France to End Pegasus Spyware Row," Daily Sabah, October 22, 2021, https://www.dailysabah.com/world/europe/israeli-nsc-head-secretly-visits-france-to-end-pegasus-spyware-row.

称，两国达成共识，将本着双方透明的原则，谨慎和专业地处理此次事件。2022 年 2 月 24 日报道称，法新社已经审阅了数百页的法庭文件，这些文件涉及 NSO、其债权人和 NSO 总公司的大股东伯克利研究集团（BRG）。文件显示，NSO 的联合创始人在收购公司时贷款了 5 亿美元。债权人试图迫使 NSO 将飞马间谍软件出售给"没有经过谨慎的内部审查"的"高风险客户"。[①] 截至 2022 年 4 月，多方调查仍在进行。

## 三 以法关系的发展前景

以法两国积极对话、深化认识和理解，均为建立和维持友好、稳固的双边关系付出努力，但问题与分歧的存在仍为以法两国关系带来了诸多变数。在可以预见的未来，两国将继续深化多领域合作，尤其是在双方重视的创新和反恐领域，但对于以法两国的立场分歧以及交往间存在的问题，短时间内将很难有所突破。搁置争议、寻求共识，将有利于两国关系的平稳发展。

2022 年 3 月 20 日，赫尔佐格访问法国，与马克龙一同纪念图卢兹恐怖袭击（Toulouse terrorist attack）十周年。两人向纪念碑敬献花圈，并会见了袭击当天在学校的师生。赫尔佐格在社交媒体上悼念遇难者，马克龙在追悼仪式上发言表示："反犹主义和反犹太复国主义是我们的敌人。"[②] 法国外交部发表声明称："法国强烈谴责 3 月 27 日发生在以色列哈德拉镇的恐怖主义袭击，造成包括一名法国公民在内的两人死亡和数人受伤。法国向我国同胞和其他受害者的家属表示慰问，并向以色列人民表示声援。在打击恐怖主义的斗争中，法国坚决站在以色列一边。"[③] 马克龙也在社交媒体上谴责 3 月 29 日在伯尼布莱克发生的恐怖袭击。马克龙写道：

---

① "Battle over Future of Spytech Firm NSO: Israel Court Papers," France 24, February 24, 2022, https://www.france24.com/en/live-news/20220224-battle-over-future-of-spytech-firm-nso-israel-court-papers.

② "Herzog, Macron Mark 10 Years Since Toulouse Terrorist Attack," i24News, March 21, 2022, https://www.i24news.tv/en/news/international/europe/1647792069-herzog-macron-mark-10-years-since-toulouse-terrorist-attack.

③ «Attaque terroriste à Hadera: déclaration de la Porte-parole du Quai d'Orsay», Ambassade de France à Tel-Aviv, 28 mars 2022, https://il.ambafrance.org/Declaration-de-la-porte-parole-du-ministere-de-l-Europe-et-des-Affaires-14593.

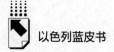

"恐怖主义再次袭击以色列。我最强烈地谴责这些杀人袭击。我的心与受害者和他们的亲人在一起。以色列可以依靠法国的支持，也可以依靠我对这场灾难的全面承诺。"① 2022 年 3 月 28 日，包括以色列、法国、美国等在内的九个国家参加了在希腊举行的军事演习，另有多国派遣观察员参加。据希腊空军介绍，此次演习模拟多种场景，包括躲避地对空导弹的攻击、打击陆基目标、搜索救援、保护或攻击空中目标等。②

尽管两国秉持着务实的态度开展外交活动，谋求合作共赢，但探索从根本上解决问题与分歧的道路可能需要一段较长的时间。法国的立场将很难发生转变，而推进巴以和谈进程仍面临多重阻碍。2022 年 1 月 19 日，法国、德国、西班牙和意大利四国外交发言人发表联合声明："我们对在东耶路撒冷，包括吉瓦特哈马托斯（Givat HaMatos）和哈尔赫马（Har Homa）之间推进数百个新定居点的决定深感关切。这些新的定居点将进一步破坏西岸和东耶路撒冷之间的领土连续性，并对两国方案构成进一步的障碍。我们敦促以色列当局撤销这一决定。这一决定直接威胁到未来巴勒斯坦国的生存能力。以色列定居点公然违反国际法，是在以色列人和巴勒斯坦人之间建立公正、全面和持久和平的障碍。我们还对东耶路撒冷谢赫贾拉地区最近的事态发展深感关切。我们敦促以色列政府停止驱逐和拆除东耶路撒冷和 C 区巴勒斯坦建筑的程序，这些程序助长了当地的紧张局势。"③

2022 年 1 月 1 日，法国担任为期 6 个月的欧盟理事会轮值主席国。法国计划如果条件允许，将在轮值主席国期间举办 400 多场活动，包括 19 场欧盟部长会议。法国设定了 3 个目标：主权更加独立，拥有更强大的国防政策和安全的边界；调整欧洲经济增长模式，注重创新及气候问题；强调人道主义，保护

① "Macron Says France Stands with Israel Against 'Scourge' of Terror," *The Times of Israel*, March 30, 2022, https：//www. timesofisrael. com/liveblog_ entry/macron－says－france－stands－with－israel－against－scourge－of－terror/.

② Tasos Kokkinidis, "Air Forces from the US, France, Israel to Join Massive Drill in Greece," Greek Reporter, March 21, 2022, https：//greekreporter. com/2022/03/21/us－france－israel－large－international－drill－greece/.

③ «Déclaration des porte-parole des ministères des Affaires étrangères de la France, de l'Allemagne, de l'Espagne et de l'Italie», Ambassade de France à Tel－Aviv, 19 janvier 2022，https：//il. ambafrance. org/Declaration-des-porte-parole-des-ministeres-des-Affaires-etrangeres-de-la-14540.

欧洲的价值观，打击恐怖主义及极端主义。法国大使达农在接受以色列媒体采访时表示，欧盟致力于与以色列进行定期的、以成果为导向的对话。"联合理事会（the Association Council）的一次会议肯定会产生新的伟大前景，但需要事先就其主要目标和信息达成协商一致的意见。与此同时，这并不妨碍我们在已经确定的合作轨道上向前推进，包括欧盟与以色列的双边贸易。"① 欧洲领导力网络（the European Leadership Network）的法国首席执行官阿里·本森洪（Arie Bensemhoun）认为："对以色列来说，法国担任欧盟轮值主席国是一件令人鼓舞的事情，但在欧洲，改变需要时间。"② 以法关系的发展前景在一定程度上影响着以色列与欧盟关系的发展。以色列努力改善与欧盟的关系，希望恢复联合理事会的年度例会。尽管法国担任欧盟轮值主席国有利于以色列，但以色列与欧盟的关系也未必会取得突破性的进展。对于欧盟来说，恢复联合理事会需要讨论和协商的事宜还有很多。从紧迫性和重要性上来讲，与以色列的关系并不是欧盟现阶段急需优先考虑的。

2022年4月27日，法国宪法委员会宣布，马克龙在第二轮投票中战胜玛丽娜·勒庞（Marine Le Pen），获得约1876.86万张有效选票，占有效选票总数的58.55%。成功连任法国总统。③ 以色列的法国选民中，马克龙获得了86.66%的选票，在特拉维夫获得的支持率高达91.11%；勒庞在阿什杜德的得票率最高，为22.55%。④ 以色列政府官员在社交媒体上对马克龙当选法国总统表示祝贺，并期望两国关系能够在马克龙连任期间稳步发展。以色列外交部部长拉皮德写道："马克龙总统是全球中心的重要领导人，是以色列真正的朋友。我们将继续共同努力，加强两国间的合作。"贝内特也对马克龙表示祝贺，并称"在你的领导下，我毫不怀疑以色列和法国之间的关系将继续加

① Lazar Berman, "Israel-Europe Ties May Not Get Much Warmer with Macron as President of EU Council," *The Times of Israel*, January 23, 2022, https：//www.timesofisrael.com/israel-europe-ties-may-not-get-much-warmer-with-macron-as-president-of-eu-council/.

② Lazar Berman, "Israel-Europe Ties May Not Get Much Warmer with Macron as President of EU Council," *The Times of Israel*, January 23, 2022, https：//www.timesofisrael.com/israel-europe-ties-may-not-get-much-warmer-with-macron-as-president-of-eu-council/.

③ 《法国宪法委员会宣布马克龙连任法国总统》，央广网，2022年4月28日，http：//news.cnr.cn/kuaixun/20220428/t20220428_ 525809260.shtml。

④ Lahav Harkov, "Bennett, Lapid Congratulate 'Friend of Israel' Macron on Election Win," *The Jerusalem Post*, April 25, 2022, https：//www.jpost.com/international/article-705028.

强"。甘茨称，马克龙是"国际社会中英勇的一位领导人"。内政部部长阿耶莱特·沙凯德（Ayelet Shaked）对马克龙表示"最热烈的祝贺"，并补充说，她希望继续促进耶路撒冷和巴黎之间的"美好关系"。外交部副部长伊丹·罗尔（Idan Roll）表示："马克龙的胜利是加强以色列和法国之间紧密关系的好兆头。"① 相较勒庞来说，马克龙能够成功连任法国总统，有利于以色列与法国关系的巩固。不过，马克龙继续执政既预示着两国深化合作、携手发展的前景，也意味着法国的立场和态度可能不会有根本的转变。以法两国关系很难有突破性的进展，搁置争议、谋求共识的平稳发展局面将会维持较长一段时间，问题与分歧的存在也将继续影响以法两国关系的发展前景。

---

① "Israeli Politicians Hail Macron Win：'A Good Night for France, Europe and the World'," *The Time of Israel*, April 24, 2022, https：//www.timesofisrael.com/israeli-politicians-hail-macron-win-a-good-night-for-france-europe-and-the-world/.

# B.15
# 以色列与非洲联盟关系的新态势<sup>*</sup>

高文洋<sup>**</sup>

**摘　要：** 2021 年 7 月 22 日，以色列宣布成为非洲联盟观察员，对非关系取得了重大进展。以色列获得非洲联盟观察员地位是主客观两方面因素共同作用的结果：以方出于改变非盟在巴以冲突中一贯支持巴方的立场以及经贸和战略考量；非方接纳以色列是因为阿以关系逐渐融冰，以及受非洲安全局势和新冠肺炎疫情因素的影响。然而，由于巴以问题悬而未决，域内大国博弈以及以色列实用主义对非关系的缺陷，以色列的非洲联盟观察员地位遭到了以阿尔及利亚和南非为首的非洲国家的强烈反对，以色列与非洲联盟的关系道阻且长。

**关键词：** 以色列　非洲联盟　观察员　以色列-非洲联盟关系

　　2021 年 7 月 22 日，非洲联盟（African Union，简称非盟）委员会主席穆萨·法基·穆罕默德（Moussa Faki Mahamat）正式接受以色列递交的国书，以色列成为非盟的非成员观察员。① 非洲联盟由 55 个正式成员组成，以建立"统一、繁荣、和平的非洲"为愿景，是非洲覆盖面最广、国际影响力最大的区域一体化组织。以观察员身份跻身非盟是以色列近 20 年来对非外交工作的重大突破，也是以色列一直以来谋求与非盟国家交往的结果。

---

　　\* 本报告为国家社科基金青年项目"全球化背景下的近现代摩洛哥乡村社会变迁研究"（21CSS013）的阶段性成果。
　\*\* 高文洋，郑州大学历史学院讲师。
　　① 段九州：《以色列"重返"非盟背后的争议与博弈》，《世界知识》2021 年第 17 期。

# 一　以色列与非洲国家的交往历程

## （一）黄金时代：20世纪50~60年代

20 世纪 50~60 年代，随着以色列建国和非洲国家陆续获得独立，以色列将对非关系纳入外交的重要组成部分。这种外交策略主要出于以下考量。

第一，由于阿拉伯国家的外交压力，以色列未能受邀参加 1955 年召开的万隆会议。在开幕式上，纳赛尔对以色列进行了严厉抨击。最终，万隆会议达成了一边倒支持巴勒斯坦的决议。时任以色列总理摩西·夏里特（Moshe Sharett）将此视作以色列外交的耻辱，于是向大会主席、印尼总统苏加诺致电抗议，对大会没有邀请以色列并达成反以决议表示遗憾。本-古里安也意识到："我们必须冲破阿拉伯敌对世界的包围，与黑色大陆上的新兴国家搭建桥梁。我们不能允许和大多数亚洲国家相似的情形继续发展。我们已经被排除在万隆会议之外了。"① 1961 年 1 月，卡萨布兰卡集团（Casablanca Group）国家首脑在摩洛哥的卡萨布兰卡举行会谈，达成了《卡萨布兰卡宪章》，谴责以色列是帝国主义和新殖民主义的帮凶。② 接连两次重大的外交挫折使得以色列迫切想要打破封锁，在国际上争取更多的盟友，于是将目光锁定在非洲。

第二，在当时的以色列领导人看来，以色列与非洲国家同样深受种族主义的毒害，在历史上饱经屈辱，又同样站在民族复兴的十字路口。他们坚信，以色列有必要且乐于将技术和发展经验分享给非洲的朋友。西奥多·赫茨尔（Theodor Herzl）表示非常想参与黑人的复兴之路；果尔达·梅厄（Golda Meir）也投入了大量的时间和精力培养与非洲的关系，她说："我们在非洲'历险'的主要原因是，我们想给那些比我们还年轻的缺乏经验的国家传递一些东西。"③

---

① Ehud Avriel, "Some Minute Circumstances (Memoir)," *The Jerusalem Quarterly*, Vol. 14, 1980, pp. 28-40.

② 卡萨布兰卡集团于 1961 年建立，由阿尔及利亚、埃及、利比亚、摩洛哥、加纳、几内亚和马里七个成员组成。

③ Golda Meir, *My Life*, London：Dell, 1976, pp. 264-266.

这一时期，受外交战略和理想主义两方面因素驱使，以色列投入大量的人力物力发展对非关系，因而被称为以非关系的"黄金时代"。以色列与非洲国家高层互访非常频繁，梅厄夫人曾 5 次访问非洲，非洲元首也访问以色列。双方还发布联合公报，谴责殖民主义和种族歧视，呼吁所有非洲国家独立，并且歌颂非洲与以色列之间的合作。① 到 20 世纪 60 年代末，以色列已经与撒哈拉沙漠以南 34 个非洲国家建立了外交关系。②

这一时期，以色列对非洲国家的外交策略是审慎的。除了成熟的政治对话之外，技术合作是这一时期以非关系最令人瞩目的成就，尤其是以色列发起并资助了涉及农业、灌溉、干旱地区发展、社区发展以及青年运动等领域的项目和培训活动。1958 年，以色列建立马沙夫③，主持国际技术合作，和非洲国家签署了一系列技术合作协议。1961 年，果尔达·梅厄卡梅尔山国际培训中心（Golda Meir Mt. Carmel International Training Center）在海法建立。1958～1971 年，全世界来以的受训者有 15258 名，其中 6794 名来自非洲，还有数万名学员由以色列教员在受训者的国家现场授课。其间，马沙夫共派出了 4341 名专家，其中 2763 名远赴非洲工作，尤其是指导非洲的农业项目。同时，以色列旗帜鲜明地反对南非的种族隔离制度。在每次非洲元首访问以色列结束时的联合公报中，南非的种族隔离制度都会被强烈谴责。此外，在联合国和其他国际舞台上，以色列代表表达了其对种族隔离制度、白人在罗德西亚和葡属殖民地统治权的强烈反对。在 1961 年的联合国大会上，以色列支持谴责南非和呼吁对白人统治权进行制裁的亚非草案。④

这一时期，以色列在非洲的外交活动取得了良好的效果。当时的非洲精英纷纷对以色列有强烈的共情，并从犹太复国主义中汲取了各自民族国家构建的

---

① Y. Gidron, *Israel in Africa: Security, Migration, Interstate Politics*, London: Zed Books, 2020, pp. 30-31.

② 这一时期与以色列建立外交关系的 34 个非洲国家分别是：几内亚、乌干达、乍得、刚果、尼日尔、马里、布隆迪、多哥、扎伊尔［今刚果（金）］、卢旺达、贝宁、布基纳法索、喀麦隆、赤道几内亚、坦桑尼亚、马达加斯加、中非、埃塞俄比亚、尼日利亚、冈比亚、赞比亚、塞拉利昂、加纳、塞内加尔、加蓬、肯尼亚、利比里亚、科特迪瓦、博茨瓦纳、毛里求斯、马拉维、斯威士兰、莱索托和南非。

③ 马沙夫是"国际合作中心"的希伯来语首字母缩写 MASHAV 的音译。

④ Arye Oded, "Africa in Israeli Foreign Policy: Expectations and Disenchantment: Historical and Diplomatic Aspects," *Israel Studies*, Vol. 15, No. 3, Fall 2010, pp. 121-142.

养料。以色列的技术合作也在非洲和全世界产生了积极反响，第三世界因而对以色列形成了比较正面的印象，不少非洲国家将以色列的发展经验奉为圭臬。1958 年 9 月，受梅厄夫人之邀，马里开国总统、苏丹联盟-非洲民主联盟（Union Soudanaise-Rassemblement Démocratique Africain）领袖莫迪博·凯塔（Modibo Keita）对以色列进行了为期 10 天的访问。这次访问给他留下了深刻的印象。同年 10 月，他在苏丹联盟-非洲民主联盟地区大会上发表讲话，对以色列成功的经验给予了高度赞扬，并且参考以色列模式订立了第一个"五年计划"。①

### （二）冰点：20世纪70年代

第三次中东战争打破了以色列与非洲国家关系的良好态势。1967 年 6 月，以色列占领了西奈半岛，在非洲引起了轩然大波。几内亚谴责以色列的侵略行径，率先与以色列断绝往来。但需要指出的是，第三次中东战争与第四次中东战争之间，大部分非洲国家的态度较为中立，没有草率断交，也反对在公开的决议中将以色列定性为侵略者。然而，1969 年卡扎菲在利比亚掌权，继承并发展了纳赛尔的对以政策。1972 年 3 月，时任乌干达总统伊迪·阿敏（Idi Amin）在阿以博弈中，最终选择了卡扎菲，与以色列断交。同年，沙特阿拉伯费萨尔（Faisal bin Abdulaziz Al Saud）国王访问非洲，得到了非洲穆斯林的广泛支持。由于阿拉伯领导人的积极运作，非洲国家对以色列的态度逐渐动摇。1972 年年底至 1973 年 9 月，乍得、尼日尔、马里、布隆迪和多哥等相继宣布与以色列断绝往来。1973 年，第四次中东战争爆发，截至 1973 年年底，29 个非洲国家与以色列中断了外交关系。②

### （三）重返非洲：20世纪80年代以来

20 世纪 70 年代，虽然绝大多数非洲国家与以色列没有正式外交关系，但通过较为迂回的手段设立办事处，处理与以色列相关的经贸等事务。1979 年

---

① Baz Lecocp, *Disputed Desert : Decolonisation, Competing Nationalism and Tuareg Rebellions in Northern Mali*, Leiden: Brill, 2010, p. 135.

② 1973 年年底没有与以色列断交的有马拉维、斯威士兰、莱索托、毛里求斯和南非，而在 1976 年非洲统一组织峰会前夕，毛里求斯也与以色列断交。

《戴维营协定》签订之后，埃及与以色列建交。1982 年，以色列撤出西奈半岛。1993 年，以色列与巴勒斯坦签署《奥斯陆协议》。1994 年，以色列与约旦签订和平协议。随着以色列与中东国家关系的缓和，非洲国家发展与以关系的最大负累骤然减轻。同时，卡扎菲的激进行为对不少非洲国家的安全稳定构成挑战。此外，在苏联解体等因素共同作用下，以色列与非洲国家的关系得以重启。1982 年 5 月，扎伊尔与以色列恢复外交关系。

近年来，以色列与非洲国家关系取得了显著进展。2011 年 7 月，南苏丹独立。以色列作为南苏丹的重要支持者，是第一个与其建立外交关系的国家，而南苏丹总统萨尔瓦·基尔（Salva Kiir）首次出国访问的目的地就是以色列。① 2016 年，几内亚恢复了与以色列的往来。2018 年 11 月，乍得时任总统伊德里斯·代比·伊特诺（Idriss Déby Itno）访问以色列，次年 1 月，内塔尼亚胡回访乍得，两国恢复邦交。2020 年 12 月 10 日，摩洛哥与以色列关系实现正常化。② 目前，以色列与非洲 40 多个国家建立了正式的外交关系。③ 以非关系涵盖政治、军事、技术合作、通信、经贸和基础设施领域。

## 二　以色列与非洲联盟的关系

### （一）以色列与非洲统一组织的关系进程

1963 年 5 月，卡萨布兰卡集团与蒙罗维亚集团（Monrovia Group）④ 合并为非洲统一组织（Organization of African Unity），该组织为非洲联盟的前身。由于 20 世纪 50 年代末以来以色列积极发展对非关系，所以非洲统一组织建立

① Haim Koren, "South Sudan and Israel: A Love Affair in a Changing Region?" Moshe Dayan Center, February 28, 2019, https://dayan. org/content/south－sudan－and－israel－love－affair－changing－region.

② 《以色列和摩洛哥同意实现关系正常化》，人民网，2020 年 12 月 12 日，http://world. people. com. cn/n1/2020/1212/c1002－31964054. html。

③ 截至 2022 年年底与以色列没有建立外交关系的非洲国家有：阿尔及利亚、突尼斯、利比亚、毛里塔尼亚、吉布提、索马里、马里、尼日尔和科摩罗。吉布提虽然没有与以色列建立正式的外交关系，但是两国之间达成共识，允许以色列船只通过吉布提水域。而苏丹虽然在美国的压力下已经承认以色列，但两国正式建交还未完全实现。

④ 蒙罗维亚集团建立于 1961 年。

之初，较为谨慎地规避了涉及巴以冲突的议题。然而第三次中东战争之后，风向逐渐转变。1967 年 9 月，非洲统一组织发表声明，对埃及的严峻形势表示关切，次年达成决议，要求以色列撤出占领的地区。1971 年埃以和谈破裂之后，非洲统一组织成立"十首脑委员会"，由塞内加尔开国总统利奥波德·赛达·桑戈尔（Leopold Sedar Senghor）挂帅，调查并调解以色列与埃及的矛盾。桑戈尔本人对以色列怀有好感，建议双方在古纳尔·雅林（Gunnar Jarring）督导下，继续进行谈判。① 但是，以色列时任总理梅厄夫人并不让步，调解失败。1972 年，非洲统一组织在拉巴特召开峰会，要求以色列撤出 1967 年占领的"非洲和阿拉伯国家"领土。1973 年 5 月，非洲统一组织国家首脑在亚的斯亚贝巴集会，达成一项决议，谴责"以色列的消极态度、恐怖主义行径以及阻挠公平合理解决这一问题的努力"②。第四次中东战争爆发后，非洲统一组织成功令其多数成员与以色列断交。尽管如此，20 世纪 70 年代初，非洲统一组织还是给予了以色列观察员地位。③ 根据非洲统一组织的文件，观察员享有如下权益：出席演讲集会和非洲统一组织所有会议的开闭幕式；行政秘书长应将非洲统一组织各次会议的开幕日期和临时议程通知有关观察员；可以查阅所有公开的或与本国利益相关的档案文件；可以受邀参加与本国相关的非公开会议，可以列席表决，但无投票权；在大会秘书长将发言稿交由大会主席审阅的前提下，大会主席可以授权观察员就与其相关的事项发言；当成员向观察员提问时，观察员可以发言。④ 这样，以色列就拥有对各成员进行游说的空间。

## （二）以色列与非洲联盟的关系进程

1999 年 9 月，非洲统一组织第四届特别首脑会议在利比亚城市苏尔特召

---

① 1967 年 11 月，联合国安理会达成"242 号决议"，要求以色列撤出被占领地区。为此，联合国派出古纳尔·雅林作为调解员，保证这一决议得以实施，但未成功。

② Y. Gidron, *Israel in Africa: Security, Migration, Interstate Politics*, London: Zed Books, 2020, p. 41.

③ Emmanuel Navon, *The Star and the Scepter: A Diplomatic History of Israel*, Lincoln: University of Nebraska Press, 2020, p. 343.

④ "Observer Status with the OAU CM/162/Rev. 2," African Union, September 1967, https://archives. au. int/handle/123456789/7267.

开，会议决定成立新的组织，即非洲联盟，实现新旧组织的过渡。2002 年 7 月，在南非召开的德班会议宣布非洲联盟正式成立。① 非洲统一组织一经解体，以色列的观察员地位随之丧失。自非洲联盟建立之日起，以色列就一直谋求延续观察员地位，但由于卡扎菲的强势弹压未能如愿。

然而，以色列从来没有放弃加入非洲联盟的愿望，并为之积极奔走。2013 年，以色列议会成立了"以色列与非洲国家关系游说团"，以促进以色列与非洲国家关系的发展，其首要任务就是获得非洲联盟的观察员地位。2014 年 6 月，时任以色列外交部部长利伯曼访问了埃塞俄比亚、卢旺达、科特迪瓦、加纳和肯尼亚，动员这些国家支持以色列的观察员地位诉求，但收效甚微，以色列向时任非盟委员会主席恩科萨扎娜·祖马（Nkosazana Zuma）提交的入盟申请也被驳回。② 2016 年年初，"以色列与非洲国家关系游说团"重新开展活动，以色列方面邀请了众多非洲国家大使出席开幕式。在开幕式上，内塔尼亚胡指出："我们面前有两件重要事情，战胜激进伊斯兰恐怖主义以及用技术和其他我们能提供的一切抓住未来的机遇……我希望看到的是我们之间紧密的合作也能反映在非洲联盟的投票模式中。"③ 但是，这些游说活动也没有成功。④

两次入盟尝试失败后，以色列方面加大了对非关系的努力。2016 年 7 月至 2019 年 1 月，作为近半个世纪里首个访问非洲的以色列国家领导人，内塔尼亚胡访问了乌干达、肯尼亚、卢旺达、埃塞俄比亚和利比里亚，积极阐释了他的对非外交构想和以色列谋求非洲联盟观察员地位的决心。2016 年 7 月 4 日，内塔尼亚胡访问乌干达，而乌干达总统约韦里·穆塞韦尼（Yoweri Museveni）在恩德培机场举行了一场仪式，纪念以色列救援人质行动 40 周年。内塔尼亚胡与以、非商人一起参加了以色列-肯尼亚经济论坛，讨论农业、水资源、通信和安全等问题。随后，他与乌干达、肯尼亚、卢旺达、南苏丹、埃塞俄比亚、赞比亚和坦桑尼亚的领导人会面，探讨网络防御、能源、农业、贸

---

① "About the African Union," African Union, https：//au. int/en/overview.

② Y. Gidron, *Israel in Africa：Security，Migration，Interstate Politics*, p. 70.

③ Y. Gidron, *Israel in Africa：Security，Migration，Interstate Politics*, p. 71.

④ Rina Bassist, "For Israel's Acceptance to the AU as Observer Reveals Continental Divides," The Moshe Dayan Center for Middle Eastern and African Studies, October 28, 2021, https：// dayan. org/content/israels-acceptance-au-observer-reveals-continental-divides.

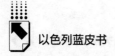

易、外交等领域的合作及相关事宜。为此，以色列方面批准了一项 1300 万美元的财政援助计划。① 2017 年 6 月，内塔尼亚胡访问利比里亚。6 月 4 日，他在西非国家经济共同体第 51 次峰会上指出："以色列应该重新成为非洲联盟的观察员……我热忱地相信，这也符合你们的利益——非洲的利益。"② 除此之外，他呼吁非洲国家对以色列进行政治支持，以换取农业、水资源、能源和卫生等部门的经济援助和技术援助。2019~2020 年，以色列与乍得、苏丹和摩洛哥关系正常化，进一步扫清了以色列谋求非盟观察员地位的障碍。2021 年 7 月，以色列近 20 年的努力终于取得了突破性进展。7 月 22 日，非盟委员会主席穆萨·法基·穆罕默德宣布接受以色列驻埃塞俄比亚、布隆迪和乍得大使阿雷里·阿德马苏（Aleli Admasu）递交的国书，以色列由此获得非洲联盟观察员地位。③

## 三　以色列获得非洲联盟观察员地位的主客观因素

### （一）以色列谋求非洲联盟观察员地位的主观动机

以色列谋求非洲联盟观察员地位是主客观因素共同作用的结果。就主观方面来说，主要出于以下动机。

#### 1. 政治动机

以色列积极发展与非洲联盟的关系，首先是延续了建国以来面对阿拉伯世界的围剿想要争取第三世界国家支持的愿望。梅厄夫人曾经直言："20 世纪 50 年代，以色列孤立于世界……这个世界并不只是由欧洲人和亚洲人构成的，还

---

① Neville Teller, "Israel in Africa-Opinion," *The Jerusalem Post*, February 23, 2022, https：// www. jpost. com/opinion/article-698404.

② Ismail Akwei, "It's in the Interest of Africa for Israel to be Reinstated in AU-Netanyahu," *African News*, June 4, 2017, https：//www. africanews. com/2017/06/04/it-s-in-the-interest-of-africa-for-israel-to-be-reinstated-in-au-netanyahu/.

③ "African Union Commission Chairperson Reiterates Two State Solution for Palestine and Israel in Meeting with Ambassador of the State of Israel to Ethiopia," African Union, July 22, 2021, https：//au. int/en/pressreleases/20210722/african-union-commission-chairperson-reiterates-two-state-solution-palestine.

有非洲的新兴国家，她们同以色列有着历史和现今的相似性，以色列可以在她们中间找到朋友，与之合作……我们进入非洲是因为我们想要联合国的投票吗？是的，这当然是我们的一个动机。这个动机也足够体面，我从来不遮掩。"① 然而，与以非关系黄金时代相比，如今以色列积极发展对非洲关系并加入非洲联盟的政治动机中已经鲜少闪烁人道主义和理想主义的火花，而是纯粹以实用主义为考量。这种实用主义的考量，紧密围绕巴以冲突展开。以色列驻埃塞俄比亚前大使、外交部非洲司司长阿维·格拉诺特（Avi Granot）说："我们的主要工作就是在走廊里：游说外国的部长们和国家元首们不要下意识地就支持利于巴勒斯坦人的决议……"②

关于巴以冲突，以色列争取非洲国家支持的实用主义政治动机受两个因素影响。第一，在国际组织中，非洲国家对提案的投票总体表现出抱团的倾向。第二，以色列重返非洲之后，非洲国家以"均衡政策"为指导，呈现两面性：一方面，同时接受以色列和阿拉伯世界的资金、武器与技术援助；另一方面，在国际组织中倾向于支持巴勒斯坦的决议。③

2009 年 11 月，联合国要求成员就是否对 2009 年年初以色列在加沙的暴力行径开启独立调查进行表决，没有一个非洲国家投反对票。④ 2018 年，联合国就哈马斯向以色列平民发射火箭弹提出决议时，54 个非洲国家有 28 个投了反对票，10 个弃权，10 个缺席，只有 7 个国家投了赞成票。⑤ 2012 年 11 月，联

---

① Golda Meir, *My Life*, London: Dell, 1976, p. 264.

② Y. Gidron, *Israel in Africa: Security, Migration, Interstate Politics*, p. 67.

③ Arye Oded, "Africa in Israeli Foreign Policy—Expectations and Disenchantment: Historical and Diplomatic Aspects," *Israel Studies*, Vol. 15, No. 3 (Fall, 2010), pp. 121–142.

④ 只有 8 个国家弃权，分别为：布基纳法索、布隆迪、喀麦隆、斯威士兰、埃塞俄比亚、肯尼亚、利比里亚、乌干达。另有 8 个国家缺席，分别为：佛得角、科特迪瓦、赤道几内亚、马达加斯加、卢旺达、圣多美和普林西比、塞舌尔、多哥。详见 Benjamin Augé, "Israel-Africa Relations: What Can We Learn from the Netanyahu Decade?" *Études de l'Ifri*, November 2020, https://www.ifri.org/en/publications/etudes-de-lifri/israel-africa-relations-what-can-we-learn-netanyahu-decade。

⑤ 投赞成票的 7 个非洲国家分别为：卢旺达、南非、厄立特里亚、马拉维、利比里亚、莱索托和佛得角。参见 Y. I. Abramowitz, "The Soul of Israel's Schizophrenic Africa Strategy," *The Jerusalem Post*, October 25, 2019, https://www.jpost.com/magazine/an-enlightened-africa-strategy-605550。

合国大会就授予巴勒斯坦观察员国地位的 A/RES/67/19 号决议进行表决。① 54 个非洲国家中，47 个投赞成票，喀麦隆、刚果（金）、马拉维、卢旺达和多哥弃权，赤道几内亚、利比里亚和马达加斯加缺席。2017 年 12 月，联合国大会就"确认任何变更耶路撒冷地位的行为是无效的"进行表决，37 个非洲国家投赞成票，8 个国家弃权，8 个国家缺席，只有多哥投了反对票。②

美国国务院发布的《2020 年联合国投票工作报告》中有专门章节总结各个国家就以色列相关议题中与美国表决一致率。由于美国一贯的亲以立场，这一数据可以代表各个国家支持以色列的程度。根据该报告，2020 年，联合国与以相关议题共 16 项。而在这些议题中，与美国表决情况一致率达到 50% 及以上的非洲国家只有 3 个，分别为利比里亚（100%）、喀麦隆（50%）和加纳（50%）。与美国表决一致率为 0 的非洲国家为大多数，达到 34 个。③

由于非洲国家与阿拉伯世界的传统纽带，倾向于阿拉伯国家是其一贯的态度。非洲联盟对于巴以争端，有三个基本的立场。

第一，支持巴勒斯坦国际地位的提升。2013 年 1 月 28 日，第 20 届非洲联盟峰会常会的闭幕式在亚的斯亚贝巴举行。时任非盟主席、埃塞俄比亚总理德萨莱尼（Dessalegn）指出，非盟大会欢迎联合国大会给予巴勒斯坦观察员国地位的决定，以能够"敦促国际社会向以色列施压，要求其遵守联合国的决议和此前与巴勒斯坦签署的协议"④。2013 年 5 月，第 21 届非盟峰会给予巴勒

---

① 《2012 年 11 月 29 日大会决议 A/RES/67/19》，联合国，https：//undocs. org/Home/Mobile?
FinalSymbol = A% 2FRES% 2F67% 2F19&Language = E&DeviceType = Desktop&LangRequested =
False。

② 弃权的非洲国家有：贝宁、喀麦隆、赤道几内亚、莱索托、马拉维、卢旺达、南苏丹、乌干达。缺席的非洲国家有：中非、刚果（金）、几内亚比绍、肯尼亚、圣多美与普林西比、塞拉利昂、斯威士兰和赞比亚。

③ 与美国表决一致率大于 0 小于 50% 的非洲国家有 13 个，分别为：博茨瓦纳（3%）、中非（36%）、科特迪瓦（17%）、厄立特里亚（7%）、埃塞俄比亚（3%）、莱索托（3%）、马达加斯加（40%）、马拉维（32%）、尼日利亚（3%）、卢旺达（42%）、圣多美与普林西比（4%）、南苏丹（31%）与多哥（37%）。另有刚果（金）、斯威士兰与索马里均投了弃权票。参见 "Report to Congress on Voting Practices in the United Nations for 2020," US Department of State, October 26, 2021, https：//www. state. gov/voting-practices-in-the-united-nations-2020。

④ "Summit Ends with Strong Decisions and Declarations by AU Heads of States on Crucial and Topical Issues on the Continent," African Union, January 28, 2013, https：//au. int/en/newsevents/
20130128/summit-ends-strong-decisions-and-declarations-au-heads-states-crucial-and.

斯坦观察员地位。① 同年 11 月 19~20 日，第三届非洲-阿拉伯峰会在科威特召开，会议就巴勒斯坦问题发布公报，支持巴勒斯坦国提升为联合国正式会员国。②

第二，主张以色列与巴勒斯坦作为两个边界清晰的独立国家共存，支持巴勒斯坦建立主权国家。第三届非洲-阿拉伯峰会同时谴责以色列继续非法占领巴勒斯坦领土，重申耶路撒冷同时作为伊斯兰教和基督教圣地的神圣性。2014年 6 月，非洲联盟执行理事会第 25 届常会在赤道几内亚的马拉博召开。会议达成决议，全力支持巴勒斯坦人民恢复并建立一个与以色列共存的合法国家的权利。③ 2017 年 2 月 6 日，非盟委员会主席穆萨·法基·穆罕默德就"美国政府承认耶路撒冷为以色列首都"发表讲话。他对此决定感到遗憾，称"这只会加剧该地区及周边的紧张局势，使巴以问题进一步复杂化"。他重申"非盟声援巴勒斯坦人民，支持他们合法建立一个以东耶路撒冷为首都的国家"。④ 同年 7 月 3 日，非盟峰会第 29 届常会在亚的斯亚贝巴召开。巴勒斯坦总统阿巴斯在大会上发表讲话："感谢非盟对巴勒斯坦作为一个与以色列共存、有清晰边界的独立国家的支持。"⑤ 在 2020 年 2 月 9 日召开的第 33 届非盟峰会上，南非总统拉马福萨（Ramaphosa）表示支持巴勒斯坦人民建立独立的主权国家。⑥ 在这次会议上，穆萨·法基·穆罕默德指出："巴勒斯坦的案例恰恰证明国际协议的脆弱性。美国和以色列的'世纪协议'，没有经过任何形式的国

① Fathya el-Dakhakhni, "AU Grants Palestine Observer Status," Egypt Independent, May 27, 2013, https://egyptindependent.com/au-grants-palestine-observer-status.

② "Communiqué of the Third Africa-Arab Summit on Palestine," African Union, November 20, 2013, https://au.int/en/newsevents/20131120/communique-third-africa-arab-summit-palestine.

③ "Statement on the Israeli Aggression against Gaza," African Union, July 14, 2014, https://au.int/en/newsevents/20140717/statement-israeli-aggression-against-gaza.

④ "Statement of the Chairperson of the African Union Commission on the American Decision to Recognize Jerusalem as the Capital of the State of Israel," African Union, December 6, 2017, https://au.int/en/pressreleases/20171206/statement-chairperson-african-union-commission-american-decision-recognize.

⑤ "Twenty-Ninth Ordinary Session of the Assembly of the Union, Addis Ababa, Ethiopia," African Union, July 3-4, 2013, https://au.int/en/newsevents/20170703/twenty-ninth-ordinary-session-assembly-union-addis-ababa-ethiopia-0.

⑥ "Meeting of the Assembly of the African Union Begins," African Union, February 9, 2020, https://au.int/en/pressreleases/20200209/meeting-assembly-african-union-begins.

际协商，且巴勒斯坦作为相关方毫不知情。这是对联合国和非盟多边决议的严重破坏，是对巴勒斯坦人民合法权益的无情践踏。"① 2021 年 5 月 11 日，穆萨发表讲话，谴责以色列国防军对加沙地带的轰炸以及在阿克萨清真寺的暴行，重申"非盟主张巴勒斯坦人民以合法的形式建立以东耶路撒冷为首都的独立主权国家"②。即便是 2021 年 7 月 22 日接受以色列国书时，穆萨依旧重申："需要一个持久的解决方案，以确保巴以两国的共存，并让两国人民生活在和平与稳定的状态中……无论是非洲统一组织还是非盟的立场都是一贯清晰的，即巴以两国方案对于维持和平是必要的。"③

第三，抨击以色列对巴勒斯坦民众人权的侵犯。第三届非洲-阿拉伯峰会同时要求以色列立即无条件释放以色列监狱中的所有巴勒斯坦囚犯，谴责以色列对加沙地带实施的陆地和海上封锁。在 2020 年的"声援巴勒斯坦人民国际日"，穆萨发表讲话，指出以色列在巴勒斯坦被占领土上建造定居点明显违反了国际惯例，以色列"限制巴勒斯坦人获得包括土地、水、食物和住房在内的基本资源，使巴勒斯坦人和以色列人之间的隔离制度和结构性不平等永久化，就像非洲的种族隔离制度一样"。他谴责以色列监狱关押巴勒斯坦囚犯，违反了基本人权和国际人道主义。穆萨呼吁以色列基于巴以两个国家共存的共识，结束对巴勒斯坦领土的占领行为，并且重申非盟对巴勒斯坦人民的支持。④

对以色列来说，非洲国家与非盟的这种政策是不可接受的，而巴勒斯坦获

---

① "Statement of H. E. Moussa Faki Mahamat, Chairperson of the African Union Commission at the 33rd Ordinary Session of the Assembly," African Union, February 10, 2020, https://au. int/en/speeches/20200210/statement - he - moussa - faki - mahamat - chairperson - african - union - commission-33rd.

② "The Chairperson of the African Union Commission Moussa Faki Mahamat Strongly Condemns the Bombardments in the Gaza," African Union, May 11, 2021, https://au. int/en/pressreleases/20210511/chairperson-auc-condemns-bombardments-gaza.

③ "African Union Commission Chairperson Reiterates Two State Solution for Palestine and Israel in Meeting with Ambassador of the State of Israel to Ethiopia," African Union, July 22, 2021, https://au. int/en/pressreleases/20210722/african - union - commission - chairperson - reiterates - two-state-solution-palestine.

④ "Statement by H. E. Mr. Moussa Faki Mahamat, Chairperson of the African Union Commission, at the International Solidarity Day with the Palestinian People," African Union, December 1, 2020, https://au. int/en/speeches/20201201/statement-he-mr-moussa-faki-mahamat-chairperson-african-union-commission.

得非盟观察员地位尤其刺激了以色列变革多边关系的决心。尽管阿拉伯世界与非洲的关系存在复杂性，并且双方偶发冲突，但是阿拉伯人的影响在非洲的政治、经济、伊斯兰教和金融领域仍然十分显著，阿拉伯人仍然将非洲以及非盟作为阿以斗争的重要政治和外交舞台。考虑到阿拉伯世界同非洲大陆的传统往来与非洲国家在国际组织中抱团投票的倾向，以及观察员具有在非盟内部参加会议、发表讲话的权利，毫无疑问，跻身非盟是以色列进行游说并寻求非洲国家支持，进而逆转在巴以问题上孤立态势的重要途径。

## 2. 经济与贸易的需求

非洲出产重要的原材料和矿产资源，如钻石、黄金、木材、可可豆、咖啡豆、原油等。例如，作为撒哈拉沙漠以南最重要的石油生产国，尼日利亚的石油平均日产量为 156 万桶；[1] 安哥拉石油产量约为日均 130 万桶，石油伴生气日产量约为 179 亿立方英尺（约 5 亿立方米）。[2] 而冈比亚、加蓬、几内亚等国家历来出产优质硬木。以色列希望直接从非洲进口原材料，同时向非洲国家出售以色列的工业制成品，由此扩大与非洲的贸易往来。

以色列是世界钻石切割与交易中心。以 2016 年的数据为例，当年以色列钻石出口占总出口的 23.2%，并占全世界钻石产量的 12%。[3] 因为钻石是以色列的支柱出口商品，所以以色列同生产钻石的非洲国家交往由来已久。[4] 在非洲经商的以色列商人也多有涉足钻石开采，如丹·格特勒（Dan Gertler）在刚果（金）拥有不少钻石矿的股份，列夫·阿弗奈洛维奇·列维耶夫（Lev Avnerovich Leviev）也涉足安哥拉的钻石开采。[5] 除此之外，以色列向非洲国家出口的另一

[1] "Nigeria-Oil, Gas, and Mining Sectors," International Trade Administration, October 13, 2021, https://www.trade.gov/country-commercial-guides/nigeria-oil-gas-and-mining-sectors.

[2] "Angola-Oil and Gas," International Trade Administration, September 8, 2021, https://www.trade.gov/country-commercial-guides/angola-oil-and-gas.

[3] Benjamin Augé, "Israel-Africa Relations: What Can We Learn from the Netanyahu Decade?" Études de l'Ifri, November 2020, https://www.ifri.org/en/publications/etudes-de-lifri/israel-africa-relations-what-can-we-learn-netanyahu-decade.

[4] Timothy M. Shaw, "Oil, Israel and the OAU: An Introduction to the Political Economy of Energy in Southern Africa," Africa Today, Vol. 23 No. 1, 1976, pp. 15-26.

[5] Benjamin Augé, "Israel-Africa Relations: What Can We Learn from the Netanyahu Decade?" Études de l'Ifri, November 2020, https://www.ifri.org/en/publications/etudes-de-lifri/israel-africa-relations-what-can-we-learn-netanyahu-decade.

以色列蓝皮书

项产品是武器。① 从 20 世纪 70 年代之后，以色列通过私营企业向非洲国家售卖武器装备。丹·格特勒就是刚果（金）前总统洛朗-德雷西·卡比拉（Laurent-Désiré Kabila）及其子约瑟夫·卡比拉（Joseph Kabila）最重要的军火供应商。毫无疑问，进入非盟将进一步有利于以色列同非洲国家的经贸往来。

3. 战略考量

对以色列来说，加强与非洲国家的联系，最首要的战略动机源于地缘因素。非洲之角尤其是埃塞俄比亚和厄立特里亚地缘上邻近以色列，红海与曼德海峡对保障到东非和南部非洲的海路和空中航线至关重要。肯尼亚和乌干达与阿拉伯国家毗邻，对以色列的安全有着重要意义。肯尼亚的蒙巴萨和坦桑尼亚的达累斯萨拉姆是以色列客机和货机飞往远东与南部非洲的必经之地，对以色列的航线安全同样至关重要。

非洲有近 13 亿人口，其中穆斯林占 40%。② 在许多非洲国家，穆斯林是主体民族，或者是人口占优势的少数民族。以色列不希望看到巴以冲突有朝一日演变为以色列同整个伊斯兰世界的争斗。因此，在非盟中谋求观察员地位，对于以色列来说有着重大的战略意义。

### （二）以色列获得非洲联盟观察员地位的客观原因

以色列获得非盟观察员的地位，也受客观国际形势因素的驱使。在中东剧变以前，以色列加入非盟主要的阻力来自埃及与利比亚。卡扎菲多次向非盟施压，如果非盟与以色列建立联系，利比亚将不再支持非盟。然而，随着中东剧变的爆发，埃及与利比亚在非盟内部的影响力相对滑坡，客观上给予了以色列发展对非关系相对宽松的环境。

除域内阿拉伯国家之外，非盟及其成员也容易受到海湾国家的影响。然而，2020 年 9 月 15 日，巴林、阿联酋与以色列签署了《亚伯拉罕协议》，标志着双方关系开始正常化。③ 无独有偶，沙特王储本·萨勒曼（Mohammad bin

---

① Y. Gidron, *Israel in Africa： Security， Migration， Interstate Politics*, pp. 108-114.
② "Africa," Wikipedia, April 23, 2022, https：//en. wikipedia. org/wiki/Africa#cite_ note-UN_ WPP_ 2019-2.
③ 《〈亚伯拉罕协议〉全文》，以色列与中东研究网，2020 年 9 月 16 日，http：// column. sisu. edu. cn/cis/info/1003/2093. htm。

Salman Al Saud）也成为非洲和以色列和解的积极倡导者。2020 年 10 月，苏丹承认以色列，同年 12 月，摩洛哥与以色列建交。需要注意的是，苏丹和摩洛哥都是非盟的正式成员，而阿联酋也是非盟的常驻观察员。① 在美国主导下，以色列与阿拉伯国家关系逐步正常化，特别是与非洲阿拉伯国家的"融冰"，推动了以色列与非洲的交往，提高了非洲国家及非洲联盟对以色列的认同度。②

安全与情报服务一直是以色列的拳头产品，而随着极端主义在非洲部分地区呈现蔓延态势，非洲国家对以色列相关服务的需求与日俱增。对于一些非洲国家首脑来说，使用以色列安全服务，既可以免于受有殖民历史的西方国家影响，又能防止政变发生。不少非洲国家与以色列国防军退役人员或摩萨德前特工领导的公司签订合同，以保障安全。其中最典型的是喀麦隆。③ 自 20 世纪 90 年代初以来，以色列公司一直负责喀麦隆总统保罗·比亚（Paul Biya）两座府邸的电子监控。1999 年，喀麦隆成立快速干预营，由以色列国防军前上校、以色列驻喀麦隆大使馆武官伊凡·塞尔万（Ivan Sirvan）领导。④ 此外，肯尼亚、卢旺达与乌干达等多个非洲国家长期以来也有与以色列进行安全合作的需求。在某种程度上，这种需求是对以色列在非影响力的肯定，也潜移默化地影响非盟对以色列的态度。

近两年新冠肺炎疫情的蔓延，亦是以色列获得非盟观察员地位的客观原因。2021 年 2 月 6～7 日，非盟第 34 届峰会常会在亚的斯亚贝巴举行。这次会议通过一项决议，欢迎成员、伙伴与其他组织帮助非盟应对新冠肺

---

① 2011 年 3 月 16 日，时任非洲联盟委员会主席让·平（Jean Ping）博士接受了阿联酋递交的国书，阿联酋正式成为非盟首任常驻观察员，详见 "Chairperson Receives Credentials of the Permanent Observer of the United Arab Emirates," African Union, March 16, 2011, https：//au. int/en/pressreleases/20110316-0。

② 余国庆：《以色列对非洲阿拉伯国家外交战略的演进——兼论阿以关系新突破及影响》，《西亚非洲》2021 年第 2 期。

③ International Crisis Group, "Cameroon：The Dangers of a Fracturing Regime," *The Africa Report*, No. 161, June 24, 2010, pp. 7-10.

④ 2010 年伊凡因飞机失事身故，近些年喀麦隆的快速干预营由前以色列准将巴鲁克·米纳（Baruch Mena）掌管，参见 Mathieu Olivier, "Cameroon-Israel：Eran Moas, A 'Consultant' to Cameroon's Special Forces," *The Africa Report*, November 22, 2021, https：//www. theafricareport. com/144075/cameroon-israel-eran-moas-a-consultant-to-cameroons-special-forces。

炎疫情，并且呼吁各方提供支持；承认迫切需要动员伙伴支持非盟的抗疫。① 在2022年非盟峰会第35届常会达成的诸多决议中，非盟也多次呼吁有关各方做出一切努力，遏制新冠肺炎疫情的蔓延。而以色列此次申请非盟观察员地位，正是以反恐合作和抗疫合作为敲门砖。基于此，非盟确实愿意积极考虑这一请求。

## 四 以色列与非洲联盟关系的主要障碍

### （一）非盟内部的分歧

以色列获得观察员地位，在非盟内部引起了轩然大波。2021 年 7 月 25 日，阿尔及利亚外交部发表声明，指控非盟委员会主席穆萨·法基·穆罕默德在未与成员磋商的前提下给予以色列观察员地位，既不合法，也违背了非盟的价值观、目标和原则。② 7 月 29 日，阿尔及利亚、埃及、科摩罗、突尼斯、吉布提、毛里塔尼亚、纳米比亚和利比亚向穆萨提出抗议，反对以色列的观察员地位，并指控穆萨滥用行政权力。8 月 1 日，在阿尔及利亚外交部部长拉姆丹·拉马姆拉（Ramtane Lamamra）的游说之下，南非、塞内加尔、坦桑尼亚、尼日尔、加蓬、尼日利亚、津巴布韦、利比里亚、马里和塞舌尔等国也加入了抗议的阵营。③

2021 年 8 月 6 日，穆萨发表公报，声称该决定在他的职权范围之内，不需经过任何审前准备程序。他指出，该决定是基于超过 2/3 的非盟成员已与以色列

---

① "Decision on the Report on the African Union Response on Covid – 19 Pandemic in Africa: Assembly/AU/Dec. 797（XXXIV），" African Union, February 6 – 7, 2021, https：//au. int/ sites/default/files/decisions/40231-assembly_ au_ dec_ 796_ -_ 812_ xxxiv_ e. pdf.

② 阿尔及利亚的这份声明中没有明确提到以色列，详见 "Algeria Denounces African Union Granting Israel Observer Status," *The Times of Israel*, https：//www. timesofisrael. com/algeria-denounces-african-union-granting-israel-observer-status/。

③ 南非、阿尔及利亚、突尼斯、厄立特里亚、塞内加尔、坦桑尼亚、尼日尔、科摩罗、加蓬、尼日利亚、津巴布韦、利比里亚、马里和塞舌尔组成了一个抗议集团。参见 "14 African States Agree to Reject Israel's Membership in the African Union," The Palestine Chronicle, August 1, 2021, https：//www. palestinechronicle. com/14 – african – states – agree – to – reject – israels – membership-in-the-african-union/#。

建立外交关系，并且是应不少成员的要求做出的。① 然而，公报未能平息质疑，仍有 20 多个成员拒绝承认以色列的观察员地位。2022 年 2 月 5~6 日，非盟峰会第 35 届常会召开。大会就以色列的观察员地位达成一项决议：组成一个特别委员会，就此事进行进一步磋商；特别委员会由阿尔及利亚、喀麦隆、刚果（金）、尼日利亚、卢旺达、塞内加尔和南非的国家领导人组成；特别委员会将向下届大会汇报磋商结果，并由委员会主席推进这一工作。②

阿尔及利亚和南非是这份决议的倡导者，也是以色列加入非盟最主要的反对力量。阿尔及利亚反对以色列成为非盟的观察员，主要出于两方面原因。第一，坚持其一贯的在阿以矛盾与巴以冲突中的立场。该国是非洲最坚决的反以国家之一，至今没有与以色列建立任何形式的往来。在 2021 年东京奥运会上，阿尔及利亚柔道运动员费特希·努里尼（Fethi Nourine）甚至在与以色列对手角逐之前宣布放弃比赛，以此表达对"巴勒斯坦事业"的支持。巴勒斯坦总理在非盟峰会第 35 届常会上发言，要求撤销以色列的观察员资格，称给予以色列观察员资格是对"特拉维夫的奖励"。③ 阿尔及利亚外交部部长拉姆丹·拉马姆拉在接受采访时也表示，以色列的加入会在非盟内部造成严重的割裂。④ 第二，马格里布国家间博弈的结果。阿尔及利亚与邻国摩洛哥之间一直因西撒哈拉问题存在争议。摩洛哥因为对西撒哈拉的主权诉求，一度退出了非洲统一组织。⑤ 然

---

① "Communiqué of the Chairperson of the African Union Commission on the Accreditation of the State of Israel," African Union, August 6, 2021, https：//au. int/en/pressreleases/20210806/commission-chairpersons-communique-accreditation-state-israel.

② "Decisions, Declarations and Resolution of the Thirty-Fifth Ordinary Session of the Assembly of the Union：Assembly/AU/Dec. 820（XXXV），" African Union, February 6, 2022, https：//au. int/en/decisions/decisions-declarations-and-resolution-thirty-fifth-ordinary-session-assembly-union.

③ "Palestine Urges African Union to Revoke Israel's Observer Status," Al Jazeera, February 5, https：//www. aljazeera. com/news/2022/2/5/palestine-urges-african-union-to-revoke-israels-observer-status.

④ Hassan Jibril, "Algeria Slams African Union on Israel's Observer Status：Criticism Comes Ahead of Opening of African Union Summit on Saturday," AA, February 5, 2022, https：//www. aa. com. tr/en/africa/algeria-slams-african-union-on-israel-s-observer-status/2494685.

⑤ "Morocco Asks to Rejoin the African Union After 32 Years," Al Jazeera, July 16, 2016, https：//www. aljazeera. com/news/2016/7/18/morocco-asks-to-rejoin-the-african-union-after-32-years.

而，2016 年 9 月 22 日，摩洛哥向时任非盟委员会主席恩科萨扎娜·德拉米尼·祖马递交国书，加入非盟。① 2020 年 12 月，摩洛哥与以色列建交。为了促成两国关系正常化，特朗普向摩洛哥承诺，"美国将承认摩洛哥对西撒拉哈的主权要求"②。显而易见，对阿尔及利亚来说，以色列获得非盟观察员地位意味着摩以两国进一步"媾和"，这将有损于阿尔及利亚在马格里布地区的利益。

与阿尔及利亚相比，南非则代表着典型的非洲国家对以政策的两面性。一方面，南非是以色列在非洲最重要的贸易伙伴。另一方面，在任何官方表态中，南非都强调对以色列占领巴勒斯坦领土、侵犯巴勒斯坦民众人权的暴力行径持零容忍态度。2009 年 11 月，联合国对是否调查 2009 年年初以色列在加沙地带的暴行进行表决，正是在南非法官理查德·戈德斯通（Richard Goldstone）的带领下，绝大多数非洲国家投了赞成票。2021 年 7 月 28 日，南非政府发表声明，表示对于穆萨给予以色列观察员地位的决定感到震惊。③ 11 月，南非政府甚至撤销了对次月赴以色列埃拉特参加环球小姐赛事的南非小姐的支持。④ 但是，南非对以色列的反对并不像阿尔及利亚那样坚决，而是以微妙为特征。来自南非的恩科萨扎娜·德拉米尼·祖马担任非盟委员会主席时，虽然并不赞成给予以色列观察员地位，但仍旧批准其副手与以色列大使阿维·格拉诺特会面，接受对方的游说。⑤ 然而无论如何，作为非洲最重要的经济体之一，南非一直公开反对给予以色列观察员地位，对以色列构成了一定阻力。

---

① "Morocco Officially Requests to Join the African Union," *African Union*, September 23, 2016, https：//au. int/en/pressreleases/20160923.

② Ishaan Tharoor, "Trump's Parting Gift to Morocco," *The Washington Post*, December 14, 2020, https：//www. washingtonpost. com/world/2020/12/14/trumps-parting-gift-morocco.

③ "South Africa Objects to African Union Granting Israel Observer Status," AA, July 28, 2021, https：//www. aa. com. tr/en/africa/south - africa - objects - to - african - union - granting - israel - observer-status/2316651.

④ "Gov't Withdraws Support for Miss South Africa at Israel Event," Al Jazeera, November 14, 2021, https：//www. aljazeera. com/news/2021/11/14/government-withdraws-support-for-miss-south-africa-at-israel-event.

⑤ Rina Bassist, "For Israel's Acceptance to the AU as Observer Reveals Continental Divides," The Moshe Dayan Center for Middle Eastern and African Studies, October 28, 2021, https：// dayan. org/content/israels-acceptance-au-observer-reveals-continental-divides.

## （二）以色列方面的制约因素

自 20 世纪 80 年代重返非洲起，以色列的非洲政策就以政治上的实用主义为显著特征。这样的外交政策表现在几个方面。

第一，精简驻非洲外交机构。与"黄金时代"在非洲广泛开设使领馆相比，如今以色列在非洲只有 12 个使馆。这种安排主要出于削减开支的目的，在内塔尼亚胡执政时期尤为如此。内塔尼亚胡推动了以色列对非关系的重要进展，但是他将外交大权集中在总理办公室，削弱了以色列外交部的预算和职能。外交部预算在国家总预算中的占比从 2009 年的 0.6% 下降至 2019 年的 0.4%。① 预算的调整直接导致外交部失能，甚至引发了外交部职员罢工。外交部的部分职能被分割后，转给了其他的机构。目前，以色列外交部全职处理非洲事务的只有 2 个办公室，20~30 名外交官和 8~10 名公务员。② 而由于预算的减少，一些大使根本无法前往驻地，只能留守耶路撒冷办公。③ 驻非外交机构的精简直接导致了非洲国家对以印象的下滑，认为以色列并没有严肃公平地对待非洲国家。尤其是以色列为了节省预算，关闭了驻马拉维和莱索托的使馆。这两个国家在 1973 年之后也不曾与以断交。因此以方的实用主义外交使两国领导人异常愤怒，在他们看来，此举无异于忘恩负义。④

第二，减少国际技术合作。在"黄金时代"以色列外交最值得称道的是以马沙夫为代表的以色列机构主导的各类国际技术合作项目，然而目前以色列希望马沙夫的活动更能体现经济效用。从 20 世纪 70 年代到现在，以色列合作

① Benjamin Augé, "Israel-Africa Relations: What Can We Learn from the Netanyahu Decade?" *Études de l'Ifri*, November 2020, https://www.ifri.org/en/publications/etudes-de-lifri/israel-africa-relations-what-can-we-learn-netanyahu-decade.

② 这两个办公室分别为：非洲一处，负责处理北非、科特迪瓦、喀麦隆、埃塞俄比亚、肯尼亚、厄立特里亚、尼日利亚、刚果（金）、刚果（布）和坦桑尼亚事务；非洲二处，负责处理南非、斯威士兰、纳米比亚、博茨瓦纳、安哥拉、赞比亚、马拉维、莫桑比克、毛里求斯和马达加斯加事务。

③ S. Sokol, "Benjamin Netanyahu Is Bleeding Israel's Foreign Ministry to Death," *Foreign Policy*, December 15, 2019, https://foreignpolicy.com/2019/12/15/benjamin-netanyahu-budget-cuts-bleeding-israel-foreign-ministry-mfa-to-death-undermining-israeli-diplomacy.

④ Benjamin Augé, "Israel-Africa Relations: What Can We Learn from the Netanyahu Decade?" *Études de l'Ifri*, November 2020, https://www.ifri.org/en/publications/etudes-de-lifri/israel-africa-relations-what-can-we-learn-netanyahu-decade.

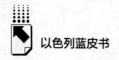

援助占 GDP 的比重不仅没有升高，反而减半。① 在与非洲国家断交之前，以色列派往非洲进行技术合作的专家数以百计，但如今数量急剧减少。现在马沙夫的定位更倾向于短期的技术培训机构，并且不再主导资助合作项目，而是依赖于联合国机构或世界银行等国际组织的资助。以近年来马沙夫在埃塞俄比亚开展的项目为例：小农园艺项目，与美国国际开发署、埃塞俄比亚农业与自然资源部合作；都市农业项目，与埃塞俄比亚第一夫人办公室合作；小型农场灌溉项目，与荷兰发展机构合作；增强树木抗旱能力项目，与德国国际合作公司（GIZ）、埃塞俄比亚农业与自然资源部合作；卫生系统人员培训项目，与意大利发展机构、埃塞俄比亚卫生部合作。② 显然，马沙夫在该国开展的主要项目几乎都采用国际组织赞助、马沙夫提供技术培训的模式。马沙夫由国际合作项目的发起者与主导者向技术培训机构的角色转变，意味着以色列同非洲的技术合作首先要依赖于西方主导的国际组织。在国际合作领域退居于西方身后表明以色列切实参与并帮助非洲发展的愿望逐渐下降，客观上影响了以在非洲的影响力。而正是如此，非洲发展银行（African Development Bank）一直不接受以色列的加入，也不允许以色列向非洲金融项目的核心组织进行渗透。③

第三，政府对于以色列与非洲经贸关系发展缺乏布局。在 21 世纪以来的对非外交宣传中，以色列政府不断强调以非经贸纽带的作用。然而，在实际的外交实践中，国家部门却缺乏对非洲经贸关系的重视。以色列经济与产业部55 个海外贸易办事处中，只有 4 个设立在非洲，分别派驻于埃及（辐射北非地区）、加纳（辐射西非地区）、肯尼亚（辐射东非地区）和南非（辐射南部非洲），且多数以色列驻非洲国家大使馆不设有贸易代表处。以色列政府如此行事，同样是源于实用主义的经济考量。确实，对非贸易额占比过低，2017

① L. Landman, "Left Behind: Who Will Rescue the Israeli Foreign Aid Agency?" Abba Eban Institute for International Diplomacy (AEI), May 29, 2018, https://www.eng.arenajournal.org.il/single-post/lea-landman-foreign-aid-eng.

② "MASHAV-Israel's Agency for International Development," Embassy of Israel in Ethiopia, https://embassies.gov.il/addis_ababa/Departments/Pages/MASHAV.aspx.

③ Benjamin Augé, "Israel-Africa Relations: What Can We Learn from the Netanyahu Decade?" *Études de l'Ifri*, November 2020, https://www.ifri.org/en/publications/etudes-de-lifri/israel-africa-relations-what-can-we-learn-netanyahu-decade.

年以色列与整个非洲的贸易额只占当年总贸易额的 1.5%。① 在这种政策导向下，近年来以色列与非洲的贸易呈整体下降趋势。以非洲几个最活跃的贸易伙伴为例：根据以色列出口中心的数据，2016~2020 年，以色列对南非出口额从 2.04亿美元下降至 1.54 亿美元；② 对埃及出口额从 7900 万美元上升至 9000 万美元，但 2018~2020 年呈下降趋势；③ 对尼日利亚出口额从 8200 万美元降至 3700 万美元；④ 对埃塞俄比亚出口额从 1900 万美元降至 1700 万美元。⑤ 由于以色列政府对非贸易欠缺全盘规划，很多在非以色列公司面对逐渐缩小的贸易份额，开始互相倾轧，甚至影响政府的外交活动。2017 年，以色列本来拟订与多哥共同于10 月举行一次峰会。然而，一些在当地经营了数十年的以色列商人担心会议召开导致大量以色列企业涌入，自己的市场份额会被挤占，于是暗中破坏峰会的推进。最终，在各方面的压力之下，主办方宣布会议无限期推迟。⑥

20 世纪末以来以色列以实用主义为导向的对非外交政策虽然达成了一定的目标，但从长远来看有损于以色列在非盟的形象，影响双方关系长久健康发展。近一半的非盟成员对以色列的非盟观察员地位的强烈反对表明，高举实用主义大旗的外交政策，极其不利于以色列在非洲国家中的声誉与影响，阻碍了以色列与非盟关系的顺利推进。

# 结　语

自 1948 年建国起，以色列长期处于一种外交孤岛的境地。对外关系屡

---

① Y. Gidron, *Israel in Africa： Security, Migration, Interstate Politics*, p. 72.

② "Country Snapshot-South Africa," Israel Export Institute, https： //www. export. gov. il/api//Media/Default/Files/Economy/Snapshots_ 2019/South%20Africa. pdf.

③ "Country Snapshot-Egypt," Israel Export Institute, https： //www. export. gov. il/api//Media/Default/Files/Economy/Snapshots_ 2019/Egypt. pdf.

④ "Country Snapshot-Nigeria," Israel Export Institute, https： //www. export. gov. il/api//Media/Default/Files/Economy/Snapshots_ 2019/Nigeria. pdf.

⑤ "Country Snapshot-Ethiopia," Israel Export Institute, https： //www. export. gov. il/api//Media/Default/Files/Economy/Snapshots_ 2019/Ethiopia. pdf.

⑥ Benjamin Augé, "Israel-Africa Relations： What Can We Learn from the Netanyahu Decade?" *Études de l'Ifri*, November 2020, https： //www. ifri. org/en/publications/etudes-de-lifri/israel-africa-relations-what-can-we-learn-netanyahu-decade.

屡受挫之后，20 世纪 50～60 年代，以色列将外交工作的方向瞄准非洲大陆。以非关系经历了以紧密的政治往来和技术合作为特征的"黄金时代"。但第三次、第四次中东战争的爆发使双方关系降至冰点。20 世纪末以来，以色列重返非洲，先后与非洲 45 个国家建立外交关系，而 2021 年 7 月获得非盟观察员地位是一项重要进展。以色列谋求非盟观察员地位的主要动机，符合当前对非关系的实用主义政治考量，即以色列迫切希望并需要通过加深对非关系，进而影响非洲国家在国际舞台上做出利于以方的决定。而近年来，在以色列与海湾、北非阿拉伯国家关系逐渐破冰，非洲大陆部分地区极端主义蔓延与新冠肺炎疫情肆虐等因素综合作用下，大部分非盟成员客观上需要与以加强合作。因此，在近 20 年的努力之后，以色列跻身非盟终于得偿所愿。

然而，以色列与非盟的关系仍旧困难重重，以阿尔及利亚和南非为首的非盟成员对以色列观察员地位表示强烈抗议。非盟成员反对以色列的加入，固然源于非洲对以关系的"均衡政策"以及域内大国的博弈。但是阿以矛盾，尤其是巴以冲突，始终是双方难以规避且不可调和的分歧。自非盟成立以来，几乎每次峰会达成的决议都涉及巴以冲突。以色列可能忽视了一个问题：绝大多数当代非洲国家不是在千百年来的历史中自然形成的领土与政治的统一实体，而是殖民者人为划界的产物，边界争议在非洲国家之间极其普遍。所以，非洲国家支持巴勒斯坦并不仅是一种政治正确，更是因为以色列的做法会触动绝大多数非洲国家的"神经"。

而在实用主义意识形态指导下，以色列大幅缩减外交预算与国际技术合作，无益于真正提升以色列在非洲的国家形象。在当今的非洲领导人眼里，以色列再也不是"黄金时代"那个想要"照亮世界的国度"（Light Up Nation），再也不是怀有强烈理想主义和普遍价值的国家。他们很清楚，在当前的以非关系中，以方追求的是国际舞台上政治需要的自我满足，一旦涉及他们真正关心的移民、发展等问题，以色列会毫不犹豫地与西方盟友站在一边。这也印证了法国国际关系研究中心对近年来以色列对非关系的评价——重机巧而轻谋略。① 非洲拥有广袤

<hr />

① Benjamin Augé, "Israel-Africa Relations: What Can We Learn from the Netanyahu Decade?" *Études de l'Ifri*, November 2020, https://www.ifri.org/en/publications/etudes-de-lifri/israel-africa-relations-what-can-we-learn-netanyahu-decade.

的土地和丰富的自然资源与人口资源，对于任何一个国家来说都是值得重视的合作伙伴。对于以色列来说，只有巴以问题的真正解决，或是客观评估以非合作的价值，改变实用主义外交策略，才真正有助于以色列同非洲国家及非盟关系的长远健康发展。

# B.16

# 以色列与联合国关系的新动向

赵晨曦 贾森*

**摘 要：** 以色列与联合国的关系充满波折。1991 年以来，以色列与联合国关系总体趋于平衡，但仍然摩擦不断，尤其是 2020 年"世纪协议"公布以来，巴以问题再度成为影响以色列与联合国关系的关键因素。联合国认为以色列扩建定居点的行为严重违反国际法，并对其无视巴勒斯坦人权的行为提出谴责。以色列则认为联合国相关机构在处理巴以问题上存在偏见，并坚持强硬立场，再加上美国因素的影响，导致以色列与联合国关系呈现紧张态势。随着联合国作用的增强，以色列应秉持理性态度，积极修复双方关系的裂痕，正确处理与联合国的关系，从而有利于树立更好的国际形象。

**关键词：** 联合国 以色列 巴以冲突 新冠肺炎疫情

近年来，以色列与联合国之间的不融洽事件增多，双方关系略为紧张。从 2020 年年初签订"世纪协议"到 2021 年年底，联合国大会、人权理事会和安全理事会等机构多次谴责以色列。以色列则认为联合国的谴责存在政治性的偏见，对其进行回击。以色列与联合国近期出现的"裂痕"，是以色列不遵守联合国决议而导致的，但也受到阿以关系和美国因素的持续影响。特别是特朗普牵头的"世纪协议"以及拜登上台后对美国中东政策的调整，导致以色列与联合国的关系更加复杂。值得注意的是，虽然双方关系近期出现不和谐走向，但这种态势仍在理性可控范围内。这与以色列塑造良好国际

---
\* 赵晨曦，郑州大学历史学院博士研究生；贾森，郑州大学历史学院博士研究生。

形象，确保与美国利益一致，并维持与中东阿拉伯国家友好关系的外交目标分不开。

# 一 以色列与联合国关系的历史回顾

第二次世界大战后，犹太复国主义运动如火如荼，建立犹太民族家园的愿望更加强烈。1947 年 11 月 29 日，联合国大会对巴勒斯坦分治议案进行了最后表决，以 33 票赞成、13 票反对、10 票弃权的结果通过了《巴勒斯坦将来治理（分治计划）问题的决议》，即联合国第 181 号决议。[①] 凭借此决议，以色列获得了在巴勒斯坦建立独立国家的合法性。可以说，以色列建国的合法性来自联合国，以色列是联合国诞生以来第一个重要的"产物"，这也奠定了双方关系的特殊性。

## （一）相互信任阶段（1948~1955）

1948~1955 年，以色列与联合国关系的特点是互相信任。以色列在第一次中东战争中处于劣势时，以色列总理本-古里安急电以色列常驻联合国代表阿巴·埃班（Abba Eban），表示"以色列急需几星期的喘息时间来重新组织和装备军队"[②]，在美国犹太人的支持下，联合国先后通过两次休战决议，在一定程度上为以色列争取了宝贵的整顿时间，最终为以色列取得胜利，维护国家安全奠定了基础。

1949 年 3 月 11 日，以色列议会批准对本国外交政策进行审查，发现本国外交方针符合联合国的原则——"基于《联合国宪章》基本原则及与爱好和平的国家——特别是美国和苏联的友好关系"[③]。1949 年 5 月 11 日，在以色列建国一周年之际，联合国将以色列吸收为成员国。[④] 可以说，从以色列

---

① 张倩红：《以色列史》（修订本），人民出版社，2014，第 212 页。

② 季国兴、陈和丰等：《第二次世界大战后中东战争史》，中国社会科学出版社，1987，第 72 页。

③ Aharon Klieman, "Israeli Diplomacy at Thirty Years of Independence," in Asher Arian, ed., *Israel : A Developing Society*, The Netherlands：Van Gorcum, 1980, pp. 27-48.

④ 张倩红：《以色列史》（修订本），第 228 页。

建国到 1955 年，以色列与联合国度过了一段"蜜月期"，"第 181 号决议"赋予了以色列建国的合法性，联合国在第一次中东战争中颁布的停战决议又给了以色列获得战争胜利的关键机会，从而让新生的以色列国赢得了稳定和安全。

### （二）关系恶化阶段（1955~1991）

1955~1991 年，以色列与联合国关系处于恶化阶段。以色列与联合国在耶路撒冷问题上的矛盾最为突出。20 世纪 50 年代，在以色列决定耶路撒冷为"首都"后，联合国下属众多机构先后通过 120 多项决议①，反对和谴责以色列改变耶路撒冷历史地位的做法。双方的争执在 20 世纪 80 年代达到高潮。1980 年，以色列议会通过《基本法》，确立耶路撒冷为本国"永久的首都"。随后，联合国安理会通过"第 478 号决议"宣布以色列的《基本法》对国际法构成侵犯，并谴责以色列无视联合国决议。联合国的相关决议往往被成员国视为解决巴以矛盾的基础，而以色列却对做出决议的联合国表示出不尊重和反对。

以色列与联合国的关系在此阶段也受到第三世界特别是阿拉伯国家的影响。1952~1968 年，联合国成员国由 82 个增加到 126 个。新的成员国多是第三世界国家，这使联合国成为第三世界控诉西方势力的舞台。这一阶段，反对并谴责以色列成为联合国的主要态度，用阿巴·埃班的话来说："每一项反以色列的联合国决议都能自动获得多数，如果以色列宣布世界是圆的，联合国都会投反对票。"② 以色列在联合国极度孤立。1975 年 11 月，联合国大会以 72 票对 35 票通过"第 3379 号决议"③，认为"犹太复国主义是种族主义"。至此，双方关系降到历史最低点。

---

① 肖宪主编《世纪之交看中东》，时事出版社，1998，第 345 页。
② Yohanan Bein, "Israel, the UN and the Campaign for Peace," in Moshe Yegar, Yosef Govrin, and Arye Oded, eds., *The Foreign Ministry : The First Fifty Years*, Jerusalem, 2002, p. 883.
③ 1975 年 11 月 10 日，联合国大会以 72 票赞成、35 票反对、32 票弃权，通过了"第 3379 号决议"，决议主要内容是"犹太复国主义是种族主义"，决议认为"犹太复国主义是对世界和平与安全的威胁"，号召所有国家都把犹太复国主义视为种族主义，并与之战斗。

## （三）关系正常化阶段（1991年至今）

20世纪90年代到21世纪初，随着冷战结束和两极格局的瓦解，中东和平进程成为联合国关注的焦点之一，理性、缓和与理解成为双方关系的主题，双方关系开始正常化。1991年马德里会议①之后，以色列与其他成员国及联合国各机构的关系发生重大转变。1991年12月16日，联合国大会通过的第4686号决议废除了第3379号决议中的决定，②并赋予犹太复国主义合法性。以色列主动提交和平主题议案，如1993年12月提交的关于中东和平进程的决议草案，该草案得到155个国家支持，只有3个国家反对。同时，以色列欢迎秘书长及联合国机构特使到以色列讨论其任务范围内的事项，此前以色列对此是持拒绝态度的。1994年1月11日，以色列常驻联合国代表加德·雅库比（Gad Yaacobi）提出了"未来与联合国-以色列关系有关的四个目标"③，积极展望同联合国的关系前景。

这一时期，联合国一些重要职位有了以色列人的身影。2005年6月，丹尼·吉利尔曼（Danny Gillerman）被选举为2005年联合国大会副主席。2016年，以色列常驻联合国代表丹尼·达农（Danny Danon）被任命为联合国大会法律事务委员会主席，成为第一位担任联合国常设委员会主席的以色列籍人士。此外，2016年2月，以色列被接纳为联合国空间事务委员会正式成员。2016年2月3日，联合国空间事务厅（UNOOSA）邀请以色列航天局就民用空间问题进行合作。④

---

① 1991年10月，中东和会在西班牙首都马德里召开，这是阿拉伯国家与以色列第一次坐到一起试图解决长达40多年的冲突。这次会议构筑了中东和谈的基本框架，确立了以"土地换和平"的基本原则。

② 1991年12月16日，联合国大会以111票赞成、25票反对、13票弃权通过了联合国大会第4686号决议。该决议内容是联合国决议里最为简短的文案之一，其全部内容为："联合国大会决定废除1975年11月10日第3379号决议中的决定。"联合国通过此决议与美国布什政府的影响有关。

③ Gad Yaacobi, "Israel and the United Nations: A New Perspective," *Israeli Missions Around The World*, November 11, 1994, https://embassies.gov.il/MFA/InternatlOrgs/Issues/Pages/ISRAEL%20AND%20THE%20UNITED%20NATIONS-%20A%20NEW%20PERSPECTIVE%20-.aspx.

④ Judy Siegel-Itzkovich, "Israel to Become Official Member of UN Committee on Space Affairs," *The Jerusalem Post*, February 2, 2016, https://www.jpost.com/Business-and-Innovation/Health-and-Science/Israel-Space-Agency-signs-cooperation-with-UN-Office-for-Space-Affairs-to-spread-good-443705.

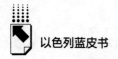

即便双方关系有所缓和，但双方在一些问题上仍然存在矛盾。2004 年 10 月，以色列指控联合国人道主义救援机构与巴勒斯坦武装人员相勾结，为恐怖分子偷运武器，由此引发严重外交争端。2011 年，联合国不顾美国和以色列退出教科文组织的威胁，将巴勒斯坦以成员国身份纳入该组织。2014 年，联合国人权理事会强烈谴责以色列对加沙发起的代号为"护刃行动"的武装进攻，并成立国际调查委员会对以色列违反国际法规行为进行严肃调查。2017 年，由于不满联合国教科文组织的偏见①，以色列宣布退出该组织，这是联合国与以色列关系再次走向低迷的重要标志之一。

总体来看，受到联合国的基本原则、以色列国家利益和巴以关系等多重因素影响，双方关系整体走向曲折而复杂。在近期发生的一系列事件中，以色列和联合国的关系走向又出现新变化，双方关系紧张因素增加、和谐声音微弱。导致这种复杂现象的具体因素值得深入分析和探讨。

## 二　联合国赞扬阿以、巴以关系向好发展

近年来以色列与联合国关系和谐的声音主要体现在联合国赞扬以色列促进地区和平与安全方面。以色列近来与多个中东阿拉伯国家建交，不断扩展中东外交圈使阿以冲突的可能性降低，迎合了联合国一直呼吁的巴以、阿以和平发展的愿景，受到联合国赞扬。此外，新冠肺炎疫情暴发以来，以色列对巴勒斯坦进行人道主义救援，在一定程度上遏制了新冠肺炎疫情在当地的恶化。这些行动受到联合国的认可，联合国希望以此为契机缓和地区矛盾并促成巴以之间和平相处。

### （一）联合国赞扬阿以关系的改善

2020 年是以色列外交丰收之年，以色列分别与阿联酋、巴林、苏丹、摩

---

① 以色列认为，联合国教科文组织近年来逐渐政治化，且指出巴勒斯坦人利用该机构来获得巴勒斯坦国的国际认可。2017 年 5 月，联合国教科文组织在一个决议中将以色列称为耶路撒冷城的"占领国"，敦促以色列停止在东耶路撒冷的考古挖掘和其他工程，并将被以色列占领的约旦河西岸地区的希伯来旧城和易卜拉欣清真寺（犹太人将其称为先祖墓）划分为属于巴勒斯坦的濒危世界遗产，在决议中只给世界遗产标注了英文和阿拉伯文，内塔尼亚胡称这一做法"荒谬"，于当年 10 月宣布退出该组织。

洛哥、不丹等国实现关系正常化，邦交国总数达到 160 多个。① 联合国对以色列的"建交潮"表示欢迎，认为这是以色列向世界传递的"文明信息"。②

2020 年 8 月 14 日，联合国秘书长古特雷斯（Guterres）欢迎以色列与阿联酋达成协议："对美国、以色列和阿拉伯联合酋长国领导人的联合声明表示欢迎，该声明暂停了以色列对约旦河西岸部分地区的吞并计划，这是联合国一直呼吁的。"③ 9 月 29 日，内塔尼亚胡回应联合国："毫无疑问，更多阿拉伯国家将很快加入'和平圈'。"④ 10 月 24 日，联合国秘书长表示："苏丹已与以色列关系正常化，希望进一步的合作将促进国际和平与繁荣。"⑤ 联合国中东和平进程特别协调员尼古拉·姆拉德诺夫（Nikolay Mladenov）也表示："以色列与苏丹的关系正常化协议将促进合作，并为非洲之角和整个中东带来新的机会。"⑥

联合国之所以看好以色列与中东阿拉伯国家实现关系正常化，是因为阿以关系的改善可以为巴以问题的解决提供思路和机遇。2020 年 8 月 25 日，联合国

---

① "Israel's Diplomatic Mission Abroad: Status of Relations," Israel Ministry of Foreign Affairs, https://mfa. gov. il/MFA/AboutTheMinistry/Pages/Israel – s% 20Diplomatic% 20Missions% 20Abroad. aspx.

② 2020 年以色列迎来"建交潮"的原因之一是美国特朗普政府出台的"世纪协议"。2020 年 1 月 28 日，特朗普在白宫会见以色列时任总理内塔尼亚胡及其主要对手蓝白党领导人甘茨，正式发布所谓推进中东和平进程的"世纪协议"。该协议的发布一时间引起轩然大波，巴勒斯坦总统阿巴斯表示拒绝承认这一协议，宣布与以色列和美国断绝关系，巴以关系由此降到自《奥斯陆协议》签订以来的最低点。联合国反对美以双方单边主义的"世纪协议"，认为该协议是"一个半国家的解决方案"，协议的实施只会巩固以色列对巴勒斯坦领土的占领，这是美国对以色列偏袒的行为，呼吁以色列要遵守联合国提出的"两国解决方案"。

③ António Guterres, "Statement Attributable to the Spokesman for the Secretary-General-on the Announcement of an Agreement Between Israel and the United Arab Emirates," Secretary General, August 13, 2020, https://www. un. org/sg/en/content/sg/statement/2020 – 08 – 13/statement – attributable-the-spokesman-for-the-secretary-general-% E2%80%93-the-announcement-of-agreement-between-israel-and-the-united-arab-emirates.

④ Mohamed Hinnawi, "Ceasefire Can't Hide Scale of Destruction in Gaza, UN Warns, as Rights Experts Call for ICC Probe," UN News, May 21, 2021, https://news. un. org/en/story/2021/05/1092482.

⑤ Abeer Etefa, "UN Expresses Hope 'New Opportunities' Will Arise from Sudan's Recognition of Israel," UN News, October 24, 2020, https://news. un. org/en/story/2020/10/1076072.

⑥ Stéphane Dujarric, "UN Secretary-General's Spokesman-on the Announcement of an Agreement Between Israel and the Sudan," Secretary General, October 24, 2020, https://www. un. org/sg/en/content/sg/statement/2020-10-24/un-secretary-generals-spokesman-the-announcement-of-agreement-between-israel-and-the-sudan.

中东和平进程特别协调员姆拉德诺夫表示："以色列和阿联酋之间的协议有可能改变整个中东地区的态势，敦促巴勒斯坦和以色列领导人重新参与到解决持久冲突的进程中。"①

## （二）联合国赞赏巴以双方在新冠肺炎疫情中的合作

新冠肺炎疫情暴发以来，以色列在疫情防控和疫苗接种方面与巴勒斯坦展开积极合作的行为受到联合国赞许。2020 年 4 月 2 日，以色列参加中东传染病监测联盟的网络视频会议，分享本国的抗疫经验，并与参会的其他中东国家积极讨论如何发挥该联盟作用。② 此外，以色列与巴勒斯坦合作成立了联合抗疫行动室，积极为巴勒斯坦提供新冠病毒检测试剂和医疗物资，举办了针对巴以双方医务人员的联合培训和专业医疗讲习班。③

疫情危机开始以来，以色列一直允许抗疫关键物资和设备进入加沙地区。一向严格控制约旦河西岸及加沙地区进出卡点的以色列当局，允许参与应对疫情工作的卫生从业者和相关人员进出卡点，以使他们更好地展开后续合作。④ 联合国巴勒斯坦被占领土人道主义协调员杰米·麦戈德里克（Jamie McGoldrick）在接受媒体采访时表示，以色列与巴勒斯坦当局进行了"非常积极的合作"⑤。2020 年 3 月 28 日，联合国中东和平进程特别协调员姆拉德诺夫也赞扬了巴以双方在应对新冠肺炎疫情方面的协调，他在一份声明中谈道："巴以之间在应对新冠肺炎疫情方面建立的合作极好。"⑥

---

① Nikolay Mladenov, "Security Council Briefing on the Situation in the Middle East, Including the Palestinian Question," UNSCO, August 25, 2020, https：//unsco. unmissions. org/security - council-briefing-situation-middle-east-including-palestinian-question-delivered-un-1.

② "Challenges Facing the COVID - 19 Pandemic," Youtube, May 23, 2020, https：// www. youtube. com/watch? v = B-S9NR kq9GM&t = 3275s.

③ Khaled Abu Toameh, "Israel, Palestinians Set up Joint Operations Room to Combat Coronavirus," *The Jerusalem Post*, May 23, 2020, https：//www. jpost. com/Israel - News/Israel - Palestinians - set-up-joint-operations-room-to-combat-coronavirus-621431.

④ Eskinder Debebe, "COVID-19: UN Envoy Hails Strong Israel-Palestine Cooperation," UN News, March 28, 2020, https：//news. un. org/en/story/2020/03/1060572.

⑤ "COVID-19 in Gaza: UN Putting Supplies in Place, Working with Israel," UN News, March 23, 2020, https：//news. un. org/en/audio/2020/03/1060002.

⑥ Eskinder Debebe, "COVID-19: UN Envoy Hails Strong Israel-Palestine Cooperation," UN News, March 28, 2020, https：//news. un. org/en/story/2020/03/1060572.

在疫苗接种方面，以色列响应联合国的呼吁，向巴勒斯坦地区提供疫苗。2021年1月14日，联合国独立人权专家迈克尔·林克（Michael Lynk）表示："以色列对新冠肺炎疫情令人印象深刻的疫苗接种计划必须包括被占领土上的巴勒斯坦人……以色列要确保巴勒斯坦人平等获得疫苗。"① 以色列在实际行动中做出积极回应，截至2021年2月26日，以色列已向巴勒斯坦民族权力机构提供了5200剂疫苗，为在以色列工作的5000名巴勒斯坦教育和卫生人员接种了疫苗，同时为东耶路撒冷居民接种疫苗。② 2021年3月25日，联合国中东问题特使托尔·文内斯兰（Tor Wennesland）呼吁为巴勒斯坦提供更多支持，以应对该地区日益严重的疫情。③ 据统计，截至2021年3月25日，以色列为10万多名持有进入以色列许可证的巴勒斯坦人接种了疫苗。④

联合国和以色列之间和谐的声音是双方关系良好发展的信号。但是，双方和谐的声音在随后联合国对以色列的严厉谴责和以色列的强硬回应中很快就被淹没了。双方关系中和谐的声音相对微弱，导致双方关系不和谐的因素此消彼长。

## 三 联合国的谴责及以色列的强硬回应

近期，在美国的支持下以色列不断扩建定居点，引起了巴勒斯坦的强烈反对和联合国的谴责。而以色列不顾联合国的谴责，继续扩建定居点，并在巴以

---

① Michael Lynk and Tlaleng Mofokeng, "Israel/OPT: UN Experts Call on Israel to Ensure Equal Access to COVID-19 Vaccines for Palestinians," The Office of the High Commissioner for Human Right, January 14, 2021, https://www.ohchr.org/EN/NewsEvents/Pages/DisplayNews.aspx? NewsID=26655&LangID=E.

② Khalil Adwan, "Palestinian Elections Raise Hopes for Two-State Solution, Middle East Coordinator Tells Security Council," UN News, February 26, 2021, https://news.un.org/en/story/2021/02/1085922.

③ Khalil Adwan, "UN Envoy Calls for More Support to Aid Palestinian COVID-19 Response," UN News, March 25, 2021, https://news.un.org/en/story/2021/03/1088262.

④ Tor Wennesland, "Security Council Briefing on the Situation in the Middle East, Reporting on UNSCR 2334 (As Delivered by Special Coordinator Wennesland)," UNSCO, March 25, 2021, https://unsco.unmissions.org/security-council-briefing-situation-middle-east-reporting-unscr-2334-delivered-special-coordinator-2.

冲突中出现平民受伤事件。联合国谴责以色列违背国际法，无视巴勒斯坦人民的人权，极大地破坏了中东地区的安全局势。这些言论引发的以色列与联合国之间的争执不断，使联合国与以色列的关系更加不稳定。

### （一）联合国对以色列的谴责

2020年"世纪协议"提出后，巴以冲突发展到新阶段，联合国认为以色列是主要的"肇事方"，对其谴责更加频繁，主要集中在三个方面。

1. 关于定居点问题

"世纪协议"签订后，以色列开始了新一轮的吞并计划。① 从表1可以看出，2020~2021年不管是内塔尼亚胡执政还是贝内特执政，以色列均在持续推行扩建定居点行动计划。不少定居点位于巴以土地纷争的关键地区，如果这些定居点成功建设，将严重破坏巴勒斯坦国版图的连续性，这些项目涉及大量巴勒斯坦人被驱逐和财产损失的问题，将在很大程度上威胁地区的安全态势。

表1　2020~2021年以色列扩建定居点行动计划及联合国的谴责

| 时间 | | 以色列扩建定居点行动计划 | 联合国的谴责 |
|---|---|---|---|
| 2020年 | 2月初 | 以色列当局宣布建造105004个住房单元，包括耶路撒冷东部E1地区3500套住房 | 联合国中东和平进程特别协调员姆拉德诺夫表示："根据国际法，所有定居点都是非法的，仍然是和平的重大障碍。" |
| | 2月27日 | 以色列民政部门高级规划委员会（the Higher Planning Council of the Israeli Civil Administration）批准11个定居点的12个计划，包括1737套住房 | 古特雷斯的官方发言人斯特凡·杜加里克（Stéphane Dujarric）表示："一贯反对任何将使我们更加远离和平进程的单方面行动。" |

---

① Aaron Reich, "US to Approve Annexation if Palestinians Don't Negotiate," *The Jerusalem Post*, March 8, 2020, https://www.jpost.com/Middle-East/Kushner-US-to-approve-Israeli-annexation-if-Palestinians-dont-negotiate-620135.

续表

| | 时间 | 以色列扩建定居点行动计划 | 联合国的谴责 |
|---|---|---|---|
| 2020 年 | 3 月 30 日 | 以色列政府将在西岸 E1 地区推进两项住房计划,共计 3500 套住房 | 联合国中东和平进程特别协调员姆拉德诺夫称:"如果这些住房建成,将切断约旦河西岸北部和南部之间的联系,从而进一步破坏建立一个毗连的巴勒斯坦国的可能性。" |
| | 5 月 26 日 | 耶路撒冷地区规划委员会(the Jerusalem District Planning Committee)批准总体规划,将被占领东耶路撒冷的哈尔霍马定居点扩建至 2200 套住房 | 古特雷斯的副发言人法尔汉·哈克(Farhan Haq)称:"明确反对吞并或单方面行动,吞并将构成'对国际法的最严重违反',以色列必须放弃吞并。" |
| | 10 月 14~15 日 | 以色列当局在 C 区推进约 5000 套住房,其中约 80% 计划建在被占领西岸腹地偏远地区的定居点 | 联合国大会第四委员会发言人表示:"以色持续扩建定居点,其安全部队过度使用武力以及当地居民房屋被拆毁等情况明显违反国际法,呼吁国际社会向其施加压力。" |
| | 12 月 29 日 | 以色列高等法院支持在巴勒斯坦阿卡布附近地区,包括科查夫亚阿科夫(Kochav Ya'akov)定居点地区作为国家土地 | 联合国中东和平进程特别协调员姆拉德诺夫表示:"以色列在包括东耶路撒冷在内的被占领土上的定居点公然违反了联合国决议和国际法。定居点巩固了以色列的占领,破坏了实现两国解决方案的前景。必须立即停止推进所有定居点活动。" |
| 2021 年 | 5 月 20 日 | 耶路撒冷地区规划委员会核准哈尔霍马计划,在被占领的东耶路撒冷增加 540 套住房 | 联合国特别报告员迈克尔·林克表示:"定居点进一步巩固了以色列的占领,破坏了巴勒斯坦人民自决和主权的合法权利,侵犯了巴勒斯坦土地和自然资源,阻碍了巴勒斯坦人民的自由行动,增加了暴力对抗的风险。" |
| | 10 月 24 日 | 以色列土地管理局(the Israel Land Authority)宣布招标约 1350 套住房。大约一半位于约旦河西岸北部中心阿里埃尔定居点,并将向西扩大居民区 | 古特雷斯发言人表示:"定居点的扩张,将对未来的巴勒斯坦发展产生严重影响。" |

续表

| 时间 | | 以色列扩建定居点行动计划 | 联合国的谴责 |
|---|---|---|---|
| 2021年 | 10月27日 | 以色列高级规划委员会（High Planning Committee of Israel）计划在C区建造3100套住房，其中包括伊莱（Eli）的600套、布拉查（Bracha）的300套和西岸塔尔蒙（Talmon）的200套 | 联合国特别报告员迈克尔·林克称："呼吁以色列立即停止所有定居点活动。以色列在包括东耶路撒冷在内的定居点没有法律效力，公然违反国际法和联合国决议。" |
| | 12月6日 | 耶路撒冷地区规划委员会计划在耶路撒冷和拉马拉之间的卡兰迪亚（Qalandiya）附近的阿塔鲁特（Atarut）建造约9000套住房 | 安理会发言人称："这是一个非常危险的计划，会给两国解决方案带来危险的打击。根据国际法，该计划是非法的。作为占领国，以色列不得吞并该地区或建造土地，以便在属于被占领人民的土地上安置自己的人口。" |

注：安全理事会在其第2334（2016）号决议中重申：以色列在1967年以来包括东耶路撒冷在内被占领的巴勒斯坦领土上建立定居点，没有法律效力，公然违反国际法，是实现两国解决办案和公正、持久及全面和平的主要障碍。在该决议中，安理会要求以色列立即完全停止在被占领的巴勒斯坦领土上的所有定居活动，并充分尊重其在这方面的所有法律义务。历年来联合国安理会派出工作人员调查以色列当局对该决议的执行情况，并按季度在联合国汇报。

资料来源：本表由笔者根据联合国官网2020~2021年的相关文件进行整理，参见 https://www.un.org/unispal/document-subject/annexation/。

面对近期以色列出台的一系列定居点计划，联合国强调以色列要遵守联合国的法律和原则。联合国特别报告员迈克尔·林克指出："对以色列定居点合法化提议表示遗憾，敦促各国谴责任何吞并巴勒斯坦领土的呼吁，因为这是国际法所禁止的……特朗普计划的任何内容都不能改变占领的持续盛行。在巴勒斯坦人和以色列人平等权利的基础上实现公正、公平和持久解决的绝对义务……国际法仍然是'北极星'，是可持续和平的唯一指南。"[1] 2020年6月16日，联合国47位人权专家集体发表声明，指出以色列兼并被占领土将导致"21世纪的种族隔离"，此举违反国际法核心原则，国际社会必须采取切实行

---

[1] Ahed Izhiman, "US Middle East Peace Plan 'Lopsided', Says Independent UN Rights Expert," UN News, January 31, 2020, https://news.un.org/en/story/2020/01/1056412.

动加以反对。人权专家们认为："兼并被占领土是对《联合国宪章》和《日内瓦公约》的严重违反，且有违'通过战争或武力获取土地不可接受'的安理会根本原则。国际社会禁止兼并领土的行为，正是因为此举会引发战争、经济破坏、政治动荡、系统性人权侵犯和大范围的苦难。"[1]

### 2. 关于国际法问题

联合国指责以色列经常无视国际法的存在，并对以色列在巴勒斯坦被占领土上的违法行为"有罪不罚"现象表示担忧。

一方面，联合国认为以色列在武装冲突中导致平民伤亡，而以色列军方多次没有被严肃问责。在 2020 年 2 月 26 日举行的联合国人权理事会听证会上，联合国人权事务高级专员办事处（Office of the High Commissioner for Human Rights）公布了一份《关于自 2008 年以来在巴勒斯坦被占领土涉嫌违反国际法报告》。[2] 该报告指出以色列安全部队从 2018 年 11 月至 2019 年 10 月在整个被占领土上杀害了 131 名巴勒斯坦人（其中有 103 名男子、5 名妇女和 23 名儿童），质疑以色列军方现行问责制度的有效性："（以色列军方）针对巴勒斯坦人犯下的可能非法行为一直缺乏问责制，使有罪不罚的现象永久化，助长了进一步侵权行为的发生。"[3]

另一方面，联合国人权专家对以色列无故侵犯儿童人权而造成伤亡事件进行严肃的批评。2020 年 12 月 17 日，联合国特别报告员在一份声明中认为："以色列国防军存在杀害儿童的行为，且是在以色列安全部队没有面临死亡或严重受伤威胁的情况下进行的，这严重违反了国际法。"[4] 联合国人权专家指

---

[1] Reem Abaza, "Rights Experts Call for Global Opposition to Israel's Annexation Plans," UN News, June 16, 2020, https://news.un.org/en/story/2020/06/1066452.

[2] "Human Rights Council Holds Separate Interactive Dalogues on Situations in the Palestinian Occupied Territory and in Eritrea," Human Rights Council, February 28, 2020, https://www.ohchr.org/CH/HRBodies/HRC/Pages/NewsDetail.aspx? NewsID=25620&LangID=C.

[3] "Impunity Persists for Alleged Violations in Occupied Palestinian Territories, UN Human Rights Council Hears," UN News, February 28, 2020, https://news.un.org/en/story/2020/02/1058191.

[4] 联合国特别报告员认为，"在 2019 年 11 月 1 日至 2020 年 10 月 31 日，约有 1048 名巴勒斯坦儿童在巴勒斯坦被占领土上被以色列安全部队伤害"，具体信息参见 Reem Abaza, "UN Rights Experts 'Deeply Troubled' by Impunity for Killing of Palestinian Children," UN News, December 17, 2020, https://news.un.org/en/story/2020/12/1080402。

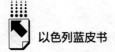

出："以色列军队杀害如此多儿童而不担负法律责任，对一个宣称自己以法治为本的国家来说是不合理的……以色列政府——要么根据国际标准进行独立、公正、迅速和透明的民事调查，要么允许接受公正和独立的国际人权审查，并确保以色列结束有罪不罚的现象。"①

3. 关于加沙冲突问题

2021 年 5 月中旬，巴以爆发自 2014 年以来最大规模的武装冲突，冲突造成 240 余名巴勒斯坦人和 10 余名以色列人死亡。在埃及的斡旋下，以色列和哈马斯于 5 月 21 日实现无条件停火。联合国对此次冲突高度重视，对以色列和哈马斯各方不当行为均表示谴责和反对。

冲突爆发初期，联合国秘书长呼吁双方保持克制，特别强调以色列不要挑起争端。2021 年 5 月 10 日，秘书长古特雷斯的官方发言人斯特凡·杜加里克发表声明指出："以色列当局必须保持最大限度的克制，尊重和平集会自由的权利声明，联合国反对一切暴力和煽动暴力行为。"② 在冲突升级、巴以双方造成巨大人员伤亡过程中，联合国对以色列大规模的袭击表示反对，并强烈谴责其不顾国际法杀害平民的行为。但值得注意的是，联合国并没有对在冲突中哈马斯造成以色列人员伤亡的行为视而不见，也指责哈马斯方面频繁发射火箭弹造成以色列人民的恐慌。在 10 天左右的冲突期间，联合国对巴以双方均提出谴责，但从 2021 年 5 月联合国对加沙冲突事件的态度（表 2）来看，联合国对以色列的谴责多于对巴勒斯坦的谴责。在涉及以色列的谴责中，联合国从巴勒斯坦儿童的人权、冲突制造人员伤亡数量和违反国际法规等多个方面谴责以色列。而联合国对哈马斯的谴责聚焦在无差别的投射火箭弹事件上。

---

① Michael Lynk and Agnès Callamard, "UN Experts Alarmed by Sixth Palestinian Child Killing by Israeli Forces in 2020, Call for Accountability," The Office of the High Commissioner for Human Rights, December 17, 2020, https://www.ohchr.org/EN/NewsEvents/Pages/DisplayNews.aspx?NewsID=26619&LangID=E.

② Mya Guarnieri, "UN Chief and Senior Officials Express Deep Concern over East Jerusalem Violence," UN News, May 10, 2021, https://news.un.org/en/story/2021/05/1091602.

表 2　2021 年 5 月联合国对加沙冲突事件的态度

| 相关方 | 时间 | 内容 |
|---|---|---|
| 以色列 | 5 月 9 日 | 联合国儿童基金会："敦促以色列当局不要对儿童使用暴力,并释放所有被拘留的儿童。" |
| | 5 月 10 日 | 联合国秘书长发言人杜加里克称："以色列当局必须保持最大限度的克制,尊重和平集会自由的权利。" |
| | 5 月 11 日 | 联合国秘书长发言人杜加里克称："以色列在加沙的空袭造成越来越多的伤亡。" |
| | 5 月 11 日 | 联合国人权事务高级专员办事处发言人科尔维尔称："以色列必须尊重国际人道主义法,特别是关于敌对行动的基本原则。" |
| | 5 月 11 日 | 联合国人权事务高级专员办事处发言人称："以色列警察⋯⋯行动似乎是没有根据的、不成比例的或不分青红皂白的。" |
| | 5 月 11 日 | 联合国任命的两名高级独立人权专家称："以色列本次行动是侵略性回应。" |
| | 5 月 15 日 | 联合国人权事务负责人称："以色列令人震惊的煽动种族仇恨和暴力行为导致巴勒斯坦被占领土和以色列的恶性冲突,进而使伤亡不断增加。" |
| | 5 月 20 日 | 联合国秘书长古特雷斯称："如果人间存在地狱,那就在无视儿童生命的加沙⋯⋯以军的袭击已经夺走了 200 多名巴勒斯坦人生命,这包括 60 名儿童。" |
| | 5 月 27 日 | 联合国人权事务负责人米歇尔·巴切莱特(Michelle Bachelet)称："以色列在人口稠密地区空袭造成大量平民伤亡,民用基础设施遭到破坏。" |
| | 5 月 27 日 | 联合国特别报告员林克称："以色列正在制造世界上最大的露天监狱⋯⋯只有以色列有权决定'谁和什么能进入或离开(加沙)地带'。" |
| 巴勒斯坦 | 5 月 12 日 | 联合国发言人杜加里克称："哈马斯不分青红皂白地发射火箭弹和迫击炮弹,违反国际人道主义法,这是不可接受的,必须立即停止。" |
| | 5 月 20 日 | 联合国秘书长古特雷斯称："哈马斯和其他激进组织向以色列不分青红皂白地发射火箭弹,导致至少 12 人死亡是不可接受的。" |
| | 5 月 27 日 | 联合国人权事务负责人巴切莱特称："哈马斯和其他武装团体对以色列的猛烈火箭弹袭击构成明显违反国际人道法行为。" |

资料来源：本表格由笔者根据联合国官网的新闻报道信息整理绘制,统计时间为 2021 年 5 月,以"以色列""哈马斯"为关键词,将联合国涉及对双方谴责的内容作为统计对象,具体内容参见 https：//news. un. org/en/search/Israel/date/2021-05。

（二）对联合国谴责以色列现象的分析

联合国对以色列的谴责态度主要有两个特点。第一，联合国频繁谴责以色列。相比联合国谴责"名单"中的其他国家，以色列遭到谴责的次数最多。从图 1 中可以看出 2015~2022 年联合国主要机构对成员国的谴责性决议占比情况。自 2015 年以来，在联合国大会、人权理事会和妇女地位委员会对以色列、叙利亚和伊朗等国家的谴责性决议中，以色列占比最高（达到 71%）。联合国的基本原则之一是平等对待所有成员国，但在通过的谴责性决议占比方面，以色列受到了非理性的"关注"。此外，从 2012~2020 年联合国大会对以色列与世界其他地区谴责性决议投票（次数）情况看（见图 2），很明显对以色列的谴责性决议投票（次数）最多。

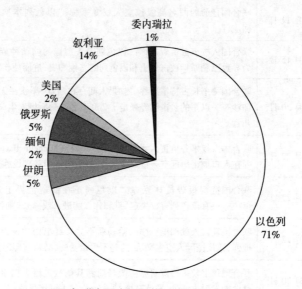

**图 1　2015~2022 年联合国主要机构对成员国的谴责性决议占比情况**

资料来源：笔者根据联合国观察网有关信息整理绘制，参见 https：//unwatch.org/database/resolution-database/。

从 2020~2021 年以色列受联合国谴责的主要问题（见图 3）看，"侵犯人权问题"是最突出的问题。联合国对以色列人权问题的谴责大多由联合国人权理事会发起。联合国人权理事会负责协调对"种族灭绝、种族清洗和反人

**图2　2012~2020年联合国大会对以色列和世界其他地区谴责性
决议投票（次数）情况**

资料来源：笔者根据联合国观察网有关数据整理绘制，参见 https：//unwatch. org/
database/resolution-database/。

类罪行"的联合调查，其成立初期便将调查以色列的行为列为议程上的常设
项目，以色列是唯一一个"获得如此'殊荣'的国家"①。

### （三）以色列对联合国的强硬回应

面对联合国的谴责，以色列用强硬态度给予回应，造成双方关系更加紧
张。作为对联合国在2021年5月就加沙冲突谴责的回应，5月10日以色列当
局关闭了加沙地带的埃雷兹（Erez）过境点，该过境点同时是联合国人道主义
工作人员过境点。联合国认为，以色列当局关闭这些过境点主要目的既是限制
敌人物资补充和武器运输，也是对联合国的挑衅。联合国发言人拉尔克（Jens
Laerke）表示："虽人道主义者继续在提供援助，但受到普遍不安全局势的严
重限制。"②

更为严重的是在2021年10月22日，以色列国防部将6个巴勒斯坦团体

① Richard Schifter, "The United Nations and Israel," *The Jerusalem Review*, Vol. 1, No. 1, July
2006, p. 39.

② "Civilian Casualties Climb, as UN Chief Calls on All Parties to 'Immediately Cease' Fighting in
Gaza and Israel," UN News, May 14, 2021, https：//news. un. org/en/story/2021/05/1091962.

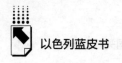

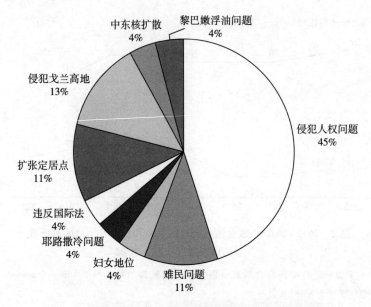

**图3 2020~2021年以色列受联合国谴责的主要问题**

资料来源：笔者根据联合国观察网有关数据整理绘制，具体信息参见
https：//unwatch.org/database/resolution-database/。

指定为"恐怖组织"①，指控"它们与解放巴勒斯坦人民阵线（PFLP）有联系"②。对此，联合国专家对以色列国防部的行为进行谴责："压制声音并不是一个坚持公认的人权和人道主义标准的民主国家会做的事情……近年来，以色列军方经常以人权捍卫者为目标，对国际法的蔑视仍在继续。"③ 以色列和联合国在近期巴以问题上引发的矛盾使双方关系紧张态势增强，给后续的对话与

① 六个团体分别是：阿达米尔组织（Addameer Rights Group）、保护儿童国际运动巴勒斯坦分支机构（Defence for Children International-Palestine）、哈克集团（Al-Haq）、农业工作委员会联盟（the Union of Agricultural Work Committees）、阿拉伯妇女委员会联盟（Union of Palestinian Women's Committees）和比桑研究与发展中心（Bisan Center for Research & Development）。

② Aaron Bandler, "Israel Designates Six Palestinian Organizations as Terror Groups," Jewish Journal, October 25, 2021, https：//jewishjournal.com/israel/341718/israel-designates-six-palestinian-organizations-as-terror-groups/.

③ "UN Experts Condemn Israel's Designation of Palestine Rights Defenders as Terrorist Organisations," UN News, October 25, 2021, https：//news.un.org/en/story/2021/10/1103982.

合作造成一定的影响。

此外，以色列在联合国大会上表现出强硬姿态。2021 年 10 月 29 日，为了表达对联合国"偏见"的不满，以色列常驻联合国代表吉拉德·埃尔丹（Gilad Erdan）在联合国大会上发表讲话时当场撕毁了联合国人权理事会的一份报告。① 埃尔丹表示："自 2006 年人权理事会成立以来，它已经对联合国成员国进行了 142 次谴责，其中有 95 次是对以色列的谴责……人权理事会对以色列在加沙地带、约旦河西岸和以色列境内侵犯人权的指控展开永久调查，以色列是唯一一个受到这种无限制调查的国家。"② 此外，埃尔丹还指责联合国无视巴勒斯坦伊斯兰恐怖组织对以色列平民犯下的罪行："人权理事会突然变成了哈利·波特委员会，能够使哈马斯的所有战争罪行，即向以色列平民发射的 4300 枚哈马斯火箭弹神奇地消失。"③

面对以色列的强硬态度，联合国同样给予强势回应。在 2021 年 11 月初举行的第 26 届联合国气候变化大会（COP26）上，以色列能源部部长卡琳（Karine）被拒绝进入会场，有媒体称原因是"大会承办方安排参会人员步行或乘坐班车前往 1 公里外的会场，但班车无法搭载轮椅"④。听闻该消息后，以色列总理贝内特立即致电卡琳，称被拒之门外是"不可接受的"。以色列外交部部长拉皮德批评称："如果我们连残疾人都不能照顾到，那我们也不可能应对气候变化或可持续发展。"⑤ 此外，2021 年 12 月 17 日，联合国大会预算委员会决定资助联合国人权理事会

---

① Tovah Lazaroff, "Erdan Tears up UNHRC Report at UN General Assembly," *The Jerusalem Post*, October 31, 2021, https：//www. jpost. com/international/erdan－tears－up－unhrc－report－at－general-assembly-683610.

② Elad Benari, "Israeli Ambassador Erdan Tears Human Rights Council Report to Pieces on UN Stage," Israel National News, October 29, 2021, https：//www. israelnationalnews. com/news/315978.

③ Vijeta Uniyal, "Israel's UN Ambassador Tears up Biased 'Human Rights' Report At UN General Assembly," Legal Insurrection, October 31, 2021, https：//legalinsurrection. com/2021/10/israels－un－ambassador－tears－up－biased－human－rights－report－at－un－general－assembly/.

④ Andrew Carey, Hadas Gold and Max Foster, "Israeli Minister Who Couldn't Attend COP26 due to Wheelchair Access Issue Accepts UK Leader's Apology," CNN, November 2, 2021, https：//edition. cnn. com/2021/11/02/middleeast/israel－cop26－wheelchair－access－intl/index. html.

⑤ Lahav Harkov, "Disabled Israeli Minister Left out of Inaccessible Climate Conference," *The Jerusalem Post*, November 1, 2021, https：//www. jpost. com/environment－and－climate－change/disabled－israeli－minister－left－out－of－inaccessible－climate－conference－683730.

建立新调查委员会，旨在更加严格地调查以色列。以色列常驻联合国代表埃尔丹对此表示强烈反对。①

# 四 制约以色列与联合国关系的主要因素

制约以色列与联合国关系的主要因素是：以色列对联合国缺乏信任、以色列特殊的地缘环境和美国因素。

## （一）以色列对联合国缺乏信任

第三世界——特别是反对以色列的阿拉伯国家和伊斯兰国家——为联合国反以色列提供了重要支持，以色列在国际社会中极度孤立。20世纪50年代中期到90年代初长达四十年的时间里，每年的联合国大会上，以色列都会与其他成员国就巴勒斯坦问题的某些方面进行口头辩论，这给以色列与联合国的关系定下了极不愉快的基调。当时是以色列驻联合国代表团成员之一的莫尔德凯·基德隆（Mordechai Kidron）恰当描述了以色列的处境："不仅是安全理事会，联合国大会及其附属机构和专门机构都对我们关闭。以色列基本上成了联合国的贱民，我们的活动、我们的道德、我们作为一个国家的独立性，甚至我们作为犹太人的身份不断受到攻击。"② 这对于一个新生的国家——尤其是联合国支持下建立的以色列来讲，联合国的行为让以色列失望，也加深了以色列对联合国的不信任。

1975年11月10日，联合国大会通过的第3379号决议将犹太复国主义确定为"种族主义"，以色列对此表示严肃抗议，因为这不仅是联合国对以色列的反对，在某种程度上也是对全世界犹太人的攻击，以色列与联合国关系降到了最低点。时任以色列常驻联合国代表赫尔佐格在大会上对该决议表示了强烈的反对，并认为"联合国已成为反犹太主义的中心，（联合国的地位）已降至

---

① Yochanan Visser, "UN Hits New Anti-Israel Low," *Israel National News*, December 29, 2021, https：//www. israelnationalnews. com/news/319497.

② Arie Geronik, "Israel-UN Relations：Three Phases and Three Questions," *Israel Studies*, Vol. 25, No. 1 (2020), p. 80.

最低水平"①。随后，他将决议文件当场撕毁并离开会场。此事件后十多年时间内，双方关系处于前所未有的疏远状态，尽管20世纪90年代至今双方的关系在逐渐恢复，1991年联合国也撤销了"第3379号决议"，但以色列对联合国始终缺乏信任。

### （二）以色列特殊的地缘环境

以色列的地缘环境是以色列在处理巴以、阿以问题以及国家安全问题时的关键考量。以色列往往会将国家安全和利益摆在首位，但相关的外交决策又会造成巴以冲突，并与联合国希冀以色列和平解决争端的诉求矛盾，造成以色列与联合国关系的不稳定。尽管以色列在中东地区的经济和军事实力强大，但是其被阿拉伯国家包围在"孤岛"内，国土面积太小而几乎没有战略纵深，一旦遇到战争失败，整个国家便会面临危机。尤其是伊朗、沙特等国家近年来的快速发展给以色列造成巨大压力，因此现阶段以色列在处理巴以争端时，不可能为了单纯实现联合国提出的巴以和解而放弃既得利益。

就中东地区而言，联合国希望以色列完全执行各项决议，缓和巴以矛盾并促进中东和平进程。但以色列往往出于地缘环境的考量而无视联合国的决议，联合国又谴责以色列，以色列回击联合国。联合国的希冀与以色列的实际行动存在很大差距，这让双方关系变得不融洽。

### （三）美国因素

美国是左右以色列与联合国关系走向的极为重要的外因。美以两国在联合国中往往互相支持，尤其是美国利用自己在联合国中的关键位置来保护以色列，而联合国认为美国总是给以色列"开绿灯"是偏袒的行为，并试图绕过美国来继续谴责以色列，造成以色列与联合国关系的紧张。2020年，联合国大会投票通过了100项决议，以色列与美国表决一致率高达91%。② 在联合国

---

① Arie Geronik, "Israel-UN Relations: Three Phases and Three Questions," *Israel Studies*, Vol. 25, No. 1, (2020), p. 85.

② "Report to Congress on Voting Practices in the United Nations for 2020," U. S. Department of State, October 26, 2021, https://www.state.gov/voting-practices-in-the-united-nations-2020/.

进行的众多谴责以色列的提案的表决中，美国往往会投反对票，对于一些关键的决议，美国甚至会动用一票否决权来维护以色列。当前，美国对以色列的偏袒也是联合国-以色列关系紧张的诱因。在 2021 年 5 月加沙武装冲突中，美国三次阻止了联合国人权理事会就暴力事件发表联合声明的提议，因为美国认为这将"无助于"缓和局势，且这些声明的重点是批评以色列的行动，没有谴责巴勒斯坦人的骚乱或哈马斯的导弹袭击。①

美国一直是以色列最重要的盟友，以色列的外交政策往往会跟随美国。而美国与联合国的关系并不是一直和谐的，在很多国际问题上美以会直接跳过联合国采取行动；对于此类行动，联合国一贯持谴责和反对的态度。

综上所述，近年来以色列与联合国关系总体走向起伏不定。对以色列而言，尽可能利用联合国来为自己的国家利益服务是其一贯诉求，而联合国则以促进全球和平与地区稳定为原则，立场不同导致双方在诸多问题上态度各异。联合国是当今世界开展国际合作和全球治理的最重要平台。在百年未有之大变局下，在全球化受挫、单边主义和强权政治不断挑战国际秩序的形势下，以多边主义为原则的联合国毫无疑问将发挥更大的作用。以色列应该认识到未来世界局势中联合国的重要性，积极理性地去修复与联合国的关系；就阿以、巴以问题而言，最终的解决方案必须要回归到联合国及国际社会所认可的框架内来进行。以色列应该充分利用有利的国内和国际环境，汇聚理性的力量，秉持联合国的决议和原则，为和平解决地区冲突和国际争端做出贡献，从而获得更多国家的认可，树立更好的国际形象。

---

① Nick Cumming-Bruce, "U. N. Rights Council Orders Inquiry into Israel After Gaza Strife," *The New York Times*, May 27, 2021, https：//www.nytimes.com/2021/05/27/world/middleeast/israel-gaza-un-human-rights-council.html.

# 中以合作篇
China-Israel Cooperation

**B.17**
# 中以创新人才交流
# 合作现状及展望

迟婧茹　孟繁超　宋雨奇　李子愚　任孝平*

**摘　要：** 在中以双边经贸关系和创新合作持续向好的背景下，中以创新人才交流合作蓬勃发展。本报告通过对比中国和以色列的综合竞争力与科技创新实力、人才竞争力与吸引力，分析了人才对综合竞争力和科技创新实力的影响。在此基础上，系统梳理了两国在吸引和培养人才、推动人才交流，以及促进科技创新合作等方面的进展，厘清了中以两国在创新人才交流合作领域的基础与现状，深入分析了中以创新人才双向流动与深化两国创新合作之间的关系，进而为中以新一轮创新合作行动计划的顺利实施提供参考。

---

* 迟婧茹，科技部科技评估中心助理研究员；孟繁超，科技部科技评估中心助理研究员；宋雨奇，科技部科技评估中心研究实习员；李子愚，科技部科技评估中心助理研究员，哈尔滨工业大学经济与管理学院博士研究生；任孝平，科技部科技评估中心副处长、中以创新合作战略研究中心副主任、研究员。

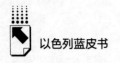

**关键词：** 中以创新合作 科技创新 人才交流

以色列是世界上重要的科技强国，在现代农业、电子通信、医疗器械、生命健康等领域处于领先地位，而中国则拥有强劲的技术需求、雄厚的产业基础和广阔的市场空间。长期以来，在两国政府层面的战略引领和积极推动下，中以各领域创新合作取得丰硕成果。在新冠肺炎疫情冲击下，中以双边贸易仍逆势增长，显示出两国经贸合作的巨大潜力。2022 年 1 月，两国第三次签订"中以创新合作行动计划"，即《中以创新合作行动计划（2022~2024）》，内容涉及科技、卫生、清洁能源、知识产权等多个领域，为进一步深化两国创新合作、推动两国关系进入新时代指明了方向。与此同时，中以创新人才交流合作是两国各领域创新合作的重要基础，也是促进政治、经济、科技、外交关系稳定发展的重要保障，持续助力中以创新全面伙伴关系的健康发展。①

人才是衡量一个国家综合国力的重要指标，科技创新能力和科技发展水平都与人才培养密切相关。习近平总书记在 2021 年中央人才工作会议上强调，全方位培养、引进和使用人才，是我国人才工作取得历史性成就、发生历史性变革的重要经验。以色列素以创新强国著称，而高度重视教育和培养创新人才也正是以色列国家战略的重要内容。其一方面在世界范围内广泛吸引高科技和创新人才，填补了高端人才的空缺；另一方面也通过培养和用好人才，充分发挥各类人才的引进价值和个人价值，同时为科技兴国和创新发展打下了坚实基础。

2022 年是中国与以色列建交 30 周年，分析研究两国创新人才的特点，总结凝练创新人才交流的经验，对促进中以创新人才交流合作在各领域向纵深发展，实现互利互惠有着重要意义。本报告从人才交流合作的角度出发，重点分析中以两国在吸引集聚人才、培养使用人才、促进人才交流合作方面的进展，期望为开展中以创新合作研究的学者提供一个新的视角，也为两国新一轮创新合作行动计划的顺利实施提供参考。

---

① 任孝平、鲁露、和增表、陆梅、杨云：《中以创新合作现状研究——以文化创新合作为例》，《科技智囊》2019 年第 12 期，第 59~67 页。

# 一 科技创新及人才竞争力横向比较

## （一）综合竞争力和科技创新实力

### 1. 全球创新指数

2021 年，《全球创新指数》（*Global Innovation Index*）① 显示，以色列在全球 132 个经济体中列第 15 位；中国列全球第 12 位，这也是中国自 2015 年起，排名连续 7 年上升（见图 1）。

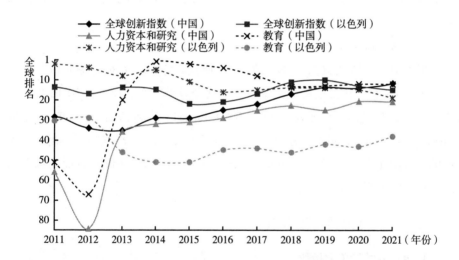

**图 1　中国及以色列全球创新指数变化趋势及创新人才有关指标**

资料来源：笔者根据历年《全球创新指数》的数据绘制。

分指标显示，中国在知识和技术产出方面与以色列基本持平，在创新体系方面与以色列差距较大。如在人力资本和研究方面（Human Capital and Research），中国和以色列两国的综合排名相近，分列第 21 位和第 19 位。其中，中国的教育综合指数（Education）列全球第 12 位，与以色列（第 38 位）相比

---

① 该指数由世界知识产权组织、美国康奈尔大学、欧洲工商管理学院（INSEAD）联合发布。

优势明显；在阅读、数学和科学教育水平（PISA Scales in Reading, Math & Science）指标上表现更为突出，居全球首位（以色列为第 39 位）。而在研发投入上，中国的研发经费投入强度①列全球第 13 位，与以色列（全球第 1 位）相比存在差距。再如：在知识和技术产出方面（Knowledge and Technology Outputs），中国的科技论文规模（Scientific and Technical Articles）② 列全球第 42 位，与以色列（全球第 15 位）差距较大；而可检索的科研文章规模（Citable Documents H-index）列全球第 13 位，与以色列（全球第 16 位）排名相近。其中，知识创造（Knowledge Creation）分指标进一步显示，中国的专利产出规模（Patents by Origin）③ 居全球首位，而以色列列全球第 23 位；中国的 PCT 国际专利申请规模（PCT Patents by Origin）④ 列全球第 13 位，以色列则列全球首位。

**2. 彭博创新指数**

根据美国彭博社 2021 年发布的《彭博创新指数》（*Bloomberg Innovation Index*），以色列的科技创新能力综合排名居全球第 7 位，中国列第 16 位。分指标显示，以色列在研发强度（R&D Intensity）和研究人员集中程度（Researcher Concentration）方面均居全球首位，显示出了较强的创新潜力；而中国在研发强度（第 13 位）和研究人员集中程度（第 39 位）方面与以色列还存在一定差距（见图 2）。

## （二）人才竞争力和吸引力

### 1. 全球人才竞争力指数

2021 年，欧洲工商管理学院（INSEAD）发布的《全球人才竞争力指数》（*Global Talent Competitiveness Index*）显示，中国列全球第 37 位。以色列则在全球人才竞争力排名方面表现稳定，列全球第 21 位（见图 3）。

分指标显示，在全球知识技能方面（Global Knowledge Skills），中国的创新产出（Innovation Output）指标居全球第 6 位，领先于以色列（全球第 13

---

① 指研发经费投入占 GDP 的比值。
② 指每万名研究人员发表的科技论文数。
③ 指每百万人申请发明专利数。
④ 指每百万人申请 PCT 国际专利数。

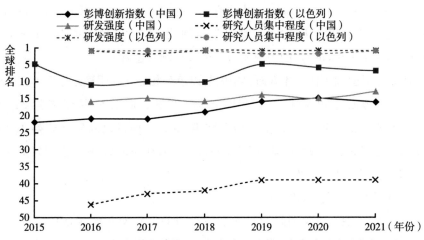

**图2　中国、以色列的彭博创新指数变化趋势及创新人才有关指标**

资料来源：笔者根据历年《彭博创新指数》的数据绘制。

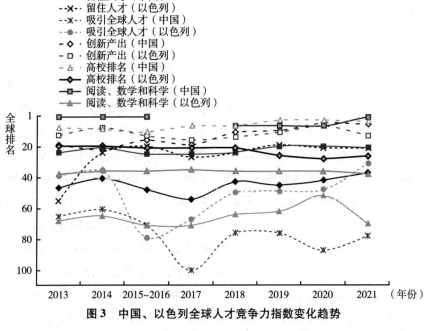

**图3　中国、以色列全球人才竞争力指数变化趋势**

资料来源：笔者根据历年《全球人才竞争力指数》的数据绘制，个别曲线不连贯是由于部分年度数据缺失。

位）。在人才培养方面（Grow），中国在高校排名（University Ranking）指标上的优势明显（全球第4位），在高校学生阅读、数学和科学能力（Reading, Mathematics and Science）的表现尤为突出（全球首位）。

然而在吸引和留住人才方面，中国与以色列相比存在明显差距。如：在吸引全球人才方面（Attract），中国仅列全球第78位，而以色列列全球第31位。在留住人才方面（Retain），中国列全球第70位，而以色列列全球第21位。此外，以色列的职业技术技能（Vocational and Technical Skills）指标列全球第9位，领先中国41个位次。

2. 世界人才排名（WTR）

2021年，瑞士洛桑国际管理发展学院（IMD）发布的《IMD世界人才排名报告》（*IMD World Talent Ranking*）充分比较了全球64个经济体的人才技能及竞争力水平，同时对各经济体吸引和留住高技术人才的能力进行了评价。报告显示，中国和以色列分列全球第36位和第22位，中国两年内提升了6个位次，创造了历史新高；而以色列无明显变化，均在全球20位上下（见图4）。

分指标显示，在人才吸引力方面（Appeal），中国（全球第51位）和以色列（全球第40位）有一定的差距。在培育人才方面，以色列人才投资与发展（Investment & Development）居全球第9位。其中，公共教育支出总额占GDP的比例居全球第3位。相比之下，中国对本土人才的投资和发展整体表现不足，仅公司员工培训（Employee Training）（全球第13位）这一指标领先于以色列，学徒制（Apprenticeships）（全球第23名）与以色列（全球第18位）排名靠近。在人才技能质量方面，中国的人才就绪度（Readiness）整体强于以色列，多个分项指标具有明显优势。如教育评估（国际学生评估项目，PISA）居全球首位；中小学教育（Primary and secondary Education）居全球第7位，领先以色列26个位次；劳动力数量增长（Labor force Growth）指标列全球第14位，领先以色列29个位次；劳动力技能充足程度（Skilled Labor）、大学教育排名（University Education）与以色列相当。然而，在高级管理人员的国际经验与能力方面（International Experience），中国（全球第44位）与以色列（全球第16位）差距较大。

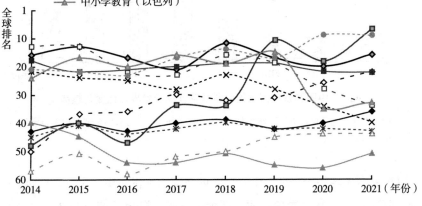

**图 4　中国、以色列全球人才竞争力指数变化趋势**

资料来源：笔者根据历年《IMD 世界人才排名报告》的数据绘制。其中，"中小学教育"（Primary and Secondary Education）指标在 2019 年及以前的报告中被称为 "Educational System"。

### 3. 高被引科学家

2021 年，全球高被引科学家榜单统计显示，中国上榜的科学家有 1057 人次，同比增长 22.1%，居全球第 2 位[①]。同期，以色列上榜的科学家数量也稳步增长，2021 年上榜的科学家有 39 人次（见图 5），居全球第 19 位。此外，在全球占比方面，中国上榜的科学家数量占全球的 16.0%，较前一年提高 2.4 个百分点。

### （三）科技创新和人才竞争力比较

人才是衡量一个国家综合国力的重要指标，综合国力竞争说到底是人才竞

---

① 全球高被引科学家共有 6602 名，美国共有 2622 名，列第 1 位。

**图5 中国和以色列高被引科学家规模及世界占比变化趋势**

资料来源：笔者根据历年科睿唯安（Clarivate Analytics）公布的全球高被引科学家名单数据绘制。

争。以色列是著名的全球创新中心，其创新理念独树一帜。这与其长期坚持围绕创新驱动发展，努力构建人才、理念、技术、资金"四位一体"的创新生态模式有密切关系。

通过对中以科技创新实力和人才竞争力指数的分析，可以看出两国均拥有较为领先的教育系统及创新能力，全球知识技能指标表现突出，培养了大量的创新人才。尤其是以色列拥有更高的研发强度，研究人员也更为密集，有效保证了创新技术的不断涌现。此外，两国政府在科技创新和成果转化方面发挥着至关重要的作用。以色列具有更为完善的科技创新和成果转移转化体系，加上其良好的金融、商业环境和监管环境，促进了更多创新创业活动。而相比之下，中国还有更大的发展空间。

从创新人才的角度看，中以两国在人才培养方面的表现各异。如两国均具备较为健全的人才培养与管理体系，特别体现在对教育的重视度以及对人才发掘的投入力度。然而在吸引和留住人才方面，中国与以色列相比差距较大，尤其在人才吸引力方面较为落后，成为人才指数排名上升的主要阻力，也是今后加快建设世界重要人才中心和创新高地过程中应更加努力的方向。

## 二 中以创新人才交流合作回顾

### （一）推动多层次人才交流合作

1992 年 1 月 24 日，以色列副总理兼外长利维访华，同时任中国国务委员兼外长钱其琛签署建交公报，两国正式建立大使级外交关系；次年 2 月，两国签署《中华人民共和国政府和以色列国政府科技合作协定》，正式开启了两国创新人才交流合作的序幕（见表 1）。30 年来，中以创新人才交流合作从无到有、从小到大，带动了两国科技产业研发合作，推动了两国经济、社会发展，为增进两国人民友谊做出了卓越贡献。

**表 1　中以两国重要历史事件回顾及人才交流合作内容分析**

| 时间 | 重要历史事件 | 人才交流合作内容 |
|---|---|---|
| 1993 年 2 月 | 签署《中华人民共和国政府和以色列国政府科技合作协定》 | 互派科学家、专家、研究人员、学者、代表团和其他与科技有关的人员；组织共同感兴趣的双边科学研修班、研讨会、专题讨论会以及科技展览会 |
| 1993 年 10 月 | "中国-以色列国际农业培训中心"正式成立 | 国际国内农业领域高级技术人才的培训，高层互访与交流 |
| 1999 年 2 月 | 签署《中国国际人才交流协会与以色列外交部国际合作中心合作协议》 | 开展人才培训及中以人才交流合作项目，合作领域涉及现代农业、节水灌溉、设施农业、河流污染治理、荒漠治理、医疗健康、公共卫生等 |
| 2000 年 4 月 | 签署《中华人民共和国教育部与以色列国教育部教育合作协议》 | 双方在代表团交流，留学生交流，学术交流，语言教学，教育研究，互认学位、学历等方面展开人员合作 |
| 2015 年 1 月 | 签署《中以创新合作三年行动计划（2015~2017）》 | 支持两国科技人员通过互访，举办专题研讨会、青年科学家夏令营等方式开展交流合作 |
| 2015 年 1 月 | 发表《中华人民共和国教育部和以色列高等教育委员会关于组建 7+7 研究型大学联盟的联合声明》 | 支持举办校长论坛，开展学生交流等，推动中以两国高校在人才培养、科学研究、技术创新等领域的合作 |

续表

| 时间 | 重要历史事件 | 人才交流合作内容 |
| --- | --- | --- |
| 2015 年 4 月 | 签署《中国国家留学基金管理委员会与以色列高等教育委员会谅解备忘录》 | 自 2015 年起,中以双方每年共同资助 60 名中国学生赴以攻读硕士学位,200 名中国在校本科生或研究生暑期赴以短期交流学习 |
| 2016 年 3 月 | 签署《中以政府为对方商务、旅游、探亲人员互发多次签证的协定》* | 自 2016 年 11 月 11 日起两国向对方公民发放十年多次入境签证 |
| 2017 年 3 月 | 发表《中华人民共和国和以色列国关于建立创新全面伙伴关系的联合声明》 | 加强两国青年科技人员交流计划;进一步加强民间交往;继续鼓励青年创新领袖代表团互访 |
| 2018 年 10 月 | 签署《中以创新合作行动计划(2018~2021)》 | 推动两国青年科技人员的交流合作,举办中以创新创业大赛等 |
| 2019 年 12 月 | "中以(上海)创新园"开园 | "支持中以 18 条"专项政策,持续推动人才政策进园;创设上海市海聚英才创新创业示范基地,加速集聚中以创新创业人才 |
| 2022 年 1 月 | 签署《中以创新合作行动计划(2022~2024)》 | 涉及科技、卫生、文化、环保、清洁能源、知识产权等领域 |

注:* 该协定于 2016 年 11 月 11 日正式生效。

资料来源:笔者根据中国外交部（http://www.fmprc.gov.cn/）、科技部（https://www.most.gov.cn/）、教育部（http://www.moe.gov.cn/）官方网站的资料绘制。

2014 年 5 月,中以两国签订《中华人民共和国政府和以色列国政府关于成立中以创新合作联合委员会的备忘录》,建立副总理级别的"中以创新合作联合委员会",标志着中国首个以创新为主题的中外创新合作机制正式运行。自联委会机制建立以来,中以双方在创新人才交流合作方面成果斐然。

2015 年 1 月,中以创新合作联合委员会首次会议在北京召开,两国签订《中以创新合作三年行动计划（2015~2017）》,支持两国科技人员通过互访,举办专题研讨会、青年科学家夏令营等方式开展交流合作,同时加强在农业科技等领域的人员培训。

2017 年 3 月,时值中以建交 25 周年,中国国家主席习近平会见来访的以色列总理内塔尼亚胡，共同发表《关于建立创新全面伙伴关系的联合声明》[1]，正式宣布以"创新"为关键词定义两国的伙伴关系，推动两国关系进入新的历史阶段[2]，进一步带动了各领域的人才交流合作和民间交往。

2018 年 10 月，中国国家副主席王岐山访问以色列与以色列总理内塔尼亚胡共同主持中以创新合作联合委员会第四次会议，并签署《中以创新合作行动计划（2018~2021）》，继续推动两国青年科技人员交流计划。[3]

2022 年 1 月，时值中以建交 30 周年之际，中国国家主席习近平同以色列总统赫尔佐格互致贺电，提到要"深化互利共赢合作，扩大人文交流"。中国国家副主席王岐山与以色列候任总理、外交部部长拉皮德共同主持召开中以创新合作联合委员会第五次会议，签署《中以创新合作行动计划（2022~2024）》，将继续加强创新领域的人文交流。

## （二）中以创新人才交流合作相关研究

以色列在吸引和使用国际创新人才方面具有鲜明的特点，而中以两国在创新人才交流方面也成果丰硕，吸引了国内外学者开展研究，主要内容包括：以色列吸引海外人才与培养创新人才的方法和经验，以及中国和以色列创新人才的比较分析等方面。

在人才培养方面，覃明贵[4]在探讨以色列培养高技能人才的路径时发现以色列政府高度重视科技创新，为以色列造就了大批善于解决实际问题的高级技术人才。夏玉辉等[5]研究了以色列对创新创业人才的资助机制，发现以色列通过学校教育、社会培训和国家奖励等，为创新人才培育奠定了良好的

---

[1] 国务院新闻办公室：《中以关于建立创新全面伙伴关系的联合声明》，国务院新闻办公室网站，2017 年 3 月 22 日，http://www.scio.gov.cn/31773/35507/htws35512/document/1545770/1545770.htm。

[2] 马钰淇：《中国科技外交中的创新伙伴关系研究》，硕士学位论文，华侨大学，2021。

[3] 王泽胜：《中国和以色列创新合作前景可期》，《大众日报》2022 年 1 月 27 日，http://paper.dzwww.com/dzrb/content/20220127/Articel07006MT.htm。

[4] 覃明贵：《狠抓教育　广纳人才——以色列成为经济强国的关键因素》，《当代世界》2002 年第 1 期，第 39~40 页。

[5] 夏玉辉、王浩、靳鹏霄等：《以色列创新人才培育情况研究》，《创新人才教育》2020 年第 3 期，第 90~96 页。

基础。孙二丽①在分析以色列科技兴国的原因时，认为以色列通过超级精英培养计划"Talpiot"、国家法案"数字铁穹"等人才培养模式，有效提高了人才培养质量。

在人才吸引方面，董洁等②发现以色列通过其科技创新体系实施了一系列利好政策，吸引了大批高端人才移民、回归，短时间内充盈了以色列人力资本和科研资源。黄海刚③认为以色列政府通过强调种族文化归属、共同的国家利益等意识形态认同，以及良好的职业发展前景和舒适的家庭生活等，吸引了世界各国高端犹太人才重返以色列。陈海砚④发现以色列政府通过实施以色列卓越研究中心计划、以色列国家引才计划、吉瓦希姆青年引才计划等，解决了其国内优秀人才外流的问题。李晔梦⑤指出以色列政府通过政策主导、社会支持、物质投入以及适时而变的人才培养与安置政策，为其智力优势提供了重要保障。

在人才交流方面，田艺琼等⑥发现中以通过教育交流、友好城市、农业合作、科技合作等多种渠道，在较大程度上深化了两国间的人文交往。丁锐⑦认为中以学术交流促进协会通过开展中以研究，建立了中以之间重要的学术联盟，在联系特定人群方面具有政府无可比拟的优势。郭白歌⑧提出"一带一路"倡议的推动使中以人员往来更加密切，建立了中以创新全面伙伴关系的重要路径。

总体来看，以色列十分重视同世界各国尤其是发达国家的科技合作与创新人才交流，在提高本国人才的科技创新能力和国际化视野的同时，密织了与主

① 孙二丽：《试论以色列创造科技奇迹的原因及对我国的启示》，《生产力研究》2016年第1期，第97~101页。

② 董洁、孟潇、张素娟等：《以色列科技创新体系对中国创新发展的启示》，《科技管理研究》2020年第24期，第1~12页。

③ 黄海刚：《从"国家主义"到"职业主义"：以色列高层次人才吸引的国家战略及其变革》，《中国科技论坛》2018年第2期，第180~188页。

④ 陈海砚：《以色列科技人才战略的启示》，《中关村》2021年第4期，第1页。

⑤ 李晔梦：《以色列人才战略的演变》，《中国科技论坛》2019年第8期，第10页。

⑥ 田艺琼、阿依·古特菲尔德：《新中国对以色列的人文外交》，《阿拉伯世界研究》2012年第5期，第45~54页。

⑦ 丁锐：《科技外交视角下以色列对华的科技活动》，《科技导报》2021年第22期，第28~34页。

⑧ 郭白歌：《"一带一路"背景下中国与以色列的人文交流》，《新丝路学刊》2018年第4期，第24~38页。

要国家和地区的科技创新合作网络。而大量引进国际科技人才，加强创新人才的交流与合作，既较快地补充了以色列高技术人才的空缺，又显著提升了以色列的科研、教育国际化水平，同时又能带动对本土优秀创新人才的培养，这也是以色列成为创新强国的深层次原因。

# 三　中以创新人才交流合作现状

## （一）中以吸引国际创新人才的现状

创新人才是建设科技强国的核心战略资源，是提升国家核心竞争力与保持经济可持续发展的关键因素之一。[①] 随着全球化的深入发展，科技创新的全球化已是大势所趋，各国对作为创新之本的人才的竞争也更加激烈。世界各国吸引创新人才主要有三种方式：一是实施指向性的移民政策以吸引外国科学家与工程师；二是鼓励留学并将留学生作为创新人才储备队伍；三是通过优化环境以留住人才。

### 1. 中国和以色列的跨国移民

当前，中国正处于由国际移民输出国到国际移民接受国的历史性转变阶段。2004 年出台的《外国人在中国永久居留审批管理办法》，正式建立了外国人在华永久居留管理制度，开始面向全世界各领域吸引顶尖人才。2012 年出台的《中华人民共和国出境入境管理法》及《中华人民共和国外国人入境出境管理条例》，健全了外国人入境出境、停留居留、在华工作等一系列管理制度。2016 年印发的《关于加强外国人永久居留服务管理的意见》进一步扩大了中华人民共和国外国人永久居留证发行范围、放宽申请条件，明确了持中华人民共和国外国人永久居留证的外国人在华工作、生活等方面应享与中国公民同等待遇。此外，中关村、上海自贸区、广东自贸区等地，面向外国高层次科技人才放开申请标准，缩短审批期限，建立了在华申请永久居留"直通车"机制。2018 年正式建立的国家移民管理局，标志着中国确立了具有现代化治理水平国际移民治理体

---

① 胡蝶、王嵩迪：《中美高校科技人才规模与质量比较研究》，《中国高教研究》2021 年第 6 期，第 65~71 页。

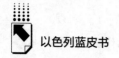

系。仅 2018 年上半年，国家移民管理局就批准 2409 名外国人在华永久居留，同比增长 109%。2019 年，在中国办理居留许可①的外国人达 91 万人（见图 6）。截至 2022 年 4 月，累计发放 118 万份外国人来华工作许可。②

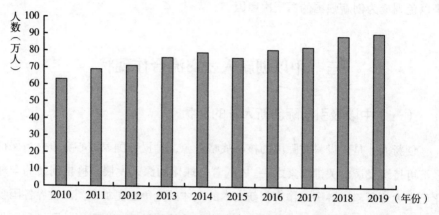

图 6　2010~2019 年中国办理外国人居留许可数量

资料来源：笔者根据 OECD 数据库数据绘制。

　　以色列是典型的移民国家，吸引的海外人才以犹太人为主。为凝聚世界各地的犹太人，以色列制定法律明确海外犹太同胞为其国民，并通过建立涉侨机构、制定侨务方针政策等维护海外犹太人的权益。1950 年颁布的《回归法》是以色列移民政策的法律基础，其规定不管居住在何处的犹太人，都有移居以色列并获得以色列国籍的权利。后续颁布的《国籍法》、《居民登记法》以及《拉比法庭裁判法》，均通过法律进一步加强了海外犹太人与以色列的联系纽带，并强调优先吸引那些年轻、富有发展潜力的犹太人。此外，以色列还通过遍布世界各地的非政府组织与海外犹太人建立联系，如世界犹太复国主义组织、犹太民族基金会、犹太办事处和青年阿里亚等组织在各国为以色列募集资

---

① 外国人来华居留许可是中国公安机关签发给符合条件需在华长期居留（居留期超过 180 天）的外国人的一种居留证件。在居留许可有效期内，持有人可凭许可在华居留并多次出入境中国。

② 王志刚：《稳步推进科技政策扎实落地　加快科技自立自强和科技强国建设步伐》，中国科技网，2022 年 4 月 22 日，http://www.stdaily.com/index/yaowen/202204/d2e5ddad355e4ec6af10992ab8a7a60f.shtml。

金、动员和组织犹太人移居以色列。以色列中央统计局数据显示，2021 年，共有 2.5 万人移民至以色列（见图 7），其中约 9000 名为归侨或根据《回归法》移居以色列的海外犹太人。

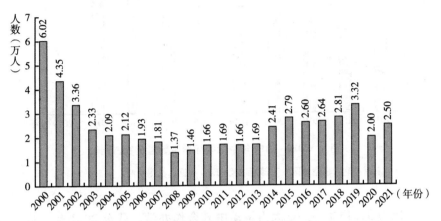

**图 7　2000～2021 年以色列新增长期居留及永久居留外国人数量**

资料来源：笔者根据以色列中央统计局网站（https：//www.cbs.gov.il/en）数据绘制。

**2. 中国和以色列的国际留学生**

中国在吸引人才的同时，也十分重视为世界培养和输送国际化人才。2010 年，中国教育部发布《留学中国计划》，提出在 2020 年将中国建成亚洲最大的留学生目的国。《"十三五"国家科技创新规划》也明确指出，实施人才优先发展战略，扩大来华留学规模，优化留学生结构，完善培养支持机制。2010～2019 年，中国国际学生占比基本呈上升趋势（见图 8），2018 年，中国成了亚洲最大留学目的国，共有来自 196 个国家和地区的 49.22 万名留学生在中国的 1004 所高校学习、研修及培训，其中学历生 25.81 万人，占来华留学生总数的 52.4%。

为促进人才国际化发展，拓宽人才培养和交流合作途径，中国通过扩大来华留学规模、提供留学奖学金、实施合作办学和学历学位互认等方式，持续构建教育对外开放格局。一是设立了中国政府奖学金、地方政府奖学金以及高校奖学金三种不同类型的奖学金。据不完全统计，2019 年共有 6.61 万名获中国政府奖学金的留学生在华学习，其中学历生共计 6.02 万

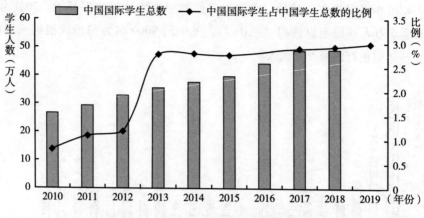

**图8　2010~2019年中国国际学生数量及其占比**

资料来源：笔者根据中国教育部网站及 OECD 数据库数据绘制。

人，占比为 91.15%。二是大力推动中外合作办学。截至 2021 年年底，中外合作办学机构和项目已达 2447 个，涉及 39 个国家和地区的 800 多所高校和 700 多所中方高校①。合作办学已成为中国高校延揽海外高层次人才、吸纳国际优秀学生的重要方式之一。三是促进高等教育学历学位互认。截至 2021 年年底，中国已与 54 个国家（地区）签署了高等教育学历学位互认协议，与 188 个国家和地区、46 个重要国际组织建立了教育合作与交流关系。此外，中国政府还主动打造了"中国-东盟教育交流周""中国-阿拉伯大学校长论坛"等机制，为加强与各国的创新人才交流合作提供了平台和渠道。

以色列也支持教育面向世界，形成了从办学资金来源到人员构成再到人才培养模式多维度的国际化。② 据 OECD 及以色列高等教育委员会数据，2010~2019 年，以色列国际学生占比基本呈上升趋势，2019 年达到了 0.43%（见图9）。在以色列留学的国际学生人数达 11185 名，其中约 5000 名为学历生，占

---

① 厦门大学中外合作办学研究中心：《第十二届全国中外合作办学年会》，厦门大学中外合作办学研究中心网站，2021 年 12 月 3 日，https://cfcrs.xmu.edu.cn/2022/0225/c4043a447815/page.htm。

② 杨彪：《以色列高等教育国际化的特征、举措与启示》，《人民论坛·学术前沿》2020 年第 7 期，第 116~119 页。

来以留学生总数的 44.7%。2016 年，以色列高等教育委员会发布《2017～2022
年高等教育发展规划》，提出增加 4.5 亿新谢克尔（约合人民币 7.65 亿元）
预算用来吸引包括博士后等高层次人才和拥有先进教学经验的国际人才到以色
列从事科学研究，预计 2022 年赴以的国际学生人数将达 2.5 万人。

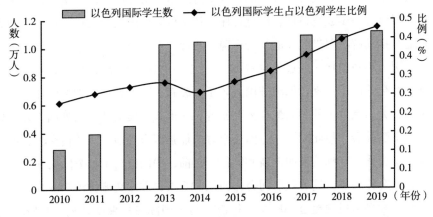

**图 9　2010～2019 年以色列国际学生数量及其占比**

资料来源：笔者根据 OECD 数据库数据绘制。

自建国以来，以色列政府就通过设立奖学金、与欧美国家高校合作办学、
积极参与国际科研项目、联合培养和交换学习等一系列举措吸引国际学生，极
大提高了以色列高校的国际化水平。早在 1998 年，以色列政府就出台了《外
国高校在以色列设立分校法》，放开了外国高校在以色列境内的办学限制。据
不完全统计，目前已有 7 所外国大学①在以色列开办分校。2008 年，以色列加
入欧盟的"坦普斯计划（TEMPUS）"②，进一步加强了与欧盟国家高等教育
合作的力度，为其科技创新人才培养提供了新的路径。同时，以色列教育部还

---

① 包括杨百翰大学耶路撒冷中心（BYU Jerusalem Center）、希伯来联合学院-犹太宗教研究所
（Hebrew Union College-Jewish Institute of Religion）、Hillsong Church Israel、纽约大学特拉维夫
分校（NYU in Tel Aviv）、托罗大学以色列分校（Touro College Israel）、印第安纳波利斯大
学以色列分校（University of Indianapolis）、耶希瓦大学以色列分校（Yeshiva University）。

② "坦普斯计划"由欧委会于 1990 年发起，主要面向经济体制和政治体制转型国家。欧盟发
起该计划的目的是促进巴尔干地区国家以及东欧、中亚、北非、中东地区国家高等教育发
展改革，以便使这些转型国家的教育发展能够适应市场经济需要。

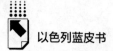

积极与世界各国教育部门签订交流合作协议，如与阿联酋签订教育事务谅解备忘录，为其高校人才培养提供境外学习的机会。此外，以色列还通过吸引高科技跨国公司来以建立分公司和研发中心，带动吸引了一大批人才赴以创新创业。

3. 国际化人才环境构建

近年来，中国通过更加务实的人才引进政策，对外国人才来华签证、工作许可、居留进一步放宽条件，简化程序，依法保障外国人才在华工作生活的合法权益，推动解决引进人才的社会保障、户籍、子女教育等问题，国际人才竞争力吸引力不断增强。通过外国高端人才"一卡通"服务试点，加大推广身份证件社会化应用力度，保障外国人才子女教育、配偶就业、创新创业、文体休闲等，大力完善了外国人配套公共服务，多形式多渠道地帮助外国人才更好地融入中国社会。与此同时，中国还全方位加强国家和地区间科技交流，努力构建平等合作、互利共赢的创新共同体。目前，中国已与161个国家和地区建立了科技合作关系，签署政府间合作协议115项，人才交流协议346项，参加国际组织和多边机制超过200个，积极参与了国际热核聚变计划（ITER）等一系列国际大科学计划和工程，努力在全球科技进步和创新发展中贡献中国智慧。此外，中国稳步推进国家引才引智平台建设，促进各领域、各层级国际人才交流活动蓬勃开展，取得了显著成效。《国际》（*InterNations*）① 发布的《世界移居报告》（*Expat Insider*）显示，外国人在中国的宜居指数由2018年的第55位上升至2021年的第22位。

以色列以为侨服务为基本，重视保障海外犹太人的利益。犹太代办处（The Jewish Agency）作为以色列的侨务机构，协助政府吸引外国优秀科学家、企业家、艺术家以及学生等海外犹太人。同时，代办处还为移民提供相应的安置服务，包括住宿定居、语言培训、工作培训和提供工作机会等。据以色列中央统计局数据②，从以色列建国到20世纪末，犹太代办处帮助约289.39万名犹太人移居以色列。此外，以色列政府出台了一系列促进移民融合措施，如出台外来犹太人及其家属的融合政策，提供一揽子财政支持，包括为待业和

---

① 该指数由世界最大的面向海外居住者的网络平台 InterNations 发布，旨在为全球移居国外者提供参考。

② 数据源自以色列中央统计局网站，2021年3月20日，https：//www.cbs.gov.il/publications12/1483_ immigration/pdf/tab05. pdf。

进修的人才提供最低收入保障、资助雇主聘请这些人才等，以及提供房屋租金、购买房屋和新移民按揭等优惠政策。《国际》发布的《世界移居报告》显示，外国人在以色列的宜居指数由 2018 年的第 22 位提升至 2019 年的第 14 位。

## （二）中以人才交流合作现状

自 2017 年中以建立创新全面伙伴关系以来，创新合作成为中以关系发展的亮点和助推器。两国高科技贸易蓬勃发展，科研合作日益紧密，而人才交流与合作是核心关键。公开资料显示，中以人才交流合作包括：人才能力建设和培训合作、互派国际留学生、依托创新园区和科研平台推动人才交流、智库交流与合作、联合抗疫交流合作、技术工人劳务派遣合作等。

### 1. 人才能力建设和培训合作

1999 年 2 月，中国国际人才交流协会与以色列外交部国际合作中心（MASHAV，马沙夫）签署合作意向书，表示双方将通过在中国开展实地培训、短期引智来华以及在以色列开展培训等方式开展合作（见表 2）。截至 2022 年，双方已经连续签署 6 次协议，开办了数十期培训班，从中国到以色列接受马沙夫培训的有 3000 多名技术人员，而马沙夫派往中国的专家也为中国培训了 3 万多名技术人员。

中以人才能力建设和培训合作，不仅帮助了中国技术人员掌握相关科技知识，也助推了以色列公司在华的技术应用及落地推广，带动了中以创新人才在现代农业、节水灌溉、河流污染治理、荒漠治理、医疗健康、公共卫生等领域的交流合作。以中国-以色列国际农业培训中心①为例，该中心是国际农业领域高级技术人才培训中心，通过举行专业研讨会，有效推动了两国学者交流及农业科技合作发展，同时也为中国培训了大量的农业技术人员。截至 2018 年年底，中心已累计培训了 1 万余名农业技术人员。②

---

① 1993 年 10 月，以色列前外长西蒙·佩雷斯宣布成立"中国-以色列国际农业培训中心"。1998 年 5 月，中以国际培训中心大楼正式落成，并开班招收学员。

② 李司坤：《走进中以国际农业研究培训中心》，《环球时报》2018 年 11 月 24 日，https://world. huanqiu. com/article/9CaKrnKfaCx。

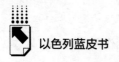

表2 中国国际人才交流协会与以色列"马沙夫"合作形式及案例

| 合作形式 | 合作内容 | 案例 |
| --- | --- | --- |
| 在中国开展实地培训 | 以色列根据中国需求,确定具体培训方案,以色列专家来华进行为期1~2周的授课,地点多选在中国西部地区。受新冠肺炎疫情影响,2020年之后的培训多在线上开展 | 2020年,第二期"四川-以色列新型农业技术培训班"在四川农业大学成都校区举办,在两周的时间内,9位以色列农业专家和12位中方农业专家通过在线讲座的方式,为40余名来自全国的农业高校等机构的专业人员提供线上培训,内容涵盖冬季水肥管理、温室技术、滴灌施肥等多个领域 |
| 短期引智来华 | 中国就具体问题向以色列提出请求,以色列选派专家来华开展技术指导 | 2016年,四川省雅安市中医院通过以色列"马沙夫"引进以色列脊柱疾病治疗专家Eyal教授、康复医学专家Avi教授和关节疾病治疗专家Yaron教授来华开展短期技术指导和培训,为后续双方技术交流畅通了渠道,为将"当期技术指导交流"延伸拓展到"长期技术交流"准备了条件 |
| 在以色列开展培训 | 以色列通过大使馆向中国科技部门发布培训计划,中国综合各地技术发展和申报人员情况,选定人员参加 | 2019年,经四川省科技厅选派的7名专业人员,赴以色列开展"设施农业技术"培训,对温室技术的结构和遮光、气候、生长和控制系统等农业技术进行系统学习,实地参观现代化灌溉设施生产公司、哈罗德山谷水协会、基布兹阿尔莫格污水处理厂等,以及从事干旱地区区域农业研究的亚伊尔研究站和维多研究所 |

资料来源:参见丁锐《科技外交视角下以色列对华的科技活动》,《科技导报》2021年第22期,第28~34页;四川农业大学《第二期四川-以色列新型农业技术培训班在四川农业大学开班》,四川省教育厅网站,2020年11月13日,http://edu.sc.gov.cn/scedu/c100499/2020/11/13/653a03c2ad39433caf8ce83f594e249a.shtml;雅安市人力资源社会保障局《雅安实施"马沙夫"引智项目翻开国际人才交流合作新篇章》,雅安市人力资源社会保障局网站,2017年8月21日,http://www.yaan.gov.cn/gongkai/show/20170821152439-755237-00-000.html;四川省科技厅《四川省科技厅赴以色列开展"设施农业技术"培训》,中华人民共和国科学技术部网站,2019年10月16日,http://www.most.gov.cn/dfkj/sc/zxdt/201910/t20191015_149319.html。

此外,中以还依托创新园区和科研平台推动创新人才交流。两国依托中以常州创新园、中以(上海)创新园、北京-特拉维夫创新中心、中国(云南)以色列创新中心等开展了丰富的人才交流活动。如:中以常州创新园充分借鉴以色列创新人才培育经验,联合常州大学和以色列本-古里安大学开展"新工科"人才培养。截至 2021 年年底，累计培养 130 余名本科生，并支持 2021 年首批 3 名研究生赴以留学。同时，园区联合多个企业设立了总规模 20 亿元的"中以长三角科创（人才）基金"，启动了中以青年人才开放创新训练营。园区还充分利用两国专家智库资源，邀请 12 名知名专家组建咨询委员会，为其发展提供战略咨询和决策建议。此外，园区还开展了"中以园公开课"、"你好，以色列"文化沙龙等一系列国际人文交流活动，多维度构建了人才"引育用"生态圈。

2. 互派国际留学生

中以两国均高度重视在教育和科技领域的合作与交流，尤其是两国互派留学生，直接推动了两国高校在科技、文化、教育等领域的密切来往，也为两国创新关系的全面发展做出了重要贡献。2013~2019 年，以色列对中国学生的吸引力不断增强，中国赴以留学生数量逐年增长，由 2013 年的 62 人增长到 2019 年的 418 人，占赴以留学生总数的比重由 0.6%增长到 3.74%。2013~2018 年，以色列来华留学生数量基本保持在 400~550 人的规模，占来华留学生总数的比重保持在 0.1%左右（见图 10）。其中，2018 年来华留学的 449 名以色列学生中，学历生占比达 14.25%。

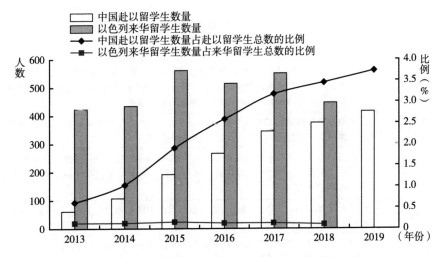

**图 10  2013~2019 年中国赴以留学生及以色列来华留学生数量及占比**

资料来源：笔者根据中国教育部网站及 OECD 数据库数据绘制。

### 3. 智库交流与合作

民间智库也是拓展中以创新人才交流的重要渠道。如位于以色列的中以学术交流促进协会（SIGNAL）于 2011 年成立，通过开展以学术研究为基础、行动为导向的合作项目，建立了中以学术联盟。SIGNAL 与 20 多所中国高校合作，为研究以色列的学生及教师提供相应培训课程。培训主要为五类，分别为以色列研究计划（ISP）、教师培训计划（FTP）、以色列研究论文赛、学术研讨会以及全球线上学习平台 Kesher（见表 3）。此外，河南大学以色列研究中心、南京大学犹太和以色列研究所、四川外国语大学以色列研究中心、上海犹太研究中心及山东大学-特拉维夫大学犹太与以色列联合研究所等，也积极推进与以色列高校和院所的人才交流合作。如成立于 2002 年的河南大学以色列研究中心，是中联部"一带一路"智库合作联盟的理事单位。该中心长期开展犹太-以色列研究和教学工作，与以色列本-古里安大学、以色列中以学术交流促进协会等国外高校和机构保持着密切的学术交流与合作。山东大学-特拉维夫大学犹太与以色列联合研究所成立于 2019 年 6 月，在对以色列宗教、社会、政治、经济、国际关系等开展研究的同时，带动了两国学者与学生间的交流与合作。这些智库不仅为两国创新合作贡献了大量的宝贵建议，也促进了中以两国的文化交流与互鉴。

**表 3　中以学术交流促进协会培训计划**

| 培训计划 | 培训内容 |
| --- | --- |
| 以色列研究计划（ISP） | 计划始于 2011 年，SIGNAL 与上海交通大学等 20 多所中国高校合作，为其开发量身定制的课程、研讨会、专题讲座并定制培训，以提升中国学生对以色列的兴趣及研究。每年约有 2000 多名中国大学生选择参与相应课程 |
| 教师培训计划（FTP） | 为中国高校教师提供 FTP 奖学金，并邀请其在本-古里安大学深入学习以色列研究的授课方法，使其返回中国后能够继续教授相应课程 |
| 以色列研究论文赛 | 每年邀请与其合作的中国高校共同组织参与以色列研究论文赛，以提升中国学术界对中东问题和以色列/犹太问题的了解与研究。论文主题包括中以关系、中以与"一带一路"倡议等 |
| 学术研讨会 | 计划始于 2013 年，SIGNAL 邀请以色列教授前往中国高校进行讲学，以丰富中国高校学生对以色列的了解 |
| 全球线上学习平台 Kesher | 中以学术交流促进协会拟通过全球线上学习平台 Kesher 提供以色列大师课，以帮助中国学者建立与以色列的交流渠道（目前该平台正在建设中） |

资料来源：笔者根据中以学术交流促进协会网站（https：//sino - israel. org/israel - studies - programe/）的资料绘制。

#### 4. 联合抗疫合作

2020年新冠肺炎疫情暴发以来，中以两国在信息分享、疫苗研发和分配、防疫物资和药品采购等方面开展了良好的交流与合作（见表4）。两国医学专家建立远程会诊机制，就诊疗方法、救治经验等举行多次抗击疫情视频连线会，为中以两国医学界合作救治患者、展开学术研究打下了良好基础。①

表4　2020年以来的中以联合抗疫人才交流合作案例

| 时间 | 中方 | 以方 | 人才交流合作内容 |
|---|---|---|---|
| 2020年 | 北京协和医院 | 特拉维夫舍巴医院、耶路撒冷哈达萨医院以及来自海法、贝尔谢巴等地的约30名医生 | 中国医生介绍中国抗击新冠肺炎疫情的方法，分享救治患者的经验，回答以色列医生的提问 |
| 2020年 | 北京协和医院 | 舍巴医院、拉姆巴医院 | 双方专家就检测与诊断技术、临床治疗方案等内容做了深入沟通和交流，会议旨在加强双方医生、专家的务实交流，为在一线抗击疫情的医务人员提供实实在在的帮助 |
| 2020年 | 武汉大学中南医院、武汉雷神山医院 | 西勒雅法医院 | 双方专家就新冠肺炎诊疗方法、救治经验等内容进行深入交流和讨论。中以联合抗疫合作，不仅促进了两国医生间分享新冠肺炎救治经验，还为中以两国医学界合作救治患者、展开学术研究打下了良好基础 |
| 2020年 | 武汉金银潭医院 | 阿什杜德医院 | 双方就新冠肺炎患者在医院急诊室和隔离病房怎样区分诊疗和管理，如何组织和分配医护人员，需要做什么样的防护，如何对医生、患者以及他们的家属进行心理干预等交流方法与经验 |

资料来源：参见孙伶俐《中以医生首次举行视频会议　携手抗击新冠疫情》，中央广电总台国际在线，2020年3月21日，http://news.cri.cn/20200321/83f42b62-30fc-204a-f40d-9511d310dfe5.html；中华人民共和国驻以色列大使馆《中以医生举行抗击疫情专场视频会议》，中华人民共和国外交部网站，2020年4月5日，https://www.fmprc.gov.cn/ce/ceil/chn/zygx/kxjs/t1766334.htm；中华人民共和国驻以色列大使馆《中以医生举行第三场抗击疫情视频连线会议》，中华人民共和国外交部网站，2020年4月22日，https://www.fmprc.gov.cn/ce/ceil/chn/zygx/kxjs/t1772127.htm；张芹《武汉向友城以色列阿什杜德市分享抗疫经验》，中国新闻网，2020年4月23日，https://www.chinanews.com.cn/gj/2020/04-23/9166006.shtml。

---

① 中国驻以色列大使馆：《中以医生举行第三场抗击疫情视频连线会议》，中国驻以色列大使馆网站，2020年4月22日，http://il.china-embassy.org/chn/zygx/kxjs/202004/t20200422_2352409.htm。

## 四 中以创新人才交流合作未来走向

当今世界面临百年未有之大变局，大国博弈叠加新冠肺炎疫情交织影响，加速着全球政治、经济、创新格局的演变。而中以创新人才交流合作既是全球化背景下中国与以色列两国创新合作的重要趋势，也是两国创新全面伙伴关系的重要内容。伴随两国签订《中以创新合作行动计划（2022~2024）》，中以创新人才交流合作迎来了新的机遇。

中以两国建立外交关系以来，双方政治互信不断增强，经贸合作迅速发展，创新合作机制不断完善、双边关系日益加深，开展中以创新人才交流合作现状的评估，研究中以创新人才交流合作进展，对比两国科技创新能力、人才吸引力和竞争力等，有助于促进双边关系稳定发展。与此同时，由于两国文化存在差异、对彼此的了解仍不够深入，且受国际政治、经济、疫情等各方面因素影响，目前双方留学生规模均偏小，人员流动和交往仍不够频繁，深入开展创新人才交流合作仍面临较多挑战，在加强科技创新和人才交流，以及持续改善创新体系和优化创新氛围等方面仍需开展大量的合作。

（1）充分发挥政府间合作机制作用。持续加强两国高层交往，增进政治互信。在中以创新合作联委会机制下，积极实施更加开放的科技创新合作政策。在科技发展战略、规划、政策以及国际化管理等方面加强联系与合作。积极破除人才流动壁垒，在促进双方经济、社会高质量发展的同时，持续加强两国创新人才交流合作。切实发挥政府的"牵线搭桥"作用，为双方创新合作及人才交流提供信息渠道、优质平台和创新政策，营造更加开放的人才交流与合作环境。

（2）在科研合作中实现两国互利共赢。扩大中以科研合作的规模和领域，通过联合实验室、联合资助机制，促进中以创新人才的交流、培养。选择两国共同感兴趣的重点领域如现代农业、生物医药、公共卫生等领域拓展合作。进一步加强双方人才交流与培养，实现双方互利共赢，深度构建利益共同体。

（3）加大企业和人才创新创业合作。鼓励我国企业"走出去"，在以色列设立研发中心、创新创业中心等，促进我国青年人才赴以色列学习、工作；继续吸引以色列专业技术人才来华工作、交流。积极为两国企业创新合作营造良好环境，搭建各类创新人才与项目对接交流平台，推动两国企业、技术团队开展沟通交流。通过持续优化创新创业环境，积极吸引两国各领域人才创新创业。探索围绕创新创业的人才交流合作新模式，加强在人才培训、人才互访等方面的沟通、交流与反馈，不断提升合作质量和水平，努力克服新冠肺炎疫情的影响。

（4）积极促进创新人才和文化交流。设计更多务实的中以创新人才交流合作项目，促进各层次、各领域人才的广泛交往。开展更多中以青少年科技人文交流活动，为以色列青年人才、知名学者等来华研修、培训、参会、访问创造更多机会。以互联互通的伙伴关系为立足点，开展形式多样的人文交流，推进中华文明与犹太文明互学互鉴，深化两国在文化、民生、社会等领域的合作，从而进一步夯实民间交往基础，大力促进传播中以两国的语言与文化，实现文化互动。

（5）拓宽合作办学的领域与范围。持续推进中以两国在高等教育、科研人员培训、学生学者互动、语言教学等领域的交流合作，探索建立中以高等教育人才培养基金，推动两国优质科教资源的共建共享。鼓励我国高水平教育机构海外办学，积极引进以色列优质教育资源，在持续推动中以在理工领域教育合作的同时，更加注重人文社科领域的合作。制定和优化留学教育政策，支持更多的硕士、博士、博士后跨国流动。加大对留学生奖学金的投入力度，鼓励高校配套资助、简化留学申请程序、营造国际化的留学与就业环境等，为未来两国科技创新提供强大的人才支撑。

伴随中国开启全面建设社会主义现代化国家新征程，中国比历史上任何时期都更加渴求人才，而中国的创新发展和国内统一大市场也能为中以创新合作提供广阔的舞台。加之中以两国创新合作意愿强烈、务实合作空间广阔、互利发展潜力巨大，不断深化中以创新人才交流合作，更是能为两国应对疫情防控、气候变化、全球治理等多种风险和挑战发挥积极的作用。未来，双方在中以创新合作联委会机制下，通过不断深化多领域、全方位的科技合作，加强创新人才交流，必定能够持续推动中以科技创新合作蓬勃发展，服务推动中以创新全面伙伴关系走深走实，从而更多地造福两国人民。

# B.18
# 中以人文交流合作新动向

韩博雅*

**摘　要：** 新冠肺炎疫情的暴发全方位地冲击了中国与以色列之间的交流合作进程。然而，得益于双方对人文交流形式与内容的及时调整，中以间的人文"云交流"却未停止，并在人才培养、学术交流、联合研发、文体交往与媒体互动等方面取得了新的进展。当前，两国的人文交流仍存在一定的困难与挑战，主要包括人员往来不畅、负面舆情显现、文化差异凸显、国际干扰因素增多等。对此，需要两国在完善人文交流机制、夯实人文交流基础、创新人文交流方式、发挥学术机构和新闻媒体重要作用等方面做出不懈努力。

**关键词：** 中国　以色列　人文交流

人文交流作为比政治交流更久远、比经贸交流更深刻的外交手段，在提升国际交往的理解与互信上起着重要的纽带作用，也是中以合作深化发展的重要保障。新冠肺炎疫情的暴发给世界政治、经济发展造成了前所未有的冲击，中以双边关系中的不确定因素明显增多。面对疫情的严峻挑战，人文交往在双方建立更深层次的认同和互信、推动实现"民心相通"方面的作用更加凸显。中以人文交流对两国合作抗疫、共克时艰，深化政治互信、增进友谊，促进经贸重启、复苏发展有着重要的意义。

---

\* 韩博雅，郑州大学历史学院博士研究生。

# 一 中以人文交流新成就

为应对疫情给国际交往带来的挑战与冲击，中以人文交流在实施内容、主体与形式等方面相应地做出调整，通过不断开拓交往路径、创新协作方式、拓宽合作领域、丰富沟通平台、完善对话机制等，在相关方面取得了一定的成绩，具体表现如下。

## （一）人才培养互联互通

国际交流合作是我国高等院校的重要使命与职能。近年来，中国学者对以色列的研究愈加深入。尽管受疫情的阻碍，双方在教育层面的交流却从未停止，人才培养合作取得了可观的进展。

在高等教育方面，两国大学交往密切、合作方式多样，中以 7+7 研究型大学联盟继续发挥引领作用。高校之间合作的侧重点有所不同。如清华大学以与特拉维夫大学共同创设的中以交叉创新中心 XIN 中心为依托，重点在基础学科、能源环境、生命科学、医药、新材料、通信智能等领域进行学术资源的互补结合。2021 年 10 月，清湛人工智能研究院喜获 2021 年中国 AI 金雁奖，此次获奖项目是 5G 遥操作机器人驾驶技术。该机构与清华大学人工智能研究院、以色列理工学院校级机器学习与智能系统中心、以色列魏兹曼科学研究院数学与计算机科学学院建立了战略合作关系。[1] 同年 11 月，以色列驻华大使潘绮瑞一行访问清华大学，双方就中国与以色列两国大学过往合作项目，以及未来进一步加强合作进行了交流。潘绮瑞提出以方希望深化与清华大学在物理、工程、建筑、数学等学科的合作，以及在线教育、医学、现代农业等领域的交流合作，采用线上线下结合、短期长期交叉的方式联合培养人才。[2] 北京大学与以色列高校在人才培养方面的交流则更侧重于文化领域。2021 年 8 月 9 日，北京大学–以色列希伯来大学孔子学院联合开展的首届线上语言教学项目——

---

[1] 《清湛人工智能研究院喜获 2021 年中国 AI 金雁奖》，网易新闻，2021 年 10 月 27 日，https://www.163.com/dy/article/GNBGI69K0519CNQG.html。

[2] 《副校长杨斌会见以色列驻华大使潘绮瑞》，清华新闻网，2021 年 11 月 12 日，https://www.tsinghua.edu.cn/info/1181/88800.html。

中国语言文化夏令营活动顺利开幕，旨在通过建立高度融合的课程体系，帮助以色列学生更加客观、全面地认识中国，为促进两国民心相通发挥积极作用。① 此外，南京大学、山东大学等30多所国内高校与以色列7所高校签订了合作协议，通过定期互访、暑期学校、师资互换、科研合作、学术探讨等多种方式开展深度协作、联合攻关，进行优势资源互置，实现双方协同发展。近年来，与以色列高校开展硕博研究生、博士后等高端人才联合培养的学校越来越多，例如中国矿业大学、吉林大学、中国农业科学院、西安电子科技大学、福建工程学院等。

在合作办学方面，2021年8月中国对外经济贸易大学以色列分校正式启动，对外经贸大学党委书记蒋庆哲表示，这"必将成为两国文教合作领域的另一个里程碑和新标杆"②。同年12月，以色列高校中国校友会和以色列佩雷斯和平与创新中心签署《战略合作协议》，达成合作关系，确定将在成都落地中国（四川）-以色列创新教育与姊妹学校项目，并表示后续双方还将在高校合作、共建研究机构、科技与文化交流等方面持续落地项目，推进中以两国的友好合作。③ 此外，作为中国和以色列之间合作建立的首所高等院校，广东以色列理工学院是中以在高等教育和科研领域合作具有代表性的重要成果，2021年7月，广东以色列理工学院迎来首届毕业生200余人，多家以色列企业向其抛出橄榄枝，学校的办学水平初步得到社会认可。④

在培养留学生方面，近年来，中国学生到以色列留学的热情不断上升。以色列每年有350多个奖学金项目可供中国留学生申请，覆盖本科、研究生和短期培训班等多个群体，专业方面则主要设置在生物、物理、数学、电子和考古学等以色列高校的优势学科。目前，在以的中国留学生约800人，较多分布在希伯来大学、特拉维夫大学、以色列理工大学以及海法大学。以色列方面，来

① 《北京大学-以色列希伯来大学孔子学院2021年线上中国语言文化夏令营活动开幕》，北京大学外国语学院，2021年8月11日，http://sfl.pku.edu.cn/xyxw/130423.htm。

② "Chinese University to Open Ranch in Israel," Oriental News, August 2, 2021, https://oriental.news/2021/08/02/chinese-university-to-open-branch-in-israel/.

③ "Partnership with the Peres Center for Peace and Innovation," Israel University Alumni and Friends in China, December 21, 2021, https://www.israelalumni.org.

④ 《多家以色列企业向广东以色列理工学院首届毕业生抛出橄榄枝》，腾讯网，2020年12月7日，https://new.qq.com/omn/20201207/20201207A09TTH00.html。

华留学的人数也呈增多趋势，他们在中国的主修科目有汉语、中医、历史等。据不完全统计，这些留学生普遍在中国有着较好的体验，并在回国后主动承担起介绍中国文化与经济发展状况的角色。①

中以双方对青年交流的重视度明显增强。国家科技部与以色列外交部于2016年启动的中以"青年创新领袖计划"现阶段已经完成了第一批的交流计划。2020年12月16日，由中国科协青少年科技中心、以色列驻华大使馆、山东省科学技术协会共同主办的中以青少年科技人文交流项目筹备会在中国科协青少年科技中心召开，旨在推动中以科教资源的共建共享，打造中以两国青少年科技教育新平台，以此形成长期合作交流机制，促进中以双方青少年科技人文交流合作的长远发展。②

## （二）学术交流继续深化

科研机构方面，伴随着区域与国别研究在中国的兴起，强烈的现实关切推动原有的学术机构拓展研究领域，我国一些主要的中东研究机构也逐渐成为以色列研究的重镇。与此同时，越来越多的大学顺应潮流，建立了一批新的犹太-以色列研究机构，如对外经济贸易大学中国犹太经济与文化研究中心、上海交通大学以色列中心、电子科技大学以色列研究中心等。③ 2020年1月，中国台湾"中央图书馆"与特拉维夫大学签订协议，于特拉维夫大学成立台湾-以色列汉学研究中心，这是台湾在中东建立的第一个汉学研究机构，旨在将具有台湾特色的中国研究介绍给以色列。④

国内学术界的以色列研究也取得了丰硕的成果。科研成果快速增长、研究领域不断深化并显现出热点纷呈的局面，是我国犹太-以色列研究最显著的特点。据不完全统计，2020～2022年，国内学术界共出版犹太-以色列研

---

① 贾秀险：《"一带一路"背景下中以高等教育交流与合作：进展、问题及建议》，《大学教育科学》2017年第4期，第50页。

② 《中以青少年科技人文交流项目筹备会成功召开》，搜狐网，2020年12月18日，https：//www.sohu.com/a/439103212_507423。

③ 张倩红：《我国犹太-以色列研究的新进展》，《光明日报》2020年1月6日，第14版，https：//m.gmw.cn/baijia/2020-01/06/33456643.html。

④ "Taiwan-Israel Sinology Center Opens at Tel Aviv University," Taiwan News, January 9, 2020, https：//www.taiwannews.com.tw/en/news/3853504.

究相关著作及译著近百部，其中，张倩红主编的《以色列发展报告》连续七年出版，全面客观地反映了以色列各方面的发展状况，是国内以色列研究的重要成果；学术论文方面，被知网收录的高质量论文（含 CSSCI、北大核心、硕博学位论文）400 余篇，内容涉及以色列的政治、经济、文化、外交、历史、宗教、创新、安全、社会等诸多领域。上海外国语大学、河南大学、南京大学分别居论文发表数量的前三位，郑州大学、北京师范大学、华东师范大学、山东大学紧随其后。① 科研项目立项方面，2019～2022 年，国家社科基金、教育部人文社科项目中有关犹太-以色列的立项超过 30 项，其中以高嵩为首席专家的“20 世纪美国犹太人阿利亚运动研究”被列入 2020 年国家社科基金重大课题。② 此外，成立于 2011 年的中以学术交流促进协会与中国多所高校在人才培养方面建立合作关系，并设立以色列主题的论文奖，以共同推动中国的以色列研究项目。这些交流与合作有力地促进了中以两国学术领域的合作。③

同时，两国聚焦历史交往、创新合作、技术探索等专题，开展了一系列学术与现实意义兼备的主题会议及论坛。较为重要的有 2020 年 5 月上海社会科学院与以色列国家安全研究院联合主办的“新冠疫情下的经济形势与国际关系”网络研讨会；2020 年 9 月，由上海犹太难民纪念馆、上海抗战与世界反法西斯战争研究会、上海国际战略问题研究会主办的“上海犹太难民救助与世界反法西斯研讨会”；2021 年 5 月，山东大学-特拉维夫大学犹太与以色列联合研究所于线上举行的首届年度学术会议；等等。

以色列方面，随着中以两国关系的迅速发展，以色列也兴起了“中国热”。首先，以色列的汉语教学取得了长足的发展，成为中东最重要的汉学中心之一。目前以色列共有希伯来大学、特拉维夫大学、海法大学和巴伊兰大学 4 所学校正式开设汉语或与中国相关的专业，为学生提供汉语学习机会的中小学校已经超过 100 所，很多中小学校还开设了汉语兴趣班，为想学习汉语的人

---

① 根据中国知网以“犹太”“以色列”为关键词的搜索整理。
② 根据国家社科基金项目数据库（http：//fz. people. com. cn/skygb/sk/index. php/index/index/4541）、教育部人文社科项目立项表（2019、2020、2021）统计得出。
③ 郭白歌：《“一带一路”背景下中国与以色列的人文交流》，《新丝路学刊》2018 年第 4 期，第 30 页。

提供了更为灵活的选择。① 其次，中国的经济学、经典文学著作的希伯来语版在以色列发行，为以色列的中国研究助力。以色列独立文学出版社九条命出版社（Nine Lives Press）和中国人民大学出版社于 2019 年签署协议，计划未来在以色列出版鲁迅经典作品《狂人日记》的希伯来语版，并称这对以色列人了解中国文化与百年发展具有重要的意义。② 同年年底，以色列出版家皮埃尔·赫泽尔·拉维（Pierre Herzel Lavi）获第十四届中华图书特殊贡献奖，成为 2005 年该奖项成立以来第 2 位获此殊荣的以色列人。最后，以色列高校举办了主题多样的中国研究相关学术论坛或研讨活动。2020~2022 年，先后有首次中国人口论坛、"探索古代中国"国际青年学者论坛以及以"二十一世纪作为外语的汉语教学：挑战与解决办法"为主题的汉语教学国际教学学术研讨会等在特拉维夫大学举办。特拉维夫大学东亚系主任石敖睿（Ori Sela）表示，通过这样高水准的学术活动加强以中的交流与合作是今后努力的方向，希望能继续共同研究的领域，加深合作。③

## （三）联合研发不断发展

科学技术和产学研合作是中以合作的重要基础，完善的平台搭建又是研发合作的重要基石。以中以常州创新园、中以（上海）创新园、广州中以生物产业孵化基地、北京-特拉维夫创新中心、中国（云南）-以色列创新中心等为代表的典型创新合作平台继续发挥示范作用。以中以常州创新园为例，2020 年，园区有 39 个"高科技、国际化、犹太+"科技型项目落户，在项目实施、平台建设、人才会集、交流模式等领域取得新突破。④ 除此之外，2019 年年底

① 郭白歌：《"一带一路"背景下中国与以色列的人文交流》，《新丝路学刊》2018 年第 4 期，第 30 页。
② 《鲁迅〈狂人日记〉希伯来语版将在以色列出版》，国际在线，2019 年 4 月 9 日，http://news.cri.cn/20190409/7822fa95-2e03-584b-4e7f-494b1081e3e0.html。
③ "Teaching and Learning Chinese as a Foreign Language in 21st Century: Challenges and Solutions," Confucius Institute at TAU, January 16, 2020, https://humanities.tau.ac.il/sites/humanities.tau.ac.il/files/Teaching%20and%20Learning%20Chinese%20as%20a%20Foreign%20Language%20Program%20final.pdf。
④ 《中以常州创新园排定 5 方面 21 项计划》，常州市人民政府新闻中心，2021 年 2 月 24 日，http://www.changzhou.gov.cn/ns_news/331614127050457。

至今新建成的科研平台达十余个，包括 2019 年 12 月成立的"基因资源与生物安全四川省国际联合研发中心"、2020 年 10 月成立的四川省国际科技合作（以色列）研究院、2021 年成功入选首批国家"一带一路"联合实验室的"中国-以色列人群医学国家'一带一路'联合实验室"等。

根据国家自然科学基金委员会（NSFC）与以色列科学基金会（ISF）共同签订的谅解备忘录和之后达成的合作共识，支持两国科学家开展实质性的创新研究与合作。2020 年，双方在生命科学和医学领域联合征集合作研究项目 38 个，申请单位主要由高等院校的科研机构组成。① 此外，中以创新合作第四次联委会会议召开以来，各地市也纷纷与以色列签订了产业研发合作计划，充分利用各地区跨国技术转移大会、中以创新创业大赛等平台，通过项目路演的模式，为合作企业、投资机构搭建对接洽谈平台，推进中以项目合作落地，并资助本地高校、机构及企业与以色列机构展开研究合作。据统计，2019 年 11 月至今，广东省共启动 3 轮以色列联合产业研发项目的申报，居全国首位，江苏、四川、北京、山东、上海等地紧随其后。② 互联网、新能源、现代农业、生物、信息技术、节能环保等战略性新兴产业与海洋、航空航天、生命健康等未来产业是各地合作的重点领域。高校学者、学术机构在中以深度合作、建立多层次产学研合作体系方面发挥了重要的作用。2020 年 11 月 13 日，中国·江苏第七届国际产学研合作论坛暨跨国技术转移大会数字技术领域专场活动在江宁国家高新园举行，园区与以色列理工学院、魏兹曼科学研究院、希伯来大学等以色列顶尖大学和科研机构建立长期合作关系，吸引了诺贝尔奖获得者丹·谢赫特曼教授等顶尖专家和项目入驻。③

新冠肺炎疫情蔓延给世界各国都带来了严峻的挑战，以色列非常重视学习中国的抗疫经验。2020 年年初，耶路撒冷希伯来大学校长阿舍·科亨（Asher Cohen）在接受采访时表示期待就抗击新冠肺炎疫情与中国高校展开进一步的交

① 《2020 年度国家自然科学基金委员会与以色列科学基金会合作研究项目批准通知》，国家自然科学基金委员会，2020 年 11 月 12 日，http://news.sciencenet.cn/htmlnews/2020/11/448476.shtm。
② 根据网络数据统计。
③ 《中国·江苏第七届国际产学研合作论坛暨跨国技术转移大会数字技术领域专场活动在江宁国际高新园举行》，《潇湘晨报》2020 年 12 月 1 日，https://baijiahao.baidu.com/s?id=1684878612061140518&wfr=spider&for=pc。

流与合作。随后，希伯来大学医学院筹建国家级的 BSL-3 实验室并与上海交通大学合作开展新冠病毒的研究，院长迪娜·本-耶胡达（Dina Ben-Yehuda）接受新华社采访时还透露，下一步计划与浙江大学医学院在大数据的收集整理方面加以合作，为的是了解不同患者间的差异，并利用大数据来抗击疾病。① 在中以双方共同努力下，两国的抗疫合作研发取得了一定的进展。2020 年起，两国专家多次举行视频会议，就新冠病毒感染诊断、医护人员保护、感染者与非感染者之间的隔离等问题进行了交流，并就医疗服务、医师教育和培训、研究合作、护理人员和其他技术人员培训等众多领域的全面合作达成意向；2020 年 4 月 6 日，中国华大基因和以色列医疗公司 AID Genomics 宣布共建实验室，为巴勒斯坦人做新冠病毒紧急测试，每天将检测近 3000 份样本。② 此外，据了解，在疫情防控中许多在以色列的华人华侨主动在社交媒体及相关网站上与当地民众分享应对疫情的经验，或自发组建起志愿服务队伍为以色列困难群体送食物和药品，充分展现了携手抗疫的精神，受到以色列各界的高度评价。③

### （四）文体交往日益频繁

第一，官方文化活动形式众多，内涵丰富。2017 年成立的特拉维夫中国文化中心是传播中国优秀文化、促进中以文化交流与合作的官方机构。2020 年疫情以来，中心以线上形式为主，相继举办了包括演出、展览、讲座、培训班等多样的文化活动④，为加强两国之间的相互了解与理解、促进文明对话做出了重要贡献。以色列方面则主要由以色列旅游部主导，围绕旅游宣传开展一

---

① "We Learn Much from China in Fighting COVID-19 Pandemic, Says Israeli Expert," Ecns, June 3, 2020, http://www.ecns.cn/m/news/society/2020-06-03/detail-ifzwuxpi8643046.shtml.

② "Israeli, Chinese Firms Announce Testing Lab for Palestinians in West Bank, Gaza," *The Times of Israel*, April 6, 2020, https://www.timesofisrael.com/israeli-chinese-firms-announce-testing-lab-for-palestinians-in-west-bank-gaza/.

③ 《中国人在以色列传播中国文化和抗疫精神》，中国侨网，2020 年 12 月 30 日，https://baijiahao.baidu.com/s?id=16874690956044166610&wfr=spider&for=pc。

④ 包括"云·游中国"线上主题活动（2020 年 4 月起）、抗疫主题线上书画展（2020 年 5 月）、"世界遗产在中国"线上主题图片展（2020 年 6 月）、《四季中国》大型纪录片（2020 年 6 月）、"精气神"线上中药文创主题展（2020 年 12 月）、"Hello, World! ——中国彩绘熊猫艺术展"（2020 年 12 月）、中国青年艺术家优秀作品线上展（2021 年 2 月）、"北京 2022 冬奥文化全球行"专题系列活动（2021 年 4 月起）、"天涯共此时——中秋节"线上系列活动（2021 年 9 月）、《美丽中国》系列纪录片（2021 年 10 月）等。

系列推广活动。2021 年中国农历新年到来之际，以色列文体界和旅游界的友好人士纷纷向中国驻以色列使馆发来贺年视频，畅谈中以友谊，企盼疫情早日结束，期待中以人文交流再上新的台阶。①

第二，两国地方及民间的人文交往也十分频繁，涵盖音乐、舞蹈、摄影、戏剧、体育等诸多内容。艺术领域，中国甘肃、河南、北京等地艺术团都曾前往以色列进行演出。值得一提的是，近年来，《犹太城》《安魂曲》等多部以色列戏剧成功亮相中国，受到了公众广泛关注和喜爱。创作演出《安魂曲》的卡梅尔剧院院长诺曼·萨马尔（Norman Samar）曾表示，中国观众是最能够理解这部剧的，这大概源于无法比拟的"共情感"和一致的"死亡观"。② 影视领域，2019 年 12 月 6 日，"2019 中以创新周暨首届中以创新人文交流对话"在上海举行，数百名观众共同观看了中以人文纪录片，会议还称中以即将合作拍摄一部新的人文纪录电影《上海方舟》，不仅回顾那些互相帮助的岁月，也记录近年来两国年轻人的合作与交流。正如与会的导演胡雪桦所说，拍摄《上海方舟》纪录片是一个种子，这个种子未来可能会越发越大，产生无穷的影响力。③ 以色列出版家拉维也表示正在筹划一档名为"在以色列说'你好'"的电视节目，内容以介绍以色列风土人情、美食美景、文化风俗等为主，帮助中国观众对以色列有更全面的了解。体育领域，2019 年 12 月 9 日，中以体育创新合作招待会上，以色列大使何泽伟表示体育创新与人文交流是两国交往的重要领域，希望进一步加深双方在体育、文化、教育以及高科技领域的交流合作，推动两国关系向前发展。④

第三，旅游业发展潜力巨大。受疫情影响，2020 年，前往以色列旅游的人数有所下降，随着疫情趋于缓和，以色列旅游部推出多项措施，力促中国市场回暖，包括举行推介会、巡回路演、线上直播、成为"2021 中国国际旅游

① 《志合者，不以山海为远——以色列文体友人恭贺中国年》，中华人民共和国驻以色列国大使馆，2021 年 2 月 6 日，https：//www. mfa. gov. cn/ce/ceil/chn/gdxw/t1854339. htm。
② "Israeli Director to Helm Chinese 'Requiem'," China. org. cn, December 25, 2019, http：//www. china. org. cn/arts/2018-12/25/content_ 74311636. htm. .
③ 《2019 INNOWEEK 首届中以创新人文交流对话活动圆满举行》，中国日报网，2019 年 12 月 9 日，https：//baijiahao. baidu. com/s? id =16524315271381478914&wfr = spider&for = pc。
④ "Mr. Eran Zahavi Was Awarded Goodwill Ambassador," Embassy of Israel in China, December 12, 2019, https：//embassies. gov. il/beijing-en/NewsAndEvents/Pages/sports. aspx.

交易会"的官方文化旅游合作伙伴、启动"先体验、再出发"全新犹太文化探索项目、参加在上海举办的"2021中国国际旅游交易会"等。同时，还通过提高以色列疫苗接种率、续签导游执照、将中国列入"绿色目的地"名单等方式打消中国游客对于疫情的顾虑。在经历了多次疫情反复后，以色列旅游部宣布拟从2021年9月19日起恢复接待外国旅游团，并表示将根据所接种的新冠疫苗种类来对游客加以区分，旅游部部长亚里夫·莱文（Yariv Levin）直接表达了对中国游客的期待。① 文旅融合是特拉维夫中国文化中心近年的重点工作，该中心定期举办"中国旅游文化周"，受疫情影响该活动改为线上形式，让以色列民众足不出户就能欣赏到中国的壮丽河山和灿烂文化。

### （五）媒体互动活力日益彰显

以色列作为中东地区热点国家，一直备受中国媒体关注。随着中以两国在政治经济文化等各个领域的交流不断增加，以色列媒体对中国的报道也逐渐增多。以以色列发行量最大的英文报纸《耶路撒冷邮报》（The Jerusalem Post）为例，在该报官网输入"China"一词进行搜索，2011年10月1日到2021年10月1日，涉华报道共计7369条。其中，2020年新冠肺炎疫情暴发以来的报道就有4220条，其中援引英国《路透社》和美国《美联社》的报道近一半。② 内容涉及中国的政治、经济、教科文卫、社会等议题，并赞扬两国在经济、科技、创新、人文等领域的发展与合作。在针对疫情的相关报道中，《耶路撒冷邮报》起初受西方主流媒体的影响，对中国的态度相对负面，但此后中国不懈的疫情防控赢得了国际上多数国家的认可，《耶路撒冷邮报》相关报道的态度也有了明显的变化。在2020年1月24日至7月1日的这段时间，《耶路撒冷邮报》一共有27条有关"中国"和"新冠病毒"的原创性报道。其中有13条呈负面态度，8条相对正面，4条较为中性。③ 从2020年下半年开始，《耶路

---

① "Tourism Minister Wants Visitors to be Treated Differently by Their Vaccine Type," *The Times of Israel*, July 13, 2021, https://www.timesofisrael.com/tourism-minister-wants-visitors-to-be-treated-differently-by-their-vaccine-type/.
② 根据《耶路撒冷邮报》官网数据统计，https://www.jpost.com。
③ 沙英莫：《21世纪以来〈耶路撒冷邮报〉涉华报道的中国形象研究》，硕士学位论文，四川外国语大学，2021，第47页。

撒冷邮报》对中国的涉疫报道转为正视中国为疫情防控做出的努力并报道以色列与中国进行医疗方面的合作，积极抗疫。在 2021 年 2 月 20 日的《COVID-19是一场战争——中国赢了，以色列输了》的新闻报道中，以色列前驻华大使马腾客观介绍了中国应对疫情的处理方式，否定了西方媒体就疫情问题对中国政治体制的指控，并肯定了中国在疫情防控上取得的成绩："数字说明了一切，你不能否认这些数字。"① 2021 年，《耶路撒冷邮报》还相继报道中国向伊拉克、加沙、阿富汗等国家或地区捐赠疫苗的消息，并赞扬中国在全球抗疫中展现的人类命运共同体意识。② 同时，《耶路撒冷邮报》也转载一些中国声音，让以色列民众对中国的抗疫决心与态度有更加全面的了解。2021 年 8 月 26 日的新闻《中方批评美国将新冠肺炎疫情起源调查"政治化"》中转载中国外交部的发言称"把中国当成替罪羊不能粉饰美国"③。此外，《今日以色列报》2020 年 4 月 6 日的《以色列可向中国学习 7 条经验》的文章还向以色列民众总结了中国在抗疫中的成功经验。④

广播电视领域，由中国国际广播电台与以色列电视台共同制作的纪录片《中国制造》2019 年年末在以色列播出，收视率打破了以色列电台纪录片的最高纪录，收获了大批观众和网民的称赞，更吸引了以色列社会对于纪录片中展现的中国相关主题的广泛关注与讨论。⑤ 疫情期间，以色列电视台《全球要

① Maayan Jaffe-Hoffman "Matan Vilnai：COVID-19 Is a War-China Won；Israel lost," *The Jerusalem Post*，February 20, 2021, https：//www. jpost. com/health-science/matan-vilnai-covid-19-is-a-war-china-won-israel-lost-659547.

② "Iraq Receives First Batch of COVID-19 Vaccines from China," *The Jerusalem Post*, March 2, 2021, https：//www. jpost. com/breaking-news/iraq-receives-first-batch-of-covid-19-vaccines-from-china-660677；Tovahlazaroff, "China to Donate to Gaza 500, 000 COVID-19 Vaccines Produced in Egypt," *The Jerusalem Post*, August 1, 2021, https：//www. jpost. com/health-science/china-to-donate-to-gaza-500000-covid-19-vaccines-produced-in-egypt-675554；"China to Supply Afghanistan with Food, COVID Vaccines," *The Jerusalem Post*, September 9, 2021, https：//www. jpost. com/breaking-news/china-to-supply-afghanistan-with-food-and-vaccines-679033.

③ "China Criticizes US 'Politicization' of COVID-19 Origins Investigation," *The Jerusalem Post*, August 26, 2021, https：//www. jpost. com/international/china-criticizes-us-politicization-of-covid-19-origins-investigation-677756.

④ Eyal Propper, "7 Lessons Israel Can Learn from China," *Israel Hayom*, April 6, 2020, https：//www. israelhayom. co. il/news/health/corona.

⑤ 张先茹：《以色列媒体中的中国国家形象》，《新闻传播》2018 年第 10 期，第 23 页。

闻》《阿姆农的清晨 6 点时光》《财经盘点》《夜间新闻》等栏目多次与央视总台记者连线，回应以色列民众对疫情的关切，分享中国抗击疫情的经验与成效。以色列《国土报》评论道："许多人对中国克服疫情的方式留下深刻印象。"

## 二 中以人文交流合作面临的主要问题与挑战

新冠肺炎疫情的全球蔓延，给各国间的交往带来更多不确定性。尽管中以人文交流合作取得了突出的成绩，但也面临着诸多考验。

### （一）新冠肺炎疫情对中以人文交流的直接影响

新冠肺炎疫情给世界政治、经济发展造成了严重影响。就人文交流而言，这种影响直接、明显地体现在人员往来的停滞。

受疫情影响，中以双方均一度采取了"封国""封城"等管理措施，对国际人员往来，尤其是旅游行业造成了不小的冲击。尽管 2021 年 9 月以色列旅游部曾在疫情趋于缓和时出台政策鼓励外国游客前往以色列旅游，但在中国政府严密的疫情防控号召下，中国民众仍抱以小心谨慎的态度。根据以色列卫生部门 2022 年 2 月 21 日发布的数据，自新冠肺炎疫情暴发以来，以色列已确认超过 1 万例与新冠相关的死亡病例。[1] 对此，中国驻以色列使馆也多次发布消息，建议大家"非必要、非紧急、不旅行"，减少感染风险，并提醒在以中国公民和机构注意保护个人健康。

不仅如此，疫情管控和边境限制还对教育交流、青年交流、文化交流、体育交流等其他人员往来造成影响，许多活动不得已采取视频会议等线上方式开展；国际学生招生、留学生互派、境外合作办学、派遣教师等多个国际交流合作项目严重受阻；中以青年夏令营等短期互访项目也受到了影响。疫情导致的人员流通受阻还造成了双方合作项目延期等问题。

---

[1] "Israel's COVID Death Toll Surpasses 10, 000; Data Shows Excess Mortality During Pandemic," *Haretz*, March 2, 2022, https：//www. haaretz. com/israel-news/israel-confirms-10-000-covid-related-deaths-data-shows-excess-morbidity-1. 10625990.

以色列蓝皮书

### （二）负面舆情上升阻碍中以人文交流的深入

以色列媒体的立场在很大程度上反映并影响着以色列社会对中国的态度，一些未必真实的负面报道无疑会阻碍两国民众相互理解和信任。随着中以双方交往持续深入、以色列对中国关注不断增多，西方媒体的霸权话语在以色列社会的影响也越发明显，在很大程度上左右着以色列主流媒体对中国国家形象的认知。疫情蔓延之初，以色列主流媒体中出现谴责中国的声音。以色列涉华的负面报道主要的议题还包括中美关系、中伊关系、新疆问题、巴以冲突问题、中国在以产业并购等。尽管 2020 年下半年开始，以色列主流媒体也出现了一些对中国疫情防控的正面报道，但前期的负面舆论对中国抗疫精神、中国治理模式进行肆意抹黑和无端指责，对中国在以色列民众中正面国家形象的塑造产生了不可低估的消极影响。

疫情以来，以色列社会对中国负面认知的上升除了受到西方主流媒体的误导之外，也暴露了两国民众之间更深层次的文化隔阂。以色列和中国是世界上的两大文明古国，虽然两国拥有深厚的历史友谊，但是意识形态截然不同，民心相通尚存阻碍。相比较而言，中华文化与犹太文化属于东西方异质文化，在理解方式和思维模式上有许多根本性差异，这也加剧了双方合作、协调时的难度。以色列驻华大使馆公使高飞（Ophir Gore）曾谈道："两国文化差异或成阻碍……在交往中，有些华人甚至认为以色列人非常鲁莽无礼，但其实只是因为不够了解对方文化而已。"[1] 兰德公司关于中以关系发展的文章也认为，虽然中以关系发展迅速，但仍有许多以色列官员、民众对中国缺乏认识，甚至基本不了解。[2]

### （三）中美紧张关系加剧是影响中以人文交流的间接因素

"以美特殊关系"一直是制约中以关系的间接因素之一。新冠肺炎疫情的暴发没有成为中美双方合作的契机，反而加剧了两国的博弈。首先，美国政客

---

[1] 《以色列公使高飞：共享经济在以大有可为　两国文化差异或成阻碍》，搜狐网，2017 年 7 月 13 日，https://www.sohu.com/a/156822484_ 649045。

[2] "The Evolving Israel-China Relationship," RAND, 2019, https://www.rand.org/pubs/ research_ reports/RR2641.html.

348

借机煽动以色列在"一带一路"建设中"过度依赖中国"的言论。随着中美贸易摩擦越发激烈，尤其是拜登上台以来，中国与美国高层战略会谈中的正面交锋增多，中国与以色列各领域的交往也面临着巨大的挑战。以色列投资局亚太区总监阿维·卢夫顿（Avi Luvton）曾说，以色列对美中关系非常敏感，与美国有联系的以色列公司应该有清醒的认识。[1] 在美方的压力下，2019 年 10 月 30 日，以色列安全内阁宣布成立一个新的外国投资顾问委员会，旨在从国家安全角度着眼监管外国投资。该委员会成立后，已经有多份中国公司收购以色列高科技公司的申请被搁置或冻结。如以色列媒体已经多次报道，美国向以色列施加了种种压力，要求以色列以美国海军舰艇安全不能保证为由，取消中国公司的经营权。[2] 2021 年 9 月，以色列总理贝内特访问美国，就中以关系交换意见，《耶路撒冷邮报》称总理贝内特可能对中国投资采取限制行动。[3] 另外，中国政府和以色列政府推动的中以创新合作联委会定期的年度活动是否会受到影响也值得关注。

其次，美国还不遗余力地游说以色列加入对中国"污名化"的进程，影响以色列对华舆论导向。美国总统拜登上台以来，以色列媒体中有关中国的负面报道有明显上升趋势。2020 年 8 月，美国国务卿蓬佩奥造访以色列，谈话中大肆宣扬"中国威胁论"。蓬佩奥的言论得到了以色列主流媒体的回应，对此，中国国内舆论普遍认为这在很大程度上是"以色列官方默认的结果"。

## 三　对深化中以人文交流的政策建议

为适应新形势，切实推进疫情下的中以人文交流，有效避免因分歧扩散而影响到双边经贸合作、政治往来的稳定性，需要两国在完善人文交流机制、夯

---

[1] "Will Post-Coronavirus World Bring Chill to Israel-China Relations?" Al-Monitor, April 21, 2020, https：//www.al－monitor.com/originals/2020/04/israel－china－us－benjamin－netanyahu－coronavirus-university.html.

[2] 余国庆：《新冠疫情对中美以三边关系和中东局势的影响》，中国社会科学院西亚非洲研究所网站，2020 年 5 月 15 日，http：//iwaas.cass.cn/xslt/zdlt/202005/t20200515_ 5129519.shtml。

[3] Lahav Harkov, "Bennett to Take Action on China Investments After Biden Meeting-Source," *The Jerusalem Post*, September 2, 2021, https：//www.jpost.com/israel－news/bennett－to－take－action-on-china-investments-after-biden-meeting-source-678553.

实人文交流基础、创新人文交流方式、发挥学术机构的作用、激发新闻媒体活力等方面做出不懈的努力。

### （一）完善人文交流机制

制度化、精细化的交流机制与规范化、长效化合作平台是中以两国人文交流顺利开展的基本前提与重要保障。中以人文交流机制的进一步完善离不开持续的政策沟通与协商。一方面，要继续延续两国人文交往的传统优势领域，确保中以创新合作联委会定期召开会议。2022 年 1 月 24 日，国家副主席王岐山在北京与以色列外交部部长拉皮德通过线上视频的方式，共同主持召开中以创新合作联委会第五次会议，并签署了《中以创新合作行动计划（2022 ~ 2024）》，见证了科技、卫生、文化、环保、清洁能源、知识产权等领域 7 项合作协议的签署，为人文交流进入新阶段奠定了坚实的政策基础。尤其以协同抗疫为契机，将事关"人类卫生健康"的"公共卫生安全"纳入中以创新全面伙伴关系建设和人文交流的日程中，及时提升中以在公共卫生安全领域的创新合作。另一方面，也要扩大疫情中以人文交流参与主体，逐步由政府搭台，搭建以非官方机构、文化教育组织、民间企业、社会团体等为参与主体的文化交流格局。进一步充分激发、动员和支持各省市区开展区域性合作，加强两国间文艺组织、艺术团、创意企业、学会、研究所等开展文化艺术节、博览会、论坛展览、公共信息等多形式的人文活动，加强政府与社会共同促进人文交流的合力。

### （二）夯实人文交流基础

在中以关系的发展演进中，机遇和阻碍一直是并存的。不应过分夸大外部不利因素对中以两国关系发展造成的负面影响。以色列各方曾多次表态，看好与中国的合作前景。以色列中国问题专家裴则男（Alexander B. Pevzner）就曾在接受采访时表示了对中国经济发展的信心，并对中国"一带一路"建设和国际合作抗疫做出高度评价。[①] 以色列情报部部长埃拉扎尔·斯特恩

---

① 《以色列学者：对中国经济发展充满信心》，国际在线，2022 年 3 月 8 日，https：//baijiahao. baidu. com/s？id = 1726719516537189877&wfr = spider&for = pc。

（Elazar Stern）也表示希望以中关系能再次蓬勃发展。此外，根据皮尔研究中心 2022 年 6 月公布的一项调查结果，48% 的以色列受访者对中国持正面看法，高于接受采访的其他西方国家受访者。① 对此，我们应深化双边传统友谊、夯实双边合作基础，通过聚焦优势领域减少外部不利因素对两国交往的影响。近年来，中国和以色列的双边经贸、科研合作取得重大进展，成为两国关系发展的重要引擎。尽管受到疫情影响，但中以 2021 年的进出口贸易额仍大幅超过了 2020 年。当前，我国已同以色列就自贸协定的签署进行了多次谈判，大多数观察人士一致认为，问题不在于以色列和中国是否会签署自由贸易协定，而是何时签署；美国虽然会对中以经济和投资关系的发展产生影响，但多半无法妨碍贸易协定的签署。② 自贸协定一经签署，两国在关税减免、进出口贸易、金融投资、市场准入等方面的合作无疑会更进一步。我国应抓住这一机遇，进一步推进与以方的经济、科技往来，为两国人文交流营造良好的基础与环境，给中以人文合作注入强大的经济动力和溢出效应。

## （三）创新人文交流方式

新冠肺炎疫情发生以来，电话沟通及视频会议成为人文交流的"新常态"，推特、抖音等新媒体大放异彩。应当对这些新现象进行梳理分析，借助科技和媒体推动人文交流，尤其要发挥新媒体在中以人文交流过程中的独特作用，大力传播中国文化。第一，继续加强中以友好的文化基础和感情纽带。中国传统文化和犹太文化的共同点、中犹人民的传统友谊是促进中以友好的无形资产，应不断加强这些中以友好的文化基础和感情纽带，促进两国关系健康发展。③ 第二，以造福民众卫生健康为目标深化卫生合作。中国-以色列医院合

---

① Tal Schneider, "After Years of Blooming Trade, Some See Israel-China Relationship Start to Sour," *The Times of Israel*, 3 August, 2022, https://www.timesofisrael.com/after-years-of-blooming-trade-some-see-israel-china-relationship-start-to-sour/.

② 弗拉基米尔·费奥多罗夫：《中以或将不顾美国施压 寻求机遇发展合作》，俄罗斯卫星通讯社，2021 年 8 月 19 日，https://sputniknews.cn/20210819/1034314173.html。

③ 潘光：《关于中国-以色列关系的回顾、评析和思考》，上海犹太研究中心，2021 年 2 月 1 日，http://www.cjss.org.cn/a/zhongwen/zhongxinchengguo/2021/0201/403.html。

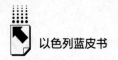

作联盟目前拥有 20 家中国医院和 40 家以色列医院。[①] 新冠肺炎疫情的暴发让两国进一步加紧了医疗卫生合作的步伐，两国未来应继续在医学创新转化、最新器械设备、创新药物等方面开展合作，加速双方医学技术再次提升。第三，提高中以人文交流中的国家品牌塑造力。在这方面，中以双方可着力打造符合对方国家民众社会习俗和接受度的文化产品；合作开发特色的旅游路线和旅游推介平台；加强友好城市的交流；等等。在疫情防控常态化背景下，线上活动已成为中以两国人文交往的主要方式之一，应着力搭建线上交流平台，创新线上活动的形式，丰富线上活动的内容，积极探索线上线下多样化的双边交流模式。

### （四）发挥学术机构的作用

高校、学术机构以数学、物理、化学、哲学、社会科学、历史、文学等为主体的基础研究和以实践为导向的对策研究是中国新型智库建设的重要内容，对促进中以相互了解，深化两国友好交往有很大的帮助。进一步强化高校对人文交流的积极作用能够为中以关系长期健康发展提供足够的智力支持与人才保障。因此，对于学术机构的智库作用应予以充分重视。第一，坚持派遣留学生赴海外留学，继续做好国际学生的工作，深化国际交流合作，着力打造"留学中国"品牌；第二，将人类命运共同体的理念融入学术研究与开放创新合作，提高研究的层次，依托国际化教学科研平台，大力培养翻译人才、国际贸易人才，以及空间网络信息技术人才；第三，引导与支持双方开展互访学习、夏令营、国际研讨会、联合研究平台建设等多种形式的活动与交流，加强两国科研机构、高校、学术组织之间的协作，共同打造中以人才培养、学术交流、联合研究立体化网络，将双方高校打造成输送人才、贡献智慧、搭建桥梁、传播共识的国际化交流平台。

受疫情的影响，双方学术机构应充分利用搭建的"互联网+"合作平台，探索新模式下的交流合作。中国与以色列在知识产权保护力度上的差异一直是双方人文交流合作中不时引发争议的问题。相较于以色列，中国在这方面的高

---

① "Spotlight: Israel, China Boost Partnership in Healthcare Sector," National Health Commission of the People's Republic of China, March 29, 2019, http://en.nhc.gov.cn/2019 - 03/27/c_74905.htm.

新技术管理体制还不完善，相关法律法规体系尚不健全，对专利和版权的保护力度仍不够。而疫情以来线上交流、数字交易方式的大规模使用对保护虚拟知识产权提出了更高的要求，加强对数字人文作品知识产权的保护，优化与完善版权登记程序，强化知识产权的创造和保护意识，着力提升中以网络信息资源的共知、共建、共享对于两国人文交流的长远发展至关重要。

### （五）激发新闻媒体活力

新闻媒体是大数据时代重要的信息载体，作为公众意识的表达，以色列媒体所塑造的中国国家形象反映并影响着以色列民众对中国的认知。然而，在一些问题上，一些误会和偏见还普遍存在。对此，可以从分析当前以色列媒体报道中的中国形象尤其是负面形象入手，完善对以传播策略，帮助两国消除文化和沟通的障碍，推动实现双方"民心相通"。第一，通过分析以色列媒对中国的负面报道及其成因，内视反听，对现行外宣政策进行评估与反思。第二，建构多层次的对以传播战略，在理论层面完善话语沟通体系、在制度层面定位外宣战略主基调、在经济层面客观呈现合作红利、在文化层面深化交流机制。第三，加强双边媒体合作，注重增量提质，拓宽宣传渠道，在宣传和新闻报道中掌握话语先机，淡化中国标签，通过构建自身话语体系打破西方话语垄断。第四，做好外宣阵地建设，强化驻以使馆的作用，有效落实外宣战略。第五，促进双边学术交流，共同研究媒体中的国家形象；不断培养更多的专业翻译人才，设立更多的项目平台，加强中国学术在以色列的推广和传播，讲好中国学术的故事，让以色列民众更多、更客观地了解中国、认识中国、理解中国，为两国人文交流与合作营造良好的氛围。

综上所述，新冠肺炎疫情暴发前，中以两国在创新全面伙伴关系的框架下不断深化合作，成果丰硕，人文交流亦十分活跃。疫情深刻地影响了中以人文交流在全球化进程中的互动格局，带来了人员往来受阻、负面舆情发酵、国际环境中的不确定因素增加等挑战；但同时，也带来了一些新的机遇。两国及时调整人文交流的内容与形式，在人才培养、学术交流、联合研发、文体交往、新闻媒体互动等方面取得了新的长足发展。未来，两国的人文交流合作将进一步发挥在增信释疑、深化友谊方面的独特作用，紧扣"人类命运共同体"的主题，谱写中以友好合作的历史新篇章。

# 附　　录
## Appendixes

# B.19
# 中以合作的典型案例

## [1] 广东以色列理工学院与中以高等教育
## 合作的新成果

裔传萍　林丹明*

广东以色列理工学院（GTIIT）于 2016 年 12 月 5 日获国家教育部批准设立，是一所以色列理工学院（Technion）与汕头大学合作创办的具有独立法人资格的中外合作大学，是我国目前唯一一所纯理工科中外合作大学，坐落于广东省汕头市。作为中以高等教育领域合作的代表项目，广东以色列理工学院一直得到中以两国政府的重视和支持。学校锐意进取，攻坚克难，打造了中以两国合作的典范项目。

广东以色列理工学院致力于建设成为一所具有国际公认高水平教育、科研和创新能力的研究型大学，依托以色列理工学院的百年名校基因和国际国内优质资源的支持，根植于博大精深的中国文化土壤，聚焦于环境、能源、人类健康等社会经济发展中的关键领域，开展教育教学创新，培养具有创新能力、全

---

* 裔传萍，广东以色列理工学院校长助理；林丹明，广东以色列理工学院副校长、教授。

球视野和人文素养的卓越工程师和科技人才。学校致力于成为世界一流的、兼容各种不同文化的研究型大学，从而在全球化进程中树立文化交流和教育合作的典范。学校的愿景是以一流大学为建设目标，力推创新研究、环境保护和社会繁荣，提升广东省的创新水平及竞争力，为中国和以色列的进步发展和人类福祉做出贡献。

以色列理工学院是世界顶尖的高等院校，在世界科研型大学榜单上常年位列前100，以"用技术捍卫自由、用创新供给世界"闻名于世。进入21世纪以来，有3位教师和1位校友获得诺贝尔奖。自1912年建校以来，以色列理工学院一直围绕最前沿的科技发展进行教学科研，致力于发展新技术并促进其转化，被公认为世界领先的创新创业生态系统之一，是杰出的科学家和未来成功企业家的"孵化器"。广东以色列理工学院全面引入了以色列理工学院基于"知识三角"模式的办学理念，充分发挥教育、研究和创新三方面结合所产生的协同优势，致力于先进科技、创新创业教育与研究；借助以色列理工学院在技术商业化方面的经验，建立了有效的技术转化激励和保障机制，鼓励全校师生和研究人员将自己的技术发明和发现商业化，申报知识产权专利，催化、孵化新产品、新工艺。学校各部门及时高效地为师生的技术转化提供政策咨询、行政支持和服务。同时，学校不断密切与地方政府、国内中以科技创新合作机构和其他高等学校在相关领域的合作，为科技成果的转化搭建平台。

# 一 中以合作进展

## （一）加速推进专业和学科建设，优化师资队伍

学校全面引进以色列理工学院的专业教育标准，首期开设生物技术、化学工程与工艺、材料科学与工程三个本科专业，于2017年开始招收本科生，2018年开始依托以色列理工学院招收硕士研究生和博士研究生。2020年、2021年先后增设数学与应用数学、机械工程两个本科专业并招生；2022年4月获批增设化学本科专业并开始招生。

2018年，学校进入广东省高水平大学建设计划，是入选该项计划最年轻的高校，材料科学与工程、食品科学与工程、化学工程与技术、环境科学与工

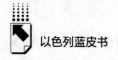

程四个学科被列为广东省重点建设学科。2019 年，材料科学与工程、化学工程与技术两个学科获批为珠江学者设岗学科。2020 年，材料科学与工程专业入选省级一流本科专业建设点。2021 年，学校被批准为本科学位授权单位，生物技术和化学工程与工艺专业入选省级一流本科专业建设点。

学校大力开展师资队伍建设，高起点建设国际化的师资队伍。借助以色列理工学院的学术声誉和学术平台，严格按照以色列理工学院的标准，从全球各地引进教学科研人员，初步形成了一支国际化的高水平师资队伍。60% 以上的教师由以色列理工学院直接派遣，其余教师由以色列理工学院按其学术标准进行全球招聘。截至 2022 年 10 月，广东以色列理工学院共有 115 名教学科研人员和 82 名教学科研辅助人员，来自以色列和美国等 27 个国家和地区，其中包括诺奖得主、中国科学院院士、加拿大工程院院士、长江学者、国家杰青、珠江学者等高端人才。

### （二）人才培养效果卓著，校区建设迅速推进

截至 2022 年 10 月，学校共有在校本科生 1010 名。据不完全统计，我校 2022 届本科生目前共收到来自全球 92 所高校的录取通知共计 370 份，其中来自位列全球前 50 高校的超过了 60%。学校的人才培养质量得到众多国际顶尖大学的认可。

在研究生教育教学方面，广东以色列理工学院依托以色列理工学院招收培养硕士研究生、博士研究生，研究生招生参照以色列理工学院的标准和模式，学生毕业后颁授以色列理工学院学位证书。截至 2022 年 10 月学校共有在校研究生 64 名，其中博士研究生 30 名，硕士研究生 34 名；另有 2 名硕士研究生顺利毕业。学校与以色列理工学院密切合作，联合培养，通过双导师制度，确保研究生培养质量，支持研究生参与国际前沿性、高水平的科研工作，致力于为广东省建设发展培养和输送具有创新能力的高素质人才。

学校积极鼓励学生参加各类创新创业比赛和专业竞赛，取得了多项优异成绩，包括霍特奖大湾区创新挑战赛冠军，"外研社·国才杯"全国英语写作、阅读大赛三等奖等。同时，学校积极开展升学指导与校园招聘，助力学生实现高质量就业，还举办了以色列相关企业就业创业对接会，组织多家以色列在华企业、中以科技产业园以及珠三角和粤东地区知名企业的代表到场与学生进行

交流，并就科研、学生实习实践、就业等方面探讨合作可能，共同培养面向产业实际需求的人才。

办学以来，在中以双方的合作下、在省市两级政府的全力支持下，学校的校区建设工作快速推进。北校区已经建成，全面投入使用。该校区总建筑面积10.17万平方米，包括教学实验楼、科研楼、行政楼、教学楼、食堂、学生宿舍、教工宿舍及配套设施等。其中，教学实验楼和科研楼的建设均对标世界一流大学的实验设施水平，投入使用之后，极大地改善了学校的教学科研环境。学校南校区（主校区）规划建筑面积28.3万平方米，第一期建设的内容包括教工宿舍、学生宿舍、学术交流楼、体育场馆等，自2021年9月陆续投入使用；第二期项目包括教学楼、科研楼、图书馆等，第三期工程为校区周边道路和跨大学路人行天桥，预计于2022年年底竣工。

### （三）开展中以科研合作，搭建协同创新平台

学校大力推动科研活动的开展，鼓励教师积极参与科研项目申报和科研平台建设，取得了可喜成绩。与以色列理工学院签署了科研合作协议，设立专项的科研合作基金，鼓励两校的科研人员根据各自的专业领域和方向组成学术团队，积极申报国内外以及校内的科研项目和经费。学校教师已获批国家自然科学基金项目、广东省自然科学基金项目等73项；在国际同行评审学术期刊上共发表论文634篇，其中约91%的论文被SCIE和EI收录，46%的论文发表在排名前15%的国际期刊上，9%的论文发表在影响因子高于10的顶尖学术期刊上，有2篇论文被科学网（Web of Science）评选为领域内高被引论文。

2020年，学校实用新型专利成果首获国家知识产权局授权；2022年3月，学校发明专利首获美国专利商标局授权。目前，学校共有16项专利申请正在被审核，包括5项国际专利。2021年，学校"极端条件下未来功能材料的基础与应用研究"项目入选2021年广东省科技创新战略专项资金（基础研究重大项目）计划，同时，我校的"广东省能量转换材料与技术重点实验室"项目申请获批，实现了省重点实验室建设项目"零的突破"。

学校积极参加中以科技创新投资大会、中国创新创业成果交易会，推动以色列科技成果对接广东产业。2021年，在以色列理工学院T3技术转移中心的支持下，学校成立了科创中心，助推以色列技术在粤港澳大湾区的商业化和孵

化。同时，学校联合以色列理工学院，与广州国际生物岛、江苏产业技术研究院等单位合作共建中以科创合作平台。2021年，学校9项科研成果首次亮相中国创新创业交易会以色列展区，师生共创项目聚焦绿色低碳、科技智能等领域，在项目路演、论坛、项目展示等环节中大放光彩。学校2021年还签订了3项创新平台合作备忘录和7项产业（含医院）技术合作项目。学校积极响应人才服务企业的号召，25位教师及科研人员入选2021年度广东省科技厅企业科技特派员项目，占汕头地区总数的40%。学校先后成功组织了10余场国际学术会议和80多场学术讲座，邀请了众多以色列籍和其他外籍顶尖学者前来参会和开设讲座。2021年起，学校推出了"GTIIT-Technion科技领军人物系列讲座"，邀请了诺奖得主阿龙·切哈诺沃教授和以色列抗新冠药物EXO-CD24研发者纳迪尔·阿尔伯教授等为师生带来精彩讲座。

### （四）密切与以色列理工学院的学生交流，持续推进国际化人才培养

学校不断拓宽与其他国家和地区高校尤其是以色列高校的交流深度和广度，致力于加强学生的对外交流工作，提升国际化办学水平。学校与以色列理工学院签订有办学协议，在校生均有机会前往以色列理工学院进行一个学期或者一个暑期的交换学习。此项目一直受到双方的高度重视，但2020年以来因受疫情影响，该计划被暂时搁置。

2019年，学校被纳入以色列理工学院的国际交换网络，学生有机会前往以色列理工学院在全球近100所世界一流的合作院校进行交流学习，拓展境外学术和文化体验。2020年广东以色列理工学院共18名本科生报名参加国际交换项目并通过校内审核获得交换资格，收到康奈尔大学、麦吉尔大学、南洋理工大学等世界名校的邀请函。由于受疫情影响，2021年赴国外交换学习的学生较少，一名本科生于2月前往洛桑联邦理工学院开展一学期的交流学习，另一名本科生于11月前往慕尼黑工业大学交换学习。

### （五）深化中以人文交流，丰富师生校园生活

广东以色列理工学院与以色列驻华大使馆和以色列驻广州、驻上海总领事馆保持着密切友好联系，多次互访。在以色列使领馆的支持下，广东以色列理工学院举办了多场文化活动，包括"爵士乐"音乐表演、以色列木偶剧、以

色列花卉艺术展等，丰富了学校师生的精神和文化体验。

广东以色列理工学院定期组织外籍教师游览活动，促进外籍教师对潮汕地区文化和风俗民情的了解。值重要的中国和以色列传统节日之际，如中国的春节、端午节、中秋节，和以色列的犹太新年、光明节等，学校会举行简单的庆祝活动，制作传统节日美食，促进中以师生对彼此文化的认识和了解。

2022 年中以建交迎来三十周年，作为两国在高等教育领域合作的重要项目，广东以色列理工学院为中以科教合作奠定了坚实的基础。未来，学校将继续积极推动中国与以色列两国相关部门在教育、科技、文化等领域合作，加大力度开展教育、研究、学术交流和知识转化相关的活动，致力于成为中以两国科技、教育、文化战略合作的核心平台，努力为中以两国科技、教育、文化合作做出更大的贡献。

总之，经过五年的发展，广东以色列理工学院初步积累了优质人才资源和其他办学资源，与以色列理工学院的学术对接日趋深入，专业布局和学科布局逐步优化，教学质量已充分显现，具有广阔的发展前景。在学校即将迈入新发展阶段之际，广东省委、省政府加大支持力度，敦聘中国科学院院士、著名物理学家龚新高教授出任校长，与此同时，以色列理工学院资深教授、原以色列科学基金会精准科学部主任大卫·格舒尼（David Gershoni）教授和原以色列理工学院执行副校长韦恩·卡普兰（Wayne Kaplan）教授也相继履新学校常务副校长和学术副校长，学校师资队伍建设明显提速。所有这些，都为学校下一阶段的发展提供了新的动力。

## 二 2022年对以合作计划

（一）承接、提炼以色列理工学院的跨学科研究特色整合学科力量，逐步建设具有国际先进水平的跨学科研究中心，学校拟设立可持续环境研究中心、医疗健康科学工程研究中心和先进理论科学研究中心。各研究中心将整合学校教学科研力量，引进全国、全球各地的顶尖科技人才，以学科交叉融合和产业对接等方式，辐射带动化学、生物医学、物理学、计算数学、信息技术等相关学科领域的发展，用多学科方法在关键领域形成临界科研规模，产出高水平成果，带动学校的整体发展。

（二）在建设跨学科研究中心的基础上，学校拟建设中以联合创新实验室。在以色列理工学院的支持下，学校引进以色列先进技术，培养吸收先进人才，促进中以两国技术交流、合作创新。该中以联合实验室将以学校高水平教师团队为基础，以先进的实验设备和良好的环境为支撑，瞄准国际科研发展前沿，结合地区经济和环境建设面临的实际问题，进行结合中以先进技术及需求的多学科研究创新。

（三）设立中以"种子基金"项目，继续提升学校与以色列理工学院教师的互动，提高双方科研合作机会。

（四）重新启动学生赴以色列理工学院交流学习计划，做好2019级学生前往以色列理工学院学习的各项准备工作。

# ［2］ 中以常州创新园的发展模式及其经验

陈顺明　许成凯　季昊*

## 一　园区概况

中以常州创新园（China Israel Changzhou Innovation Park，CICP）发端于2008年江苏省政府与以色列工业、贸易和劳工部签署的《江苏与以色列关于民营企业产业研究和开发双边合作协议》，2009年便引进第一家以色列高科技企业——乐康瑞德（LycoRed）公司入园发展，2013年8月被国家发改委认定为首批四个"中以高技术产业合作重点区域"之一。

2014年5月，科技部、江苏省政府与以色列经济部签署协议共建中以常州创新园，成为国内首个由中以两国政府签约共建的创新示范园区。2015年1月，在中以创新合作联委会第一次会议上，时任中国国务院副总理刘延东和时任以色列外交部部长利伯曼共同为"中以常州创新园"揭牌。

中以常州创新园是目前我国唯一纳入中以创新合作联委会与中以经济技术合作机制两个国家级合作机制的合作园区。2021年，园区启动新一轮规划调整，总规划面积约72.8平方公里，位于常州市"科技走廊"及西太湖之滨。园区管理机构为中以常州创新园管理办公室，2022年3月经江苏省委机构编制委员会批准升格为中以常州创新园党工委、管委会。

## 二　园区发展成效

中以常州创新园成立8年来，坚持以"争当中国以色列创新合作领航者"为使命，致力于打造"创新浓度最高、创业热度最高、人才密度最高"的国际化科创园区，在全国中以创新合作领域内保持合作机制、合作模式、合作成

---

* 陈顺明，中以常州创新园管理办公室副主任；许成凯，中以常州创新园管理办公室科技人才部部长；季昊，中以常州创新园管理办公室科技人才部科员。

果三个领先。合作机制方面：在中以创新合作联委会机制框架下，园区与以色列驻华使领馆、以色列创新局等单位保持常态化沟通，推进务实合作；江苏省成立由副省长为组长的中以常州创新园发展工作协调小组，常州市成立由书记、市长为双组长的中以常州创新园工作领导小组，整合全省、全市相关资源支持园区建设发展。合作模式方面：园区坚持"中以共建"总原则，聘请以色列知名设计公司参与规划建设，先后建成各类创新载体面积近 30 万平方米，"基布兹"犹太国际社区——中以国际创新村一期建成投用，设置有以色列文化活动中心、洁食餐厅等；建成江苏省中以产业技术研究院、以色列江苏创新中心等一批特色鲜明的创新平台，"1—100""100—10000"孵化加速机制和放大效应正逐步显现。合作成果方面：累计引进以色列独资及中以合作企业 160 家，主要集中在智能制造、生命健康、数字经济、现代农业四大产业领域；先后参与四次中以创新合作联委会会议，承办五届中以创新创业大赛，举办"中以创新合作与产业投资大会"、"中以国际医疗科技产业高峰论坛"以及大量中以技术合作路演活动，并打造了"中以园公开课"、"你好，以色列"文化沙龙等一系列科技人文交流活动。

园区发展成效获得了中以双方的高度评价。2018 年 9 月，国家副主席王岐山调研园区，对园区工作予以充分肯定并提出殷切期望。2021 年 6 月，以色列驻华大使潘绮瑞访问中以园，对园区发展成效给予了高度评价，并表示将致力于把园区打造成两国创新合作"皇冠上最闪亮的宝石"。2021 年 11 月 17 日，国家主席习近平在与以色列总统赫尔佐格的通话中肯定中以常州创新园为中以合作"标志性项目"之一。

## 三 特色亮点

### （一）中以常州创新园共建计划

2016 年，时任中国国务院副总理刘延东与时任以色列总理内塔尼亚胡在中以创新合作联委会第二次会议上共同为"中以常州创新园共建计划"揭牌，首次从两国政府层面为以色列企业来华落户发展提供商务指南。"共建计划"由园区与以色列创新局共同推进实施，自 2017 年启动以来，已累计推动 40 多家以色列企业申报"共建计划"，20多家通过创新署审核，17家企业签约落户园区。园区还将与以色列创新局进一步沟通，共同推出支持结构更加完善的"共建计划"3.0版，为以色列企业落户发展提供全方位支撑服务。

### （二）中以共建创新平台

1. 江苏省中以产业技术研究院。该研究院是由江苏省产业技术研究院与常州市2019年合作共建的新型研发机构，是园区创新体系的核心载体，也是江苏省产业技术研究院旗下唯一针对重点国别的二级院所。研究院实行理事会领导下的院长负责制，公司化运营，聘请香港科技大学李泽湘教授担任院长。研究院计划建设智能制造和机器人、生命健康、新一代信息技术三大公共服务平台。目前，智能制造公共服务平台（固立高端装备创新中心）已基本建成，并与常州大学、以色列本-古里安大学、以色列机器人协会开展人才培养、技术合作，每年开展四期中以科创训练营。生命健康公共服务平台，已建骨科与运动康复产业支撑平台、荧光RNA（核糖核酸）分子检测平台、生物交叉联合实验室等子平台。研究院与以色列前沿的生命科学创新研究机构趋势线（Trendlines）集团合资共建了中以常州创新园-趋势线生命科学联合实验室，旨在支持江苏省内生命健康领域企业开展离岸研发业务，推进以色列创研机构根据中国企业需求开展定向创新。前期通过中以常州创新园补助资金降低企业投入成本，同时研究院获得后期研发产品商业化的市场收益，实现国资保值与可持续发展。

2. 以色列江苏创新中心。为进一步拓展对接以色列一线创新资源，园区于2019年在以色列特拉维夫核心商务区设立以色列江苏创新中心作为离岸创新平台，拥有一站式开放办公和路演会展场地，由园区团队与以色列专业经理人团队共同运营。这是中国在以色列设立的首个省级创新中心。2020年8月，依托该中心，江苏省商务厅与常州市签约共建省驻以色列经贸代表处。截至2022年10月，创新中心已有15家以色列企业入驻，并累计协助中以双方企业开展技术对接200余次。目标是打造"中以合作的标志性窗口"。

3. 以色列模式孵化加速器。由园区支持、以色列专业团队运营的艾斯瑞孵化器于2010年投入使用，为以色列项目发展提供全周期的创业服务，目前已入驻以色列企业8家，其中主营咖啡研磨机的HeyCafé公司被瑞士"磨王"

收购，主营汽车电子设备的泰迪泰迩（Taditel）2021 年产销过亿元，摩希（Moshe）创新加速器于 2020 年投入使用。

### （三）中以合作"新工科"教育

园区借鉴以色列创新人才培育经验，大力开展"新工科"教育。依托国内"新工科"教育领军人物李泽湘教授和常州固立高端装备创新中心，园区联合常州大学等本地高校和以色列知名高校、科研院所，大力开展"新工科"创新创业人才的联合培养。截至 2022 年 10 月，常州大学机器人产业学院已常驻园区进行本科阶段教学，在培养本科生共 130 名。针对学生深造路径，园区与以色列本-古里安大学、常州大学共同签署研究生联合培养项目合作协议。

在此基础上，园区承担国家全面创新改革揭榜任务，也是常州市首次承担国家全面创新改革试验任务。结合"全创改"任务和"十四五"期间为常州培养 1000 名本土创新创业人才的目标要求，园区正在联合河海大学、江苏大学以及以色列知名高校开展合作，打造"中以科创学院"，目标是建成一所中以合作"新工科"特色的新型高校，成为中以合作办学的典范。

### （四）构建辐射全国的中以创新合作网络

园区坚持"立足常州，服务江苏，辐射全国"开展中以技术合作。园区以线上线下相结合的形式，大力推动中以企业开展技术对接合作，赋能区域产业技术迭代升级。线上打造"中以创新汇"技术合作平台，线下依托专业团队提供技术合作评估与全程跟踪服务，帮助中方企业高效对接以色列创新资源并达成技术合作。园区承接科技部"对以科技创新合作联盟"相关工作，牵头建设中以创新园区合作联盟，做好对以合作资源统筹协调工作，推动共赢发展。加强园区发展经验和模式的输出，推动在国内其他园区合作建立产业创新中心，已与蚌埠等地签约共建"现代农业创新中心"。

### （五）中以常州创新园天使投资专项资金

学习借鉴早期以色列政府设立引导基金支持创新发展的模式，中以常州创新园天使投资专项资金由江苏省科技厅和常州市各出资 5000 万元设立，总规模 1 亿元。针对落户园区的以色列独资、中以合资合作企业提供专项资金支持。该专项资金不占企业股权，若企业获得社会风险投资和创业投资机构融资，专项资金按不超过 1：1 比例配套支持，若企业获得重点企业投资，专项资金按不超过3：7比例配套支持。企业发展成功了，则在下一轮融资时免息归还配套支持资金；失败了，则直接改为拨款，无须归还；单个企业支持金额不超过 500 万元。目前，该专项资金由江苏省产业技术研究院和中以产业技术研究院专业团队负责管理实施，已支持 2 家企业。

# 四 中以技术合作典型案例

## （一）趋势线与森以创业投资中心（投资驱动型）

2021 年常州本土知名骨科器械龙头企业——常州华森医疗器械股份有限公司设立"森以创业投资中心"。由华森医疗、东仁基金等合作组建总规模为 1 亿元的投资基金，与以色列知名孵化器趋势线合作，依托华森现有产业基础与趋势线的项目孵化资源和技术创新网络，共同针对骨科医疗器械方向的初创型项目进行引进、投资和服务，目前已导入 PMMA（Polymethyl methacrylate，聚甲基丙烯酸甲酯）骨水泥、正合生物倒刺线、胶原蛋白人工骨等项目入园孵化，开创了"产业+技术+孵化+投资"的国际合作新模式。

## （二）艾维特（AVT）与征图新视（竞争转合作型）

以色列艾维特公司是全球领先的印刷检测系统和检测设备制造商。征图新视（江苏）科技有限公司是国内领先的印刷检测系统和检测设备制造商，整体技术实力位居国内行业第一。艾维特与征图新视两家公司产品类似，且都具备精湛的设计和制造能力，属于同行竞争者。

2016 年 4 月，艾维特与征图新视开始交流对接并迅速敲定合作，联合开发 100% 全检的高性价比检测系统。同年 10 月，双方共同开发的猎鹰系列（FA-Falcon）新产品成功亮相上海全印展，填补了国内在该领域的技术空白。

经过此次合作，双方从全球市场的有力竞争对手转变为战略合作伙伴，实现了真正双赢。征图新视公司凭借此次合作，跻身国内一流视觉检测品牌，并为打开全球市场奠定了坚实基础，目前已成为上市后备企业。

### （三）佳控（GALCON）等与绿溍农科（独家授权型）

佳控是以色列灌溉控制系统供应商，伯尔梅特（Bermad）是以色列流体控制技术供应商，艾瑞（Ari）、纳安丹吉（NaanDanJain）是以色列灌溉物料设备供应商。这些以色列企业都是国际知名农业技术研发制造公司。江苏绿溍农业科技股份有限公司专注于为规模化农场提供成套定制解决方案，是中国农业节水和农村供水技术协会灌排分会理事单位。

绿溍农科长期作为以色列佳控、伯尔梅特、艾瑞、纳安丹吉等国际农业知名品牌产品的中国市场代理，融合其产品和技术，针对中国市场特点进行合理优化，打造出国内领先的现代化大型农场水肥一体化精准智能灌溉技术，业务遍及华东华南地区。

### （四）迈拓医疗（Meditouch）与钱璟康复（代理转研发型）

以色列迈拓医疗公司专注于康复设备研发生产与销售，在运动控制、远程康复、防摔倒（姿势控制）等细分领域技术均处于全球领先地位。江苏钱璟康复医疗科技有限公司业务涵盖各级综合医院康复科、康复医院，荣获康复行业中国驰名商标，致力于提供实用设备和有价值的解决方案。

2016年，钱璟康复与迈拓医疗合作，为迈拓医疗的"全身运动反馈训练系统"开展临床学术指导及普及应用，并实现该产品每年交付量100套以上。2018年，迈拓医疗推出了"应激平衡训练产品"，钱璟康复为其在国内建立了培训基地，包括在常州市第一人民医院完成建设"中以运动康复实验室"，并逐渐向苏浙沪各重点科研机构推广该产品。

### （五）艾利姆（Allium）与诺瑞思医疗（二次开发型）

以色列艾利姆公司拥有全球领先的泌尿外科医用支架产品技术，专注于膀胱、肾脏等相关疾病的治疗。江苏诺瑞思医疗器械有限公司在泌尿外科支架研究方面有着较强的研发能力和丰富的临床经验。

2015年双方签约合作。诺瑞思从艾利姆引进四款泌尿外科医用支架的生产技术，开展新型泌尿外科支架的国产化工作。该系列产品利用艾利姆公司独有的三维覆膜打印技术，其材料具有高度的生物相容性，对比同类产品极大地提高了患者的舒适度。由于艾利姆公司没有我国患者临床数据，双方根据我国患者的实际情况对尿路支架的结构进行了验证和技术改进。支架三维覆膜打印技术的引进填补了我国该领域的技术空白。2018 年 4 月，该款覆膜尿路支架系统取得了国家三类医疗器械注册证。

# B.20
# 2021年国内以色列研究评述

黄林超　韩博雅*

2021年，新冠肺炎疫情仍在世界范围内肆虐，但中以两国在政治、经贸、创新、人文等领域的交流与合作仍保持良好态势，同时，中国学者在对以色列的研究中取得了丰硕的成果。据不完全统计，2021年国内学术界共出版犹太-以色列研究著作18部/辑，其中学术著作6部，学术译著4部，文学作品4部，研究报告集1部，学术集刊3辑；发表期刊论文90余篇，硕博学位论文近60篇。研究内容涉及以色列的历史、政治、安全、经济、创新、外交、社会、宗教、思想文化等诸多领域。

## 一　著作

### （一）学术著作

2021年国内共有6部关于犹太-以色列的学术著作出版发行。艾仁贵的《马萨达神话与以色列集体记忆塑造》[①] 运用多学科交叉研究的方法，从集体记忆的视角展开论述，分上、中、下三个篇章系统地剖析了马萨达的历史面貌、马萨达精神的民族化与马萨达神话的重新解构。该书展现了马萨达神话与犹太民族主义、现代以色列国家构建的内在关联，深度解读了马萨达精神成为现代以色列国族集体认同的历史与现状、真实与虚构。李晔梦的《以色列科研体系的演变》[②] 在以色列现代民族国家构建的历史大背景下，全面梳理了以色列建国后科研体系的建立、发展与完善的发展脉络。从科技史的角度探讨科

---

\* 黄林超，郑州大学历史学院硕士研究生；韩博雅，郑州大学历史学院博士研究生。
① 艾仁贵：《马萨达神话与以色列集体记忆塑造》，社会科学文献出版社，2021。
② 李晔梦：《以色列科研体系的演变》，社会科学文献出版社，2021。

技发展与国家行为的互动关系是该书的突出特点，通过探讨以色列科研管理和科技事业与以色列国家经济发展的联系，不仅有助于深化对以色列民族国家构建、社会与经济发展的研究与认识，而且对于我国科研事业的发展与创新驱动发展战略的实施具有启发与借鉴意义。

宋永成的《苏联犹太人研究（1941~1953）——以犹太人反法西斯委员会为中心》①选取苏联犹太人反法西斯委员会为着眼点，主要论述了从1941年苏联卫国战争爆发到1953年斯大林去世这一重大历史时期苏联犹太人在反法西斯战争中的贡献及战后苏联国内的反犹运动。该书视角新颖，运用了大量档案资料，呈现了苏联犹委会案件与全国性反犹运动的历史事实，不仅为二战和冷战史提供了新视角，而且进一步补充了国内学界对于苏联犹太人的研究。孟茹玉的《美国犹太人价值认同研究》②聚焦于美国犹太人这一群体，以价值认同为研究视角，深入研究了美国犹太人价值认同的基础、历史流变、现代张力、构成逻辑及教育路径等几个方面。同时，该书在马克思主义价值理论的基础上，以思想政治教育为立足点，探讨了美国犹太人价值认同教育对社会主义核心价值观教育的启示。

王健、罗婧等在对上海犹太难民纪念馆和虹口区档案馆内收藏的大量犹太难民档案和实物资料加以整理和研究后撰写了《档案中的上海犹太难民》③一书。该书以丰富翔实的资料生动展现了犹太难民逃亡上海的历程和隔离区生活的艰辛，充分呈现了二战时期中国人民救助犹太难民的伟大事迹以及中华民族与犹太民族的患难与共，进一步补充了上海犹太难民研究。肖飚的《辛西娅·欧芝克小说中的犹太性研究》④以美国犹太女作家辛西娅·欧芝克的小说、散文为研究主体，将历史研究与文本分析相互结合，从新历史主义批评、女性主义批评、文化研究和后现代叙事研究等多个视角，全方位、深层次地剖析了辛西娅·欧芝克及其作品。同时，该书回顾了美国当代犹太小说的历史，探究了欧芝克作品和美国当代犹太小说中的犹太性及其艺术表现形式。

---

① 宋永成：《苏联犹太人研究（1941~1953）——以犹太人反法西斯委员会为中心》，商务印书馆，2021。
② 孟茹玉：《美国犹太人价值认同研究》，商务印书馆，2021。
③ 王健、罗婧等：《档案中的上海犹太难民》，上海交通大学出版社，2021。
④ 肖飚：《辛西娅·欧芝克小说中的犹太性研究》，中国社会科学出版社，2021。

### （二）学术译著

2021 年，国内有 4 部与犹太史相关的学术译著出版发行，内容涉及犹太历史、犹太教等。西门·沙马的《犹太人的故事：漫长的流离（1492—1700）》① 为"犹太人的故事"系列著作的第二部。该书采用由点及面、以小见大的叙述方式，梳理了 200 余年间犹太人颠沛流离、夹缝生存的流散历史。保罗·约翰逊的《犹太人四千年》② 则全面梳理了从犹太人起源到 20 世纪以色列建国的犹太民族历史，内容包含犹太人的诞生与发展、政治与宗教、流散与大屠杀以及犹太复国主义运动等诸多专题，以翔实的资料和新颖的视角将犹太民族的历史展现出来。塞西尔·罗斯的《犹太人与世界文明》③ 着重探究了犹太人对世界文明的贡献，内容涉及西方文明、地理大发现、文学、思想、艺术、经济、医学和自然科学等诸多领域，系统性梳理了犹太人在人类文明中做出的贡献，展现了犹太民族的历史成就，有助于读者更多地了解犹太民族与犹太文明。

另外，厄休拉·培根的《上海日记：犹太女孩二战来华避难纪实》④ 以一个犹太女孩的口吻讲述了二战时期上海犹太难民的故事，真实再现了二战时期犹太难民颠沛流离的历史情境，也展现了二战时期犹太人与中国人民的珍贵友谊。

### （三）文学作品

2021 年，国内出版了一些关于犹太-以色列的文学作品与译著。奥莉·卡斯特尔·布鲁姆的《回归以色列：一部埃及犹太人的小说》⑤ 讲述了一个埃及犹太家庭在 20 世纪 50 年代移民以色列的故事。该书把历史与传记两种叙事方

---

① 〔英〕西门·沙马：《犹太人的故事：漫长的流离（1492—1700）》，黄福武、黄梦初译，化学工业出版社，2021。
② 〔英〕保罗·约翰逊：《犹太人四千年》，管燕红、邹云译，世界图书出版公司，2021。
③ 〔英〕塞西尔·罗斯：《犹太人与世界文明》，艾仁贵译，商务印书馆，2021。
④ 〔德〕厄休拉·培根：《上海日记：犹太女孩二战来华避难纪实》，虞丽琦译，新星出版社，2021。
⑤ 〔以〕奥莉·卡斯特尔·布鲁姆：《回归以色列：一部埃及犹太人的小说》，王建国译，外语教学与研究出版社，2021。

式相结合，刻画了一批渴望安定、争取生存的普通犹太人形象。

巴尔特·范埃斯的《被隔绝的女孩：二战中的荷兰犹太人和地下抵抗运动》① 通过独特的视角展现了二战时期荷兰一个犹太女孩的经历，资料丰富，语言文字饱满而又生动，使人有身临其境之感。丹·夏维特的《安娜与我》② 则讲述了第三次中东战争与第四次中东战争期间以色列一对夫妻的故事，为读者展现了那个时代以色列人面临的压力与困境。此外，以色列著名漫画家阿萨夫·哈努卡的自传漫画合集《现实主义者》③ 以其与众不同的绘画风格和精美绝伦的图像而备受欢迎，其内容诙谐幽默而又紧贴现实生活。

## （四）研究报告集

社会科学文献出版社以色列蓝皮书系列出版发行了国内第七部有关以色列的研究报告《以色列蓝皮书：以色列发展报告（2021）》④。内容分总报告、分报告、专题篇、创新篇、对外关系篇、中以合作篇和附录共七个部分，总结概括了 2020 年以色列的总体形势与基本国情，并对世界犹太人状况进行了概述与展望；分别阐述了以色列公共卫生系统应对新冠肺炎疫情的经验教训、以色列与流散地犹太人的关系、2020～2021 年以色列的经济形势；对以色列的住房问题、基布兹改革、荒漠化应对等议题，以及以色列境内的非犹太移民、伊拉克犹太人、亚德·瓦谢姆纪念馆对大屠杀教育的推广等进行了专题研究；重点关注了以色列技术在防控新冠肺炎疫情中的应用、以色列的数字经济、军民融合、英才教育等内容；系统分析了以色列的外交战略、以色列和巴勒斯坦的关系，尤其是以色列和阿联酋、摩洛哥等阿拉伯国家的关系正常化；聚焦于中以重点领域创新合作、中以知识产权合作的现状与展望、以色列创新文化在中国的传播等主题。该报告科学客观地反映了当前以色列社会的总特征，对于全面认识与理解当前以色列、加强中以合作与交流有着重要的参考价值与学术意义。

---

① 〔荷〕巴尔特·范埃斯：《被隔绝的女孩：二战中的荷兰犹太人和地下抵抗运动》，成琳译，社会科学文献出版社，2021。
② 〔以〕丹·夏维特：《安娜与我》，韩雨苇译，广西师范大学出版社，2021。
③ 〔以〕阿萨夫·哈努卡：《现实主义者》，张琦译，广东旅游出版社，2021。
④ 张倩红主编《以色列蓝皮书：以色列发展报告（2021）》，社会科学文献出版社，2022。

## （五）学术集刊

《犹太研究》是由山东大学犹太教与跨宗教研究中心主办、山东大学出版社出版的学术集刊，傅有德担任主编，陈家富、董修元任副主编。该集刊所收文章以犹太文化研究为主，尤其注重学术性较强的专门研究和热点问题研究，同时兼顾跨宗教研究及与犹太文化相关的比较研究。2021 年 6 月和 11 月，《犹太研究（第 17 辑）》① 与《犹太研究（第 18 辑）》② 分别出版。第 17 辑包含了对希伯来圣典的诠释、比较视域下的文本研究、当代语境的犹太政治、近代思潮中的犹太精神、研究综述与书评 5 个部分，以新视角解读犹太文化与经典文本成为其突出特点。第 18 辑收录了 14 篇论文，其中 9 篇文章为"文学、历史与读者"专题文章，以《希伯来圣经》文本研究为主，既包括宏观的思想观念研究，也有细致的文本分析，展示了当代多元化的释经方法；另外 5 篇文章有关犹太历史思想、现代以色列以及宗教研究。《犹太研究》是了解犹太民族及其文化的一个重要窗口。

《以色列研究》是由四川外国语大学以色列研究中心主办、社会科学文献出版社出版的学术集刊，陈广猛担任主编。2021 年 11 月，《以色列研究（第 2 辑）》出版。③ 该辑包括名家访谈、当代以色列、犹太研究、以色列与中东、书评等栏目，涉及以色列政治、美以关系、教育、以色列外交等领域，展示了以色列研究学者的新成果，有助于全面了解和认知当代以色列、犹太史与中东史。

# 二　期刊论文

## （一）以色列政治、安全和对外关系

### 1. 以色列政治与安全

以色列境内生活着大量的阿拉伯人，以色列阿拉伯人是以色列研究中不可

---

①　傅有德主编《犹太研究（第 17 辑）》，山东大学出版社，2021。
②　傅有德主编《犹太研究（第 18 辑）》，山东大学出版社，2021。
③　陈广猛主编《以色列研究（第 2 辑）》，社会科学文献出版社，2021。

缺少的一部分。隆娅玲、马晓霖的《以色列阿拉伯人族群身份与国家认同的历史变迁及现实困境》①从集体身份与国家认同的角度出发，分析了以色列阿拉伯人集体认同的复杂性与矛盾性。在此基础上，文章进一步指出，以色列阿拉伯人身份认同的矛盾与冲突的化解主要依赖于巴以双方关系的缓和以及巴以问题的和平解决。

"阿拉伯之春"自爆发以来深刻影响了中东地区局势与地缘政治，也改变了以色列所面临的国际和地区环境。王晋在《以色列对中东变局的认知及其应对》②中以"阿拉伯之春"以来的中东变局为线索，探究了以色列在中东变局下的新认知、新挑战、新判断和新应对。文章指出，经过"阿拉伯之春"的十年动荡，以色列以更加理性谨慎、积极自主的姿态在中东事务上发挥作用，其所面临的地区安全环境也得到了极大改善。

近年来，巴以冲突问题仍没有得到有效解决，因此巴以问题依旧是以色列研究中不可忽视的重要部分。陈天社、邢文海的《巴以百年冲突的多视角解读——兼评〈敌人与邻居：阿拉伯人和犹太人在巴勒斯坦和以色列，1917—2017〉》③首先分析了解读巴以冲突的传统视角，继而阐释了伊恩·布莱克的著作中提出的民族叙事的新视角，同时指出该著作非常重视普通民众对巴以冲突的体会与感受，认为从长远来看，两国方案仍是巴以冲突最可能的解决方案。成飞的《21世纪以来巴勒斯坦非暴力抵抗运动的内涵、实践与挑战》④深入探究了巴勒斯坦非暴力抵抗运动的内涵与特征、阶段与实践、问题与挑战，揭示了当前巴以冲突的新形势，分析了这一运动对未来巴以局势的潜在影响。

### 2. 以色列对外关系

长期以来，美以关系一直是以色列外交关系中的重点领域，也是国际关系研究中的热点话题。汪舒明、张忆南的《美国犹太组织与特朗普时期的美以

---

① 隆娅玲、马晓霖：《以色列阿拉伯人族群身份与国家认同的历史变迁及现实困境》，《世界民族》2021年第5期。

② 王晋：《以色列对中东变局的认知及其应对》，《当代世界》2021年第3期。

③ 陈天社、邢文海：《巴以百年冲突的多视角解读——兼评〈敌人与邻居：阿拉伯人和犹太人在巴勒斯坦和以色列，1917—2017〉》，《世界民族》2021年第2期。

④ 成飞：《21世纪以来巴勒斯坦非暴力抵抗运动的内涵、实践与挑战》，《阿拉伯世界研究》2021年第6期。

"亲密"关系》① 聚焦特朗普时期的美以"亲密关系",通过对亲以色列的美国犹太组织在美以关系中扮演的角色和地位进行分析,阐释了特朗普时期美以"亲密"关系的特征。在此基础上,文章指出在美国政党政治和美国犹太社团的双层"极化"发展趋势下,美以关系容易在"困境"与"亲密"之间摆动,美以"特殊"关系也会变得更加复杂和动荡。汪波、伍睿的《"以色列优先"与特朗普中东政策的内在逻辑》② 则深入分析和解读了特朗普政府推行的一系列"以色列优先"的中东政策。文章指出这一政策不仅会导致中东地区地缘政治博弈的阵营化趋势加强,加剧中东地区冲突的分散化和扩大化,而且为中东地区的安全形势埋下了隐患。

苏联作为"冷战时期"的两极之一,在冷战期间多次参与中东事务。江艺鹏的《耶路撒冷的"俄国财产"与苏联对以色列外交(1948—1953)》③ 以耶路撒冷的"俄国财产"为关注点,梳理了这一问题的缘起与苏以双方围绕该问题的交涉过程,分析了斯大林执政后期苏联对以政策的转变及其影响因素。同时,文章通过考察苏以双方围绕"俄国财产"接收问题的交涉,进一步探讨了阿以双方关于耶路撒冷的归属问题以及美苏两大国对耶路撒冷问题的应对策略。

阿以关系问题由来已久,冲突与对立虽然一直是主旋律,但近年来,双方也在积极谋求合作与发展。潘基宏、王昕的《从"消极合作"到"积极合作"——中东变局下埃及和以色列关系的新发展》④ 聚焦中东变局以来,尤其是在埃及塞西政府执政以来,在地区地缘政治大变动的冲击下,埃、以两国积极采取措施应对变局带来的不利影响,并在过程中逐渐形成"利益共同体"的认识,两国关系也从"消极合作"向"积极合作"稳步发展。文章指出,这一时期,埃以合作充满着机遇与挑战,中国在参与中东事务时应当对中东的

① 汪舒明、张忆南:《美国犹太组织与特朗普时期的美以"亲密"关系》,《国际关系研究》2021 年第 3 期。
② 汪波、伍睿:《"以色列优先"与特朗普中东政策的内在逻辑》,《阿拉伯世界研究》2021 年第 3 期。
③ 江艺鹏:《耶路撒冷的"俄国财产"与苏联对以色列外交(1948—1953)》,《历史教学问题》2021 年第 3 期。
④ 潘基宏、王昕:《从"消极合作"到"积极合作"——中东变局下埃及和以色列关系的新发展》,《国际关系研究》2021 年第 5 期。

"新常态"以及其未来可能之变化保持密切关注。杨永平、杨佳琪的《以色列和埃及的天然气合作：动因、问题及影响》①着眼于以色列与埃及的天然气合作，重点分析了以埃两国天然气合作的动因、问题及影响。文章指出，以埃两国通过天然气合作加深了经济联系，稳固了政治关系，也将对中东地区稳定乃至政治格局变化产生一定影响。毕健康的《背叛抑或弃守？——埃以和谈中埃、以、美围绕巴勒斯坦问题的三方博弈》②分别阐述了埃及萨达特政府、以色列贝京政府、美国卡特政府三方针对巴勒斯坦问题的政治立场与博弈，进而表明萨达特政府弃守西岸和加沙实属无奈之举，深度解析了埃以和谈的曲折。

余国庆的文章《以色列对非洲阿拉伯国家外交战略的演进——兼论阿以关系新突破及影响》③以 2020 年苏丹、摩洛哥两个非洲阿拉伯国家与以色列实现双边关系正常化为引，深层次、全方位地分析了以色列建国后对非洲阿拉伯国家采取的外交战略。文章指出，以色列与非洲阿拉伯国家关系的新突破，实质上是以色列全方位外交在新时期取得了新突破，对阿以关系和中东地区局势带来新变化，同时也为以色列进一步开拓非洲地区和阿拉伯国家市场创造了条件。武琼在《印度与以色列战略伙伴关系的进展、动力及前景》④一文中解读了印以关系在国际与国内等多重因素影响下呈现全面性、战略性、伙伴性的发展态势，突出了两国在政治、军事、经贸和人文等领域的密切合作。文章同时指出，在两国国内、地区和国际形势变化等因素的影响下，双方关系仍存在着一定的制约因素。张玉友的《摩洛哥对以色列"接触政策"中的犹太人因素考察》⑤考察了摩洛哥犹太人的历史与摩以关系正常化的历程，突出了犹太族群对摩以双边关系的影响，指出摩以关系正常化作为阿以关系发展的独特模式能够对其他阿拉伯国家与以色列改善关系产生重要启示。

---

① 杨永平、杨佳琪：《以色列和埃及的天然气合作：动因、问题及影响》，《阿拉伯世界研究》2021 年第 3 期。

② 毕健康：《背叛抑或弃守？——埃以和谈中埃、以、美围绕巴勒斯坦问题的三方博弈》，《安徽史学》2021 年第 4 期。

③ 余国庆：《以色列对非洲阿拉伯国家外交战略的演进——兼论阿以关系新突破及影响》，《西亚非洲》2021 年第 2 期。

④ 武琼：《印度与以色列战略伙伴关系的进展、动力及前景》，《阿拉伯世界研究》2021 年第 2 期。

⑤ 张玉友：《摩洛哥对以色列"接触政策"中的犹太人因素考察》，《西亚非洲》2021 年第 2 期。

此外，丁锐的《科技外交视角下以色列对华的科技活动》① 立足于中以科技外交，从"为了外交的科学"、"外交中的科学"和"为了科学的外交"三个方面展开论述，梳理了中以建交以来的科技活动，展示了中以两国之间的友好互助。

## （二）以色列经济、创新及社会文教研究

### 1. 以色列经济

贫困问题是人类面临的一个长期性世界难题，贫困治理亦是世界各国政府和社会各阶层民众普遍关切的重要话题。邓燕平的《以色列贫困问题的治理路径及其困境》② 通过对以色列贫困的衡量指标、主要贫困群体、贫困问题的治理路径进行分析，结合国外贫困治理的主要理论，探讨了以色列贫困问题与政治问题、族群问题交织而导致的治理困境。文章指出，影响以色列贫困治理的关键因素在于能否调整好宗教群体与世俗群体、犹太人与阿拉伯人之间的关系。

自以色列建国以来，其农业发展取得了举世瞩目的成就，但同时也面临着生态环境恶化的问题。杨彪的《以色列农业的可持续发展：问题、应对与走向》③ 探讨了当前以色列农业发展面临的主要问题、实现农业可持续发展的应对措施以及未来以色列农业可持续发展的走向。文章指出，以色列农业在由传统向现代转型的过程中，对自身十分脆弱的生态环境造成了不小的破坏，未来以色列农业发展要注重实现农业生产与环境保护的统筹协调，追求农业经济与生态环境协调发展的可持续发展模式。

基布兹是以色列特有的一种社会经济组织，也是我国学者非常感兴趣的话题。饶本忠的《犹太人基布兹组织性质辨析》④ 对基布兹的基本属性与主要目标进行了分析与探讨，就基布兹组织的基本性质进行了详细论述，认为基布兹组织在本质上属于锡安主义，社会主义只是其表象。樊六辉的《人口危机与

① 丁锐：《科技外交视角下以色列对华的科技活动》，《科技导报》2021 年第 22 期。
② 邓燕平：《以色列贫困问题的治理路径及其困境》，《阿拉伯世界研究》2021 年第 5 期。
③ 杨彪：《以色列农业的可持续发展：问题、应对与走向》，《农业考古》2021 年第 6 期。
④ 饶本忠：《犹太人基布兹组织性质辨析》，《经济社会史评论》2021 年第 4 期。

以色列基布兹的转型发展》① 则分析了基布兹面临的人口危机与矛盾、基布兹的内部改革以及基布兹的新发展。文章指出，基布兹面对人口危机做出的革新，适应了以色列的社会状况和生产力的发展要求，为社会主义和公有制如何适应现代社会发展提供了一个成功的范例。

2. 以色列创新

以色列是世界公认的科技强国，具有较为完善的科研管理体系。李晔梦的《以色列科研管理体系的演变及其特征》② 着眼于以色列科研管理机构的演变和科研管理政策的运行模式，总结了以色列科研管理体系的特征。文章指出，在国际竞争日趋激烈、以色列比较优势渐趋弱化的情况下，以色列政府需要紧跟世界潮流，及时调整经济政策，优化科研管理体系，提升科技研发事业的带动作用。

以色列之所以能够在较短时间内成为享誉世界的创新强国，与其完善的高等教育模式及其培养的大批创新创业人才密不可分。辜克霞的《以色列理工学院创新创业教育及其启示》③ 深入剖析了以色列理工学院创新创业教育的模式与特点，指出创建创新创业课程体系、丰富多彩的创新创业实践活动、加强创新创业师资队伍建设、建立创新创业服务机构等是以色列理工学院创新创业教育的成功经验，也是我国高校创新创业教育的可借鉴之处。

以色列在国防与军事领域的创新与技术也是国内学者研究的重点。高新栋、杨梅枝的《以色列反无人机系统发展现状及趋势》④ 探究了以色列开发反无人机系统的背景、发展现状与趋势以及作战的主要技术方案，展示了这一系统的功能、原理和特点，对我国开发反无人机系统具有启发意义。杜梓冰、汤恒仁、刘琨、陈珊珊的《以色列机载激光武器发展及试飞特点研究》⑤ 聚焦于机载激光武器的发展，深入分析了以色列机载激光武器发展诱因、研究现状和规划、飞行试验特点，指出以色列机载激光武器技术实现了关键突破，同时也

① 樊六辉：《人口危机与以色列基布兹的转型发展》，《历史教学问题》2021 年第 3 期。
② 李晔梦：《以色列科研管理体系的演变及其特征》，《阿拉伯世界研究》2021 年第 4 期。
③ 辜克霞：《以色列理工学院创新创业教育及其启示》，《中国高等教育》2021 年第 6 期。
④ 高新栋、杨梅枝：《以色列反无人机系统发展现状及趋势》，《飞航导弹》2021 年第 11 期。
⑤ 杜梓冰、汤恒仁、刘琨、陈珊珊：《以色列机载激光武器发展及试飞特点研究》，《激光与红外》2021 年第 12 期。

给其他国家发展这一技术提供了经验。

### 3. 以色列社会文化与教育

以色列作为典型的移民国家，犹太移民问题长期成为国家建构的关键议题。崔财周的《以色列1950年〈回归法〉议会辩论中的犹太移民问题》① 以《回归法》出台过程中以色列议会各个党派围绕犹太移民的范围、宗教信仰等问题展开的激烈辩论为分析对象，展示了本-古里安总理对各党派立场的协调和最终决断。文章指出，《回归法》的出台不仅保障了犹太人的移民权，而且对于维系犹太人的民族认同、保障以色列的安全和发展起到了重要作用。

希伯来语是古代犹太民族的通用语言，随着犹太复国主义的兴起和以色列的建立，现代希伯来语成了重塑民族认同和构建现代国家的重要工具。安娜·古列维奇、尹莉的《以色列外来移民希伯来语教育的实践和意义》② 分析了以色列对大批外来犹太移民进行希伯来语教育的历史背景、政策演变和教育实践，并探讨了其对第二语言教育的普遍性启示。叶紫、杨阳的《希伯来语国际传播经验对国际中文教育的启示》③ 则着重探讨了希伯来语国际传播的成功经验，介绍了以色列希伯来语推广政策的制定与实施、希伯来语国际传播的特点，指出希伯来语的复兴与国际传播的成功经验，对于当前国际中文教育的传播与发展有着十分重要的启示意义。

犹太人是享誉世界的"书本民族"，以色列建国后始终秉持着教育强国的理念。王晨霏、高地的《以色列中小学道德教育的多轨模式与整体性建构》④ 重点探讨了以色列中小学阶段实行的以"多轨并行、整体建构"为主要特征的道德教育，详细介绍了国家教育体系、宗教教育体系、国家宗教教育体系、非犹太教育体系四种道德教育模式。唐彬君的《以色列"补充教育"的

① 崔财周：《以色列1950年〈回归法〉议会辩论中的犹太移民问题》，《史学月刊》2021年第8期。
② 安娜·古列维奇、尹莉：《以色列外来移民希伯来语教育的实践和意义》，《语言战略研究》2021年第5期。
③ 叶紫、杨阳：《希伯来语国际传播经验对国际中文教育的启示》，《天津师范大学学报》（社会科学版）2021年第3期。
④ 王晨霏、高地：《以色列中小学道德教育的多轨模式与整体性建构》，《比较教育学报》2021年第2期。

实质、途径与特色》① 着眼于以色列青少年的课外教育活动——"补充教育",阐释了以色列"补充教育"的发展历史、实施途径与主要特征,指出该教育方式对于以色列青少年培养民族意识、传承民族文化和促进全面发展具有重要意义。张雅慧、倪娟的《以色列 STEM 教育中的风险透视、识别与治理》② 则关注以色列发展高新技术产业的基础——STEM 教育,透析了该教育模式变革中的风险透视与以色列进行 STEM 教育风险透视、评估和应对的路径流程,同时也为我国职业教育领域风险治理提供可供借鉴的成功经验。

此外,李龙、温博源的《流动的阅读:新媒体环境下以色列实体书店发展及其启示》③ 聚焦于新媒体与实体书店二者之间的联系,强调在新媒体环境下,借助以色列政府的大力扶持和民众的积极参与,不仅能够推动流动图书馆发展,而且有助于全民阅读风气的形成。在此基础上,文章进一步阐发了对中国实体书店发展的启示与借鉴意义。

## (三)犹太历史与文化

纳粹大屠杀是犹太历史上最为深重的灾难,时至今日,依然是犹太人不断进行反思与追忆的历史,同时也是国内外学者研究的重镇。张倩红、邓燕平的《国际组织对大屠杀记忆的传承》④ 着眼于以联合国为代表的国际组织对纳粹大屠杀记忆的传承,重点梳理了欧盟、国际大屠杀纪念联盟、联合国等国际组织对大屠杀记忆的认知与传承,介绍了跨国组织在大屠杀纪念和教育活动方面的合作,并以此来呈现超国家组织在构建世界性记忆与全球伦理语境中的作用。刘丽娟的《纳粹大屠杀记忆的"美国化"》⑤ 重点关注战后美国社会出现的纳粹大屠杀记忆的"美国化"现象,详细梳理了二战期间美国社会对大屠杀的态度、大屠杀话语在美国的兴起、美国大屠杀纪念馆的建立等

---

① 唐彬君:《以色列"补充教育"的实质、途径与特色》,《比较教育研究》2021 年第 8 期。
② 张雅慧、倪娟:《以色列 STEM 教育中的风险透视、识别与治理》,《比较教育学报》2021 年第 6 期。
③ 李龙、温博源:《流动的阅读:新媒体环境下以色列实体书店发展及其启示》,《编辑之友》2021 年第 12 期。
④ 张倩红、邓燕平:《国际组织对大屠杀记忆的传承》,《历史教学(下半月刊)》2021 年第 6 期。
⑤ 刘丽娟:《纳粹大屠杀记忆的"美国化"》,《历史教学(下半月刊)》2021 年第 6 期。

大屠杀记忆"美国化"的过程，以此来呈现大屠杀记忆逐步上升成为美国历史与国家记忆的重要部分的过程。信慧敏的《共同体消泯的见证——〈狂热者伊莱〉中的大屠杀记忆书写》①借助对美国犹太作家菲利普·罗斯的短篇小说《狂热者伊莱》的剖析，探究了战后伍登屯社区犹太人对大屠杀记忆遗忘与铭记的冲突，既影射了战后初期美国犹太人对大屠杀这一灾难无法理解和消化的不适与困惑，也呈现了美国犹太作家承担纪念与传承大屠杀记忆的责任。

马丹静的《纳粹德国对欧洲犹太文化财产的劫掠》②从文化的角度考察纳粹德国对犹太文化财产的破坏与掠夺，梳理了纳粹对欧洲犹太人的书籍、艺术品、宗教建筑和宗教物品的劫掠与破坏，分析了纳粹洗劫与破坏犹太财产的原因与后果，并介绍了犹太社会为拯救犹太财产所付出的努力。文章旨在扩展学界对大屠杀的研究视野，深化人们对大屠杀文化维度的了解，从而促使人们吸取大屠杀的历史教训。安然的《战后犹太人的对德索赔问题研究——以"索赔联合会"为个案的历史考察》③则从战后犹太人对德索赔问题出发，以"索赔联合会"为视角对犹太人对德国索赔的历史进行考察与分析。文章梳理了以色列政府、"索赔联合会"与联邦德国围绕赔偿问题进行交涉的过程，并将索赔与战后犹太社会的重建联系起来，进而探讨了索赔对于犹太社会的重建与复兴、大屠杀教育与纪念的重要意义。

犹太人历经了两千多年的流散而传承至今，寄居他乡与流散各地是以色列建国前犹太人的主要特征。王本立的《中世纪英国犹太人的特征与价值》④聚焦于中世纪的英国犹太人，详细介绍了这一时期英国犹太人的来源、数量、分布情况、职业、文化程度、地位与贡献等，指出犹太人是中世纪英国史上不应该被遗忘和忽视的一个群体。王韧的《患难·融合·共生：上海沦陷期的犹

---

① 信慧敏：《共同体消泯的见证——〈狂热者伊莱〉中的大屠杀记忆书写》，《国外文学》2021 年第 3 期。
② 马丹静：《纳粹德国对欧洲犹太文化财产的劫掠》，《历史教学（下半月刊）》2021 年第 6 期。
③ 安然：《战后犹太人的对德索赔问题研究——以"索赔联合会"为个案的历史考察》，《历史教学（下半月刊）》2021 年第 6 期。
④ 王本立：《中世纪英国犹太人的特征与价值》，《贵州社会科学》2021 年第 8 期。

太难民画家群体》① 以 20 世纪 30~40 年代的上海租界的犹太难民画家群体为研究对象，梳理了上海犹太难民画家"艺术移民"的五条路径，并从图像学角度解析这一画家群体所描绘的上海民生图景，对于研究中犹艺术交流史具有一定价值。高辛凡的《犹太难民流亡上海的政治背景与差异性分析（1933~1945）》② 则以 1933~1945 年流亡上海的犹太难民为研究对象，考察了这一时期流亡上海的犹太难民的政治背景、组成成分、本土化情况以及战后犹太知识分子的去向，并将其与二战时流亡美国的犹太难民进行比较分析。文章指出，与流亡美国的犹太难民相比，这一时期流亡上海的犹太难民总体呈现人数相对较少、精英比例不高、本土化程度低、战后定居意愿弱的特点，但仍是中犹友好交流的光辉见证。郭宇春的《哈尔滨犹太人研究的历史和现实意义——"哈尔滨犹太人历史文化"学科开展近 20 年的回顾与展望》③ 梳理了近 20 年哈尔滨犹太人研究的历史，介绍了"哈尔滨犹太人"学术概念的形成和研究的确立、"哈尔滨犹太人"研究的理论和应用成果、"哈尔滨犹太人"研究的历史和现实意义，对近 20 年"哈尔滨犹太人历史文化"学科进行了系统总结。

希伯来经典文献是犹太民族历史上璀璨的文化瑰宝。梅华龙的《希伯来经典文献对世界帝国话语体系的重构与借鉴》④ 着重分析了希伯来经典文献中对以色列早期政治史和耶和华形象的帝国化叙述及其与帝国国王铭文话语体系的相似之处。文章指出，希伯来经典文献在亚述等世界帝国的政治话语体系影响下，以神学思想重构了其背后的政治概念，并由此将政治帝国主义演变为一种"神学帝国主义"，是古以色列文化向经典犹太文化过渡过程中至关重要的一步。

近代以来，以马克思为代表的西方哲学家就犹太民族的问题阐发了诸多思

① 王韧：《患难·融合·共生：上海沦陷期的犹太难民画家群体》，《南京艺术学院学报（美术与设计）》2021 年第 1 期。
② 高辛凡：《犹太难民流亡上海的政治背景与差异性分析（1933—1945）》，《未来传播》2021 年第 2 期。
③ 郭宇春：《哈尔滨犹太人研究的历史和现实意义——"哈尔滨犹太人历史文化"学科开展近 20 年的回顾与展望》，《黑龙江民族丛刊》2021 年第 2 期。
④ 梅华龙：《希伯来经典文献对世界帝国话语体系的重构与借鉴》，《世界历史》2021 年第 3 期。

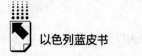

考与论断，也引起了国内学者的关注。金丽娜的《马克思和阿伦特论"犹太人问题"》①围绕马克思和阿伦特两位犹太哲学家关于如何解决犹太人问题的论述展开叙述，通过将马克思与阿伦特针对犹太人问题的两种不同的解决方案进行比较，进一步指出所谓"犹太人问题的解决方式"并没有一个确定答案。刘雄伟的《马克思〈论犹太人问题〉研究中的三个论题》②通过分析马克思的《论犹太人问题》一书，就学界相关研究中的三个主要论题进行论述，指出这三个论题是研究《论犹太人问题》的基本理论问题，也是理解和把握青年马克思基本思想的本质问题。林钊的《现代性的超越——马克思论"犹太人问题"的历史启示》③同样围绕马克思关于"犹太人问题"的论断，以超越现代性的框架实现犹太人问题的解决为研究视角，指出犹太民族的复兴必须同时获取和扬弃现代化，同时也为中华民族的伟大复兴提供了历史性启示。平成涛的《从"犹太精神"到新的现代市场精神：马克思的批判与启示》④对马克思在《论犹太人问题》中就"犹太精神"进行的批判性考察加以梳理和解读，并在此基础上探究了新的现代市场精神的基本内涵，对于当代市场经济发展有一定的理论与实际意义。

沈垚的《犹太人问题与"他者"——德国传统中的"基督—犹太"辩证法》⑤选取了黑格尔和马克思关于犹太人问题的具体论述，意图揭示犹太人问题在当时德国语境中的独特地位。文章指出，黑格尔在神学思辨的逻辑下认为犹太精神是需要被扬弃的，马克思则跳出神学范畴，将犹太人问题政治化，作为其讨论政治解放与人类解放的切入点。郭延超的《自我保存理性与反犹主义——论〈启蒙辩证法〉的犹太人问题之思》⑥通过对阿多诺与霍克海默合撰

① 金丽娜：《马克思和阿伦特论"犹太人问题"》，《学术月刊》2021 年第 3 期。
② 刘雄伟：《马克思〈论犹太人问题〉研究中的三个论题》，《西南大学学报》（社会科学版）2021 年第 3 期。
③ 林钊：《现代性的超越——马克思论"犹太人问题"的历史启示》，《教学与研究》2021 年第 10 期。
④ 平成涛：《从"犹太精神"到新的现代市场精神：马克思的批判与启示》，《学习与探索》2021 年第 1 期。
⑤ 沈垚：《犹太人问题与"他者"——德国传统中的"基督—犹太"辩证法》，《社会学评论》2021 年第 3 期。
⑥ 郭延超：《自我保存理性与反犹主义——论〈启蒙辩证法〉的犹太人问题之思》，《现代哲学》2021 年第 5 期。

的《启蒙辩证法》中关于犹太人问题和法西斯主义式的反犹主义的分析，重点关注垄断资本主义时代的自我保存理性与反犹主义，意图揭示在全球资本主义陷入危机的今天，像法西斯主义式的反犹主义那样的灾难可能会以非反犹主义的面目再度出现。

此外，艾仁贵的《建造"第一座希伯来城市"——"田园城市"理念与特拉维夫的城市规划（1909—1934）》① 深入探究了 1909 年至 1934 年特拉维夫城市规划中"田园城市"理念的实践，将"田园城市"理念与犹太复国主义运动相结合是此文的突出特点。文中指出，"田园城市"理念在特拉维夫的成功实践不仅寄托着犹太移民重新扎根故土、建设新家园的美好意愿，而且代表着犹太民族的现代复兴。张琳的《犹太人希腊化改革的文献考察与历史重释》② 探究了巴勒斯坦犹太人希腊化改革的背景、内容与性质，并在此基础上进一步分析了此次改革对犹太社会与民族历史进程的影响，有助于读者更加深刻地了解希腊化时期犹太人的历史。

### （四）犹太宗教与文学

#### 1. 犹太宗教

犹太教是由犹太人创造的最古老的一神教信仰，与犹太人紧密联系在一起，也是国内学者的重点研究对象。国曦今的《自然与宗教之争——弗雷泽对古代希伯来王权与宗教的研究》③ 借助弗雷泽对古希伯来文化的研究，梳理了弗雷泽笔下古希伯来王国王权与祭司的矛盾、以色列人与神三次立约以及西方接受东方宗教的历史，系统地总结了弗雷泽的自然与宗教观。张若一的《土地观念、宗教运动与文士书写：论犹太经典〈塔纳赫〉中"迦南美地"意象的生成》④ 着眼于《塔纳赫》中"迦南美地"意向的生成，围绕犹太宗教文化中的土地、子嗣、"圣战"和圣约等核心观念，并将其与依附于圣殿祭司

---

① 艾仁贵：《建造"第一座希伯来城市"——"田园城市"理念与特拉维夫的城市规划（1909—1934）》，《史林》2021 年第 2 期。
② 张琳：《犹太人希腊化改革的文献考察与历史重释》，《外国问题研究》2021 年第 4 期。
③ 国曦今：《自然与宗教之争——弗雷泽对古代希伯来王权与宗教的研究》，《青海民族研究》2021 年第 1 期。
④ 张若一：《土地观念、宗教运动与文士书写：论犹太经典〈塔纳赫〉中"迦南美地"意象的生成》，《外国文学评论》2021 年第 2 期。

的文士群体的书写方式与历史叙述结合在一起，认为文士群体笔下的"迦南美地"意向为流散上千年的犹太民族提供了强大的精神支撑和民族凝聚力。田海华的《古代以色列人的宇宙观》① 分析了《希伯来圣经》中关于六日创造与东方伊甸园的两个创世神话以及《利未记》中的献祭仪式与圣洁法典，揭示了古代以色列人构建的朴素的宇宙观。

王海东的《维特根斯坦论犹太人与宗教问题》② 深入探究了维特根斯坦思想中的犹太因素，阐明了其对犹太人和犹太教的批判与吸收，从而形成独特的思想方式与哲学道路。王强伟的《"先知"：马克斯·韦伯的视角》③ 梳理了马克斯·韦伯对犹太教先知研究的背景和成果，阐述了对韦伯先知研究的反思，并进一步提出了对今后犹太教先知研究的启示和借鉴。

犹太民族在其诞生、发展成长的过程中逐步形成了独特的犹太精神，引起了国内学者的兴趣。傅有德的《犹太精神刍议》④ 从宗教信仰、伦理道德、认知与行为方式、教育学习和群体心理五个层面来考察与探究犹太精神，运用比较方法，总结了犹太精神包含的神本主义、崇尚德行、求异自立、学而不厌和坚毅不屈五个内核，揭示了犹太民族生生不息、卓然超群的精神原因。

此外，汪舒明在《美国犹太教"极化"进程中的以色列因素》⑤ 一文中聚焦于美国犹太教日趋明显的"极化"趋势中的以色列因素，分析了以色列对美国犹太教不同宗派间竞争的影响和以色列社会政治的"极化"对美国犹太社团的影响。文章认为，由于以色列与美国犹太社团之间更为直接、紧密的关联，以色列社会政治的"极化"加剧了美国犹太社团内部不同宗派之间的"身份冲突"。

2. 犹太文学

犹太人对本民族历史的认知和身份认同常常以文学作品的形式展现出来，是国内学者研究的关注点。张亘、高柳敏的《在场与不在场：莫迪亚诺作品

---

① 田海华：《古代以色列人的宇宙观》，《宗教学研究》2021年第4期。
② 王海东：《维特根斯坦论犹太人和宗教问题》，《世界宗教研究》2021年第6期。
③ 王强伟：《"先知"：马克斯·韦伯的视角》，《世界宗教文化》2021年第6期。
④ 傅有德：《犹太精神刍议》，《宗教学研究》2021年第1期。
⑤ 汪舒明：《美国犹太教"极化"进程中的以色列因素》，《阿拉伯世界研究》2021年第2期。

中的犹太书写》① 通过分析法国犹太作家帕特里克·莫迪亚诺的作品与其书写方式，梳理了犹太书写方式的历史，重点关注犹太人问题在莫迪亚诺作品中的两个维度，以在场与不在场的角度揭示犹太书写与犹太民族情结维系和保持了莫迪亚诺创作的整体性与一致性。徐砚锋、冯伟的《文化创伤与"想象的受害者"：马梅特的犹太身份书写》② 以美国犹太裔剧作家大卫·马梅特为研究对象，通过解读马梅特的三部代表犹太作品，梳理了马梅特犹太性研究的三个维度、内核和文化创伤，总结了马梅特作品中"想象的受害者"的身份操演，揭示了战后犹太民族的文化创伤对犹太裔美国人身份认同的影响。

此外，秦轩的《"深层时间预期"与弥赛亚时间——"时间的架构"中夏邦的犹太历史重构及其民族标识》③ 透析了当代犹太裔美国作家迈克尔·夏邦的作品，探究夏邦重构犹太历史的两种模式，并将其与真实历史交互，反映出夏邦作品中的犹太民族标识与当代认知；陈影的《神圣暴力、纯粹语言、舍金那：本雅明的正义观与犹太传统》④ 则着眼于本雅明的一篇文章——《暴力批判》，解析了本雅明提出的神圣暴力、纯粹语言与犹太喀巴拉神圣主义中的"舍金那"的关联。

钟志清的《语种、跨文化的以色列文学——新世纪第二个十年回顾》⑤ 回顾与总结了 21 世纪第二个十年以色列文学的特征，以希伯来主流文学作家、阿拉伯作家和俄罗斯移民作家三个群体为研究对象，揭示了当代以色列文学的多元文化特征。

---

① 张亘、高柳敏：《在场与不在场：莫迪亚诺作品中的犹太书写》，《外语研究》2021 年第 2 期。
② 徐砚锋、冯伟：《文化创伤与"想象的受害者"：马梅特的犹太身份书写》，《南京社会科学》2021 年第 7 期。
③ 秦轩：《"深层时间预期"与弥赛亚时间——"时间的架构"中夏邦的犹太历史重构及其民族标识》，《当代外国文学》2021 年第 3 期。
④ 陈影：《神圣暴力、纯粹语言、舍金那：本雅明的正义观与犹太传统》，《外国文学评论》2021 年第 3 期。
⑤ 钟志清：《多语种、跨文化的以色列文学——新世纪第二个十年回顾》，《外国文学动态研究》2021 年第 3 期。

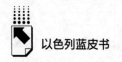

## 三　硕博学位论文

据不完全统计，2021 年国内共发表以犹太-以色列研究为题的硕博学位论文近 60 篇，内容涉及以色列政治、经济、外交、教育和族群问题，犹太历史、文化和宗教等领域。

关于以色列政治与外交方面的研究，李赛的《以色列利库德集团的起源、发展与执政研究》① 聚焦于利库德集团，以该政党从缘起、发展到执政的思路与脉络为视角，探讨了利库德集团长期执政的基础与手段，分析了其特点和发展前景，有助于全面理解利库德集团的演进与发展；肖秀女的《以色列能源外交研究》② 围绕以色列为满足国内油气资源需求而展开的能源外交战略，分析了冷战前后和新时期以色列与不同国家和地区展开能源外交的具体举措，以及此外交战略的成效和前景；赵悦的《20 世纪以色列犹太代办处的成立及作用》③ 以犹太代办处为研究对象，梳理了犹太代办处的发展历程，探究了该机构在以色列国家构建中的积极作用与负面影响，有助于加深对以色列民族国家构建历程的了解与认识。

关于以色列社会族群问题的研究，苗怡怡的《以色列族群问题研究》④ 对当前以色列面临的族群问题的概况、主要矛盾、影响以及以色列政府解决族群问题的举措进行了分析和解读，展示了以色列多族群、多文化的特性；周君艺的《多重视角的以色列米兹拉希犹太人研究》⑤ 聚焦于米兹拉希犹太人，梳理了 1970 年前后这一群体的发展演变，也展现了以色列社会的族裔差异。

关于教育方面，王梦梦的《亚德·瓦谢姆纪念馆大屠杀教育推广研究》⑥ 立足于大屠杀教育，以亚德·瓦谢姆纪念馆为对象，探究了该纪念馆的成立与大屠杀档案收集及研究，梳理了该纪念馆在国内与国际两个层面对大屠杀教育

---

① 李赛：《以色列利库德集团的起源、发展与执政研究》，博士学位论文，西北大学，2021。
② 肖秀女：《以色列能源外交研究》，硕士学位论文，西北大学，2021。
③ 赵悦：《20 世纪犹太代办处的成立及作用》，硕士学位论文，西北大学，2021。
④ 苗怡怡：《以色列族群问题研究》，硕士学位论文，西北大学，2021。
⑤ 周君艺：《多重视角的以色列米兹拉希犹太人研究》，硕士学位论文，山东大学，2021。
⑥ 王梦梦：《亚德·瓦谢姆纪念馆大屠杀教育推广研究》，硕士学位论文，郑州大学，2021。

的推广，以及揭示了这些推广活动在这两个维度所产生的影响；郑佳的《犹太文化视域中以色列高等教育特色研究》① 以犹太文化对以色列高等教育的影响为主线，结合犹太文化中的宗教性、民族性、世界性阐发了以色列高等教育中的民族文化特色。

关于犹太历史与传统的研究，宋阳的《伊儿汗国时期的犹太人研究》② 探究了伊儿汗国时期统治下的犹太人的概况，揭示了伊儿汗国的统治对犹太人在政治、经济、宗教文化等方面的影响；赵静文的《近代哈尔滨犹太人的经济活动研究》③ 则以哈尔滨犹太人这一群体为着眼点，梳理研究了近代哈尔滨犹太人经济活动的背景、概况、商业组织、经营特点以及影响；乔卉楠的《犹太复国主义视域下的也门犹太人研究》④ 围绕犹太复国主义与也门犹太人的联系，以新颖的视角探究了也门犹太人的发展历史与移民以色列后的发展状况，展示了该群体在以色列社会的融入与发展之路；王楠的《近代俄国犹太官僚问题研究（1840 年代—1917 年）》⑤ 以近代俄国出现的犹太官僚问题作为研究对象，介绍了其官僚体系的形成、主要机构以及这些犹太官员的基本状况，较为详细地探究了近代俄国这一特殊的犹太群体；逯洲的《犹太逾越节研究》⑥ 梳理了逾越节的概念与起源、历史沿革与现代习俗，分析了逾越节对犹太人、犹太教思想的意义。

关于犹太教经典与宗教思想的研究，孙玥的《神的形象：〈希伯来圣经〉中的无像崇拜及其古代西亚语境》⑦ 深入剖析了古代西亚的神像传统和《希伯来圣经》中的无像崇拜，揭示了犹太教的无像神观是流亡背景下雅威统治权建立的结果；黄伟的《论黑格尔的犹太教观念》⑧ 围绕着黑格尔的犹太教观念展开论述，以黑格尔的思辨哲学和宗教哲学研究为基础，分别揭示了黑格尔犹

---

① 郑佳：《犹太文化视域中以色列高等教育特色研究》，硕士学位论文，大连理工大学，2021。
② 宋阳：《伊儿汗国时期的犹太人研究》，硕士学位论文，西北大学，2021。
③ 赵静文：《近代哈尔滨犹太人的经济活动研究》，硕士学位论文，东北师范大学，2021。
④ 乔卉楠：《犹太复国主义视域下的也门犹太人研究》，硕士学位论文，南京大学，2021。
⑤ 王楠：《近代俄国犹太官僚问题研究（1840 年代—1917 年）》，硕士学位论文，吉林大学，2021。
⑥ 逯洲：《犹太逾越节研究》，硕士学位论文，山东大学，2021。
⑦ 孙玥：《神的形象：〈希伯来圣经〉中的无像崇拜及其古代西亚语境》，博士学位论文，山东大学，2021。
⑧ 黄伟：《论黑格尔的犹太教观念》，博士学位论文，吉林大学，2021。

太教观念的形成背景、理论基础和哲学根据、历史演变；刘智美的《犹太忏悔律法研究》① 探究了犹太教中"罪"的概念与忏悔律法的基本概念和历史沿革，并从伦理思想层面和历史现实层面分析了其意义；杨扬的《瓦尔特·本雅明与犹太教神秘主义——批判地再思考》② 梳理和阐释了本雅明思想发展过程中的三个阶段，力图论证本雅明并非犹太神秘主义学者，同时试图还原本雅明的思想全貌。

此外，岳润的《英国中学历史教科书中的犹太大屠杀书写研究（1991年—2015年）》③ 把犹太大屠杀历史与英国中学历史教育结合起来进行研究，重点关注了英国中学历史课堂上的不同种类的教科书，对这些历史教科书中的大屠杀史实教育情况进行了梳理和对比分析，并基于和平教育的理论对其进行了评判。

# 四　论坛及学术会议

1. 2021 年 3 月 30 日，山东·以色列产业合作系列交流会启动仪式暨山东·以色列医疗医药产业对接会在青岛以色列"国际客厅"成功举办。会议期间，专家围绕医疗和医药合作两个主题进行了深入讨论与交流，共同聚焦促进中以两国在医药医疗领域的全面合作。

2. 2021 年 4 月 21 日，由以色列驻华大使馆、以色列驻广州总领事馆等联合主办的"第二届中国-以色列科技创新合作高峰论坛"隆重开幕。论坛期间，与会代表与专家们就中以之间在科技、创新、医药以及能源等方面的深入合作进行了分享与交流，共同探讨中以两国与企业间的科技合作与创新发展之路。

3. 2021 年 5 月 9 日，山东大学-特拉维夫大学犹太与以色列联合研究所年度学术会议在线上举行，来自特拉维夫大学、耶路撒冷希伯来大学、山东大学

---

① 刘智美：《犹太忏悔律法研究》，硕士学位论文，山东大学，2021。
② 杨扬：《瓦尔特·本雅明与犹太教神秘主义——批判地再思考》，硕士学位论文，南京大学，2021。
③ 岳润：《英国中学历史教科书中的犹太大屠杀史实书写研究（1991 年—2015 年）》，硕士学位论文，南京大学，2021。

等高校从事犹太与以色列研究的 18 位学者针对各自的主题与研究方向发表相关研究成果。此次会议关注以色列的极端正统派群体，中以两国学者围绕疫情下的极端正统派社会、新极端正统派群体、极端正统派群体与媒体、女性与极端正统派社会等多个话题展开研讨。

4. 2021 年 9 月 26 日，由科技部国际合作司支持，中国科学技术交流中心、以色列驻华大使馆、以色列创新局共同主办的"2021 第五届中以创新创业大赛启动仪式·中以碳中和创新合作论坛"在北京举办。此次论坛围绕"碳中和"主题，聚焦中以碳中和实施路径与规划展望、中以绿色低碳技术领域创新合作、中以绿色创新技术的技术转移路径等热点话题，邀请中以"碳中和"创新领域专家，交流共议中以绿色低碳领域创新合作趋势与未来。

5. 2021 年 11 月 22～25 日，"北理工－以色列理工先进科学技术研讨会"同时在北京和海法两地成功举行。此次研讨会涵盖机械工程、机电工程、航空航天工程、物理、材料和环境科学、先进结构等多个领域，会议邀请到了来自以色列理工、北理工和广东以色列理工三所院校的 20 余位专家学者。

6. 2021 年 12 月 4 日，由郑州大学历史学院、郑州大学亚洲研究院和河南大学以色列研究中心联合主办的"以色列研究学术论坛暨 2022 年度《以色列蓝皮书》专家论证会"在郑州举行。会议期间，与会专家围绕国家社科基金重大课题、《以色列发展报告（2022）》选题论证与咨询、以色列研究学术研讨三个议程进行了热烈探讨与交流。

7. 2021 年 12 月 7 日，"第七届中国云南－以色列创新合作论坛"以线下和视频连线方式，在昆明、成都、北京和以色列特拉维夫同步举行。此届论坛以"创新发展、合作共赢"为主题，来自双方政府部门、企业等单位的代表围绕农业合作、科技创新等议题开展交流，并就经济优势互补、开展互利共赢合作建言献策。

# 结　语

2021 年，国内犹太－以色列研究所取得的成绩令人瞩目，学术著作与期刊论文在数量上与质量上都保持稳步提升的状态，并呈现以下特点。第一，研究的广度与深度有所拓展，优秀成果持续涌现。同时，国内学者更多地关注到苏

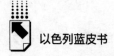

联犹太人、美国犹太人和上海犹太人等犹太群体，相关研究的质量也有所提升，其中不乏系统性的解读与多角度的探析。第二，针对阿以关系、以色列民族问题等热点话题的研究热度依旧不减，国内学者采用新视角、新思路解读问题的方式愈加成熟，更多地关注到阿以关系的新突破与新发展，对巴以冲突也有多方位的解读与辨析。第三，服务当下的意识有所提升，尽可能地与我国发展战略需要相结合。围绕以色列农业发展与贫困治理、科技研发与社会文教等领域的一系列优秀成果，对我国相关领域发展有着一定的借鉴意义。第四，基础理论研究得到进一步重视。连续七年出版并广受好评的研究报告集《以色列蓝皮书：以色列发展报告》，以及学术集刊《犹太研究》与《以色列研究》的出版对于深入探究和解读犹太民族历史与文化，全面理解和认识当前以色列社会发展状况有着重要的参考意义，同时也为国内犹太–以色列研究提供了学术交流的平台。当然，目前国内以色列研究仍存在不足之处，研究领域有待拓展，学术视野仍需进一步开阔，对策性研究还显得薄弱，与国际学术界的交流与合作尚有待加强。

# B.21
# 2021年以色列大事记

赵晨曦*

**1月4日** 以色列央行将基准利率维持在0.1%不变，这已经是其连续10个月维持有史以来最低的贷款利率。

**1月5日** 以色列议会批准一项新的经济计划。该计划旨在帮助新冠肺炎疫情期间遭受经济损失的小型企业，将根据企业经济受损害程度，提供3000新谢克尔至9000新谢克尔不等的补助款。

**1月11日** 以色列拉比法院发言人宣布在新冠肺炎疫情期间以色列离婚率实现多年以来首次下降，经婚配双方同意的离婚比例下降1个百分点。

**1月11日** 总理内塔尼亚胡下令推进在被占领土约旦河西岸为犹太定居者建造约800套住房的计划。

**1月13日** 国防部部长甘茨批准巴勒斯坦人在约旦河西岸的部分建设项目。这些项目使C区数百座巴勒斯坦建筑合法化，而此前以色列很少批准巴勒斯坦人在C区的建设项目。

**1月13日** 以色列公共外交与散居地事务部（the Public Diplomacy and Diaspora Affairs Ministry）宣布，以色列将为以色列和散居地大屠杀幸存者提供新冠病毒疫苗接种服务。

**1月13日** 在《亚伯拉罕协议》倡导下，以色列巴伊兰大学与阿联酋海湾医科大学签署了一项学术合作协议。该协议旨在推进中东的医学研究和公共卫生事业。

**1月22日** 由耶路撒冷市市长摩西·莱昂（Moshe Lion）发起的耶路撒冷城照明项目投入建设。该项目旨在装点包括大卫墓、犹太会堂和圣三一教堂等在内的历史建筑，预计项目耗资约600万新谢克尔。

---

* 赵晨曦，郑州大学历史学院博士研究生。

**1 月 23 日** 阿联酋、以色列和巴林举办联合贸易论坛。活动参与者通过线上会议、互动小组讨论和现场交流等方式探索投资机会并分享技术知识。

**1 月 26 日** 总统鲁文·里夫林（Reuven Rivlin）、最高法院院长以斯帖·哈尤特（Esther Hayut）和司法部代理部长甘茨在以色列有史以来规模最大的法官宣誓就职仪式上抨击以色列的政治危机。

**1 月 28 日** 以色列国防部宣布向北美私人军事公司 Top Aces 出售九架 F-16 飞机，并提供空军战斗机训练服务。该协议由以色列国防部国际防务合作局（SIBAT）完成。

**1 月 28 日** 橄榄树被犹太民族基金会评选为以色列"国树"。

**1 月 30 日** 自以色列与阿联酋达成正常化协议以来的五个月内，两国之间的贸易额已经超过 9 亿新谢克尔。

**1 月 30 日** 以色列宣布向巴勒斯坦民族权力机构提供 5000 剂新冠病毒疫苗，以为 2500 名医护专业人员接种疫苗。

**2 月 1 日** 以色列国防部宣布，已成功完成升级后铁穹武器系统的一系列测试。该测试由国防部国防研发局的以色列导弹防御组织（IMDO）和拉斐尔公司进行。以色列空军和海军也参加了在以色列中部一个基地进行的测试。

**2 月 7 日** 内塔尼亚胡表示反对国际刑事法庭对以色列战争罪行的调查。当天以色列安全内阁在一份公开声明中表示，国际刑事法院有关以色列战争罪的裁决存在反犹主义内涵。

**2 月 8 日** 以色列政府宣布取消部分新冠肺炎疫情封锁规定。这标志着第三次封锁的逐步结束。

**2 月 8 日** 内塔尼亚胡和普京讨论了两国关于叙利亚问题的协调策略，双方就中东地区问题、以俄两国在中东安全协调对策等进行了讨论。

**2 月 9 日** 本-古里安大学、索罗卡医学中心（SUMC）以及以色列开放大学（OUI）开发了一种新试剂，该测试将有助于以更快的速度、更低的成本来检测感染者，从而防止病毒的传播。

**2 月 12 日** 2021 年环球小姐选美比赛在以色列的埃拉特举行。阿联酋首次派代表参加比赛，此次比赛也是摩洛哥环球小姐 40 年来重返选美大赛的首秀。

**2 月 16 日** 耶路撒冷市政府批准塔皮奥特（Talpiot）社区的总体规划，

其中包括约8600套新住房和130万平方米的商业空间。塔皮奥特社区是耶路撒冷目前规模最大的城市建设项目之一。它包括数十座高达30层的新商业和住宅建筑，以及公共游乐场和无障碍公共交通。

**2月17日** 以色列航空航天工业公司（IAI）推出一种新的光电远程监视系统（MegaPOP）。该系统专为陆地应用而设计。以色列航空航天工业公司表示，即使在极具挑战性的视觉条件下，该系统的连续变焦功能也能为终端用户提供高质量的服务。

**2月18日** 以色列非政府组织"妇女工资和平"（Women Wage Peace）宣布已筹款100万新谢克尔，这些资金将被投入包括区域和平会议等项目当中。

**2月18日** 海法大学的尼萨·本·多夫（Nitza Ben Dov）教授被评为以色列2021年希伯来文学奖得主。多夫是海法大学希伯来文学和比较文学系教授，以开创性地研究新希伯来文学和古代希伯来文学而闻名。

**2月20日** 以色列第一颗由大学制造的纳米卫星成功发射升空。该卫星由特拉维夫大学设计、开发组装和测试，于弗吉尼亚州的NASA发射基地成功发射升空。

**2月21日** 以色列利维坦气田与埃及的液化天然气工厂成功实现连接，埃以两国的天然气合作关系继续深入发展。以色列总理内塔尼亚胡表示，以色列和埃及已经成为"能源中心"。

**2月22日** 以色列新任驻华大使潘绮瑞会见中国外交部礼宾司司长洪磊，并递交了国书副本。洪磊同潘绮瑞大使就如何深化中以双边关系进行了交流。

**2月22日** 钻石行业资深人士波阿斯·莫尔道斯基（Boaz Moldawsky）当选以色列钻石交易所（IDE, the Israel Diamond Exchange）主席。

**2月23日** 以色列向巴勒斯坦民族权力机构提供新冠病毒疫苗。以色列的医护人员在东耶路撒冷的卡兰迪亚十字路口（Qalandiya Crossing）开展新冠疫苗接种活动。

**2月24日** 世邦魏理仕以色列公司（CBRE Israel）与世邦魏理仕美国公司（CBRE USA）签署了一项4500万美元的融资协议，为美国房地产投资信托公司派拉蒙集团（Paramount Group Inc.）翻修曼哈顿特里贝卡电影中心提供资金支持。

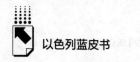

**2 月 25 日**　以色列向洪都拉斯和危地马拉提供第一批新冠疫苗。

**3 月 1 日**　以色列与沙特、阿联酋和巴林进行对抗伊朗防务联盟的谈判，四国代表一致认为伊朗拥有核武器将是重大威胁，并将持续关注拜登政府重新加入 2015 年核协议的计划。

**3 月 3 日**　以色列最大医院——舍巴医学中心在《新闻周刊》发布的"2021 年世界最佳医院"排行榜中排在第 10 位。

**3 月 4 日**　以色列、奥地利和丹麦在耶路撒冷启动联合疫苗倡议，三国计划共同开发和生产新冠病毒变种疫苗。

**3 月 8 日**　以色列总理内塔尼亚胡和卫生部部长尤利·埃德尔斯坦会见以色列第 500 万名接种新冠病毒疫苗的居民。

**3 月 8 日**　以色列、塞浦路斯和希腊签署一项协议，该协议计划建造世界上最长、最深的水下电力电缆，电缆将穿越地中海海底建设，长度约为 1500 公里，最大深度为 2700 米，预计耗资约 9 亿美元。

**3 月 12 日**　为加强对东地中海的控制，以色列海军与希腊、塞浦路斯和法国三国军队进行海上联合军事演习，演习以反潜战和搜救行动为主。

**3 月 14 日**　以色列推出"铁刺"GPS 激光迫击炮弹。该武器由国防研发局（DDR&D）研发，其优点是具有网络化精确射击系统，可准确锁定目标并防止附带损害。

**3 月 14 日**　以色列与中国就承认疫苗接种达成谅解，以色列成为第一个与中国达成疫苗接种谅解的国家，两国接种新冠疫苗的人可以免检跨境旅行。

**3 月 16 日**　以色列古物管理局宣布，考古工作者在犹地亚沙漠出土了一个保存完好的编织篮子，其历史可以追溯到大约 10500 年前，是迄今为止世界上发现的最古老的编织篮子。

**3 月 16 日**　以色列议会财政委员会宣布，以色列已花费超过 20 亿新谢克尔用于新冠病毒疫苗接种。

**3 月 17 日**　以色列议会批准法案，要求从国外返回的以色列人佩戴电子手环，以确保在家中或在酒店隔离，但 14 岁以下的儿童和其他特殊的人道主义情况除外。

**3 月 19 日**　总理候选人贝内特首次向内塔尼亚胡提出挑战，要求与其进行政治辩论。

**3月21日** 逾越节假期开始，相较于去年逾越节期间的严格封锁政策，由于以色列疫情形势好转，2021年逾越节人们可以有条件地聚集。

**3月22日** 以色列和巴林开始落实首个医疗合作倡议，双方将在医学培训、创新和研究领域开展一系列交流和合作。

**3月23日** 以色列开始举行第四次议会选举，在过去两年内以色列先后进行了三次议会选举，但都因为各方议会席位不够而无法组阁。

**3月25日** 以色列卫生部部长尤利·埃德尔斯坦宣布，以色列接种两针新冠疫苗的人口超过了一半。

**3月31日** 世界经济论坛《2021年全球性别差距报告》公布全球各国性别差异排名，以色列在性别平等方面排在第60位。

**3月31日** 鉴于国内疫情好转，以色列宣布露天景点可以重新开放，有组织的旅行将被允许。

**4月8日** 犹太人大屠杀纪念日开始，以色列全国举行默哀活动以纪念在第二次世界大战中丧生的600万犹太人。

**4月12日** 内塔尼亚胡与到访以色列的美国国防部部长劳埃德·奥斯汀（Lloyd Austin）出席记者会时表示，以色列坚决不允许伊朗拥有核武器，以色列会继续开展自卫行动。

**4月14~15日** 以色列各界举行"独立日"活动，庆祝以色列建国73周年。

**4月15日** 以色列卫生部部长尤利·埃德尔斯宣布从4月18日起，以色列人不再需要在户外佩戴口罩。

**4月18日** 在耶路撒冷老城大马士革门附近，以色列警察与数百名巴勒斯坦人爆发冲突，以色列警察使用高压水枪驱散巴勒斯坦人群，当天3名巴勒斯坦人被捕。

**4月30日** 以色列北部地区举行大型宗教集会时发生踩踏事件，导致至少45人死亡。以色列总理办公室宣布将5月2日设立为全国哀悼日，以悼念该国北部发生的踩踏事故中的遇难者。

**5月5日** 由于内塔尼亚胡未能在组阁期限内完成组阁，在野党领导人拉皮德从总统里夫林那里获得组阁权，按照规定，以色列第二大党拥有未来党领导人拉皮德将拥有28天的组阁时间，若拉皮德未能在规定时间内获得半数以

上议员的支持，议会将再度解散，并进行第五次以色列大选。

**5月7日** 当晚数千名巴勒斯坦民众与以色列警察在东耶路撒冷阿克萨清真寺附近发生冲突，造成上百人受伤。

**5月9日** 以色列战机对加沙地带哈马斯的一处观察哨发动空袭，以色列国防部当天宣布，即日起关闭加沙地带捕鱼区。

**5月10日** 150多枚火箭弹从加沙地带射向耶路撒冷和以色列南部地区。以色列国防军随后连续数次对加沙地带的火箭弹发射基地和哈马斯的两个军事阵地进行轰炸。

**5月11日** 以色列再次空袭加沙地带，当天造成32人死亡，超过200人受伤。加沙地带武装组织向以色列发射130余枚火箭弹以示报复。

**5月12日** 巴以局势急速恶化，哈马斯再次遭到以色列军队大规模猛烈空袭。以色列军队当日的轰炸共造成巴方35人死亡、233人受伤。而以色列方面，以国防军宣称已有超过1000枚火箭弹射向以色列中部和南部地区。

**5月13日** 以色列战机当天对加沙地带哈马斯军事情报部门所在的建筑进行打击。以色列军方还将打击目标扩大到加沙地带哈马斯控制的公共机构，特别是加沙地带的国库和银行。以色列国防部部长甘茨下令召集预备役军队，并表示在考虑停火前将对哈马斯和其他巴勒斯坦激进组织发动更多袭击。

**5月14日** 以色列关闭将燃料运送至加沙的过境点，此举严重影响原本就供电不足的巴勒斯坦居民每日的供电时间。

**5月19日** 内塔尼亚胡向70多位驻以色列外交官表示，以色列正试图"实现对哈马斯的战略威慑，以结束战火"，但并不排除"其他选项"——包括占领加沙地带。

**5月20日** 巴勒斯坦伊斯兰抵抗运动（哈马斯）与以色列达成停火协议，双方宣布将在当地时间5月21日2时正式停火。以色列总理办公室表示以色列在近期对加沙地带的军事行动中取得了"巨大成就"。

**5月29日** 以色列在开展大规模新冠疫苗接种活动之后，国内疫情控制良好，5月23~29日，以色列平均每日新增新冠肺炎确诊病例数仅15例，这是自疫情以来，以色列日增最低确认病例数。

**5月30日** 以色列驻华大使潘绮瑞女士在上海开始为期6天的访问，大使走访了上海摩西会堂、犹太难民纪念馆等著名犹太遗迹，并拜访了中以上海创新园、中以常州创新园以及蚂蚁集团、光明集团等多家与以色列有合作的优秀企业。

**6月2日** 以色列多个党派达成协议，新联合政府即将建立，连续执政12年的内塔尼亚胡总理生涯告一段落。当天晚间，在最后组阁期限到来之前，拉皮德告知里夫林已成功组建新一届政府。新的执政联盟由8个立场大相径庭的党派组成。

**6月8日** 中国国家主席习近平致电赫尔佐格，祝贺赫尔佐格当选以色列总统。

**6月13日** 以色列议会以60票赞同、59票反对、1票弃权的结果通过了新政府的成立，贝内特成为以色列第13任总理。美国总统拜登对以色列新政府表示欢迎。连续执政12年的利库德集团领导人内塔尼亚胡下台，以色列长达两年的选举僵局结束。

**6月22日** 以色列总理贝内特表示新一轮新冠肺炎疫情在以色列暴发。以色列新冠肺炎确诊病例在21日猛增125例，其中数名确诊患者此前已接种新冠病毒疫苗。

**7月6日** 以色列总理贝内特宣布，根据以韩两国签署的协议，以色列将向韩国提供约70万剂辉瑞疫苗。

**7月7日** 以色列第11任总统伊萨克·赫尔佐格宣誓就职。

**7月22日** 以色列空军2架F-16战斗机向黎巴嫩空域发射4枚导弹。

**7月29日** 以色列总理贝内特宣布以色列开始为60岁及以上人群接种第三剂新冠病毒疫苗加强针。

**8月1日** 以色列运动员多尔戈皮亚特·阿提姆（Dolgopyat Artem）在2020年东京奥运会竞技体操男子自由体操决赛中获得冠军，这是以色列历史上首枚体操金牌，也是以色列建国73年来的第2枚奥运金牌。

**8月4日** 以色列炮兵向黎巴嫩境内发射了6枚炮弹，以回应当天来自黎境内袭击以色列的3枚火箭弹。

**8月20日** 以色列新冠肺炎疫情再度严重，卫生部称从8月19日20时至20日18时，以色列新增新冠肺炎确诊病例7605例。

**9月14日** 特拉维夫往返开罗的直飞航班将在10月开始运营，这是自1979年以来埃及航空公司首次开通飞往以色列的直航航班。

**10 月 1 日**　中国中铁股份有限公司表示，由中企承建的以色列特拉维夫轻轨红线系统工程进入全面动车调试阶段。

**10 月 17 日**　以色列南部的空军基地举行为期 12 天的"蓝旗"空军演习，德国、美国、意大利和英国等国空军参加。

**10 月 25 日**　以色列于当日凌晨对叙利亚库奈特拉地区（Qunaytirah）发动空袭，叙利亚三个军事目标被炸毁。

**10 月 27 日**　以色列国防部下属民政最高规划和建设委员会批准在约旦河西岸地区兴建 3144 套定居点住房的计划。

**11 月 1 日**　以色列能源部部长卡琳·艾哈拉因身体残疾乘坐轮椅而未能进入第 26 届联合国气候变化大会（COP26）会场，错过峰会首日的全天会议。卡琳·患有肌肉萎缩症，需要依靠轮椅行动。会议当日主办方不允许她乘坐来时的车辆入场，要求参会者只能步行或乘坐班车前往 1 公里外的会场，但班车的设计无法搭载轮椅，卡琳只能返回住处。以色列总理贝内特对联合国和主办方的行为进行谴责，表示该行为是"不可接受的"。

**11 月 3 日**　以色列从戈兰高地对叙利亚大马士革郊区发动导弹袭击。

**11 月 9 日**　约 5 万只鹈鹕进入以色列中部的一个保护区，鹈鹕在每年初冬时节从巴尔干地区向非洲迁徙途中，会在以色列停留几个星期。

**11 月 11 日**　总理贝内特和多名高级官员进入核指挥掩体设施，进行新冠肺炎疫情防灾演习。该演习是为应对可能出现的对所有新冠病毒疫苗产生抗药性变异的毒株大规模扩散时的场景。

**11 月 22 日**　被控受贿等三项罪名的前总理内塔尼亚胡出席听证会，内塔尼亚胡的前新闻发言人，同时也是其亲信的"国家证人"赫费茨为案件提供证词。

**11 月 23 日**　以色列开始为 5 岁至 11 岁儿童接种新冠病毒疫苗，以色列全国适龄儿童将接种两剂疫苗。

**11 月 23 日**　以色列文物管理局表示，考古工作者在耶路撒冷一处国家公园发现一枚古银币。这枚银币重约 14 克，铸造时间距今已有两千年。

**11 月 28 日**　受以色列与伊朗开展网络战的影响，以色列一些民众的个人隐私和生活细节被发布在公共网络上。

**11 月 27 日**　以色列宣布关闭边境，禁止所有外国旅客入境，以成为全球首个因奥密克戎毒株而封锁国境的国家。

**12月2日**　国际法律论坛（ILF）通过了建立新的"打击反犹主义"法律平台的倡议，以色列政府对此表示支持，并认为该平台是加强世界各地"打击反犹太主义"的法律网络工具。

**12月14日**　鉴于新冠肺炎疫情再度恶化，总理贝内特宣布从本月17日开始，只有在过去六个月内完整疫苗接种或从新冠肺炎病情中治愈的公民才能进入购物中心。

**12月20日**　根据以色列卫生部公布的数据，以色列当日新增新冠肺炎确诊病例超1000例，这是自10月以来以色列单日新增确诊病例的最高纪录。

**12月25日**　以色列疫情应对小组宣称以色列可能在近一个月内从有效抵抗奥密克戎变异毒株转变为情况失控。以色列新冠病毒疫苗咨询小组当日投票决定允许该国最高风险人群接种第四针辉瑞疫苗。这在以色列和世界范围内引发争议。

# B.22
# 2021年以色列主要统计数据

马丹静[*]

表 1　以色列月移民人数及来源国家和地区统计（2021 年）

表 2　以色列国内生产总值、实际收入和贸易得失统计（1995~2021 年）

表 3　以色列国民可支配收入和国民储蓄统计（2015~2021 年）

表 4　以色列进口商品和服务统计（2015~2021 年）

表 5　以色列出口商品和服务统计（2015~2021 年）

表 6　以色列政府国防消费支出统计（1950~2020 年）

---

\* 马丹静，河南大学以色列研究中心副教授。

单位：人

**表 1　以色列月移民人数及来源国家和地区统计（2021 年）**

| 来源国家和地区 | 年移民人数 | 1月 | 2月 | 3月 | 4月 | 5月 | 6月 | 7月 | 8月 | 9月 | 10月 | 11月 | 12月 |
|---|---|---|---|---|---|---|---|---|---|---|---|---|---|
| 合计 | 12958 | 554 | 432 | 932 | 1592 | 965 | 1077 | 1126 | 1198 | 601 | 1847 | 1497 | 1137 |
| 亚美尼亚 | 11 | 0 | 0 | 1 | 0 | 0 | 1 | 0 | 5 | 4 | 0 | 0 | 0 |
| 立陶宛 | 6 | 0 | 0 | 0 | 1 | 0 | 0 | 2 | 0 | 3 | 0 | 0 | 0 |
| 拉脱维亚 | 64 | 1 | 0 | 0 | 4 | 5 | 3 | 3 | 6 | 5 | 24 | 10 | 3 |
| 爱沙尼亚 | 4 | 0 | 0 | 0 | 0 | 0 | 0 | 0 | 3 | 0 | 1 | 0 | 0 |
| 白俄罗斯 | 1035 | 37 | 10 | 131 | 102 | 80 | 111 | 77 | 152 | 32 | 144 | 91 | 68 |
| 乌克兰 | 3109 | 207 | 176 | 160 | 396 | 223 | 294 | 282 | 293 | 75 | 363 | 412 | 228 |
| 俄罗斯 | 7711 | 281 | 232 | 536 | 922 | 618 | 616 | 675 | 655 | 379 | 1162 | 876 | 759 |
| 摩尔多瓦 | 98 | 7 | 1 | 2 | 12 | 12 | 4 | 17 | 7 | 1 | 5 | 22 | 8 |
| 格鲁吉亚 | 149 | 5 | 2 | 1 | 2 | 2 | 3 | 40 | 30 | 9 | 33 | 11 | 11 |
| 阿塞拜疆 | 154 | 10 | 1 | 9 | 11 | 2 | 19 | 10 | 14 | 26 | 22 | 8 | 22 |
| 哈萨克斯坦 | 218 | 3 | 4 | 12 | 110 | 7 | 7 | 4 | 5 | 54 | 4 | 8 | 0 |
| 塔吉克斯坦 | 7 | 0 | 0 | 0 | 1 | 0 | 7 | 0 | 3 | 0 | 0 | 3 | 0 |
| 乌兹别克斯坦 | 287 | 0 | 1 | 76 | 14 | 8 | 0 | 0 | 14 | 7 | 80 | 51 | 22 |
| 吉尔吉斯斯坦 | 20 | 0 | 4 | 0 | 3 | 1 | 10 | 4 | 3 | 0 | 0 | 2 | 2 |
| 罗马尼亚 | 12 | 0 | 0 | 1 | 5 | 1 | 5 | 0 | 1 | 1 | 0 | 2 | 2 |
| 南斯拉夫 | 1 | 0 | 0 | 0 | 0 | 0 | 1 | 2 | 1 | 1 | 0 | 0 | 0 |
| 保加利亚 | 20 | 0 | 0 | 1 | 2 | 2 | 1 | 4 | 4 | 0 | 2 | 1 | 3 |
| 捷克 | 9 | 2 | 0 | 0 | 1 | 1 | 1 | 0 | 0 | 1 | 2 | 0 | 1 |
| 斯洛伐克 | 3 | 0 | 0 | 1 | 0 | 1 | 0 | 0 | 1 | 0 | 0 | 0 | 0 |
| 匈牙利 | 40 | 1 | 1 | 1 | 6 | 2 | 1 | 6 | 1 | 4 | 5 | 2 | 10 |

（东欧）

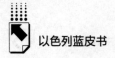

续表

| 来源国家和地区 | | 年移民人数 | 移民月份 | | | | | | | | | | | |
|---|---|---|---|---|---|---|---|---|---|---|---|---|---|---|
| | | | 1月 | 2月 | 3月 | 4月 | 5月 | 6月 | 7月 | 8月 | 9月 | 10月 | 11月 | 12月 |
| 合计 | | 5012 | 219 | 171 | 339 | 359 | 389 | 583 | 730 | 949 | 241 | 455 | 281 | 296 |
| 西欧 | 希腊 | 5 | 0 | 0 | 0 | 0 | 0 | 0 | 1 | 1 | 2 | 0 | 0 | 1 |
| | 德国 | 158 | 8 | 5 | 14 | 6 | 21 | 12 | 10 | 27 | 12 | 8 | 18 | 17 |
| | 奥地利 | 28 | 1 | 1 | 6 | 2 | 2 | 0 | 11 | 3 | 0 | 0 | 0 | 2 |
| | 瑞士 | 87 | 6 | 2 | 9 | 5 | 11 | 12 | 6 | 18 | 4 | 9 | 2 | 3 |
| | 芬兰 | 8 | 2 | 1 | 0 | 0 | 4 | 0 | 0 | 0 | 1 | 0 | 0 | 0 |
| | 瑞典 | 25 | 1 | 1 | 1 | 1 | 2 | 2 | 3 | 8 | 4 | 2 | 0 | 0 |
| | 挪威 | 5 | 0 | 0 | 0 | 0 | 0 | 4 | 0 | 1 | 0 | 0 | 0 | 0 |
| | 丹麦 | 21 | 0 | 1 | 9 | 0 | 0 | 1 | 4 | 1 | 1 | 0 | 1 | 3 |
| | 英国 | 681 | 42 | 13 | 69 | 58 | 47 | 58 | 88 | 110 | 42 | 65 | 48 | 41 |
| | 爱尔兰 | 3 | 0 | 0 | 0 | 0 | 0 | 0 | 1 | 0 | 1 | 0 | 0 | 1 |
| | 荷兰 | 57 | 4 | 0 | 4 | 6 | 3 | 5 | 16 | 6 | 1 | 7 | 3 | 2 |
| | 比利时 | 145 | 4 | 11 | 18 | 11 | 5 | 13 | 14 | 29 | 6 | 13 | 10 | 11 |
| | 卢森堡 | 2 | 0 | 0 | 0 | 0 | 0 | 0 | 0 | 1 | 0 | 0 | 1 | 0 |
| | 法国 | 3568 | 132 | 133 | 204 | 246 | 276 | 448 | 544 | 713 | 156 | 324 | 191 | 201 |
| | 葡萄牙 | 6 | 1 | 0 | 2 | 0 | 0 | 0 | 0 | 2 | 0 | 1 | 0 | 0 |
| | 西班牙 | 92 | 9 | 3 | 1 | 10 | 8 | 13 | 15 | 13 | 6 | 8 | 3 | 3 |
| | 意大利 | 121 | 9 | 0 | 2 | 14 | 10 | 15 | 17 | 16 | 5 | 18 | 4 | 11 |

续表

| 来源国家和地区 | | 年移民人数 | 移民月份 | | | | | | | | | | | |
|---|---|---|---|---|---|---|---|---|---|---|---|---|---|---|
| | | | 1月 | 2月 | 3月 | 4月 | 5月 | 6月 | 7月 | 8月 | 9月 | 10月 | 11月 | 12月 |
| 北美 | 合计 | 4727 | 181 | 86 | 386 | 377 | 223 | 371 | 708 | 1181 | 255 | 394 | 292 | 273 |
| | 加拿大 | 386 | 22 | 5 | 25 | 31 | 21 | 27 | 62 | 67 | 24 | 45 | 34 | 23 |
| | 美国 | 4038 | 143 | 78 | 338 | 320 | 187 | 308 | 576 | 1073 | 230 | 311 | 243 | 231 |
| | 墨西哥 | 303 | 16 | 3 | 23 | 26 | 15 | 36 | 70 | 41 | 1 | 38 | 15 | 19 |
| 中南美洲 | 合计 | 1903 | 99 | 11 | 280 | 210 | 90 | 200 | 236 | 198 | 66 | 237 | 96 | 180 |
| | 巴拿马 | 43 | 4 | 0 | 4 | 4 | 2 | 5 | 6 | 3 | 1 | 7 | 2 | 5 |
| | 委内瑞拉 | 73 | 3 | 1 | 4 | 10 | 6 | 18 | 14 | 3 | 3 | 3 | 3 | 5 |
| | 哥伦比亚 | 81 | 1 | 0 | 13 | 4 | 10 | 12 | 11 | 4 | 8 | 7 | 5 | 6 |
| | 厄瓜多尔 | 6 | 0 | 0 | 0 | 0 | 1 | 0 | 1 | 0 | 0 | 2 | 0 | 2 |
| | 秘鲁 | 53 | 1 | 1 | 2 | 5 | 2 | 0 | 5 | 2 | 17 | 6 | 1 | 11 |
| | 玻利维亚 | 1 | 0 | 0 | 0 | 1 | 0 | 0 | 0 | 0 | 0 | 0 | 0 | 0 |
| | 巴西 | 552 | 26 | 3 | 81 | 108 | 24 | 47 | 54 | 85 | 5 | 53 | 21 | 45 |
| | 乌拉圭 | 58 | 4 | 0 | 9 | 7 | 0 | 6 | 6 | 6 | 5 | 7 | 3 | 5 |
| | 阿根廷 | 920 | 44 | 6 | 160 | 64 | 41 | 65 | 130 | 86 | 25 | 147 | 56 | 96 |
| | 智利 | 116 | 16 | 0 | 7 | 7 | 4 | 47 | 9 | 9 | 2 | 5 | 5 | 5 |
| 非洲部分国家 | 合计 | 2188 | 667 | 606 | 291 | 64 | 106 | 12 | 176 | 44 | 2 | 63 | 88 | 69 |
| | 埃塞俄比亚 | 1638 | 618 | 588 | 259 | 0 | 57 | 3 | 60 | 4 | 0 | 7 | 41 | 1 |
| | 南非 | 549 | 49 | 18 | 32 | 64 | 49 | 9 | 115 | 40 | 2 | 56 | 47 | 68 |
| | 博茨瓦纳 | 1 | 0 | 0 | 0 | 0 | 0 | 0 | 1 | 0 | 0 | 0 | 0 | 0 |

续表

| 来源国家和地区 | | 年移民人数 | 移民月份 | | | | | | | | | | | |
|---|---|---|---|---|---|---|---|---|---|---|---|---|---|---|
| | | | 1月 | 2月 | 3月 | 4月 | 5月 | 6月 | 7月 | 8月 | 9月 | 10月 | 11月 | 12月 |
| 亚洲部分国家 | 合计 | 587 | 8 | 1 | 37 | 144 | 90 | 7 | 1 | 4 | 11 | 166 | 113 | 5 |
| | 塞浦路斯 | 5 | 0 | 0 | 0 | 0 | 0 | 0 | 0 | 0 | 1 | 2 | 2 | 0 |
| | 印度 | 572 | 5 | 0 | 37 | 144 | 85 | 6 | 1 | 4 | 10 | 164 | 111 | 5 |
| | 印度尼西亚 | 3 | 1 | 0 | 0 | 0 | 2 | 0 | 0 | 0 | 0 | 0 | 0 | 0 |
| | 中国 | 6 | 1 | 1 | 0 | 0 | 3 | 1 | 0 | 0 | 0 | 0 | 0 | 0 |
| | 日本 | 1 | 1 | 0 | 0 | 0 | 0 | 0 | 0 | 0 | 0 | 0 | 0 | 0 |
| 大洋洲 | 合计 | 137 | 5 | 2 | 17 | 12 | 4 | 19 | 27 | 18 | 3 | 7 | 6 | 17 |
| | 澳大利亚 | 134 | 4 | 2 | 17 | 12 | 4 | 18 | 27 | 18 | 3 | 7 | 6 | 16 |
| | 新西兰 | 3 | 1 | 0 | 0 | 0 | 0 | 1 | 0 | 0 | 0 | 0 | 0 | 1 |
| 南美洲其他国家 | 合计 | 31 | 1 | 3 | | | | 17 | 7 | | | | 1 | 5 |
| 非洲其他国家 | 合计 | 54 | 1 | 8 | 7 | 2 | 2 | 6 | 14 | 2 | 6 | 3 | 5 | 3 |
| 亚洲其他国家 | 合计 | 82 | 2 | 8 | 4 | 2 | 2 | 7 | 6 | 4 | 6 | 28 | | 21 |
| 其他国家和地区 | 合计 | 303 | 20 | 4 | 18 | 28 | 14 | 25 | 40 | 43 | 17 | 36 | 32 | 26 |
| | 土耳其 | 130 | 16 | 0 | 14 | 14 | 3 | 10 | 14 | 16 | 7 | 17 | 13 | 6 |
| | 泰国 | 14 | 0 | 3 | 0 | 2 | 1 | 1 | 3 | 0 | 0 | 2 | 0 | 2 |
| | 新加坡 | 17 | 0 | 0 | 1 | 0 | 2 | 1 | 2 | 1 | 0 | 0 | 1 | 9 |
| | 菲律宾 | 2 | 1 | 0 | 0 | 0 | 0 | 1 | 0 | 0 | 0 | 0 | 0 | 0 |
| | 中国台湾 | 2 | 0 | 0 | 0 | 0 | 0 | 0 | 0 | 0 | 0 | 2 | 0 | 0 |
| | 中国香港 | 5 | 0 | 0 | 0 | 0 | 0 | 0 | 0 | 0 | 2 | 0 | 0 | 1 |
| | 韩国 | 1 | 0 | 0 | 0 | 0 | 0 | 0 | 3 | 1 | 0 | 0 | 0 | 0 |
| | 尼日利亚 | 1 | 0 | 0 | 0 | 0 | 0 | 0 | 0 | 0 | 0 | 0 | 0 | 0 |
| | 加纳 | 1 | 1 | 0 | 0 | 0 | 0 | 0 | 1 | 0 | 0 | 0 | 0 | 0 |

续表

| 来源国家和地区 | 年移民人数 | 1月 | 2月 | 3月 | 4月 | 5月 | 6月 | 7月 | 8月 | 9月 | 10月 | 11月 | 12月 |
|---|---|---|---|---|---|---|---|---|---|---|---|---|---|
| | | | | | | | 移民月份 | | | | | | |
| 肯尼亚 | 2 | 0 | 0 | 1 | 0 | 0 | 0 | 0 | 1 | 0 | 0 | 0 | 0 |
| 乌干达 | 1 | 0 | 0 | 0 | 0 | 0 | 0 | 0 | 0 | 1 | 0 | 0 | 0 |
| 津巴布韦 | 1 | 0 | 0 | 0 | 0 | 0 | 0 | 0 | 0 | 1 | 0 | 0 | 0 |
| 马达加斯加 | 1 | 0 | 0 | 1 | 0 | 1 | 0 | 0 | 1 | 0 | 0 | 0 | 0 |
| 安哥拉 | 1 | 0 | 0 | 0 | 0 | 0 | 0 | 0 | 0 | 0 | 0 | 4 | 0 |
| 波兰 | 36 | 1 | 0 | 1 | 0 | 4 | 7 | 4 | 7 | 3 | 5 | 0 | 0 |
| 马其顿 | 1 | 0 | 0 | 0 | 0 | 0 | 1 | 1 | 0 | 0 | 0 | 5 | 0 |
| 塞尔维亚 | 11 | 0 | 0 | 0 | 1 | 0 | 1 | 4 | 0 | 0 | 0 | 2 | 0 |
| 摩纳哥 | 2 | 0 | 0 | 0 | 0 | 0 | 0 | 0 | 0 | 0 | 0 | 0 | 0 |
| 直布罗陀 | 4 | 1 | 0 | 0 | 0 | 0 | 0 | 0 | 3 | 0 | 0 | 0 | 0 |
| 马耳他 | 1 | 0 | 0 | 0 | 1 | 0 | 0 | 0 | 3 | 0 | 0 | 0 | 0 |
| 哥斯达黎加 | 18 | 0 | 0 | 0 | 0 | 0 | 1 | 1 | 8 | 0 | 0 | 0 | 0 |
| 萨尔瓦多 | 4 | 0 | 0 | 0 | 0 | 0 | 0 | 2 | 0 | 2 | 2 | 4 | 1 |
| 洪都拉斯 | 6 | 0 | 0 | 0 | 0 | 1 | 1 | 1 | 0 | 1 | 0 | 0 | 5 |
| 危地马拉 | 14 | 0 | 0 | 0 | 3 | 0 | 0 | 0 | 1 | 1 | 4 | 2 | 1 |
| 多米尼加 | 2 | 0 | 0 | 0 | 0 | 0 | 1 | 0 | 0 | 0 | 2 | 0 | 0 |
| 牙买加 | 1 | 0 | 0 | 0 | 1 | 0 | 0 | 0 | 0 | 0 | 0 | 0 | 0 |
| 马提尼克 | 2 | 0 | 0 | 0 | 0 | 0 | 0 | 0 | 0 | 0 | 0 | 0 | 0 |
| 瓜德罗普 | 1 | 0 | 0 | 0 | 0 | 0 | 0 | 0 | 0 | 0 | 0 | 0 | 0 |
| 巴拉圭 | 18 | 1 | 0 | 1 | 4 | 2 | 0 | 4 | 4 | 1 | 0 | 1 | 1 |
| 法属波利尼西亚 | 3 | 0 | 0 | 0 | 0 | 0 | 0 | 0 | 0 | 0 | 2 | 0 | 0 |
| 总计 | 27982 | 1757 | 1324 | 2311 | 2790 | 1883 | 2324 | 3071 | 3641 | 1202 | 3236 | 2411 | 2032 |

资料来源：以色列移民吸收部网站，https：//www. gov. il/BlobFolder/reports/aliyah_ 2021/he/olim2_ 2021. xlsx。

表2　以色列国内生产总值、实际收入和贸易得失统计（1995~2021 年）

| 年份 | 单位:百万新谢克尔 | | | | 环比增长(%) | | 贸易收入<br>在 GDP 中<br>所占百分比 |
|---|---|---|---|---|---|---|---|
| | 国内生产<br>总值(按<br>当前价格<br>计算) | 国内生产<br>总值(按<br>前一年价格<br>计算) | 贸易收入<br>(按前一年<br>价格计算)* | 国内实际<br>总收入<br>(按前一年<br>价格计算) | 国内生产<br>总值 | 实际收入 | |
| | (1) | (2) | (3) | (4)=(2)+(3) | (5) | (6) | (7)=(3)/(2) |
| 1995 | 302952 | | | | | | |
| 1996 | 351661 | 321213 | 2007 | 323220 | 6.0 | 6.7 | 0.6 |
| 1997 | 395831 | 365464 | 3947 | 369411 | 3.9 | 5.0 | 1.1 |
| 1998 | 440808 | 412447 | 3338 | 415785 | 4.2 | 5.0 | 0.8 |
| 1999 | 485033 | 456548 | 783 | 457331 | 3.6 | 3.7 | 0.2 |
| 2000 | 540061 | 528163 | -5242 | 522921 | 8.9 | 7.8 | -1.0 |
| 2001 | 550174 | 540614 | 132 | 540746 | 0.1 | 0.1 | 0.0 |
| 2002 | 573977 | 549096 | -506 | 548590 | -0.2 | -0.3 | -0.1 |
| 2003 | 578582 | 580574 | -5425 | 575149 | 1.1 | 0.2 | -0.9 |
| 2004 | 607630 | 607020 | -6547 | 600473 | 4.9 | 3.8 | -1.1 |
| 2005 | 640201 | 632900 | -5241 | 627659 | 4.2 | 3.3 | -0.8 |
| 2006 | 686842 | 677185 | -4136 | 673048 | 5.8 | 5.1 | -0.6 |
| 2007 | 736015 | 728752 | -6241 | 722511 | 6.1 | 5.2 | -0.9 |
| 2008 | 777561 | 761472 | -10361 | 751111 | 3.5 | 2.1 | -1.4 |
| 2009 | 817735 | 786448 | 17782 | 804230 | 1.1 | 3.4 | 2.3 |
| 2010 | 877368 | 864221 | -6696 | 857525 | 5.7 | 4.9 | -0.8 |
| 2011 | 938521 | 925997 | -13776 | 912221 | 5.5 | 4.0 | -1.5 |
| 2012 | 996437 | 965016 | 6325 | 971341 | 2.8 | 3.5 | 0.7 |
| 2013 | 1062167 | 1044038 | 2659 | 1046698 | 4.8 | 5.0 | 0.3 |
| 2014 | 1112538 | 1105979 | 94 | 1106073 | 4.1 | 4.1 | 0.0 |
| 2015 | 1166354 | 1137900 | 24451 | 1162351 | 2.3 | 4.5 | 2.1 |
| 2016 | 1225235 | 1218406 | 10489 | 1228895 | 4.5 | 5.4 | 0.9 |
| 2017 | 1278841 | 1278864 | -6081 | 1272783 | 4.4 | 3.9 | -0.5 |
| 2018 | 1341581 | 1329783 | -11598 | 1318184 | 4.0 | 3.1 | -0.9 |
| 2019 | 1418449 | 1392207 | 14437 | 1406644 | 3.8 | 4.8 | 1.0 |
| 2020 | 1401406 | 1387903 | 5110 | 1393013 | -2.2 | -1.8 | 0.4 |
| 2021 | 1554281 | 1514736 | -2968 | 1511768 | 8.1 | 7.9 | -0.2 |

*计算时不包括进出口净税额，也不包括进口国防商品和钻石贸易所得。

资料来源：以色列中央统计局，https://www.cbs.gov.il/he/mediarelease/doclib/2022/058/08_22_058t8.pdf。

表3 以色列国民可支配收入和国民储蓄统计（2015～2021年）

按当前价格计算

| | 2015 年 | 2016 年 | 2017 年 | 2018 年 | 2019 年 | 2020 年 | 2021 年 |
|---|---|---|---|---|---|---|---|
| 单位:百万新谢克尔 | | | | | | | |
| （1）国民收入净额（按市场价格计算） | 1003149 | 1054292 | 1107633 | 1163519 | 1225999 | 1191602 | 1327864 |
| （2）来自国外的转账汇款 | 34079 | 34437 | 27020 | 26903 | 26888 | 24492 | 25678 |
| 其中给政府的转账汇款 | 15411 | 15233 | 12195 | 12682 | 12255 | 11995 | 9372 |
| （3）境外所得税* | 1026 | 1063 | 1076 | 1112 | 1182 | 1082 | 1122 |
| （4）可支配收入净额=（1）+（2）+（3）（按市场价格计算） | 1038254 | 1089792 | 1135728 | 1191535 | 1254068 | 1217175 | 1354665 |
| （5）扣除:私人和政府消费支出 | 898570 | 945893 | 984414 | 1036496 | 1085043 | 1026309 | 1132201 |
| （6）国民储蓄净额=（4）-（5） | 139683 | 143899 | 151315 | 155039 | 169025 | 190866 | 222464 |
| 所占百分比 | | | | | | | |
| （1）国民收入净额（按市场价格计算） | 97 | 97 | 98 | 98 | 98 | 98 | 98 |
| （2）来自国外的转账汇款净额 | 3.3 | 3.2 | 2.4 | 2.3 | 2.1 | 2.0 | 1.9 |
| 其中给政府的转账汇款净额 | 1.5 | 1.4 | 1.1 | 1.1 | 1.0 | 1.0 | 0.7 |
| （3）境外所得税 | 0.1 | 0.1 | 0.1 | 0.1 | 0.1 | 0.1 | 0.1 |
| （4）可支配收入净额-（1）+（2）+（3）（按市场价格计算） | 100.0 | 100.0 | 100.0 | 100.0 | 100.0 | 100.0 | 100.0 |
| （5）扣除:私人和政府消费支出 | 86.5 | 86.8 | 86.7 | 87.0 | 86.5 | 84.3 | 83.6 |
| （6）国民储蓄净额=（4）-（5） | 13.5 | 13.2 | 13.3 | 13.0 | 13.5 | 15.7 | 16.4 |

注：* 包含外国劳工缴纳的所得税。

资料来源：以色列中央统计局，https：//www.cbs.gov.il/he/mediarelease/doclib/2022/058/08_22_058t20.pdf。

**表 4 以色列进口商品和服务统计（2015~2021 年）**

单位：百万新谢克尔，按当前价格计算

| 年份 | 商品到岸价，不包括进口的国防产品 | | | | 商品离岸价，不包括进口的国防产品 | 进口的国防产品离岸价 | 服务 | | | 合计（不包括进口的国防产品） | 总计 |
| | 其他商品 | 钻石 | 燃料、船舶、飞机 | 合计 | 不包括进口的国防产品 | 国防产品离岸价 | 其他服务 | 出国旅游 | 合计 | | |
| | (1) | (2) | (3) | (4)=(1)+(2)+(3) | (5) | (6) | (7) | (8) | (9)=(7)+(8) | (10)=(5)+(9) | (11)=(10)+(6) |
| 2015 | 181812 | 24445 | 29647 | 235904 | 224911 | 11354 | 71115 | 23307 | 94422 | 319333 | 330687 |
| 2016 | 196655 | 25084 | 24500 | 246239 | 234485 | 11814 | 76473 | 24701 | 101174 | 335659 | 347473 |
| 2017 | 199408 | 20710 | 29129 | 249247 | 237151 | 9262 | 80534 | 25321 | 105855 | 343006 | 352268 |
| 2018 | 219355 | 20437 | 40382 | 280174 | 267402 | 8907 | 86565 | 28385 | 114950 | 382352 | 391259 |
| 2019 | 217373 | 13851 | 42497 | 273721 | 260889 | 9314 | 88352 | 28992 | 117344 | 378233 | 387547 |
| 2020 | 216653 | 8336 | 20270 | 245259 | 233377 | 8838 | 79222 | 6254 | 85476 | 318853 | 327691 |
| 2021 | 256966 | 11012 | 29670 | 297648 | 278218 | 7562 | 96688 | 10335 | 107023 | 385241 | 392803 |

单位：百万新谢克尔，按 2015 年价格计算

| 年份 | 其他商品 (1) | 钻石 (2) | 燃料、船舶、飞机 (3) | 合计 (4)=(1)+(2)+(3) | (5) | (6) | 其他服务 (7) | 出国旅游 (8) | 合计 (9)=(7)+(8) | (10)=(5)+(9) | 总计 (11)=(10)+(6) |
| --- | --- | --- | --- | --- | --- | --- | --- | --- | --- | --- | --- |
| 2015 | 181812 | 24445 | 29647 | 235904 | 224911 | 11354 | 71115 | 23307 | 94422 | 319333 | 330687 |
| 2016 | 203023 | 29779 | 29367 | 262169 | 249998 | 11865 | 75764 | 26126 | 101890 | 351888 | 363753 |
| 2017 | 213345 | 26843 | 30176 | 270899 | 258335 | 10335 | 82950 | 27937 | 110918 | 369484 | 379730 |
| 2018 | 226107 | 31384 | 34523 | 292233 | 278728 | 9736 | 86619 | 30385 | 116976 | 395878 | 405563 |
| 2019 | 232195 | 27680 | 40488 | 303155 | 289119 | 10180 | 88152 | 31784 | 119865 | 409138 | 419260 |
| 2020 | 241412 | 23553 | 27005 | 294750 | 281068 | 9935 | 81578 | 7020 | 90061 | 369718 | 379593 |
| 2021 | 284341 | 41249 | 27502 | 349027 | 333171 | 8713 | 96441 | 12245 | 110173 | 442015 | 450560 |

资料来源：以色列中央统计局，https：//www.cbs.gov.il/he/mediarelease/doclib/2022/058/08_22_058t16.pdf。

表 5　以色列出口商品和服务统计（2015～2021 年）

单位：百万新谢克尔，按当前价格计算

| 年份 | 商品 | | | | 服务 | | | | 总计（不含初创企业） | 总计 |
| | 制造业（不含钻石）(A) | 农业 | 钻石 | 合计 | 其他服务 (B) | 旅游业 | 合计（不含初创企业） | 合计 | | |
| 2015 | 189346 | 4556 | 28032 | 221934 | 126638 | 18624 | 143207 | 145262 | 365141 | 367196 |
| 2016 | 181935 | 4433 | 28472 | 214840 | 136496 | 18507 | 148461 | 155003 | 363301 | 369843 |
| 2017 | 180656 | 4410 | 24348 | 209414 | 146729 | 20422 | 160985 | 167151 | 370399 | 376565 |
| 2018 | 186828 | 4083 | 24467 | 215378 | 165160 | 21910 | 178605 | 187070 | 393983 | 402448 |
| 2019 | 193803 | 4029 | 17293 | 215125 | 180536 | 22972 | 192605 | 203508 | 407730 | 418633 |
| 2020 | 188277 | 3591 | 10617 | 202485 | 185235 | 5117 | 187783 | 190352 | 390268 | 392837 |
| 2021 | 202162 | 3650 | 17148 | 222960 | 235215 | 3824 | 230061 | 239039 | 453021 | 461999 |

单位：百万新谢克尔，按 2015 年价格计算

| 年份 | 商品 | | | | 服务 | | | | 总计（不含初创企业） | 总计 |
| | 制造业（不含钻石）(A) | 农业 | 钻石 | 合计 | 其他服务 (B) | 旅游业 | 合计（不含初创企业） | 合计 | | |
| 2015 | 189346 | 4556 | 28032 | 221934 | 126638 | 18624 | 143207 | 145262 | 365141 | 367196 |
| 2016 | 184414 | 4679 | 29826 | 218919 | 136979 | 18724 | 149453 | 155703 | 368372 | 374622 |
| 2017 | 190672 | 4904 | 24723 | 220464 | 152913 | 20822 | 167975 | 173736 | 388565 | 394341 |
| 2018 | 194806 | 4488 | 25490 | 224989 | 167279 | 21919 | 181476 | 189183 | 406647 | 414405 |
| 2019 | 202134 | 4580 | 19195 | 226106 | 181303 | 22770 | 194454 | 204045 | 420935 | 430640 |
| 2020 | 209554 | 4139 | 14954 | 229160 | 188247 | 5183 | 192090 | 193188 | 421517 | 422489 |
| 2021 | 224552 | 4278 | 24177 | 251956 | 223397 | 3731 | 219993 | 226836 | 472734 | 479810 |

注：（A）包括采矿和采石业；（B）包括初创企业和外国劳工的消费支出。
资料来源：以色列中央统计局，https：//www.cbs.gov.il/he/mediarelease/doclib/2022/058/08_22_058115.pdf。

表 6 以色列政府国防消费支出统计（1950~2020 年）*

单位：百万新谢克尔，按当前价格计算

| 年份 | 国防消费 | | | | | | 合计 |
| --- | --- | --- | --- | --- | --- | --- | --- |
| | 扣除：销售额 | 进口国防产品 | 国内消费 | | | | |
| | | | 其他采购 | 生产税 | 职工报酬 | 合计 | |
| 1950 | — | — | — | — | — | — | 4. 2 |
| 1951 | — | — | — | — | — | — | 5. 3 |
| 1952 | — | — | — | — | 2. 6 | — | 6. 5 |
| 1953 | — | — | — | — | 3. 6 | — | 7. 9 |
| 1954 | — | — | — | — | 5. 4 | — | 11. 2 |
| 1955 | — | — | — | — | 8. 1 | — | 16. 6 |
| 1956 | — | — | — | — | 10. 0 | — | 36. 2 |
| 1957 | — | — | — | — | 10. 4 | — | 27. 2 |
| 1958 | — | — | — | — | 10. 6 | — | 29. 1 |
| 1959 | — | — | — | — | 11. 7 | — | 31. 4 |
| 1960 | — | 8. 7 | 14. 2 | — | 12. 3 | 26. 5 | 35. 2 |
| 1961 | — | 14. 3 | 16. 8 | — | 15. 2 | 32. 0 | 46. 3 |
| 1962 | — | 27. 5 | 20. 3 | — | 18. 2 | 38. 5 | 66. 0 |
| 1963 | — | 34. 4 | 24. 2 | — | 23. 1 | 47. 3 | 81. 7 |
| 1964 | — | 29. 8 | 28. 7 | — | 25. 7 | 54. 4 | 84. 2 |
| 1964 ** | — | 31. 1 | 26. 5 | — | 22. 7 | 49. 2 | 80. 3 |
| 1965 | — | 36. 4 | 32. 5 | — | 28. 6 | 61. 1 | 97. 5 |
| 1966 | — | 38. 6 | 45. 3 | — | 33. 8 | 79. 1 | 117. 7 |
| 1967 | — | 87. 0 | 72. 5 | — | 50. 2 | 122. 7 | 209. 7 |
| 1968 | — | 86. 2 | 111. 3 | — | 54. 6 | 165. 9 | 252. 1 |
| 1969 | — | 120. 6 | 136. 7 | — | 65. 6 | 202. 3 | 322. 9 |
| 1970 | — | 218. 1 | 176. 0 | — | 86. 1 | 262. 1 | 480. 2 |
| 1971 | — | 210. 7 | 234. 9 | — | 105. 9 | 340. 8 | 551. 5 |
| 1972 | — | 256. 0 | 254. 0 | — | 120. 6 | 374. 6 | 630. 6 |
| 1973 | — | 653. 0 | 354. 0 | — | 222. 7 | 576. 7 | 1229. 7 |
| 1974 | — | 718. 0 | 637. 0 | — | 298. 0 | 935. 0 | 1653. 0 |
| 1974 *** | — | 687. 0 | 680. 0 | — | 286. 0 | 966. 0 | 1653. 0 |
| 1975 | — | 1310. 0 | 909. 0 | — | 405. 1 | 1314. 1 | 2624. 1 |
| 1976 | 29. 0 | 1458. 0 | 1040. 0 | 4. 0 | 508. 0 | 1552. 0 | 2981. 0 |
| 1977 | 64. 0 | 1354. 0 | 1315. 0 | 15. 0 | 816. 0 | 2146. 0 | 3436. 0 |
| 1978 | 340. 0 | 3070. 0 | 2069. 0 | 35. 0 | 1268. 0 | 3372. 0 | 6102. 0 |

续表

| 年份 | 国防消费 | | | | | | 合计 |
|---|---|---|---|---|---|---|---|
| | 扣除：销售额 | 进口国防产品 | 国内消费 | | | | |
| | | | 其他采购 | 生产税 | 职工报酬 | 合计 | |
| 1979 | 542.0 | 3440.0 | 3857.0 | 75.0 | 2635.0 | 6567.0 | 9465.0 |
| 1980 | 0.7 | 10.3 | 9.4 | 0.2 | 5.8 | 15.4 | 25.0 |
| 1981 | 2.1 | 28.3 | 23.1 | 0.4 | 13.6 | 37.1 | 63.3 |
| 1982 | 3.6 | 40.3 | 54.4 | 1.0 | 33.0 | 88.4 | 125.1 |
| 1983 | 7.7 | 72.7 | 131.0 | 2.6 | 79.4 | 213.0 | 278.0 |
| 1984 | 38.0 | 548.0 | 626.9 | 14.0 | 404.0 | 1044.9 | 1554.9 |
| 1985 | 137.0 | 2435.0 | 2123.0 | 45.0 | 1310.0 | 3478.0 | 5776.0 |
| 1986 | 205.0 | 2129.0 | 2689.0 | 74.0 | 2089.0 | 4852.0 | 6,776.0 |
| 1987 | 386.0 | 4639.0 | 3389.0 | 99.0 | 2748.0 | 6236.0 | 10489.0 |
| 1988 | 532.0 | 3972.0 | 3602.0 | 123.0 | 3753.0 | 7478.0 | 10918.0 |
| 1989 | 653.0 | 2763.0 | 4339.0 | 154.0 | 4486.0 | 8979.0 | 11089.0 |
| 1990 | 501.0 | 3703.0 | 5269.0 | 200.0 | 5399.0 | 10868.0 | 14070.0 |
| 1991 | 790.0 | 5402.0 | 5978.0 | 338.0 | 6460.0 | 12776.0 | 17388.0 |
| 1992 | 587.0 | 4466.0 | 7192.0 | 388.0 | 7209.0 | 14789.0 | 18668.0 |
| 1993 | 414.0 | 7210.0 | 7033.0 | 432.0 | 7776.0 | 15241.0 | 22037.0 |
| 1994 | 479.0 | 5321.0 | 7751.0 | 530.0 | 9707.0 | 17988.0 | 22830.0 |
| 1995 | 706.0 | 4701.0 | 8027.0 | 754.2 | 11515.0 | 20296.2 | 24291.2 |
| 1996 | 632.0 | 6416.0 | 9331.0 | 898.8 | 12806.2 | 23036.0 | 28820.0 |
| 1997 | 670.0 | 7266.0 | 10225.0 | 914.3 | 13852.4 | 24991.7 | 31587.7 |
| 1998 | 657.0 | 8533.0 | 11059.0 | 1023.8 | 14576.6 | 26659.4 | 34535.4 |
| 1999 | 822.0 | 9951.0 | 11920.0 | 1067.9 | 15516.9 | 28504.7 | 37633.7 |
| 2000 | 1524.0 | 9368.0 | 13735.0 | 1220.7 | 16449.6 | 31405.4 | 39249.4 |
| 2001 | 1542.0 | 10795.0 | 13566.0 | 1252.9 | 17355.2 | 32174.1 | 41427.1 |
| 2002 | 1456.0 | 13702.0 | 16273.1 | 1383.5 | 18625.3 | 36281.9 | 48527.9 |
| 2003 | 1256.0 | 11319.0 | 16398.9 | 1406.2 | 18069.4 | 35874.5 | 45937.5 |
| 2004 | 1111.0 | 10148.0 | 15622.0 | 1434.7 | 17567.6 | 34624.3 | 43661.3 |
| 2005 | 1418.0 | 11723.0 | 16003.0 | 1484.9 | 18105.5 | 35593.4 | 45898.4 |
| 2006 | 1439.0 | 14026.0 | 17442.0 | 1557.2 | 18598.0 | 37597.2 | 50184.2 |
| 2007 | 1959.0 | 12020.0 | 18283.9 | 1643.2 | 18915.6 | 38842.7 | 48903.7 |
| 2008 | 1934.0 | 10742.0 | 20015.7 | 1687.1 | 19424.8 | 41127.6 | 49935.6 |
| 2009 | 1326.0 | 9200.0 | 20005.5 | 1802.0 | 20343.0 | 42150.5 | 50024.5 |
| 2010 | 1391.0 | 10029.0 | 20710.3 | 1995.9 | 20920.9 | 43627.1 | 52265.1 |

续表

| 年份 | 国防消费 | | | | | | |
| --- | --- | --- | --- | --- | --- | --- | --- |
| | 扣除:销售额 | 进口国防产品 | 国内消费 | | | | 合计 |
| | | | 其他采购 | 生产税 | 职工报酬 | 合计 | |
| 2011 | 2653.0 | 10458.0 | 22284.7 | 2060.6 | 21599.9 | 45945.2 | 53750.2 |
| 2012 | 2896.0 | 12446.0 | 22885.8 | 2186.6 | 22433.3 | 47505.7 | 57055.7 |
| 2013 | 2251.0 | 12533.0 | 23829.3 | 2247.3 | 23481.2 | 49557.8 | 59839.8 |
| 2014 | 3189.0 | 13814.0 | 25719.3 | 2289.6 | 23968.5 | 51977.4 | 62602.4 |
| 2015 | 2277.0 | 13781.0 | 25860.3 | 2422.1 | 24820.4 | 53102.8 | 64606.8 |
| 2016 | 3811.0 | 14182.0 | 27205.7 | 2537.8 | 25559.8 | 55303.2 | 65674.2 |
| 2017 | 3377.0 | 11163.0 | 28706.4 | 2355.3 | 26176.0 | 57237.7 | 65023.7 |
| 2018 | 3737.0 | 10779.0 | 32482.0 | 2330.8 | 27078.8 | 61891.7 | 68933.7 |
| 2019 | 2677.0 | 11320.0 | 32373.6 | 2390.1 | 27337.1 | 62100.8 | 70743.8 |
| 2020 | 3618.0 | 10768.0 | 32452.6 | 2462.0 | 27759.0 | 62673.6 | 69823.6 |

注：＊只涉及防务机构的消费支出；＊＊从1964年开始是一个新的系列；＊＊＊这一年将进口产品和国内消费重新分类。

资料来源：以色列中央统计局，https：//www.cbs.gov.il/he/publications/doclib/2022/def20_1857/t01.pdf。

# Abstract

In 2021, Israel's economy recovered rapidly from COVID−19 pandemic; its GDP growth rate was historically high; its internal politics was full of contradictions, but finally a consensus was reached, and the governing capability as well as the diplomatic performance of the new government were recognized by the public. In the area of social integration, although the new government has made various efforts, ethnic relations have not been fundamentally improved, the strong demands of Israeli Arabs have once again become the focus, and the social integration of ultra-Orthodox Jews has not been fully realized. The influence of all kinds of social contradictions, coupled with the fragile political and interest game, Led to the crisis of Bennett's government can be seen everywhere. But taken as a whole, Israel's social development trend tended to be good in 2021.

In the economic aspect, the Israeli government has maintained the economic stability by revaluing the shekel to moderate inflation and by buying an unprecedented amount of foreign currency to curb the appreciation trend of the shekel. Meanwhile, to revive the pandemic-hit economy, the Israeli government encouraged the temporarily unemployed to return to the job market and increase labor supply. Under the flexible epidemic prevention policy, Israel's various economic indicators were excellent, with its GDP annual growth rate reaching 8. 2 percent, which has been the highest record in more than 20 years.

In the social area, the ethnic relations between Jews and Arabs in Israel still faced many challenges. Ongoing conflicts broke out between Jews and Arabs in Jerusalem, which has become a direct trigger for the new round of Israeli-Palestinian conflict, and eventually spread to many areas of Israel, but the overall situation was basically under control.

As far as politics was concerned, with the cooperation of other parties, Bennett

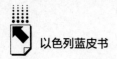

and Lapid ended Netanyahu's continuous reign and the impasse that has plagued Israeli politics for a long time has been temporarily resolved. After the Bennett government came to power, it shelved internal disputes, promoted consensuses, focused on livelihood issues, dedicated itself to national governance, and made efforts to restore stability that had been lost in frequent Israeli elections. The Bennett government strived to bridge the internal divisions of the ruling coalition, but due to the huge ideological differences, the fragility of the ruling coalition has not been well resolved. A ruling crisis could emerge at any time and the prospect of the coalition government is uncertain.

In the diplomatic area, the Bennett government was committed to multilateralism, which both continued and expanded Netanyahu's foreign policy. Based on the Abraham Accords signed by Netanyahu, the Bennett government accelerated the development of relations with Arab countries such as the United Arab Emirates, Bahrain, and Morocco, which greatly improved the geopolitical environment of Israel. Meanwhile, the new government adopted a pragmatic policy, making efforts to improve its relations with the Biden administration, and to repair its diplomatic relations with Jordan, which had deteriorated under the administration of Netanyahu. Besides, it attached importance to Egypt's role as a mediator in the Israeli-Palestinian conflict. All these efforts have opened new horizons for Israeli diplomacy.

In the aspect of Sino-Israel relations, thanks to varying degrees of liberalization, China-Israel cooperation, which had been affected by the pandemic, has gradually resumed. The two sides have carried out a number of online and offline activities, especially a series of meaningful cooperation in the fields of innovation and cultural exchanges.

In view of Israel's significant influence in the Middle East and international affairs, coupled with the practical need of enhancing bilateral cooperation and exchanges, and promoting innovative comprehensive partnership between China and Israel, our research group, whose main body is the research team of Center for Israel Studies of Henan University and Institute of Asian Studies of Zhengzhou University, incorporates the relevant academic resources in China and abroad, drawing the support and participation of experts and scholars from Sino-Israel Strategic Research Center on Innovation Cooperation, a subsidiary body of Chinese Ministry of Science and Technology, and foreign think tank scholars and experts recommended by Sino-Israel Global Network & Academic Leadership (SIGNAL). Together we present the *Blue Book of Israel : Annual Report on Israel's National Development (2022)*.

**Keywords**: Israel; Bennett Government; COVID − 19 Pandemic; External Relations; China-Israel Cooperation

# Contents

## I    General Report

**B**.1    Israel's Economy, Society and Politics in 2021

*Liu Lijuan, Zhang Qianhong* / 001

**Abstract**: In 2021, Israel's economy recovered rapidly from the pandemic. A series of indicators displayed an outstanding economic performance. The annual GDP growth rate of 8. 1% has set the highest record in the past more than two decades, which demonstrates the strong resilience of Israeli economy. The new round of Arab-Jewish conflict in Israel, the most widespread one since the founding of the state of Israel, has become the trigger for a new round of Israeli-Palestinian conflict. After 12 consecutive years in office, Benjamin Netanyahu stepped down, and the new Bennett-Lapid government preliminarily gained its footing. In terms of internal affairs, the new government shelved disputes, advanced consensuses, and focused on livelihood issues and national governance. As for external affairs, the government was committed to multilateralism. It enhanced relations with traditionally friendly countries and exploited ties with new friends, by means of which Israel has made commendable achievements in many fields. However, how to achieve sustainable and inclusive economic growth, how to repair the rift in the domestic Arab-Jewish relations, and particularly how to maintain the stability of the coalition government, will continue to test the new government's governing wisdom and capability.

**Keywords**: Israeli Economy; Arab-Jewish Relations; Israeli Election; Coalition Government

# II  Topical Reports

**B**.2  Report on Israel's Economic Development in 2021

*Chang Ying, Zhu Zhaoyi and Pan Huixuan* / 040

**Abstract**: Having the best economic performance among the OECD member countries in 2020, Israel's innovation economy maintained a strong growth in 2021. Its high-tech industries achieved the best results in history in terms of national investment and financial performance, the number of listed companies, and the amount of M&A exits. Despite the extraordinary digital achievements, there are still quite a number of hidden worries in the Israeli economy, including the structural contradiction between supply and demand of high-tech talent team, the lack of ground-breaking technical support, etc. In terms of external economic cooperation, the economic cooperation between Israel and the UAE has developed Rapidly. Under the unfavorable influence of the U. S. stock market slump and the negative growth of the U. S. GDP in the first quarter of 2022, the Israeli innovation economy may not be able to maintain the strong growth in 2022 and enter into a relatively quiet period, which may influence not only the government, the enterprises, but also the whole society at large.

**Keywords**: Israel; Innovation Economy; Technology Industry; External Economic Cooperation

**B**.3  The Governing Strategy of the Bennett Government
and the Challenges It Faced          *Wang Jin, Zhu Xiaofeng* / 056

**Abstract**: The coalition government lead by Naftali Bennett took office in June 2021 and ended the 12-years-long Benjamin Netanyahu era, which opened a new stage for Israel's political arena. Different from Netanyahu's focus on national "Jewish-ization" and "national security", Bennett stressed the protection of rights of minority groups and marginal groups. He took measures to ease the tension with the Palestinian

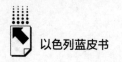
blocs, restore Israel's bilateral relations with the U. S. , and improve Israel's international image. Bennett's policies alleviated Israel's internal and external conflicts, and his governing performance has been recognized by the domestic public. But due to the constraints of Israel's political and social realities, Bennett's administration faced challenges resulted from epidemic control and prevention, political divisions, Israel-US disagreements and national security threats.

**Keywords**: Israel; Bennett Government; Governing Strategy; Governing Challenges

## B . 4   Social and Ethnic Relations in Israel under the COVID-19 Pandemic                              *Gao Zhiyuan* / 067

**Abstract**: The outbreak of the COVID-19 pandemic has had a dramatic impact on Israel's health care system, people's livelihoods and psychological conditions, and exacerbated long-standing ethnic tensions. Ultra-Orthodox Jews have been separated from Israeli society by their reluctance to enter the labor market and their failure to comply with health regulations. The Israeli Arabs have become more and more at odds with Jews over the unequal distribution of medical resources, the widening gap between rich and poor, and the Israeli-Palestinian conflict. At the same time, the new Israeli government has made a series of efforts to improve the relationship between different ethnic groups and enhance social cohesion.

**Keywords**: COVID-19 Pandemic; Israel; Ethnic Relations; Ultra-Orthodox Jews; Israeli Arabs

# Ⅲ   Social Governance

**B**. 5   Israeli Ways to Accomplish Carbon Neutrality Goal and

Its Influence          *Zhu Zhaoyi*, *Rong Tingting and Fan Chenchen* / 088

**Abstract**: By virtue of a series of ecological environment construction projects launched since the founding of the state, Israel has formed a green and low-carbon economic development path with its own characteristics. In July 2021, after a long-term domestic debate, Israel finally set up the national goal of fully achieving "carbon neutrality" by 2050, and raised it to one of the country's primary development strategies through parliamentary legislation. From a policy perspective, Israel has issued the 2030 Energy Plan and the 2050 Energy Plan, based on which all government departments, major research institutions, commercial institutions and the public have been mobilized to participate in the goal of "carbon neutrality"; from the perspective of technology, Israel not only continues to improve the efficiency of solar photovoltaic power generation on the basis of mature new energy and clean technology, but also encourages the development of a variety of new clean energies. All above-mentioned efforts are to achieve the prosperity of green and low-carbon technology and further consolidate Israel's international reputation as an innovation country. Israel's efforts to achieve the goal of "carbon neutrality" are not a national burden, but a rare opportunity to boost Israel's technology export and national image building globally.

**Keywords**: Israel; Carbon Neutrality; Low Carbon Economy

**B**. 6   Israel's Pension Security System          *Zhang Rui* / 105

**Abstract**: The aging of the population is a common problem faced by all countries in the world. According to international standards, Israel has already entered the stage of aging. In order to deal with the aging problem, Israel not only adopted the two-tier pension system of public pension and private pension, but also took the

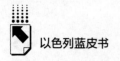

以色列蓝皮书

lead in establishing and implementing the long-term care insurance system to share the care costs of the elderly in the way of social financing, and gradually moved towards the mode of technological and healthy pension. During the pandemic, the Israeli government has basically maintained and appropriately increased the pension budget expenditure, and provided income assistance for the elderly and disabled and low-income elderly groups. The pension security policies have not been greatly affected, and their integrity and sustainability are relatively strong. On the whole, the Israeli pension security system takes into account the principles of fairness and efficiency, which not only guarantees a certain living standard for all the elderly, but also meets the demands of some elderly people for a high quality of life. Moreover, the technological and healthy pension mode using information technology not only truly serves the needs of the elderly, but also alleviates the burden of the family and promotes the harmonious and stable development of the family and society.

**Keywords:** Israel; Population Aging; Pension Insurance; Long-term Care Insurance System

## **B**.7 International Cooperation in Israel's Ecological Environment Governance and Its Prospects

*Kong Yan, Zhang Jihai* / 123

**Abstract:** Israel has carried out a series of ecological and environmental cooperation with Palestine, Arab countries, and Europe. Among them, cooperation with neighboring Arab countries is the focus of Israel's international cooperation in ecological and environmental governance. Israeli NGOs have played an important role in this cooperation. Israel combines bilateral and multilateral negotiations in the ecological and environmental governance cooperation mechanism. Besides, there are also restrictive factors in Israel's international cooperation in ecological and environmental governance, for instance, the lack of political mutual trust between Israel and Arab countries, the social and cultural differences between Israel and Arab countries, which limit the depth of ecological and environmental cooperation, and the imbalance of responsibility and power within the Israeli government, which

420

prevents it from complying with international environmental governance obligations. Nevertheless, international cooperation in the area of ecological environment is not only a necessary means for Israel to solve environmental problems, but also promotes peace and development in the Middle East to a certain extent. In the long run, Israel will pay more attention to international cooperation in the area of ecological environment in the future.

**Keywords:** Israel; Ecological Environment Governance; International Cooperation; Non-Governmental Organizations

**B.8** Israel's Fertility Policy and Its Influence on the
Demographic Structure *Li Yongqiang / 140*

**Abstract:** While the fertility rates have declined in most countries in the world over the past half century, Israel has maintained a high fertility rate, which becomes an important source of its population growth. In the context of Israel's fertility policy of encouraging childbirth, the fertility rate of the Arab population has fallen sharply, the total fertility rate of the Jewish population has risen slightly, and the Haredi population has maintained a very high fertility rate. The different effects of the fertility policy on different groups have contributed to the heterogeneity of the current Israeli demographic structure and affected the dynamic balance of different ethnic populations and different religious populations. Under the influence of this fertility trend, Israel's demographic structure will face severe challenges in the future. Israel's measures to encourage fertility provide important inspirations for other countries, and how it will manage and adjust its demographic structure in the future also deserves the attention of international community.

**Keywords:** Israel; Fertility Policy; Demographic Structure; Heterogeneity

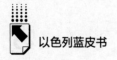
以色列蓝皮书

# Ⅳ  Educational, Scientific and Cultural

**B**.9  Research on the Current Situation of Israel's High-tech
Industry and Its Inspirations

*Wu Sihong, Qu Aoting, Han Bingyang and Li Junjie / 154*

**Abstract:** Israel is known as "the innovation nation" and "the second Silicon
Valley". It has the world's highest R&D intensity and high-tech industry has become
one of the most important industries in Israel. In 2021, there was a landmark
breakthrough in Israel's high-tech exports, which accounted for more than 50% of
Israel's total exports for the first time. This paper introduces the basic statuses of Israel's
high-tech industry exports and employees, examines the development trend of
investment and withdrawal in Israel's high-tech industry, and analyzes the potential
risks it faces, the coping measures it takes, and the inspirations it provides for the
development of scientific and technological innovation in China.

**Keywords:** High-tech Industry; Venture Capital; Supervision Sandbox

**B**.10  Israel's Space Exploration and Its Space Eco-system

*Ai Rengui / 170*

**Abstract:** Facing many unfavorable geographical environments such as lack of
strategic depth and having a huge asymmetry with surrounding countries, Israel has
been committed to developing science and technology since its founding, and the
space program is one of the keys. Since the 1960s, Israel has started various space
explorations and preparations, including the development of launch vehicles, the
establishment of the space agency, the launch of earth orbiting satellites and the
initiation of the lunar exploration project. Israel has rapidly emerged as one of the
second echelon countries in space exploration. With the help of space technology,
Israel has formed a unique concept of space security, taking deterrence, early warning
and technological autonomy as three pillars of space security, and greatly expanding

the traditional concept of national security. In order to improve space security and develop the space industry, the Israeli government established a Task Force responsible for formulating space development goals in 2009, and officially issued the "National Space Strategy 2010" in the next year, aiming to make Israel one of the world's five major space powers. After more than half a century's space exploration and technological innovation, Israel has embarked on a unique path of space development, which has not only effectively responded to national security threats, but also brought considerable technological and industrial benefits, highlighting the innovation gene of "small country, big dreams".

**Keywords:** Israel; Space Exploration; Space Strategy; Technological Autonomy; Space Eco-system

## B.11 Israel's Innovation Competitiveness and Latest Technological Achievements *Wei Tong, Deng Yanping* / 192

**Abstract:** Known as the "Nation of Innovation", Israel has always adhered to an innovation-driven development strategy for many years. To alleviate the impact of COVID−19 and overcome the unfavorable factors restricting the development of science and technology, the Israeli government has implemented precise policies and continuously introduced new incentives to promote the financing of start-ups, the employment of scientific and technological talents, and increase the proportion of the Arab population in the technology industry. With the help of the government's science and technology policy, Israel's technological innovation continued to maintain a strong momentum from 2020 to 2021. Several breakthroughs have been made in the fields such as the detection and treatment of COVID−19, life science and bioengineering, electronic industry technology, artificial intelligence, new energy, and aerospace technology.

**Keywords:** Israel; Innovation Competitiveness; Science and Technology Policy; Latest Scientific and Technological Achievements

 以色列蓝皮书

**B**.12　The Current Situation of Israel's Basic Education

under the COVID−19 Pandemic　　*Jiao Huining* / 213

**Abstract**: Israel has always taken education as one of its foundations. With the spread of the COVID−19 pandemic in Israel from March 2020, Israel's basic education system has faced unprecedented challenges, such as the continued increase in the number of infected students, the shortage of teachers and the school financial crises. The Israeli Ministry of Education responded to the crisis by presenting online education program and alternative initial teacher education plan. On the one hand, students in the basic education stage have been guaranteed to be suspended from school but continue learning. On the other hand, the increased digital divide during the pandemic has severely affected the effectiveness of online education and the equity of basic education.

**Keywords**: Israel; Basic Education; Online Education; Educational Equality; Digital Divide

**B**.13　Status Quo of Cultural Heritage Protection in the Old City

of Jerusalem　　*Deng Wei* / 236

**Abstract**: The protection of the world cultural heritage site-the Old City of Jerusalem has attracted worldwide attention for a long time. Closely related to different religions, the antiquities, sites, and architectural complexes of the Old City of Jerusalem, are widely distributed in the Muslim Quarter, Jewish Quarter, Christian Quarter, and Armenian Quarter. Although with pluralistic subjects of protection, abundant legislations, diverse modes of protection, and efficient management and maintenance, there still exist prominent issues, such as lack of communication and coordination between interested parties, deficiencies in transportation infrastructure projects, as well as destructive salvage excavations. The above-mentioned issues, based on complex historical and realistic factors, will affect the protection of cultural heritages in the Old City of Jerusalem for a long time.

**Keywords**: Old City of Jerusalem; Cultural Heritage Protection; Interested Parties; Salvage Excavation

Contents ⟨⟩

# V  Foreign Relations

**B**. 14  Israel's Relations with France in 2020−2021

*Hu Hao , Tan Hongshan* / 250

**Abstract**: From 2020 to 2021, the two countries had conducted active cooperation and exchanges, as well as frequent high-level dialogues and visits, and promoted cooperation in various fields, especially in technological innovation, economical investment, and national security. However, there still exist problems and disagreements which require being resolved between Israel and France, such as the prevalence of anti-Semitism in French society, the different positions on the Israeli-Palestinian issue, and the potential crisis caused by the Israeli monitoring incident. Since France's labeling policy and support for UN Security Council Resolution 2334, the relations between Israel and France had cooled down. After that, a series of policies have been adopted by the two countries to improve their relationship. Now Israel and France are still exploring appropriate solutions to the problems and disagreements existed between the two countries.

**Keywords**: Israel; France; Israel-France Relations; Innovation; Anti-Terrorism

**B**. 15  New Trends in the Relations between Israel and

the African Union *Gao Wenyang* / 267

**Abstract**: Israel announced to become an observer of the African Union on July 22, 2021, which means its relationship with Africa has made significant progress. The new development stems from both subjective and objective reasons: the subjective motives on the Israeli part include changing the AU's position of supporting Palestine in the Israeli-Palestinian conflict, as well as economic, trade and strategic considerations, while the African Union accepts Israel because the Arab-Israeli relations are gradually breaking the ice, the influence of the security situation in Africa and the impact of the COVID−19 pandemic. However, due to the unresolved state

425

of the Israeli-Palestinian issue, the game between major regional powers in Africa and the defects in Israel's pragmatic relations with Africa, Israel's observer status has been strongly opposed by African countries headed by Algeria and South Africa. Thus, the relations between Israel and African Union have a long way to go.

**Keywords**: Israel; African Union; Observer; Israel's Relations with the African Union

## B . 16   New Trends in the Relations between Israel and the United Nations   *Zhao Chenxi, Jia Sen* / 290

**Abstract**: The relationship between Israel and the United Nations is full of twists and turns. Since 1991, Israel's relations with the United Nations have generally tended to be balanced, but there have been constant frictions. Especially since the publication of the "Deal of the Century" in 2020, the Israeli-Palestinian issue has once again become a key factor affecting the relationship between Israel and the United Nations. The United Nations considers that Israel's expansion of settlements in the Occupied Palestinian Territories has severely breached international laws and it condemns Israel's disregard for Palestinian human rights. In contrast, Israel considers that the United Nations is biased in dealing with the Israeli-Palestinian issue and sticks to a hardline stance. In addition, the United States is also an important external factor contributing to the tension between Israel and the United Nations. With the enhancement of the role of the United Nations, Israel should adopt a rational attitude, actively repair the rift in the bilateral relations and correctly handle the relationship with the United Nations, so as to establish a better international image.

**Keywords**: The United Nations; Israel; Palestinian-Israeli Conflict; COVID-19 Pandemic

# Ⅵ  China-Israel Cooperation

**B**.17  The Current Situation and Prospects of China-Israel

Innovative Talent Exchange and Cooperation

*Chi Jingru, Meng Fanchao, Song Yuqi, Li Ziyu and Ren Xiaoping* / 311

**Abstract**: In the context of the continuous improvements of bilateral economic and trade relations and innovation cooperation, China-Israel innovation talent exchanges and cooperation are flourishing. This report analyzes the impacts of talents on comprehensive competitiveness and scientific and technological innovation strength by comparing the comprehensive competitiveness, the scientific and technological innovation strength, as well as the talent competitiveness and attractiveness of China and Israel. On this basis, the report systematically reviews the progresses of the two countries in attracting and cultivating talents, promoting talent exchanges, and accelerating scientific and technological innovation cooperation. It clarifies the foundation and status quo of China-Israel innovation talent exchange and cooperation. In addition, the report deeply analyzes the relationship between the two-way flow of innovative talents and the deepening of innovation cooperation between China and Israel, and then provides a reference for the smooth and successful implementation of the new round of China-Israel innovation cooperation action plan.

**Keywords**: China-Israel Innovation Cooperation; Scientific and Technological Innovation; Talent Exchanges

**B**.18  New Trends in China-Israel Human and Cultural Exchanges

and Cooperation  *Han Boya* / 336

**Abstract**: The outbreak of the COVID-19 pandemic has impacted the process of exchanges and cooperation between China and Israel in all areas. However, benefiting from the timely adjustment of the form and content of bilateral human and

cultural exchanges, the "cloud exchange" between China and Israel has not stopped, and new progress has been made in talent training, academic exchanges, joint research and development, cultural and sports exchanges and media interactions. At present, there are still certain difficulties and challenges in China-Israel human and cultural exchanges, which mainly include the stagnation of personnel exchanges, the emergence of negative public opinions, the prominence of cultural differences, the increase of international interference factors, etc. In this regard, the two countries need to make unremitting efforts in improving the human and cultural exchange mechanism, consolidating the foundation of human and cultural exchanges, innovating the exchange modes, and giving play to the important roles of academic institutions and news media.

**Keywords:** China; Israel; Human and Cultural Exchanges

# Ⅶ  Appendixes

**B**.19  Typical Cases of China-Israel Cooperation

[1] Guangdong Technion-Israel Institute of Technology and New

Achievement of China-Israel Cooperation in Higher Education

*Yi Chuanping, Lin Danming* / 354

[2] The Development Mode of China-Israel Changzhou Innovation

Park and Its Experiences

*Chen Shunming, Xu Chengkai and Ji Hao* / 361

**B**.20  A Review of Israel Studies in China in 2021

*Huang Linchao, Han Boya* / 368

**B**.21  A Chronology of Israel in 2021   *Zhao Chenxi* / 391

**B**.22  Key Statistics of Israel in 2021   *Ma Danjing* / 400

# 权威报告·连续出版·独家资源

# 皮书数据库
## ANNUAL REPORT(YEARBOOK)
## DATABASE

## 分析解读当下中国发展变迁的高端智库平台

### 所获荣誉

- 2020年，入选全国新闻出版深度融合发展创新案例
- 2019年，入选国家新闻出版署数字出版精品遴选推荐计划
- 2016年，入选"十三五"国家重点电子出版物出版规划骨干工程
- 2013年，荣获"中国出版政府奖·网络出版物奖"提名奖
- 连续多年荣获中国数字出版博览会"数字出版·优秀品牌"奖

皮书数据库

"社科数托邦"
微信公众号

### 成为用户

　　登录网址www.pishu.com.cn访问皮书数据库网站或下载皮书数据库APP，通过手机号码验证或邮箱验证即可成为皮书数据库用户。

### 用户福利

- 已注册用户购书后可免费获赠100元皮书数据库充值卡。刮开充值卡涂层获取充值密码，登录并进入"会员中心"—"在线充值"—"充值卡充值"，充值成功即可购买和查看数据库内容。
- 用户福利最终解释权归社会科学文献出版社所有。

数据库服务热线：400-008-6695
数据库服务QQ：2475522410
数据库服务邮箱：database@ssap.cn
图书销售热线：010-59367070/7028
图书服务QQ：1265056568
图书服务邮箱：duzhe@ssap.cn

社会科学文献出版社 皮书系列
SOCIAL SCIENCES ACADEMIC PRESS (CHINA)

卡号：537468327591
密码：

# S 基本子库
## UB DATABASE

## 中国社会发展数据库（下设 12 个专题子库）

　　紧扣人口、政治、外交、法律、教育、医疗卫生、资源环境等 12 个社会发展领域的前沿和热点，全面整合专业著作、智库报告、学术资讯、调研数据等类型资源，帮助用户追踪中国社会发展动态、研究社会发展战略与政策、了解社会热点问题、分析社会发展趋势。

## 中国经济发展数据库（下设 12 专题子库）

　　内容涵盖宏观经济、产业经济、工业经济、农业经济、财政金融、房地产经济、城市经济、商业贸易等 12 个重点经济领域，为把握经济运行态势、洞察经济发展规律、研判经济发展趋势、进行经济调控决策提供参考和依据。

## 中国行业发展数据库（下设 17 个专题子库）

　　以中国国民经济行业分类为依据，覆盖金融业、旅游业、交通运输业、能源矿产业、制造业等 100 多个行业，跟踪分析国民经济相关行业市场运行状况和政策导向，汇集行业发展前沿资讯，为投资、从业及各种经济决策提供理论支撑和实践指导。

## 中国区域发展数据库（下设 4 个专题子库）

　　对中国特定区域内的经济、社会、文化等领域现状与发展情况进行深度分析和预测，涉及省级行政区、城市群、城市、农村等不同维度，研究层级至县及县以下行政区，为学者研究地方经济社会宏观态势、经验模式、发展案例提供支撑，为地方政府决策提供参考。

## 中国文化传媒数据库（下设 18 个专题子库）

　　内容覆盖文化产业、新闻传播、电影娱乐、文学艺术、群众文化、图书情报等 18 个重点研究领域，聚焦文化传媒领域发展前沿、热点话题、行业实践，服务用户的教学科研、文化投资、企业规划等需要。

## 世界经济与国际关系数据库（下设 6 个专题子库）

　　整合世界经济、国际政治、世界文化与科技、全球性问题、国际组织与国际法、区域研究 6 大领域研究成果，对世界经济形势、国际形势进行连续性深度分析，对年度热点问题进行专题解读，为研判全球发展趋势提供事实和数据支持。

# 法律声明

"皮书系列"（含蓝皮书、绿皮书、黄皮书）之品牌由社会科学文献出版社最早使用并持续至今，现已被中国图书行业所熟知。"皮书系列"的相关商标已在国家商标管理部门商标局注册，包括但不限于LOGO（⬛）、皮书、Pishu、经济蓝皮书、社会蓝皮书等。"皮书系列"图书的注册商标专用权及封面设计、版式设计的著作权均为社会科学文献出版社所有。未经社会科学文献出版社书面授权许可，任何使用与"皮书系列"图书注册商标、封面设计、版式设计相同或者近似的文字、图形或其组合的行为均系侵权行为。

经作者授权，本书的专有出版权及信息网络传播权等为社会科学文献出版社享有。未经社会科学文献出版社书面授权许可，任何就本书内容的复制、发行或以数字形式进行网络传播的行为均系侵权行为。

社会科学文献出版社将通过法律途径追究上述侵权行为的法律责任，维护自身合法权益。

欢迎社会各界人士对侵犯社会科学文献出版社上述权利的侵权行为进行举报。电话：010-59367121，电子邮箱：fawubu@ssap.cn。

社会科学文献出版社